# 碳排放、气候和ESG
## 国际可持续信息披露标准研究

# Carbon Emissions, Climate and ESG
## Research on international sustainability information disclosure standards

陆晨希 ◎ 译著

中国金融出版社

责任编辑：王雪珂
责任校对：潘　洁
责任印制：丁淮宾

**图书在版编目（CIP）数据**

碳排放、气候和 ESG：国际可持续信息披露标准研究/陆晨希译著．—北京：中国金融出版社，2023. 9
ISBN 978 - 7 - 5220 - 1976 - 5

Ⅰ. ①碳…　Ⅱ. ①陆…　Ⅲ. ①上市公司—会计信息—研究—世界　Ⅳ. ①F279. 16

中国国家版本馆 CIP 数据核字（2023）第 065476 号

碳排放、气候和 ESG：国际可持续信息披露标准研究
TAN PAIFANG、QIHOU HE ESG：GUOJI KECHIXU XINXI PILU BIAOZHUN YANJIU

出版发行　中国金融出版社
社址　北京市丰台区益泽路 2 号
市场开发部　(010)66024766，63805472，63439533（传真）
网 上 书 店　www. cfph. cn
(010)66024766，63372837（传真）
读者服务部　(010)66070833，62568380
邮编　100071
经销　新华书店
印刷　保利达印务有限公司
尺寸　169 毫米×239 毫米
印张　27. 5
字数　400 千
版次　2023 年 9 月第 1 版
印次　2023 年 9 月第 1 次印刷
定价　98. 00 元
ISBN 978 - 7 - 5220 - 1976 - 5
如出现印装错误本社负责调换　联系电话（010)63263947

# 序

“君子曰：学不可以已。”

这是出自先秦儒学名著《荀子·劝学篇》的名言，它开门见山地提出了持续学习和终身学习的必要性。这一观点在当下广受关注的全球气候变化和绿色金融领域也显得尤为重要。气候变化带来的经济社会发展方式的变革波澜壮阔：一是理念的更新，即各界对于温室气体排放（碳排放）引发全球气候变化及其影响的认识不断加深；二是制度的更新，包括建立绿色低碳循环发展经济体系的顶层设计，以及气候法律、信息披露制度、绿色活动分类标准等配套制度的不断完善；三是措施和行动的更新，包括应对气候变化目标下产业结构、生产方式、生活方式等的调整。

## 一、气候变化和金融稳定

防范系统性金融风险、维护金融稳定是中央银行的重要职责之一。从中央银行的角度看，气候问题的重要性主要在于其对金融稳定的影响。目前，国际上对气候变化与金融稳定之间的关系和定位存在不同的观点。

一方面，相当数量的中央银行和监管机构已经形成共识，即环境和气候相关风险已经成为金融风险的重大来源之一。在此共识基础上，2017 年 12 月，包括中国人民银行、德国央行、法国央行在内的 8 家央行和监管机构共同发起设立央行与监管机构绿色金融网络（NGFS），呼吁倡导各国重视并协同应对气候变化相关金融风险。到目前为止，NGFS 已有 127 个成员和 20 个观察员。

另一方面，也有观点认为气候变化带来的风险的独特性和重要性仍有待论证，尚不足以相对于其风险予以特殊对待。例如，美联储理事 Christopher J Waller 认为①，气候变化带来的物理风险不太可能对国家的经济增长率产生重大影响，而转型风险一般既不是近期的，也不是重大的，因而经济主体有能力为转型成本定价，即有序的转型不会对金融稳定构成风险。

尽管观点迥异，但总体上我们仍应看到，气候变化带来的相关金融风险复杂多变、影响广泛，可能通过多种方式使经济金融体系发生结构性变化。站在央行的角度观察，气候变化对金融稳定和货币政策的影响有多个渠道：其中既包括对宏观经济变量的影响；也包括对政府、金融机构和居民资产负债表的影响；还包括对货币政策空间和传导渠道的影响等。从时间周期上看，气候变化可能通过极端天气事件造成产出和通胀的短期波动，而转型政策和创新则会对经济增速、生产率和通胀产生长期影响。因此，必须充分认识气候变化对货币政策的可能影响，并通过货币政策引导绿色金融发展，从而积极应对气候变化。

## 二、引导绿色金融发展

多年来，人民银行在引导绿色金融发展方面做了很多前瞻性和基础性的工作。2016 年 8 月，人民银行等七部门联合发布《关于构建绿色金融体系的指导意见》，第一次系统性地提出了绿色金融的定义、激励机制和绿色金融产品发展规划及风险监控措施，并逐步形成了绿色贷款、绿色债券、绿色保险、绿色基金、绿色信托、碳金融产品等多层次绿色金融产品和市场体系。2018 年，人民银行又将优质绿色债券和贷款纳入中期借贷便利的合格抵押品范围，引导金融机构参与绿色金融。

2021 年，人民银行推出碳减排支持工具和支持煤炭清洁高效利用专项再贷款两个新的货币政策工具，支持符合条件的金融机构为具有显著碳减排效应的项目提供低成本融资，对绿色转型发展形成有效的激励，并取得显著的减碳效果。同时，人民银行还积极开展绿色金融国际合作，担任 G20 可持续

① Christopher J Waller 于 2023 年 5 月在西班牙“经济与金融的当前挑战”会议上的发言。

金融工作组联席主席，牵头制定了《G20转型金融框架》，并与欧盟委员会有关部门共同发布绿色目录。

## 三、推动更好的信息披露

加强可持续信息披露制度建设，不仅有利于公平、高效地实施货币政策工具，促进可持续发展和低碳经济，还有利于建立完善的约束激励机制，减少“漂绿”、“洗绿”、低成本资金套利、绿色项目造假等各类风险。

从中国实践看，人民银行于2021年发布了《银行业金融机构绿色金融评价方案》，要求金融机构加强信息披露，包括公开披露绿色信贷、绿色债券的资金投向情况等。人民银行还积极引导金融机构和发债主体重视自身环境信息披露情况，不断扩大环境信息披露覆盖面，并提高信息披露质量。此外，碳减排支持工具要求金融机构按季度公开披露其发放的碳减排贷款金额、利率、支持项目数，以及贷款带动的碳减排数量等信息，并对披露信息进行核实。

从国际上看，信息公开透明、监管严格到位也是各国监管部门对可持续信息披露的共同要求。英格兰银行自2021年起，要求银行、保险公司和部分养老金计划按照TCFD要求披露气候信息。欧央行则自2022年10月起，仅接受符合企业可持续报告指令（CSRD）信息披露要求的企业的抵押品。欧洲央行还从2023年第一季度开始，定期公布持有债券中与气候变化相关的信息。

## 四、应对气候变化的未来发展

应对气候变化是一个需要长期研究的课题。目前，全球大多数国家已加入《巴黎协定》，但不同国家的政策力度、所处阶段不尽相同。在应对气候变化过程中，政府需要探索符合本国国情且具有本国特色的气候风险应对政策。企业部门则应提高对与气候相关的物理风险和转型风险的认知，落实所在国家和地区关于信息披露、风险管理的相关政策要求，同时提高自身的气候风险管理能力。

长期以来，各界对可持续、ESG和气候领域的一些问题始终存在疑惑，感觉就像隔了一层纱。这些疑惑或源于对概念、理念认知的模糊，或是对作用机理的不明确，或涉及对现实情况和实践应用的不同判断。由此也引发了地区和部门间可持续发展水平不均衡、标准不统一、信息可信度不高、可持续活动内生动力不足等问题。

正是在这样的背景下，作者耗费几年时间撰写了《碳排放、气候和 ESG：国际可持续信息披露标准研究》一书。毋庸讳言，这本书内容丰富，结构合理，对国际可持续信息披露标准进行了深层分析与解读，将全球关于碳排放、气候变化和 ESG 的讨论不断深入和走向共识的过程全面地展现给读者，为认识和应用可持续信息披露提供了一个客观的视角。只不过气候变化这一概念自 1992 年《联合国气候变化框架公约》签署算起，迄今发展也不过三十余载，却是目前影响最广泛，同时也是争议较大、最难决策的议题之一。要解决争议，需要思想上的洞见和理论、方法和制度上的创新。因此，对气候变化，不仅应归纳总结、兼收并蓄，更应探索未知，积极创新。这里的创新不仅包括对市场主体气候信息披露激励约束机制的创新（例如在巴塞尔协议三支柱框架下气候信息披露对商业银行风险管理的影响等），也包括气候变化国际法、国内法及相关规则的更新迭代，还包括绿色金融产品服务的创新，这些可能都需要在未来的研究中继续大力推进。与此同时，也需要加深气候理论对政策影响的研究。应对气候变化需要做好顶层制度设计，如何将国际标准与符合我国新发展理念和经济社会发展需要的可持续政策体系相结合，是十分值得研究的问题。当然，应对气候变化，还需要上下联动，统筹有序，因此进一步加强对市场主体调整经营结构和方式应对气候变化、管理气候变化风险的实践和案例的探索也是不可或缺的。非常期待作者能在下一本书中为这些问题找到解决方案。

总之，这是一本立足国际、具有一定理论内涵又兼具实用性的著作。相信该书的出版将有助于广大读者更好地理解可持续信息披露标准的有关问题，也能为我国可持续领域宏观调控政策的制定和实施提供有益的参考。

**人民银行原行长助理　张晓慧**

**2023 年 8 月于北京**

# 我们想传达的信息

# 车同轨、书同文：对可持续信息披露的美好设想

在现代经济制度中，信息是一种稀缺的经济资源，对信息资源的优先占有会带来相关的财富。同时，信息还可以推动资源配置，如哈耶克在《个人主义与经济秩序》中所说，资源的任何配置都是特定决策的结果，而人们做出的任何决策都是基于给定的信息，因此，经济生活所面临的根本问题是如何有效地利用信息的问题。

信息披露制度伴随着股份制企业的诞生而天然存在。在股份制条件下，公司的所有权和经营权分离，为掌握企业财务经营状况，产生了企业经营者和所有者之间的责任报告（Accountability）制度。之后，受益于会计制度的不断完善，信息披露制度向以财务报表披露和财务报告披露为中心的报告制度演进，并成为基于司法和公共权力的制度约束。近年来，随着企业社会责任理论和ESG理论的发展，可持续信息披露受到广泛关注。

信息披露制度，着重解决信息披露方和信息获取方之间的信息不对称问题。在可持续信息披露中，信息供需双方可以是企业和投资者，也可以是企业和利益相关者，或者是地方政府和所在社区，对于绿色债券等金融产品，信息供需双方还可以是募投项目和投资者。

## 一、可持续信息披露：一个成本收益问题

可持续信息披露问题，本质上是一个成本收益问题。对披露主体而言，获得的收益包括满足法律和监管要求得到的合规收益，也可以是良好声誉收益，或者是通过改进企业运营获得的经济收益，为此需付出的成本包括为完

成披露动作向审计机构、律师事务所、承销商和可持续机构支付费用等显性成本，还包括改进企业治理、“三会”运作和运营调整带来的隐性成本（此处将“企业采取措施应对气候变化”、“改善企业可持续经营”等运营成本包括在可持续信息披露的成本当中）。

在美国证券交易委员会（SEC）2022年气候信息披露提案中（参见本书第二章第二节、美国气候信息披露标准），估算上市公司进行气候信息披露的成本如下：非小型上市公司（non - SRC）第1年披露成本约为64万美元（包括18万美元内部合规成本和46万美元外部专业费用），随后5年的成本约为53万美元/年，小型上市公司（SRC）第1年和之后5年成本分别为49万美元和42万美元。

这一数据并没有获得业界的一致认可，企业认为，SEC大大低估了气候信息披露的成本：某大型能源上市公司预计其气候信息披露年度支出约为1亿美元到5亿美元，一些小型上市公司预计年度支出为50万美元到80万美元。即使与美国上市公司年平均审计费用200万美元相比（根据SEC 2020年、2021年统计数据），可持续信息披露的成本也不容小觑。

这还只是对可计算的显性成本的估计，对于其他隐性成本，则更难预测。例如，我们无法衡量，为满足“董事会成员具有ESG相关专业知识”的监管要求（SEC《面向投资者的气候相关信息披露的加强和标准化》II讨论：D.1. 董事会监督，2022），企业需要付出怎么样的治理成本。

## 二、统一度量衡可以降低信息披露成本

车同轨、书同文，是中国古代文化中对统一度量衡的美好设想，同轨、同文的优势在于降低交通成本和信息传播成本，从而带动经济发展和文化融合，并在一定程度上推动制度进步。

在西方现代管理学中也有类似的观点，彼得·德鲁克说，“如果你不能衡量它，你就无法管理它”（If you can’t measure it, you can’t manage it）。他认为，一个完善的衡量制度，可以促进企业的长久发展。

在现代证券制度中，统一度量衡的意义，体现在标准化信息披露制度的

建立上。证券市场是一个专门制造信息、传导信息、使用信息和反馈信息的制度安排，证券市场存在的理论前提，是通过提高信息的有效性并通过证券价格最终发挥资源配置的有效性。因此，通过建立标准化信息披露制度，对披露目标、披露内容、披露方式及披露途径进行规范和统一，并不断细化披露项目及披露流程，最终可以达到降低信息成本，提高市场效率的目的。

## 三、小结

本书从四个维度介绍了全球可持续信息披露规则，一是国际可持续机构制定的可持续信息披露标准，二是国家和地区可持续信息披露法律法规，三是交易所制定的可持续信息披露规则和指引，四是行业协会制定的可持续信息披露标准。

对于从事低碳发展、气候变化、ESG、新能源等相关工作的政府、管理和研究人员，希望本书可以为你提供有关可持续信息披露制度框架与国际动态的信息，为可持续项目和活动实践提供理论支持。

对于金融从业者和绿色项目开发人员，本书第二章中可持续领域的二级法和产品技术标准可能对你有帮助，例如《欧盟分类法规气候授权法案》、SFDR 技术监管标准（RTS）、《欧盟分类法规条款 8 授权法案》，提供了目前欧盟可持续领域的相关法律、最佳实践、筛选标准和方法，可能对“碳达峰碳中和”相关金融产品和项目的开发有所助益。

对于企业和企业家，希望本书可以帮助你了解当前可持续信息披露的监管要求，例如美国 SEC 的气候信息披露提案、《欧盟企业可持续报告指令》（CSRD）的要求，并为企业选择合适的可持续信息披露框架提供参考。此外，在企业经营方面，希望能帮助企业规避一些跨境贸易中存在的风险，例如，对于与欧盟国家有贸易往来的企业，气候信息披露质量将被进口国作为设定碳征税额度的参考。

对于上市或拟上市公司，可有针对性地在本书第四章了解交易所对气候和可持续信息披露的要求和指引，以期为公司建立更好的投资价值。此外，本书还提供了零售、金融等行业企业可持续信息披露案例，供参考借鉴。

# 当我们谈论可持续时，我们在谈论什么？

## ——区分碳排放、气候和 ESG

哲学家杜威（John Dewey）在《探究的理论》里说，把问题讲清楚，就是解决了问题的一半。那么，当我们谈论可持续时，我们在谈论什么？

2021 年，金融公司摩根士丹利共对外披露了 14 份与可持续相关或包含可持续内容的报告，分别是：《2020 可持续报告》《2020 年 TCFD 报告》《2020 年 SASB 指标》《2020CDP 气候变化问卷》《多样性和包容性报告》《环境和社会政策声明》《2020 年 10 - K 表格》《行为准则》《道德与商业准则》《影响力投资手册》《可持续投资政策》《银行机构系统风险报告》《巴塞尔协议Ⅲ支柱 3 报告》《代理投票政策》，这还不包括其各地子公司为满足当地监管要求披露的可持续报告，以及为可持续、ESG、绿色相关金融产品发布的报告。

上述大量的可持续报告，给公司和读者都带来了不小的压力，加上可持续领域新概念众多，因此被不少评论调侃为“字母汤”。

我们认为，有必要对可持续信息披露领域的概念进行区分。在本书中，按照披露目的和披露内容的不同，将可持续信息披露分为碳排放信息披露、气候信息披露和 ESG 信息披露。

此外，可持续还包括除 ESG 以外影响组织长期发展的因素，本书未予讨论。

### 一、“字母汤”

“字母汤”（alphabet soup）是一种将字母型通心粉泡在番茄浓汤里的意大利食品，起初被用来形容字母缩写词泛滥，之后逐渐有了结构复杂、重点不突出和迷惑性强的意思。在金融领域，上一个被称为“字母汤”的，是在2008年次贷危机期间各类以字母命名的结构性金融产品，例如CDO、CLO、SIV等产品。

近年来，在可持续信息披露领域也出现了“字母汤”的趋势，主要原因在于：新机构和新标准众多，各类概念千枝万叶又互有重叠，信息披露监管要求令出多门同时难寻重点。

“字母汤”现象的负面影响，一是增加企业的披露成本，如本文开头的例子，企业要遵守各类披露标准和不同监管要求，准备数量众多的报告。二是增加了信息使用的难度，投资者在获取关于企业有用的信息或者数据之前，需要先了解每一份报告的内容，如果要对不同企业的表现进行比较，则更是难上加难。三是降低了信息的质量，由于缺乏明确的披露目标，容易出现“大杂烩”和“堆材料”式的披露，反而容易忽视对重要信息的披露。

## 二、碳排放

碳排放是温室气体排放的一个总称，是指人类生产经营活动过程中向外界排放温室气体（二氧化碳、甲烷、氧化亚氮、氢氟碳化物、全氟碳化物和六氟化硫等）的过程。

碳排放信息披露是对温室气体排放量的定量和定性描述，一般包括范围1、范围2和范围3温室气体排放量的绝对值和排放强度。碳排放信息的收集基于碳核算，目前国际上常用的碳核算标准包括《温室气体核算体系》（GHG Protocol）、ISO 14064系列和PAS 2050系列。

由于碳排放信息相对简单明确，碳排放信息披露的标准一般包括在气候信息披露标准或排放相关标准中。例如，气候相关财务信息披露工作组（TCFD）针对银行、资产所有者和资产管理者碳排放指标，制定了碳足迹的描述和计算公式。全球报告倡议组织（GRI）在针对排放制定的GRI305号标准（GRI 305：Emissions）中，制定了范围1、范围2和范围3温室气体排放、温室气体排放强度、温室气体减排量、臭氧消耗物质（ODS）的排放、氮氧化物（$NO_x$）、硫氧化物（$SO_x$）和其他重大气体排放七个方面的披露标准。

## 三、气候

气候问题是指由碳排放带来的全球变暖问题，以及飓风、旱涝灾害等极端天气问题。气候信息披露一般包括温室气体排放量、气候相关转型风险和物理风险、气候相关机遇、内部碳价格、气候资本配置、气候相关薪酬等。

在气候信息披露中，披露主体可以采取不同的叙事结构，并选择不同的披露内容。例如，在披露框架上，TCFD 建议从治理（Governance）、战略（Strategy）、风险管理（Risk Management）、指标及目标（Metrics and Targets）四个部分进行披露。在披露内容上，美国证券交易委员会（SEC）在 2022 年的最新监管规则中，要求披露温室气体排放、董事会对气候相关风险的监督、对业务和财务报表有实质性影响的气候风险、气候相关目标和转型计划等 8 项内容。此外，还可以参考国际可持续准则理事会（ISSB）、欧盟可持续分类法规气候授权法案、CDP 气候变化问卷等标准。

## 四、ESG

在碳排放和气候信息的基础上，ESG 信息披露的范围进一步扩大，覆盖环境因素（E）、社会因素（S）和治理因素（G），旨在衡量公司或商业投资中的可持续发展和道德影响。

在披露内容上，ESG 信息披露主要反映主体在降低环境成本、提高社会和商业道德以及完善现代公司治理制度方面的行为，并评估主体在可持续发展和履行社会责任方面的贡献。在披露标准上，联合国全球契约组织、伦敦证券交易所、卢森堡交易所等都发布了 ESG 报告指引。

在实践中，按照对实质性（materiality）的理解不同，披露主体可以选择不同的披露项目。例如，纳斯达克交易所在《纳斯达克交易所 ESG 报告指引 2.0》中对 ESG 定义了 30 项披露指标，其中环境指标包括温室气体排放、能源使用、气候监督等，社会指标包括健康与安全、性别多样性、员工流失率等，公司治理指标包括董事会独立性、薪酬激励、数据隐私等。

## 五、小结：当我们谈论可持续时，我们在谈论什么

解决“字母汤”问题的办法，一是分类，二是合并。分类是指按照披露目的、披露内容的不同对概念进行分类，来解决概念重叠的问题。合并是在分类的基础上，对相同披露目标的标准进行合并，来解决标准不一致问题。

1. 区分碳排放、气候和 ESG

碳排放、气候和 ESG 信息披露，都可以统称为可持续信息披露，在内容上有重叠之处。但三者之间在披露目的、方法、标准上都存在差异。在披露过程中采取“大而全”的方式，把所有信息不加区分地放进去，将其笼统地称为“可持续报告”，非但不能够提供增量信息，反而容易让披露方顾此失彼，让信息接收方无从下手。

区分碳排放、气候和 ESG 概念的好处，一是可以明确披露目标，二是提高可比性，三是降低成本，尤其是对中小型企业。因此，本书做了以下几方面工作：一是区分碳排放、气候和 ESG 概念；二是拆分各项标准中碳排放、气候和 ESG 相关内容，并分别介绍披露目标、披露内容、披露方式和披露项目。

2. ISSB 和 TCFD 对国际可持续标准的合并

据不完全统计，全球可持续标准已经超过 40 项。目前，ISSB 合并了 SASB、CDSB 和 IIRC，朝着国际统一的可持续信息披露标准迈出了第一步。同时，TCFD 提出的“四要素”气候信息披露方法，也被各个国家和多个机构所接受。

# 雪佛龙原则 VS 主要性原则：气候信息披露的法理基础

2022 年，美国证券交易委员会（SEC）对上市公司气候信息披露提出拟议监管标准（参见本书第二章第二节、美国气候信息披露标准），要求披露：发行人董事会对气候相关风险的监督、治理和管理；对发行人业务和财务报表产生实质性影响的气候相关风险；范围 1、范围 2 和范围 3（如果具有实质性）的温室气体排放指标；发行人的气候相关目标，以及转型计划（如有）等。

在征求意见阶段，上述标准遇到不少不同的声音，甚至在一定程度上存在无法落地的可能性，主要意见包括以下几类。

一是来自企业和行业的意见，核心问题在于成本过高。例如，一家典型美股上市企业为满足可持续信息披露要求，需要为采集排放数据、生成报告支付成本，还需调整管理和制度，以满足 10 – K 表格的披露要求。同时，SEC 要求披露发行人董事会成员是否具有气候相关风险方面的专业知识，并要求披露详细的信息来充分描述专业知识的性质。对此，一些观点认为董事成员应是能为公司治理作出全面贡献的成员，SEC 过度强调“专家”董事不利于董事会的整体工作。此外，还包括对气候问题政治化的评议。

二是关于《面向投资者的气候相关信息披露的加强和标准化》中部分指标和披露要求合理性的问题。例如，单个企业范围 3 排放的计量涉及大量外部数据和估算，这就带来数据可用性和准确性的问题，同时，全社会范围内，单个报告者范围 3 排放的测量与其他报告者的范围 1 和范围 2 排放重叠，增加了重复计算的风险。此外，气候信息披露准则涉及大量预测性和前瞻性的信息，这对传统财务会计准则的可靠性原则构成挑战。

三是对SEC推行的气候信息披露监管是否具备合法性的质疑。主要争议在于SEC是否具有推行其拟议的气候相关披露规则的法律权力。SEC声称，根据1933年的《证券法》和1934年的《证券交易法》，它有法定权力颁布此类披露要求。这些法规授权SEC强制披露“为了公共利益或保护投资者而必要或适当的信息”。SEC认为，气候披露是必要的，因为“与气候相关的风险具有上市公司投资者在做出投资和投票决策时考虑的财务后果”。反对观点认为，SEC在气候信息披露问题上没有获得国会的明确授权，因此其要求不具备法理基础。

在上述三类意见中，前两类可以通过修改和优化披露要求来进行调整，但对第三类意见，即气候信息披露法理基础的解读，则需由法院来进行判定，其中主要涉及对主要问题原则和雪佛龙原则的理解和应用。

## 一、西弗吉尼亚州诉环保署案（West Virginia v. EPA）

西弗吉尼亚州诉环保署案源于2015年奥巴马政府下美国环保署（Environmental Protection Agency，EPA）推出的《清洁能源计划》，该计划旨在实现到2030年电力行业的二氧化碳排放量比2005年降低32%的目标，要求各州和公用事业公司通过提高能源效率、使用可再生能源和其他低碳能源等措施，共同减少碳排放，这些要求可能导致大量燃煤电厂关闭。各州被要求在2016年9月前提交初步减排方案，随后，西弗吉尼亚州等20多个州向华盛顿巡回上诉法院起诉环保署。2021年，该案最终移交至最高法院。

2022年6月30日，美国最高法院以6∶3的投票结果裁定，国会没有在《清洁空气法案》中授予环保署“根据其《清洁能源计划》中的方法确定发电厂排放上限的权力”。首席大法官约翰·罗伯茨撰写的多数派意见中援引了“主要问题原则”（major questions doctrine），称《清洁空气法案》中，国会没有授予环保署监管温室气体排放的特定权力。限制二氧化碳排放量可能是一个明智的“解决当今危机的办法”，但是，规模和后果如此巨大的决定应该取决于国会本身，或国会明确授权行事的机构。

西弗吉尼亚州诉环保署案直接影响是，环保署根据《清洁空气法案》的规定监管发电厂碳排放的能力受到限制。其更为深远的影响在于，行政机构是否可以毫无限制地制定重大规则，包括那些能够重塑国家电力系统和要求几乎任何经济部门进行脱碳的规则？因此，该案判决可能会广泛影响包括SEC在内的美国监管机构在没有明确国会授权的情况下制定气候相关规则的能力。

## 二、主要问题原则（major questions doctrine）

主要问题原则（major questions doctrine）是指，在某些“特殊情况”下，行政机构必须获得“明确的国会授权”，才能做出具有巨大“经济和政治意义”的决定。虽然最高法院没有明确“特殊情况”的具体情形，但它提供了一些判断条件，例如，机构是否依赖模棱两可的法定文本来显著扩大权力，以及该机构是否缺乏该问题的专业知识。

一般而言，美国行政机构具有在国会授权范围内较为广泛的自由裁量权，但是，当涉及关键政治或经济的“主要问题”时，法院可根据主要问题原则，收紧对政府机构权力的约束。

应用主要问题原则的案例包括食品和药物管理局诉布朗和威廉姆森烟草公司案（529 U. S. 120）、阿拉巴马州房地产经纪协会等诉卫生与公共服务部等案（141 S. Ct. 2485）等，这些案件的共性是，都存在行政机构的主张超过国会合理授权的行为。

在西弗吉尼亚州诉环保署案中，环保署提出三项要求：（1）提高热耗率，使燃煤电厂能够更清洁地燃烧燃料；（2）从以煤为基础的能源生产转向天然气；（3）从煤炭和天然气向风能和太阳能等可再生能源转变。法院认为，要求（1）符合EPA的监管标准和惯例，要求（2）和要求（3）是行政机构的过度扩张。

法院还提供了主要问题原则的三个触发条件：（1）当行政机构寻求“解决具有重大政治意义的问题”或“全国范围内深刻辩论”的问题时；（2）当行政机构的决定可能影响“美国经济的很大一部分”或需要“数十亿美元的

支出”时；(3) 当行政机构强加于“州法律的特定领域”时。

主要问题原则的影响是，法院的裁决可以为挑战具有经济和政治意义的行政机构监管要求提供法律依据，包括SEC提出的气候相关披露规则，如果SEC强制要求气候相关披露的规则被采纳，面临诉讼的可能性也会大幅增加。

## 三、雪佛龙原则（Chevron doctrine）

与主要问题原则相反，SEC气候监管的支持者认为，SEC的法定权力“相对明确”，如果出现针对SEC气候信息披露要求的诉讼，SEC可援引“雪佛龙原则”（Chevron doctrine）进行辩诉，而不是“主要问题原则”。

雪佛龙原则是指：如果法律对于某个问题的规定并不清晰，并直接导致了该问题可能有若干种执行方法，那么，只要行政机构的做法是一种“法律本身所允许的解释”，而且这种解释本身并不与法律的目的相冲突，法院就无权否定行政机构行为的合法性。

雪佛龙原则源自1984年美国最高法院判决的美国雪佛龙公司（Chevron U.S.A.）诉自然资源保护委员会（Natural Resources Defense Council）案（467 U.S. 837）。在该案判决中，最高法院表示，当国会对一项法律没有明确解释时，法院应服从执行法律的行政机构，除非其解释不合理。理由是，国会赋予该机构执行法规的主要责任，并且行政机构在制定规则时采纳了诸多专家的意见并作出专业的决定。

为判断雪佛龙原则是否适用，最高法院提出三步判断法。

步骤一：该行政机构是否有权发布具有约束力的法律规则？如果答案是否定的，雪佛龙原则不适用，但由于其专业性，该机构可能仍会受到较小程度的尊重。如果答案为“是”，则采用步骤二。

步骤二：法规是否模棱两可？如果没有，法院自行裁定对规则的解释。如果答案为“是”，则采用步骤三。

步骤三：该机构的解释是否合理（即使法院本身会选择不同的解释）？

雪佛龙原则对SEC气候监管的影响主要在于，此前在西弗吉尼亚州诉环保署案中，法院依据主要问题原则的裁决，可能会使SEC拟议规则的确立和执行复杂化，即批评者可能会根据主要问题原则对其进行质疑，引用最高法院在西弗吉尼亚州诉环保署案中的推理，辩称 SEC 依靠模棱两可的法律在其缺乏专业知识的领域中扩大权力。而雪佛龙原则可以为法院接受 SEC 对模棱两可的法律的“合理的”和“合适的”解释提供合法性。

此外，除主要问题原则和雪佛龙原则外，还有可能对 SEC 气候信息披露监管产生影响的案例包括州立农业保险案（State Farm）等。

## 四、小结

结合本书来看，目前国际上对气候信息披露的法理基础、适用范围、内容标准，尚处在一个探索和完善并尝试形成共识的阶段。在全球范围内，如何推行气候信息披露，主要有以下几类做法。

第一类是通过立法，例如欧盟委员会发起可持续金融信息披露条例（SFDR）、企业可持续报告指令（CSRD）和欧盟可持续分类法规（EU Taxonomy）的立法工作，经欧盟理事会和欧洲议会通过，形成欧盟范围内的气候信息披露法律。

第二类是通过行政机构来制定相关要求，例如 SEC 的气候信息披露要求。

第三类是通过标准制定机构、国际组织、行业协会等，来制定相应的标准和要求。例如本书第一章介绍的国际可持续机构和第三章中交易所制定的气候信息披露标准，还包括第四章中行业协会针对金融产品制定的披露要求。此类标准一般不具有强制性，结构较为松散，但与市场需求结合紧密，使用难度较低。

对于企业而言，一般不具备单独制定标准的条件，也较难参与到法律、法规的制定过程中去。企业可以从以下几方面对气候信息披露进行准备。

1. 了解适用的报告要求

企业应了解对自身形成约束的监管要求，包括了解监管机构对其气候信息披露强制和自愿报告要求，以及这些要求如何影响其业务实践和披露。对于大型企业，还应该了解跨司法辖区的报告要求如何重叠、区别，甚至可能造成的冲突。

2. 确保合规性并保持监督

企业可以围绕 ESG 治理，制定有效且可衡量的企业治理、合规性和监控系统。例如，公司董事会和管理层可在公司治理中将 ESG 作为重要组成部分。同时，公司可开发专门的系统来保证 ESG 政策的实施，包括向高级管理层和董事会报告重大的 ESG 问题，以及记录和文件的保存和控制系统。

3. 考虑国际指南

除强制性报告之外，公司还可以将自愿披露标准作为指导框架。这些标准包括气候相关财务信息披露工作组（TCFD）、国际可持续准则理事会（ISSB）等制定的标准。此类指导虽然不具有约束力，但往往被纳入国家和区域条例。在这些框架内，公司可考虑行业、地理位置、产品、服务和利益相关者，以评估和管理气候风险。

4. 建立供应商参与度

企业应通过多个供应链层级与供应商密切合作，在采购流程开始时纳入 ESG 考虑因素，并将适当的披露要求纳入供应商合同，考虑制定供应商行为准则，并定期更新绩效指标。

5. 积极参与，谋划长远

对于具备一定规模和实力，且有长期发展愿景的企业，除尽早着手准备外，还可考虑企业上市等长远发展规划，在内部建立有针对性的气候信息披露体系，同时，可利用自身专业优势和行业影响力，积极参与到标准制定的过程中去。

# 充分认识实质性

在传统的“漂绿”手法中，有一类是在信息披露中选择性地强调对公司有利的一面，对不利的一面避而不谈。例如，某奢侈品公司，曾经试图通过强调其在产品低碳运输中的努力，来转移环保组织对其滥用动物皮毛的批评。或者，造纸企业可以宣传其荧光剂使用达标，而减少或避免披露废水、废气排放的信息。

上述问题可被称为披露不足，还有一类问题则被称为过度披露。例如，美国证券交易委员会（SEC）2022年的气候信息披露提案（以下简称SEC气候提案），要求上市公司提供有关可能面临气候风险的财产位置的具体信息，包括邮政编码等，这在一些情况下是非常困难甚至是不可能的，例如对于非固定资产（即移动车辆），同时，这还可能导致披露文件中有数十万个数据点（例如单个输电和配电排放源），这样的披露并不为信息获取方提供价值。

“披露不足”和“过度披露”问题的解决，需要充分认识实质性（materiality）。实质性，也被称为重要性，是信息披露中最为核心也是最具争议的概念。美国最高法院将实质性定义为，“如果该信息将和有可能被理性投资者视为显著改变了所有信息的整体组合”，则该信息具有实质性（1976年TSC Industries v. Northway案）。

在可持续信息披露领域，实质性的内涵进一步被扩大，从价值披露到财务披露，再扩大到双重实质性披露，同时还在“量化”实质性方面进行了尝试。

## 一、实质性概念

在法律领域，"material"（实质）一词最早出现于1867年英国法院委内瑞拉中央铁路虚假会计案。法院认为，企业在招股说明书中，不应包含任何错误陈述或隐瞒任何"实质性"事实。

在会计领域，根据1980年财务会计准则委员会（FASB）发布的《财务会计概念公告第2号：会计信息质量特征》，实质性被定义为"若依赖报告的理性人的判断极可能因财务报表中某一事项的错报和更正金额大小而受影响，则该事项是具有实质性的"。国际会计准则委员会（IASB）将信息定义为"实质性"信息，如果其遗漏或错报可能影响用户根据财务报表做出的经济决策。之后，实质性概念还从会计领域衍生到审计领域。

在可持续领域，早期的实质性侧重于价值披露。例如，国际综合报告委员会（IIRC）认为，如果某个事项是相关的（可能对价值创造产生影响），并且就其影响的范围和发生的可能性而言，对价值创造的已知或潜在影响而言是重要的，则该事项具有实质性。

之后，随着以投资者为主要披露对象的信息披露标准发展，更多标准从财务影响的角度来判断实质性。例如，国际可持续准则理事会（ISSB）（参见本书第一章第二节）将实质性定义为：财务报告包括了特定报告实体的财务报表和与可持续有关的财务信息，判断与可持续有关的财务信息是否具有实质性（material），主要是看如果遗漏、错误陈述或模糊这些信息，是否会影响财务报告使用者根据财务报告作出的决定。

上述实质性判断都可被称为"单一实质性"，即主要考虑外界因素对披露主体的影响。在《可持续金融信息披露条例》（SFDR）和《企业可持续报告法令》（CSRD）以及欧盟可持续分类法规（EU Taxonomy）的语境下，欧盟从"双重实质性"（double materiality）的角度来定义可持续信息披露，即（1）可持续性因素如何影响实体，（2）实体自身对社会和环境的影响。这一概念在欧洲财务报告小组（EFRAG）的《双重实质性》报告中，被进一步明确为财务实质性和影响实质性。

## 二、"量化"实质性是否可行

在SEC气候提案中，对气候信息披露的实质性判断提出了1%的量化门槛，即要求公司对气候变化相关活动和支出的财务影响进行分类（须接受外部审计），如果金额超过财务报表中任何相关项目的1%，则需要在经审计的财务报表的脚注中进行披露。

气候信息披露1%门槛的设定，参考了会计信息披露中以5%作为定量基准的"经验法则"，例如，在SEC发布的第99号员工会计手册（Staff Accounting Bulletin 99）中，建议以5%的影响作为判断财务报表中相关项目是否具有实质性的门槛。

"量化"实质性的好处在于判定标准简单统一，但也存在一些问题，例如，对气候相关活动财务影响的估算准确性不高，目前还没有普遍接受的标准来衡量与气候相关的财务影响，同时，可能存在"数量上不显著但意义重大"的应披露事件（在会计实质性的判定中存在同样的问题）。

## 三、小结：企业"实质性"分析的步骤

实质性分析，本质上是对信息披露涵盖的事项，以及其优先顺序的确定。在实践中，披露主体可能被要求说明他们认为哪些可持续因素与其业务最相关或最重要，并解释可持续因素如何影响他们的业务，例如立法、声誉损害、员工流动、经营许可、法律行动或利益相关者关系等，同时，还应解释这些因素如何影响业务战略以及财务和运营绩效。本书建议，企业在"实质性"分析过程中，可参考以下步骤。

第一步：确定利益相关者

首先应确定与可持续信息相关的利益相关者范围，即合理预期将受到披露主体的活动、产品或服务影响的实体或个人，例如，股东、员工、投资者、客户、社区、行业协会、政府、非政府组织等。

第二步：建立实质性主题池

披露主体应根据自身行业、所在地、环境和社会影响等建立实质性主题

池。实质性主题一般涉及多方面因素，包括企业价值因素（运营、战略、声誉和监管）、外部因素（地理、经济、市场、社会、环境）、内部因素（商业模式、商业周期、战略）、风险管理、股东参与等。因此，可以在一个较为广泛的范围内，建立起实质性主题池。例如，在企业价值因素方面，可以选择收入、利润、公司营业额等主题；在社会因素方面，可以考虑员工统计、福利、薪酬、社区影响等主题；在环境因素方面，可以选择温室气体排放、水资源管理、废物管理等主题。

同时，披露主体还可以参考国家和国际标准来制定可持续主题池，其中可以包括通用主题和特定行业主题，例如，可以使用联合国全球契约的10项原则及其基本指南来报告环境、劳工、人权和反腐败问题。可持续核算准则委员会（SASB）针对特定行业制定了实质性地图（Materiality Map®，后升级为Materiality Finder）。

第三步：结合利益相关者，确定实质性主题优先级

在披露中，应平衡利益相关者和实质性主题，常用方法是根据利益相关者的角色和实质性主题的影响赋予不同的权重，将披露重点放在优先级更高的主题上，从而提供更务实和平衡的结果，常用工具包括实质性矩阵（Materiality Matrix）等。

第四步：披露实质性主题

在确定实质性主题后，则可经管理层审议通过，开展数据收集和报告编制工作。

# Shareholder 还是 Stakeholder：企业家如何看待可持续信息披露

1970 年，米尔顿·弗里德曼在《纽约时报》发表著名文章《企业的社会责任是增加利润》，定义企业的宗旨："企业只有一项社会责任，即在法律和规章制度许可的范围之内，利用其资源并从事旨在增加利润的活动"。这一以股东利益最大化为唯一目标的理念，简单、清晰而又直达人心，激励了一大批企业家夙兴夜寐，不懈奋斗，并最终推动社会总体资源配置效率和经济效益的提升。

近年来，以 ESG 理论为代表的现代企业社会责任理论，对企业存在的意义提出了新的观点。根据世界可持续发展企业委员会的定义，企业社会责任是企业对股东和其他利益相关方做出的合乎道德的行为，即企业针对社会所产生的经济、法律、环境等综合效益而在活动中所承担的经济、法律、道德及其他相关责任。

## 一、股东和利益相关方

从概念上区分"股东"和"利益相关者"比较简单，概括来说，股东是公司的利益相关者，而利益相关者不一定是股东。股东（Shareholder）是向公司出资或认购股份，从而享有资产收益等股东权利的人。股东持有该公司利益，因而是公司的利益相关者。股东主要由于公司业绩直接在经济上受到影响。

利益相关方（Stakeholder）包括受到公司除业绩以外因素（例如环境因素、社会因素等）影响的实体。典型的利益相关方包括股东、监事、员工、供应商、债权人、消费者、社区等。在实践中，利益相关方的划定更为复杂。例如，根据纳斯达克交易所的自我评定，其自身是一个具有上市公司、交易所、自律组织、金融产品供应方、数据管理方等多重身份的混合组织，在实质性评估中，其利益相关方包括且不限于：上市公司、上市公司投资者、纳斯达克（NASDAQ）投资者、投资者权益团体（Investor Advocacy Groups）、外汇监管机构、其他证券交易所、市场分析师和研究人员、公共政策制定者、非政府组织和报告框架、上市前公司、客户和供应商、现在（和未来）的员工、公共社区。

## 二、股东还是利益相关方

如弗里德曼所言，古典企业社会责任理论认为，应确保股东作为出资人的利益，将股东利益最大化作为衡量公司治理效率的唯一标准，因此也被称为股东至上主义。

利益相关方概念的加入，是现代企业社会责任理论与古典企业论社会责任理论的最大区别。现代企业社会责任理论认为，企业在经营过程中，需要将所有利益相关方纳入考量，即企业在创造利润、对股东和员工承担法律责任的同时，还要承担对消费者、社区和环境的责任。

业界对两种理论下的投资表现有不同意见。利益相关方理论支持者认为ESG提升企业竞争力，通过人力资本优势、创新管理等因素带动盈利改善，进而产生较高股价回报。反对者认为，ESG因素的影响多数是事件驱动型，市场会在短期内消化相关事件的影响，长期来看对股价影响相对较小。还有研究提出，过去十年（2010—2020年）可持续股票投资的高收益主要是由流量驱动的，即ESG基金的大量资金流入在短期内推高股价（以2021年为例，美国ESG基金规模达到4000亿美元，同比增长33%），并不能解释为对未来的预期收益。

学术界尝试以不同的模型来比较这两种理论，但并没有得到一个一致性的结论，原因是，根据不同的假设条件，包括市场结构（充分竞争、垄断或寡头）、消费者对商品的弹性、监管强度的不同，ESG因素对企业价值的影响效果不同。例如，在企业定价权较高、消费弹性较低的市场，ESG 因素对企业的影响相对较小。此外，在弱监管条件下，企业社会责任无法准确规定公司的行为标准，容易成为一种“万金油”式的概念，甚至偏离企业社会责任的初衷和本意。

## 三、企业的 ESG 成本

对于企业家而言，超越把股东利润作为唯一目标的传统理念，并在生产经营过程中追求对环境、社会等利益相关方的贡献，并非易事。在实践中，从成本的角度看待 ESG 问题，更具可行性。

1. 监管和合规成本

随着全球 ESG 监管趋严，ESG 信息披露由自愿披露转向强制披露，披露主体覆盖范围不断扩大，信息质量标准进一步提升，企业的合规成本势必上升。例如，英国在 2022 年 4 月发布《2022 年公司（战略报告）（气候相关财务披露）条例》和《2022 年有限责任合伙企业（气候相关财务披露）条例》，要求大型和上市英国公司根据气候相关财务信息披露工作组（TCFD）的标准披露信息。美国 SEC 自 2022 年 5 月起，要求基金和投资顾问在其发布的材料中提供与其追求的 ESG 策略相关的具体披露。

2. 供应链成本

随着行业主导企业或政府等市场参与者对 ESG 的重视度提高，企业由供应链带来的 ESG 成本也不断增加。截至 2022 年底，全球超过三分之一的大型上市公司制定了净零目标。例如，苹果公司计划到 2030 年，在整个业务、生产供应链和产品生命周期实现碳中和。全球范围内，已有 200 多家苹果公司供应商加入这一承诺。

同时，政府在采购流程中要求披露 ESG 数据和信息，进一步增加了企业的 ESG 供应链成本。2022 年 11 月，美国政府提出联邦供应商气候风险和弹性规则，该规则要求主要联邦供应商披露其温室气体排放和气候相关财务风险，并设定减排目标。根据规则，年度合同超过 5000 万美元的“主要”联邦供应商将被要求披露范围 1、范围 2 和范围 3 排放，披露与气候相关的财务风险，并设定基于科学的减排目标。此外，年度合同金额超过 750 万美元但金额低于 5000 万美元的“重要”联邦供应商将需要报告范围 1 和范围 2 排放。

3. 声誉成本

ESG 声誉成本是指由于 ESG 行为不规范、信息披露透明度不足等原因，对企业的社会信任、投资者支持产生的影响。声誉成本主要通过影响企业证券价格的形式体现出来，例如，2022 年 5 月，德国金融监管局（BaFin）指控德意志资管公司（DWS）存在 ESG 基金“漂绿”行为并进行搜查，导致 DWS 首席执行官 Asoka Whrmann 辞职和公司股票下跌。

4. 融资成本

不能满足 ESG 信息披露要求的企业，或 ESG 评级下调的企业，将可能面临更高的融资成本，或失去融资。国际上，金融机构更加积极地要求企业披露气候信息，银行、基金、资产管理公司、保险公司向企业施加越来越大的压力，要求应用国际可持续机构的披露标准，或签署碳减排目标相关的协议。例如，2021 年，先锋基金（Vanguard）提出“气候发言权”（Say on Climate）方法，要求投资企业：每年披露温室气体排放量和目标进展情况，披露公司减少未来排放和管理气候相关风险的战略计划，股东对公司的气候计划或报告进行经常性投票的权利。2022 年起，道富银行要求其投资组合中的主要企业披露气候转型计划，包括脱碳战略、资本分配、气候治理和气候政策等 10 个类别。

5. 处罚成本

目前，国际上对 ESG 信息披露的处罚范围和处罚力度不断加大。例如，2022 年 5 月，美国证券交易委员会（SEC）指控淡水河谷公司（Vale）的可持续发展报告、ESG 相关文件及定期报告中存在“重大虚假和误导性”（materially false and misleading），误导地方政府、社区和投资者对大坝的安全性的认识，Vale 被罚款 1690 万美元。这是 SEC 成立气候变化和 ESG 特别工作组后发起的第一桩诉讼，此外，因 ESG 信息披露问题受到起诉或处罚的企业还包括纽约银行梅隆公司（BNYMIA）、食品供应企业 JBS 等。

## 四、小结

能在复杂的环境中生存和发展是成功企业的共性。及时引导和调整企业融入环境、适应环境，并取得经济效益，是企业家必须承担的责任。

在强监管条件下，企业社会责任的定义更为明确，企业社会责任向经济效益的成本传导链条更为清晰，尤其以碳排放和气候变化监管为典型。

因此，充分考虑企业的 ESG 成本，寻求企业承担的法律、经济义务和社会道德要求之间的平衡，是企业家带领企业前进的应有之义。

# 步入 ESG2.5 时代：关于当前 ESG 所处阶段的讨论

当前，气候风险占据了 ESG 新闻头条。美国上市公司正在等待 SEC 将提出哪些披露要求，在欧盟开展业务的跨国公司正在分析拟议的《企业可持续报告指令》（CSRD）的影响，资本市场参与者还必须考虑欧洲《可持续金融信息披露条例》（SFDR）产生的连锁反应，国际社会正在讨论国际可持续准则理事会（ISSB）提出的两项标准。

但在更长的时间跨度上看，气候问题并非一直是 ESG 的焦点。从宗教团体发起的道德投资，到 90 年代全球环境和社会矛盾激化背景下 ESG 的快速发展，到 21 世纪以来以碳减排为主题的国际气候合作。事实上，ESG 的内涵，一直是随着不同阶段社会需求的变化而不断调整的。

## 一、1970—2015 年：ESG1.0 时代

ESG1.0 时代覆盖阶段为 1970—2015 年。早期的 ESG 概念起源于宗教团体的道德投资理念，主要要求禁入与宗教价值观冲突的烟酒、赌博等行业。伴随着不同阶段全球社会、环境和资源等矛盾的出现，ESG 理念逐渐成为一个包括伦理价值、社会责任和环境行为要求的混合体。

**ESG1.0 时代的主要特征**

1. ESG 意识初步建立

世界第一只责任投资基金派克斯全球基金（Pax World Fund）成立于 1971 年。20 世纪 90 年代，各国对社会、经济、人口、资源、环境等可持续问题的关注不断提升。1990 年 5 月，出现第一只社会责任指数——多米尼 400 社会

指数（Domini 400 Social Index）。2004 年，联合国首次提出 ESG 概念，以推动 ESG 和企业社会责任为主旨的国际组织不断增加，2006 年，联合国责任投资原则组织（UN PRI）成立，推动 ESG 理念在全球的进一步发展。

在这一阶段，ESG 意识初步建立，对公司和金融市场的影响不断增加。公司通过提供有关 ESG 实践的信息，来提高其声誉，并与利益相关者（包括客户、员工和投资者等）建立信任。金融投资者开始将 ESG 因素纳入投资决策，ESG 信息披露重要性提升。

2. 以 ESG 信息提供方的单向输出为主

在 ESG1.0 时期，ESG 信息披露以单向输出为主，即由披露主体来选择向投资者、消费者和政府等利益相关者披露的信息，ESG 信息主要用于展示其对可持续性、社会责任和良好治理的承诺。

同时，信息获取方话语权较小，以被动接收为主。例如，投资者无法根据自身研究和分析需求向企业提出 ESG 信息披露的格式和内容要求，所获得的信息不一定能在公司价值判断中发挥作用。

3. 对披露内容未形成一致的共识，但存在较为松散的共同框架

在该阶段，已经建立起全球报告倡议组织（GRI）、可持续核算准则委员会（SASB）、国际综合报告委员会（IIRC）等多个国际可持续组织，并形成多个 ESG 信息披露框架。这些框架通常遵循一些共同的主题和原则，但在披露内容和标准上因背景和受众而异。

4. 弱监管

在 ESG1.0 时期，对 ESG 的监管相对宽松，以理念宣传、正向引导为主。对 ESG 信息披露的要求以自愿披露为主，并且对信息的标准和质量要求不一，甚至在一定程度上，信息披露这一动作的完成，比信息本身更具有价值。

5. 数字化程度较低

ESG 信息主要通过各种媒介披露，如年度报告、可持续性报告和公司网站等，信息填报、编制和查询难度较大。

## 二、2015 年至今：ESG2.0 时代

在 ESG1.0 时期，衡量公司 ESG 行为好与坏的标准模棱两可，就像我们

无法简单评判一家企业的“社会贡献”多与少。气候和碳排放信息披露的加入，在标准量化、互动性、监管强度和ESG生态丰富性上推动ESG全面进步，构成ESG2.0时代的主要特征。

气候问题的国际协调最早在1992年的《联合国气候变化框架公约》时期开始，2015年12月里程碑式的《巴黎协定》(*The Paris Agreement*)达成，标志着全球应对气候变化迈出历史性的重要一步。因此，ESG2.0时代覆盖阶段大致为2015年至今。

**ESG2.0时代的主要特征**

1. 标准一致化

在气候相关财务信息披露工作组（TCFD）（2015年）、国际可持续准则理事会（ISSB）（2021年）等国际可持续机构的推动下，气候信息披露变得更加统一和标准化，国际通用的信息披露框架基本确立，实质性标准较为明确，公司可以遵循一定的报告框架，以确保其可持续信息披露在全球范围内的一致性和可比性。

2. ESG目标的量化

在碳排放和气候信息披露的推动下，企业ESG信息披露进一步量化。例如，在碳排放领域，《巴黎协定》明确提出长期目标：将全球温升幅度控制在2℃范围内，为1.5℃目标而努力，同时在21世纪下半叶实现净零排放。通过建立“自上而下”与“自下而上”相平衡的全球气候治理模式，《巴黎协定》为工业化国家制定了整体的减排目标，并通过分解产生每个国家的具体量化任务。企业可根据国际或地区整体碳目标，以及行业和自身业务发展，或借助SBTi等工具，制定相应的碳目标。

3. ESG信息交互性增强，信息使用方的话语权提升

在ESG2.0时代，随着ESG金融的发展和监管要求的提高，ESG信息使用方的话语权得到提升，信息披露的交互性增强。例如，机构投资者开始将与气候相关的风险和机遇纳入投资决策，要求公司披露碳排放、能源效率、可再生能源使用等信息。同时，政府和监管机构也不断加大对公司的压力，要求他们披露与气候相关的风险和机遇。

4. 强监管

在 ESG2.0 时期，ESG 监管的强制性增加，碳排放目标等政治承诺付诸立法，对 ESG 信息披露的监管进一步加强，包括：建立可持续综合战略政策，建立气候信息披露的法律框架，提高公司气候信息披露的透明度和问责制，要求企业提供更多关于其碳足迹和气候风险的信息，要求第三方对公司 ESG 信息提供保证或认证等。

5. ESG 生态丰富

ESG2.0 时期，伴随着 ESG 服务需求的增加，ESG 生态进一步丰富。一是披露主体多样化，包括企业、ESG 金融产品、政府等。二是信息获取方范围扩大，包括公众、投资者、监管等利益相关者。三是 ESG 服务机构增加。在该时期，随着 ESG 业务的创新，出现大量新型 ESG 服务机构，例如：

传统市场信息服务机构：彭博、路透

ESG 数据：SustainableHQ、Owl Analytics、Clarity AI

ESG 技术服务企业：Novata、Locus ESG & Sustainability、Brightest

ESG 评级：MSCI、FTSE Russell

ESG 分析机构：ESG Analytics、Sustainalytics

ESG 咨询和战略服务：PWC、Mercer

## 三、面向未来：ESG3.0 时代

计算机科学和信息技术的广泛应用，是 ESG3.0 时代的主要特征。信息科技有助于提高气候信息的准确性和全面性，使气候信息更广泛地获取，自动化和简化气候信息披露过程，促进利益相关方之间更大程度的合作和信息共享，提高气候信息披露过程的有效性和效率。

### ESG3.0 时代的主要特征

1. 信息科技的广泛应用

第一，信息技术提高气候信息的准确性和全面性。例如，遥感、建模和数据分析的进步可以帮助提供有关温室气体排放、天气模式和其他气候相关因素的更准确和详细的信息。

第二，信息技术可提高 ESG 信息的可获得性。例如，使用在线平台、移动应用程序和其他数字工具有助于让包括投资者、决策者和公众在内的广泛利益相关者更容易获取气候信息。

第三，信息技术也有助于自动化和简化气候信息披露过程。例如，使用区块链和其他分布式账本技术可以帮助确保信息不可篡改和准确，同时还可以降低披露过程的成本和复杂性。

第四，技术也有助于促进利益相关者之间的合作和信息共享。例如，云计算、数据可视化和其他技术的使用可以帮助利益相关者在应对气候变化方面共享信息和更有效地合作。

第五，在数据格式上，以 XHTML 为代表的电子数据被广泛使用。

2. ESG 信息需求多样化

一是"大而全"模式的 ESG 信息披露将不能满足投资者需求，市场需要更为丰富和精细化的数据，来进行财务业绩评估和投资决策。二是在排放建模、人工智能和大数据分析等技术的推动下，定制化信息披露增加。三是数据透明度提升，例如，原本"黑匣子"式的评级算法将不能满足市场需求，将需要对方法论、数据来源和潜在利益冲突等方面进行更透明的披露。

3. 前瞻性增强

传统财务信息披露基于历史成本和收益，缺乏前瞻性和预测性。未来 ESG 信息披露将更多基于前瞻性预测，例如气候变化情景分析、未来生产曲线等。

4. 碳市场

碳市场的完善与否，决定了碳排放定价的效率高低。未来碳市场将接受更广泛的市场主体参与，并在全球范围内开展具有可比性和可交易性的碳排放交易。

## 四、小结

站在 ESG2.0，眺望 ESG3.0，积极拥抱科技变化，信任专业化分工，倾听市场需求，似乎是企业迎接 ESG 新时代的最好方法。

# 目　　录


第一章　国际可持续机构可持续信息披露标准 …… 1

第一节　气候相关财务信息披露工作组（TCFD） …… 1

一、气候相关财务信息披露工作组 …… 1

二、《气候相关财务信息披露工作组建议》 …… 4

三、《气候相关财务信息披露工作组建议实施指南》和《TCFD 指标、目标和转型计划指南》 …… 27

四、《使用情景分析披露气候相关风险和机遇》和《TCFD 非金融公司情景分析指南》 …… 36

※ 专栏 1：国际能源署六种气候转型情景和 2℃情景 …… 41

第二节　国际可持续准则理事会（ISSB） …… 44

一、国际可持续准则理事会 …… 44

二、《可持续相关财务信息披露一般要求（样稿）》 …… 47

三、《气候相关披露准则（样稿）》 …… 64

第三节　可持续核算准则委员会（SASB） …… 76

一、可持续核算准则委员会 …… 76

二、可持续核算准则委员会准则 …… 77

三、SASB 准则——以电子商务行业为例 …… 88

四、《温室气体排放和 SASB 准则》 …… 97

第四节　气候披露准则理事会（CDSB） …… 99

一、气候披露准则理事会 …… 100

二、《CDSB 环境和气候变化信息披露框架》 …………………………… 103
三、《CDSB 气候相关信息披露应用指南》 ……………………………… 118
第五节 全球报告倡议组织（GRI） ……………………………………… 131
一、全球报告倡议组织 ………………………………………………… 131
二、GRI 可持续报告标准 ……………………………………………… 132
三、GRI 305：排放信息披露指南 ……………………………………… 135
四、GRI 12：煤炭行业的气候和碳信息披露 …………………………… 153
第六节 国际综合报告委员会（IIRC） ………………………………… 156
一、国际综合报告委员会 ……………………………………………… 156
二、综合报告框架 ……………………………………………………… 158
第七节 碳披露项目（CDP） …………………………………………… 169
一、碳披露项目 ………………………………………………………… 169
二、CDP 气候变化问卷——以农产品（AC）为例 ……………………… 170

**第二章 国家和地区可持续信息披露标准** …………………………… 188
第一节 欧盟可持续信息披露标准 ……………………………………… 188
一、欧盟可持续金融和可持续信息披露 ………………………………… 188
二、可持续金融信息披露条例（SFDR） ……………………………… 192
三、企业可持续报告指令（CSRD） …………………………………… 205
四、欧盟可持续分类法规（EU Taxonomy） …………………………… 216
第二节 美国气候信息披露标准 ………………………………………… 240
一、美国气候信息披露背景情况 ………………………………………… 240
※ 专栏 1：西弗吉尼亚州诉美国环境保护署案 ………………………… 241
二、美国证监会气候信息披露监管有关情况 …………………………… 243
※ 专栏 2：SEC 关于气候变化信息披露的函（示例） …………………… 246
三、《关于气候变化相关信息披露的指南》 ……………………………… 248
四、《面向投资者的气候相关信息披露的加强和标准化》 ……………… 257

第三章　交易所可持续信息披露要求 …… 262
第一节　纳斯达克证券交易所 …… 262
一、纳斯达克交易所 …… 262
※ 专栏 1：纳斯达克可持续债券网络标准 …… 265
二、《纳斯达克交易所 ESG 报告指引 2.0》 …… 266
第二节　新加坡交易所 …… 278
一、新加坡交易所有关情况 …… 278
二、新交所可持续报告要求 …… 282
三、新交所《可持续报告指南》 …… 284
四、新交所《核心 ESG 指标》 …… 296
第三节　卢森堡交易所 …… 298
一、卢森堡证券交易所 …… 298
※ 专栏 2：通过 FIRST 发布和传播 ESG 报告 …… 300
二、《卢森堡证券交易所 ESG 信息披露指南》 …… 302
第四节　伦敦证券交易所 …… 316
一、伦敦证券交易所 …… 316
二、《ESG 报告指引》 …… 318
三、《气候报告指引》 …… 322

第四章　金融产品可持续信息披露要求 …… 331
第一节　绿色信贷信息披露 …… 331
一、贷款市场协会和绿色信贷原则 …… 331
二、绿色信贷信息披露 …… 334
第二节　绿色债券信息披露 …… 337
一、气候债券倡议组织（CBI） …… 337
二、国际资本市场协会（ICMA） …… 341
※ 专栏 1：《绿色债券原则》和绿色债券 …… 343

**第五章　可持续信息披露案例** …… 353
第一节　雀巢公司 TCFD 披露 …… 353
第二节　摩根士丹利 SASB 披露 …… 355
第三节　可口可乐公司 10 – K 表格中的气候信息披露 …… 363

**附录** …… 373
一、联合国可持续发展目标（SDG） …… 373
二、联合国全球契约和十项原则 …… 388
三、联合国负责任投资原则（UNPRI） …… 393

**后记** …… 396

# 第一章　国际可持续机构可持续信息披露标准

## 第一节　气候相关财务信息披露工作组（TCFD）

TCFD 推动企业自愿、一致的气候相关财务信息披露，致力于为“有助于金融市场参与者了解其所面临气候相关风险的披露”设计一整套标准。

气候相关财务信息披露工作组（TCFD）已经成为全球气候和可持续信息披露的重要基石。TCFD 的四要素框架贯穿国际金融监管、各可持续组织和交易所的信息披露要求。美国证监会 2022 年发布的《面向投资者的气候相关信息披露的加强和标准化》要求、欧盟企业可持续报告法令（CSDR）、国际可持续准则理事会（ISSB）的一般要求和气候标准，都遵循或参考了 TCFD 标准。

### 一、气候相关财务信息披露工作组

#### （一）气候相关财务信息披露工作组背景情况

气候相关财务信息披露工作组（Task Force on Climate－related Financial Disclosures，TCFD）成立于 2015 年 12 月，由金融稳定理事会（Financial Stability Board，FSB）牵头筹建，总部位于美国纽约。

TCFD 是在全球对气候变暖威胁的认识不断加深的大环境下成立的，一个普遍的认知是，全球经济活动持续排放温室气体，会导致地球进一步变暖，与工业化前时期相比，气温上升会超过 2 摄氏度（2℃），进而可能引发灾难性经济和社会后果。

为应对上述气候变化，2015 年 12 月 12 日，在第 21 届联合国气候变化大会（巴黎气候大会）上，178 个国家通过了《巴黎协定》（*The Paris Agreement*），旨在大幅减少全球温室气体排放，将 21 世纪全球气温升幅限制在 2℃以内，同时寻求将全球气温升幅进一步限制在 1.5℃以内的措施。《巴黎协定》的内容，包括所有国家对温室气体减排和共同努力适应气候变化的承诺，以及呼吁各国逐步加强承诺。《巴黎协定》尝试为发达国家提供协助发展中国家减缓和适应气候变化的方法，同时建立透明监测和报告各国气候目标的框架。

在全球达成应对气候变化共识的同时，在金融领域，对气候变化的潜在金融风险的认识仍处于初级阶段。一方面，在大部分国家，拥有股权或公共债务的公司（上市公司或债券发行人）有法律义务对其财务报告中的重大风险（包括重要的气候相关风险）进行披露，但是在披露气候相关财务风险方面，缺乏一个全球统一的标准，使得各机构难以决定何种信息应包含在披露文件内，以及应以何种形式呈现出来。即使是报告相似的气候相关信息，由于强制性及自愿性框架间的差异，这些信息也难以进行横向比较，从而导致报告的碎片化，并且缺少对财务影响的关注。这使投资者、银行和保险机构等信息使用者无法获得影响其经济决策的完整信息。另一方面，由于统一气候信息披露标准的缺位，监管部门对金融系统内气候相关风险敞口的测算和压力测试也面临挑战。

综合上述原因，2015 年 9 月，金融稳定理事会（FSB）召开公共及私营部门代表会议，对气候相关问题对金融部门的影响进行评估。2015 年 12 月，FSB 正式建立气候相关财务信息披露工作组（TCFD）。

### （二）TCFD 职能和《气候相关财务信息披露工作组建议》

TCFD 的主要职能，是制定自愿、一致的气候相关财务信息披露制度，帮助金融机构（包括投资者、银行和保险机构等）了解气候相关的实质性（material）风险和机遇。TCFD 的目标，是通过制定更有效的气候相关信息披露标准，来促进更合理的投资、信贷和保险决策，使利益相关者能够更好地了解气候相关资产在金融资产中的分布，以及金融体系对气候相关风险的敞口，并最终使市场能够将投资引导到可持续发展的领域。

对于企业而言，TCFD 认为，信息披露可以帮助公司将与气候相关的风险和机遇纳入其风险管理和战略规划流程。并且，投资者对与气候相关财务影响的理解会随着信息披露的增加而进一步加深，从而吸引对可持续领域的投资。

TCFD 由 32 个成员组成，包括大型银行、保险公司、资产管理公司、养老基金、大型非金融公司、会计和咨询公司以及信用评级机构。多样化的工作组成员构成，以及利益相关方的参与，可以在专业知识和实践指导等方面，协助 TCFD 制定气候相关财务信息披露制度。

2017 年 6 月，TCFD 正式发布《气候相关财务信息披露工作组建议》（*Recommendations of the Task Force on Climate - related Financial Disclosures Final Report*，以下简称《TCFD 披露建议》），对气候相关财务信息披露的核心内容、原则等要求进行了阐述，《TCFD 披露建议》也成为国际绿色和气候信息披露领域重要的基础性标准之一。

在《TCFD 披露建议》基础上，TCFD 围绕气候相关财务信息披露的实施、指标、分析方法等内容，制定了一系列配套文件。其中包括：在操作实务方面，TCFD 发布了《气候相关财务信息披露工作组建议实施指南》（2017）（*Implementing the Recommendations of the Task Force on Climate - related Financial Disclosures*），为披露报告编制者提供实施气候相关财务信息披露的背景信息和操作建议，并为金融部门和非金融部门制定了补充指南，通过强调具体行业的重要考虑因素，来为这些领域潜在的气候相关金融影响提供更加全面的指引；在披露指标方面，2021 年 10 月，TCFD 发布了《TCFD 指标、目标和转型计划指南》（*Task Force on Climate - related Financial Disclosures Guidance on Metrics, Targets, and Transition Plans*），为气候相关指标和目标以及转型计划的关键信息提供指导。

### （三）《TCFD 披露建议》全球使用情况

自 2018 年起，TCFD 每年发布状态报告（Status Report），跟踪汇报全球范围内 TCFD 标准的使用情况、使用范围和披露质量。根据 2021 年 TCFD 状态报告，截至 2021 年 10 月，全球有超过 2600 家组织支持 TCFD，其中包括 1069 家金融机构，覆盖资产 194 万亿美元。

同时，多个国家已开始将《TCFD 披露建议》的整体或部分要求纳入政策和法规，并将其作为气候相关报告要求的基础，要求国内组织按照《TCFD 披露建议》进行报告，其中包括欧盟、巴西和新西兰等。

2021 年 4 月，欧盟委员会发布企业可持续报告指令（CSRD）（关于 CSRD 的详细内容请见本书第二章第一节：欧盟可持续信息披露标准），欧盟委员会指出，报告标准应考虑包括 TCFD 框架在内的现有标准和框架，这一要求可能带来 50000 家在欧盟有业务的大型企业采用与 TCFD 一致的报告标准。

2021 年 4 月，巴西中央银行（BCB）就国家金融系统（SFN）机构披露社会、环境和气候相关风险管理的规则发布公众咨询。2021 年 9 月，BCB 宣布了与 TCFD 一致的强制性披露要求，重点关注与受监管机构的治理、战略和气候相关风险管理有关的定性披露，并将逐步加入定量披露。

2020 年 9 月，新西兰宣布，计划要求约 200 家机构按照《TCFD 披露建议》进行气候相关财务信息披露，包括大多数持牌保险公司、上市发行人、大型注册银行以及投资管理公司等。

## 二、《气候相关财务信息披露工作组建议》

1. 《TCFD 披露建议》四要素框架

《TCFD 披露建议》围绕组织运作的四个核心要素展开，包括治理（Governance）、战略（Strategy）、风险管理（Risk Management）、指标和目标（Metrics and Targets）（见表 1 - 1）。其中，治理是指围绕气候相关风险和机遇的组织治理，战略是指气候相关风险和机遇对组织业务、战略及财务规划的实际和潜在影响，风险管理是指组织在识别、评估和管理气候相关风险时采用的流程，指标和目标是指用于评估和管理气候相关风险和机遇的指标和目标。

《TCFD 披露建议》的四个核心披露要素概括了组织运行的主要内容，有助于投资者了解组织面临的气候相关风险和机遇，并获得有前瞻性的财务影响相关信息。在此基础上，TCFD 通过制定场景分析、行业标准和指标及目标等分项指引，形成了一套相对全面的气候信息披露标准。

从目前国际气候相关信息披露标准的发展来看，《TCFD 披露建议》的四要素框架也成为很多标准的基础框架，例如国际可持续准则理事会（ISSB）制定的《可持续相关财务信息披露一般要求》和《气候相关信息披露》[详细内容请见本章第二节：国际可持续准则理事会（ISSB）]。一些交易所也参考 TCFD 框架，制定了上市公司气候信息披露要求，例如，伦敦证券交易所的《ESG 气候报告指引》建议上市公司参考 TCFD 框架进行气候相关信息披露。

**表 1－1　《TCFD 披露建议》四个核心披露要素**

| 要素 | 含义 | 披露建议 |
|---|---|---|
| 治理 | 披露组织围绕气候相关风险和机遇的治理 | （1）描述董事会对气候相关风险和机遇的监督<br>（2）描述管理层在评估和管理气候相关风险和机遇方面的作用 |
| 战略 | 披露气候相关风险和机遇对组织的业务、战略和财务规划的实际和潜在影响 | （1）描述组织在短期、中期和长期内识别的气候相关风险和机遇<br>（2）描述气候相关风险和机遇对组织的业务、战略和财务规划的影响<br>（3）描述不同的气候相关情景，包括 2℃或更低的情景下，组织战略的弹性 |
| 风险管理 | 披露组织如何识别、评估和管理气候相关风险 | （1）描述组织识别和评估气候相关风险的过程<br>（2）描述组织管理气候相关风险的流程<br>（3）描述如何将识别、评估和管理气候相关风险的流程整合到组织的整体风险管理中 |
| 指标和目标 | 披露用于评估和管理相关气候相关风险和机遇的指标和目标 | （1）披露组织用于根据其战略和风险管理流程评估气候相关风险和机遇的指标<br>（2）披露范围 1、范围 2 和范围 3（如适用）温室气体（GHG）排放和相关风险<br>（3）描述组织用于管理气候相关风险和机遇的目标以及针对目标的绩效 |

2.《TCFD 披露建议》的广泛适用性和开放性

自 2017 年发布以来，《TCFD 披露建议》获得了投资者、监管部门和企业的广泛支持，该框架提出的四个核心披露要素 11 项披露内容（见表 1－1）既适用于各个经济部门及司法辖区内的各类企业组织，同时也适用于各类金融机构，包括银行、保险公司、资产管理公司等。不同行业和采用不同架构的组织都可以使用《TCFD 披露建议》，即按照四要素披露框架，通过组建团队、搭建框架、深度调研、收集内容、撰写报告等步骤，来完成符合基本披露要求的气候相关报告。

同时，《TCFD 披露建议》还具备进一步衍生和扩展的开放性。一方面，TCFD 自身通过情景分析指南、分行业指南、指标和目标指南等一系列配套指引文件，来提升气候相关信息披露的质量和效率。以情景分析（Scenario Analysis）为例，情景分析是分析低碳经济转型相关风险和机遇的重要方法，在气候情景分析当中，TCFD 建议披露组织的战略在不同气候情景下的韧性，包括 2 摄氏度或更低气温的情景，目的是更好地了解气候变化和低碳经济转型对组织的潜在影响（关于情景分析的详细内容请见本节第四部分：《使用情景分析披露气候相关风险和机遇》和《TCFD 非金融公司情景分析指南》）。另一方面，《TCFD 披露建议》为气候信息披露的方法、分类、指标以及其他披露标准提供了开发和精细化的空间。其他标准制定机构可以在《TCFD 披露建议》的基础上，通过制定行业专用标准、制定信息披露问卷、增加披露内容等方式，进一步对气候相关信息披露做精细化处理。

3. 通过年度财务报告披露气候信息

目前，企业可通过多种渠道以不同类型的报告来披露环境和气候信息，其中独立的披露渠道包括《社会责任报告》《影响力报告》《可持续报告》《ESG 报告》等，或者，企业可在年度报告、10－K 表格和综合报告的相关部分披露有关信息。《TCFD 披露建议》提出，企业应通过年度财务报告来披露气候信息，这与该框架的披露目标有关。

《TCFD 披露建议》的目标，是为包括投资者、银行和保险机构在内的金融机构提供气候相关的实质性信息。与环保组织、社区等利益相关者相比，金融机构的投资决策、风险管理对财务信息的依赖度更高，监管部门也对金融体系对气候相关风险的财务敞口更为关注。因此，气候相关风险和机遇对组织的财务影响，是《TCFD 披露建议》的关注重点。

TCFD 建议在主流年度财务报告中提供相关的气候披露，理由包括：第一，具有公共债务或股权的公司有法律义务在其财务报告中披露重要信息，其中包括重要的气候相关信息。第二，通过主流财务报告披露可以促进股东的参与，并促进气候相关财务信息的广泛应用，从而推动投资者和其他利益相关者更充分地了解气候相关风险和机遇。第三，如果气候信息披露与国家或监管要求的财务报告披露要求不兼容，TCFD 鼓励组织在其他的公司正式报告中进行披露，并至少每年发布一次、广泛传播以及对投资者与其他人士公开，并且需与其他财务报告遵循相似的内部治理流程。

4.《TCFD 披露建议》七项原则

信息披露制度以相应的披露原则来保证信息的质量，不同的框架对披露原则有不同的表述，包括公平、公正、公开原则，以及真实、准确、完整、及时等原则。为确保高质量的披露，TCFD 要求信息披露需遵循七项原则（见表 1－2）。

**表 1－2　TCFD 信息披露原则**

| TCFD 信息披露原则 | 内容 |
|---|---|
| 原则一 | 披露应代表相关信息 |
| 原则二 | 披露应具体和完整 |
| 原则三 | 披露应清晰、平衡且易于理解 |
| 原则四 | 披露应保持一致性 |
| 原则五 | （行业内或投资组合内的公司之间的）披露应具有可比性 |
| 原则六 | 披露应是可靠的、可验证的和客观的 |
| 原则七 | 应及时披露 |

**注释（1）**《TCFD 披露建议》[①] 正文部分包括六个部分，分别是：A. 简介；B. 气候相关风险、机遇和财务影响；C. 建议与指南；D. 情景分析

① 本书引用气候相关财务信息披露工作组（TCFD）2017 年 6 月发布的《气候相关财务信息披露工作组建议》（*Recommendations of the Task Force on Climate－related Financial Disclosures Final Report*），网址为 https：//assets. bbhub. io/company/sites/60/2021/10/FINAL－2017－TCFD－Report. pdf。中文版本仅供参考，中文版本与英文版本如有出入，以英文版本为准。

与气候相关的问题；E. 考虑的关键问题和进一步工作的领域；F. 结论。

其中，《TCFD 披露建议》基于治理（Governance）、战略（Strategy）、风险管理（Risk Management）及指标和目标（Metrics and Targets）四个核心要素，为气候相关财务信息披露提供了标准，主要包括在 C. 建议与指南部分。本书将着重对《TCFD 披露建议》中：B. 气候相关风险、机遇和财务影响；C. 建议与指南；附录 3：有效披露的基本原则有关内容进行介绍（见表 1 -3）。

**表 1 -3 《TCFD 披露建议》目录**

| 《TCFD 披露建议》 | |
|---|---|
| A. 简介 | 1. 背景 |
| | 2. TCFD 的职责 |
| B. 气候相关风险、机遇和财务影响 | 1. 气候相关风险 |
| | 2. 气候相关机遇 |
| | 3. 财务影响 |
| C. 建议与指南 | 1. 建议与指南概述 |
| | 2. 实施建议 |
| | 3. 为所有部门提供的通用指南 |
| D. 情景分析与气候相关的问题 | 1. 情景分析概述 |
| | 2. 面临与气候相关的风险 |
| | 3. 情景分析的推荐方法 |
| | 4. 应用情景分析 |
| | 5. 进行情景分析的挑战和益处 |
| E. 考虑的关键问题和进一步工作的领域 | 1. 与其他报告倡议的关系 |
| | 2. 披露的地点和实质性 |
| | 3. 情景分析 |
| | 4. 数据可用性与质量和财务影响 |
| | 5. 与投资有关的温室气体排放 |
| | 6. 薪酬 |
| | 7. 会计方面的考虑 |
| | 8. 短期、中期和长期时间框架 |
| | 9. 覆盖范围 |
| | 10. 组织所有权 |

续表

| 《TCFD 披露建议》 | |
|---|---|
| F. 结论 | |
| 附录1：工作组成员 | |
| 附录2：工作组目标和方法 | |
| 附录3：有效披露的基本原则 | |
| 附录4：选择披露框架 | |
| 附录5：词汇与缩写 | |
| 附录6：参考资料 | |

**注释（2）** 《TCFD 披露建议》B. 气候相关风险、机遇和财务影响，包括三部分内容：①气候相关风险；②气候相关机遇；③财务影响。其中，气候相关风险分为与向低碳经济转型相关的风险（转型风险）和与气候变化造成的物理影响相关的风险（物理风险）。气候相关机遇包括资源效率、能源来源、产品和服务、市场和韧性。财务影响包括气候相关问题对收入、支出、资产和负债、资本和融资的影响。

《TCFD 披露建议》对气候相关风险、机遇和财务影响三个概念及其所包括的内容进行了解释和举例。

**B. 气候相关风险、机遇和财务影响**

**1. 气候相关风险**

TCFD 将气候相关风险分为两大类：（1）与向低碳经济转型相关的风险；（2）与气候变化造成的物理影响相关的风险。

a. 转型风险

向低碳经济转型可能带来广泛的政策、法律、技术和市场变化，以应对气候变化相关的缓释和适应性要求。根据这些变化的性质、速度和重点，转型风险可能使各组织承担不同程度的财务和声誉风险。

（1）政策和法律风险

围绕着气候变化，政策也在不断地进行调整。其目标通常可分为两类：限制进一步加剧气候变化不良影响的活动，或促进适应气候变化的活动。例如实行碳定价机制以减少温室气体排放、更多地使用污染排放较低的能源、实行节能解决方案、鼓励实行更多的节水措施，以及倡导土地可持续使用。与政策变化相关的风险及其产生的财务影响取决于政策变化的时点和性质。

另一个重要风险是诉讼或法律风险。近年来，房产业主、市政机构、州、保险公司、股东和公共利益组织向法院提出的气候相关诉讼索赔不断增加。此类诉讼的原因包括各组织未能缓释气候变化带来的影响，未能适应气候变化，以及未能充分披露重大财务风险。随着气候变化造成的损失的增加，诉讼风险也可能随之增加。

（2）技术风险

支持向低碳、节能型经济体系转型的技术改善或创新，可能对各组织产生重大影响。例如，对可再生能源、电池储能、能源效率和碳捕获和封存（Carbon Capture and Sequestration，CCS）等新兴技术的开发和使用，将对特定组织的竞争力、生产和配送成本产生影响，并最终影响终端用户对其产品和服务的需求。新技术取代现有的旧体系，将对现有经济体系的某些部分造成干扰，在这种“创造性破坏”的过程中，将产生赢家和输家。在评估技术风险时，技术开发和应用的时机是一项关键的不确定因素。

（3）市场风险

虽然市场受气候变化影响的方式多样且复杂，但随着气候相关风险和机遇越来越受到重视，主要影响之一是改变对特定大宗商品、产品和服务的供需关系。

（4）声誉风险

气候变化已被认为是声誉风险的潜在来源，这可能会改变客户或社群对企业的看法，即使对转型至低碳经济作出了贡献，也还是背道而驰。

b. 物理风险

气候变化带来的物理风险可能是突发事件（短期风险）或气候模式的长期变化（长期风险）。物理风险可能会为各组织带来财务影响，如资产的直接损失、供应链中断带来的间接影响。各组织的财务业绩也可能受到：

水资源可用量、采购、质量变化；食品安全；极端温度变化对组织经营场所、业务、供应链、运输需求和员工安全的影响。

（1）短期风险

短期物理风险是指由事件驱动的风险，包括极端天气事件，如龙卷风、飓风或洪水。

（2）长期风险

长期物理风险是指气候模式的长期转变（例如，持续的高温），这种长期性的转变可能导致海平面上升或长期热浪。

**2. 气候相关机遇**

缓释和适应气候变化影响的努力，例如，通过提高资源效率和节约成本、采用低排放能源、开发新产品和服务、进入新市场，以及建立起供应链的韧性，将能够为组织创造更多机遇。气候相关机遇将因组织经营的地区、市场和行业而异。TCFD 确定了以下机遇领域。

a. 资源效率

有越来越多的证据表明，各组织通过提高其生产和分配流程、建筑、机械/设备和运输/流动性方面的效率，特别是能源方面的效率和更广泛的材料、水和废物管理，成功地降低了运营成本。该类行动可以在中期至长期内直接节约企业的运营成本，并有助于全球减排。技术创新正在助推这一转型。这些创新包括开发高效采暖解决方案和循环经济解决方案、改善 LED 照明技术和工业电机技术、进行建筑节能改造、使用地热能、提供水的使用和处理解决方案，以及开发电动汽车。

b. 能源来源

根据国际能源署（IEA）的统计，为了实现全球减排目标，需要各国将其能源发电的很大一部分转化为低排放替代品，如风能、太阳能、海浪、潮汐、水力、地热、核能、生物燃料以及碳捕获和封存。对可再生能源产能的投资连续五年超过对化石燃料发电的投资。向分散清洁能源发展、成本的快速下降、储存能力的提升，以及这些技术的全球化采用的趋势都十分突出。转向使用低排放能源的组织可能会节约每年的能源成本。

c. 产品和服务

创新并开发新型低排放产品和服务的组织可能会提高自身的竞争力，从客户和生产商偏好的转变中获益。例如在营销推广和标识产品时更加注重产品碳足迹的消费商品和服务（例如，旅游、食品、饮料、消费必需品、物流、印刷、时尚和回收服务）以及注重减少排放的生产资料（例如，在供应链中采用节能措施）。

d. 市场

积极在新兴市场寻求机遇或寻求资产多样性的组织可以使其活动多样化，能够更好地向低碳经济转型。特别是通过与发达和发展中国家的政府、开发银行、小型地方企业和社区团体的合作，各组织可以获得进入新市场的机遇，因为这些国家正在努力向低碳经济转型。新的机遇也可以通过承保或投资绿色债券和基础设施（例如，低排放能源的生产、能源效率、电网连接或运输网络）获得。

e. 韧性

气候变化韧性指的是各组织发展应对气候变化的适应能力，以更好地管理相关风险并抓住机遇，包括应对转型风险和物理风险的能力。这些机遇包括提高效率、设计新的生产流程和开发新产品。与韧性相关的机遇对拥有长期固定资产或庞大的供应或分销网络的组织，或严重依赖公用设施和基础设施网络或在其价值链中严重依赖自然资源的组织，或可能需要长期融资和投资的企业特别重要。

**3. 财务影响**

更好地披露气候相关风险和机遇对组织的财务影响，是TCFD的一个关键目标。为了作出更明确的财务决策，投资者、贷款人和保险机构需要了解气候相关风险和机遇如何影响组织的未来财务状况，这一影响将反映在其损益表、现金流量表和资产负债表中。虽然气候变化几乎影响到所有的经济部门，但影响的程度、类型以及气候相关风险因部门、行业、地理位置和组织而异。

气候相关问题对组织的财务影响从根本上是由组织面临的具体气候相关风险和机遇造成的，也和管理这些风险的战略和风险管理决策（缓释、转移、接受或控制）以及抓住相关机遇有关。TCFD 确定了下述四个主要类别。

a. 损益表

收入。转型和物理风险可能会影响对产品和服务的需求。各组织应考虑对收入的潜在影响，并发现增加或创造新收入的潜在机遇。特别是随着碳排放定价作为一项监管排放的手段被引入，对于受影响的行业来说，考虑这种定价对企业收入的潜在影响非常重要。

支出。组织对气候相关风险和机遇的反应，可能在某种程度上取决于组织的成本结构。成本较低的供应商对气候相关问题造成的成本变化的韧性更强，并且有能力灵活处理这些问题。通过提供其成本结构和适应灵活度的相关指标，组织可以更好地向投资者告知其投资潜力。投资者同时也可以了解资本支出计划，以及资助这些计划所需的债务或资产水平。在考虑这些计划的韧性时，应该考虑到组织转移资本的灵活度，以及资本市场在组织存在高气候相关风险时的投资意愿。披露这些计划可以获得更多的资本市场机会，或更好的融资条件。

b. 资产负债表

资产和负债。气候变化相关的政策、技术和市场动态变化，使供需关系出现变化，这种变化可能影响各组织资产和负债的估值。长期资产的使用，以及可能相关储备金的使用，可能会特别受到气候相关问题的影响。对于各组织来说，提供气候相关问题对其资产和负债，特别是长期资产的潜在影响十分重要。主要包括新的投资、重组、核销、减值的现有和承诺性活动和决定。

资本和融资。气候相关风险和机遇可能会改变组织的债务和股权结构，即通过增加债务水平来补偿减少的经营现金流，或是新的资本支出或研发。这也可能影响发行新债或对现有债务再融资的能力，或缩短组织可以借款的期限。经营亏损、资产减值或发行新股本以满足投资的需要也可能使资本和储备金发生变化。

气候相关问题对组织的财务影响并不总是明确或直接的，对于许多组织而言，发现问题、评估潜在影响，以及确保重大问题能反映在财务报告上，具有一定挑战性。主要原因可能包括（1）组织内部对气候相关问题的认识有限；（2）注重短期风险，而未能给长期风险足够的重视；（3）在量化气候相关问题对财务的影响方面存在困难。

为协助组织识别气候相关问题及其影响，TCFD 制定了表 1－4《气候相关风险和潜在财务影响》以及表 1－5《气候相关机遇和潜在财务影响》。

**表 1－4　气候相关风险和潜在财务影响**

| 类型 | 气候相关风险 | 潜在财务影响 |
|---|---|---|
| 转型风险 | 政策和法律<br>— 上涨的温室气体排放定价<br>— 强化的排放报告义务<br>— 现有产品和服务的强制要求和监管<br>— 诉讼风险 | — 增加运营成本（例如，更高的合规成本、增加的保险费）<br>— 由于政策变动，现有资产的减值和提前报废<br>— 由于罚款和判决，产品和服务的成本增加和/或相应需求减少 |
| | 技术<br>— 对现有产品和服务的低排放量替代品<br>— 对新技术的投资失败<br>— 向低排放技术转换的成本 | — 现有资产的注销和提前报废<br>— 对现有产品和服务的需求减少<br>— 在全新和替代技术方面的研发（R&D）支出<br>— 在技术开发方面的资金投入<br>— 采用/部署新方法和流程的成本 |
| | 市场<br>— 不断变化的消费者行为<br>— 市场信号的不确定性<br>— 原材料成本的增加 | — 由于消费者偏好的转变，商品和服务的需求减少<br>— 由于投入价格（如能源、水）和产出需求（如废弃物管理）的不断变化，生产成本增加<br>— 能源成本突然和意外的转变<br>— 由于收入组合和来源的变化，收入减少<br>— 资产的重新定价（如化石燃料的储备、土地估值、证券估值） |

续表

| 类型 | 气候相关风险 | 潜在财务影响 |
|---|---|---|
| 转型风险 | 声誉<br>— 消费者偏好的转变<br>— 某些行业的污名化<br>— 利益相关方的担忧增加或负面反馈 | — 由于商品/服务需求的减少，收入减少<br>— 由于生产能力下降（如计划审批拖延、供应链中断），收入减少<br>— 由于劳动力管理和规划（如吸引和挽留员工）的负面影响，收入减少<br>— 可用资金的减少 |
| 物理风险 | 短期<br>— 极端天气（如飓风和洪水）恶劣程度的增加<br>长期<br>— 降水模式的变化和气候模式的极端波动<br>— 平均气温不断上升<br>— 海平面不断上升 | —由于生产能力下降（如运输困难、供应链中断），收入减少<br>— 由于对劳动力的负面影响（如健康、安全、缺勤），收入减少和成本增加<br>— 现有资产的注销和提前报废（如在极端天气高发地区对财产和资产的损坏）<br>— 运营成本的增加（如水电厂的供水不足、核电站和火电厂缺乏足够的冷却水）<br>— 资金成本的增加（如设备损坏）<br>— 销售/产出降低引起的收入减少<br>— 保险费提高以及极端天气高发地区资产可投保险种减少的可能性 |

**表 1－5　气候相关机遇和潜在财务影响**

| 类型 | 气候相关机遇 | 潜在财务影响 |
|---|---|---|
| 资源效率 | — 使用更有效率的运输模式<br>— 使用更有效率的生产和配送流程<br>— 使用回收品<br>— 搬到节能效率更高的建筑物<br>— 减少用水和消耗 | — 降低运营成本（例如，通过效率提升和降低成本）<br>— 生产能力提高，从而增加收入固定资产价值的增加<br>— 固定资产的价值增加（例如，节能效率等级高的建筑）<br>— 劳动力管理和规划的收益（例如，健康水平和安全条件的改善、员工的满意度）而带来的成本下降 |
| 能源来源 | — 使用低排放的能源<br>— 使用政策支持激励<br>— 使用新技术<br>— 参与碳市场<br>— 转向分散的能源产生 | — 运营成本的降低（例如，通过使用最低成本的减排方法）<br>— 减少未来化石燃料价格上涨带来的影响<br>— 减少温室气体的排放，从而减少对碳排放成本变化的敏感性<br>— 低排放技术投资的回报<br>— 可用资金的增加（例如，更多的投资者青睐低排放的制造商）<br>— 声誉变好使产品/服务的需求增加 |

续表

| 类型 | 气候相关机遇 | 潜在财务影响 |
| --- | --- | --- |
| 产品和服务 | — 低排放物品和服务的发展和/或扩张<br>— 发展适应气候变化的需求（如保险风险转移产品和服务）<br>— 通过研发和创新开发新产品或服务<br>— 多元化经营的能力<br>— 消费者偏好的转变 | — 对低排放产品和服务的需求增加使收入增加<br>— 通过适应需求的新解决方案增加收入（如保险中的风险转嫁产品和服务）<br>— 符合消费者偏好的转变而处于更好的竞争位置，使收入增加 |
| 市场 | — 进入新市场<br>— 使用公共部门的激励措施<br>— 进入需要保险覆盖的新资产和地区 | — 通过进入新市场（如和政府、开发银行合作）增加了收入<br>— 增加金融资产的多元化（如绿色债券和基础设施） |
| 韧性 | — 参与可再生能源项目，使用节能措施<br>— 资源替代/多样化 | — 通过风险抵御项目提高市场估值（如基础设施、土地、建筑）<br>— 提高在各种条件下供应链的可靠性和经营能力<br>— 通过新产品和服务确保韧性，从而增加收入 |

**注释（3）** 《TCFD披露建议》C. 建议与指南，包括三部分内容：①建议与指南概述；②实施建议；③为所有部门提供的指南。

其中①建议与指南概述部分，解释了《TCFD披露建议》的总体应用框架，即在治理、战略、风险管理、指标和目标四要素框架下，依照通用指南和特定部门补充指南，对气候相关信息进行披露。其中特定部门补充指南分为金融部门和非金融部门。金融部门包括银行、保险、资产管理者和资产所有者四类，非金融部门包括能源，材料和建筑，交通，农业、食品和林产品4大类18小项（具体内容请见本节第三部分：《气候相关财务信息披露工作组建议实施指南》和《TCFD指标、目标和转型计划指南》）。

②实施建议部分，对进行披露的组织的覆盖范围、披露地点和有效披露原则进行了阐述。

③为所有部门提供的指南部分，对治理、战略、风险管理、指标和目标四要素应包括的内容进行了详细描述。组织在采用《TCFD披露建议》进行报告时，可以将该部分内容作为提纲，收集整理组织相关信息。

## C. 建议与指南

### 1. 建议与指南概述

建议：治理、战略、风险管理，指标和目标。

披露建议：组织应在其财务报告中提供有助于决策的信息。

为所有部门提供的通用指南：通用指南为所有组织实施披露建议提供了背景和建议。

特定部门补充指南：强调了某些行业需要考虑的重要因素，并为其提供了与气候相关的潜在财务影响的更完善的全貌。为金融部门和可能受气候变化影响最大的非金融部门提供了补充指南。

《TCFD 披露建议》的通用指南和特定部门补充指南见表 1－6。

**表 1－6　《TCFD 披露建议》通用指南和特定部门补充指南**

<table>
<tr><td colspan="3">建议</td></tr>
<tr><td rowspan="3">《TCFD 披露建议》</td><td colspan="2">为所有部门提供的通用指南</td></tr>
<tr><td rowspan="2">特定部门补充指南</td><td>金融部门</td></tr>
<tr><td>非金融部门</td></tr>
</table>

金融部门。TCFD 为金融领域制定了补充指南，根据金融领域的经营活动将其分为四大行业。这四大行业是银行（贷款）、保险公司（承保）、资产管理公司（资产管理）和资产所有者（包括公私领域的养老计划、捐赠和基金会）。

非金融部门。TCFD 为非金融行业提供了补充指南，这些非金融行业占温室气体排放量、能源使用量和用水量的比例最大。根据气候相关风险的相似性，这些行业被分为四大类：能源；材料和建筑；交通；农业、食品和林产品。

**表 1－7　特定部门补充指南——非金融部门**

| 能源 | 材料和建筑 | 交通 | 农业、食品和林产品 |
|---|---|---|---|
| — 石油和天然气<br>— 煤<br>— 电力公用事业 | — 金属和采矿<br>— 化学品<br>— 建筑材料<br>— 生产资料<br>— 房地产管理与开发 | — 空运<br>— 航空客运<br>— 海运<br>— 铁路运输<br>— 货运服务<br>— 汽车和零部件 | — 餐饮<br>— 农业<br>— 包装食品和肉类<br>— 纸和林产品 |

**2. 实施建议**

a. 覆盖范围

为了促进在得到更全面的信息下进行投资、贷款和保险承保决策，TCFD建议所有具有公共债务或股权的组织实施其建议。

由于与气候相关的问题也与其他类型的组织有关，TCFD鼓励所有组织实施这些建议。

TCFD尤其认为资产管理公司和资产所有者，包括公私领域养老计划、捐赠和基金会都应该实施其建议，因为其客户和受益人能更好地了解他们的资产业绩、衡量投资风险，从而在得到更全面信息的情况下作出投资选择。

b. 披露的地点和重要性

TCFD建议各组织在其主流（公开）年度财务报告中提供与气候相关的财务披露。

c. 有效披露的原则

（1）披露应代表相关信息；

（2）披露应具体和完整；

（3）披露应清晰、平衡且易于理解；

（4）披露应保持一致性；

（5）（行业内或投资组合内的公司之间的）披露应具有可比性；

（6）披露应是可靠的、可验证的和客观的；

（7）应及时披露。

**3. 为所有部门提供的通用指南**

（1）治理

治理相关的信息披露是指披露机构对气候相关风险和机遇的治理。包括机构的董事会在监督与气候相关的问题上的作用，以及管理层在评估和管理相关问题上的作用。这些信息可以用来评估与气候相关的问题是否得到董事会和管理层的足够关注。

具体包括：

披露建议（a）描述董事会对气候相关风险和机遇的监督。应考虑包括对以下内容的讨论：

— 董事会和/或董事会下设委员会（例如，审计，风险或其他委员会）获知气候相关问题的流程和频率；

— 董事会和/或董事会下设委员会是否把气候相关问题纳入以下内容：审查和指导战略、重大行动计划、风险管理政策、年度预算和业务计划，以及确定组织的绩效目标、监控实施和绩效、监督重大资本支出、收购和资产剥离；

— 董事会如何监控和监督处理气候相关问题的目标和指标方面的进展情况。

披露建议（b）描述管理层在评估和管理气候相关风险和机遇方面所起的作用。应考虑包括以下信息：

— 是否将气候相关责任分配给管理层或委员会；如果是，这些管理层或委员会是否向董事会或董事会下设委员会报告，他们的职责是否包括评估和/或管理与气候相关的问题；

— 对相关组织结构的描述；

— 管理层了解气候相关问题的流程；

— 管理层（通过具体人员和/或管理委员会）如何监控与气候相关的问题。

（2）战略

战略是指披露企业重大经营、战略和财务规划中存在的气候相关实际和潜在的风险和机遇。投资者和其他利益相关方需要了解气候相关问题如何影响组织的业务、战略以及短期、中期和长期的财务规划。这些信息用于判断组织未来业绩的预期。

披露建议（a）描述组织在短期、中期和长期识别的气候相关风险和机遇。应提供以下信息：

—说明如何厘定短期、中期和长期的时间范围，需同时考虑到该组织的资产或基础设施的使用寿命，以及气候相关问题往往通过中长期表现的特点；

—说明可能对组织产生重大财务影响的每个时间范围（短期、中期和长期）的具体气候相关问题；

—描述用于识别哪些风险和机遇可能对组织产生重大财务影响的流程。

组织应考虑按部门和/或地理位置酌情提供其对风险和机遇的描述。在描述气候相关问题时，组织应参考表1－4和表1－5（表1－4《气候相关风险和潜在财务影响》，表1－5《气候相关机遇和潜在财务影响》）。

披露建议（b）描述气候相关风险和机遇对组织业务，战略和财务规划的影响。应讨论识别的气候相关问题如何影响其业务、战略和财务规划。组织应考虑讨论业务和战略在以下几个方面受到的影响：

—产品与服务；

—供应链和/或价值链；

—适应与缓释活动；

—研发投入；

—运营（包括运营类型和设施位置）。

应描述气候相关问题如何影响其财务规划流程、所用时间段，以及对风险和机遇进行优先考虑的流程。组织的披露应反映其长期价值创造能力影响因素之间相互依存关系的整体图景。还应考虑在其披露中纳入财务规划在以下方面受到的影响：

—经营成本和收入；

—资本支出和资本配置；

—收购或撤资；

—融资渠道。

如果使用了气候相关情景来告知组织的战略和财务规划，则应对这些情景加以说明。

披露建议（c）说明组织战略的韧性，需考虑到不同的气候相关情景，包括2℃或更低的情景。应说明其针对气候相关风险和机遇的战略韧性。应考虑讨论：

— 其认为战略可能受气候相关风险和机遇影响的方面；

— 其战略如何改变以解决这些潜在的风险和机遇；

— 所考虑的气候相关情景和相关时间范围。

（3）风险管理

风险管理是指组织如何识别、评估和管理气候相关风险。投资者和其他利益相关方需要了解组织如何识别、评估和管理气候相关风险，并了解这些流程是否被纳入现有风险管理流程。用户可用此类信息披露来评估组织的整体风险状况和风险管理活动。

披露建议（a）描述组织识别和评估气候相关风险的流程。

应说明其识别和评估气候相关风险的风险管理流程。包括如何识别气候相关风险相对于其他风险的相对重要性。

应说明是否有考虑与气候变化相关的现有和新出现的监管要求（例如，排放限制）以及应予考虑的其他相关因素。

应考虑披露以下内容：

— 评估识别的气候相关风险的潜在规模和范围的流程；

— 所使用的风险术语的定义或对所使用的现有风险分类框架的参考。

披露建议（b）描述组织管理气候相关风险的流程。

应描述管理气候相关风险的流程，包括如何作出决策来缓释、转移、接受或控制这些风险。此外，组织应说明其对气候相关风险的轻重缓急进行排序的流程，包括如何在组织内部决定重要性。

在描述管理与气候相关风险的流程中，组织应酌情着重表1－4和表1－5所列的风险。

披露建议（c）描述组织如何将识别、评估和管理气候相关风险的流程纳入全面风险管理中。

应说明他们如何将识别、评估和管理气候相关风险的流程纳入其全面风险管理中。

（4）指标和目标

指标和目标是指披露用于评估和管理气候相关风险和机遇的重要指标和目标。投资者和其他利益相关方需要了解组织如何衡量和监控其气候相关风险和机遇。获取组织使用的指标和目标，可以让投资者和其他利益相关方更好地评估组织潜在的风险调整后收益、偿还债务的能力、受气候相关问题的综合影响，以及管理或适应这些问题的进程。这些指标和目标也为投资者和其他利益相关方对同一部门或行业内的组织进行比较提供了依据。

披露建议（a）根据战略和风险管理流程用于评估气候相关风险和机遇的指标。

应提供用于衡量和管理与气候相关风险和机遇的关键指标。在相关和适用的情况下，组织应考虑纳入与水、能源、土地利用和废弃物管理相关的气候相关风险的指标。

如果气候相关问题足够重要，组织应考虑说明是否以及如何将相关绩效指标纳入薪酬政策。

如符合组织特点，组织应提供其内部碳价格以及气候相关机遇指标，例如为低碳经济设计的产品和服务的收入。

应提供历史时期的指标，以便进行趋势分析。此外，为了更加清晰，组织应说明用于计算或估计气候相关指标的方法。

披露建议（b）披露直接排放（范围1）、间接排放（范围2）、其他间接排放（范围3）（如需）的温室气体（GHG）排放及相关风险。

应提供直接排放和间接排放的温室气体相关信息。如有需要，还需提供其他间接排放的温室气体以及相关风险的信息。温室气体排放量应根据《温室气体核算体系》的方法进行计算，以便在组织和管辖范围内进行汇总和比较。根据情况，应考虑提供普遍接受的相关行业特定温室气体效率比。应提供历史时期的温室气体排放量和相关指标，以便进行趋势分析。此外，为了更加清晰，组织应说明用于计算或估计相关指标的方法。

披露建议（c）说明使用的目标，以管理气候相关风险和机遇，以及针对目标的绩效。

应根据预期的监管要求或市场限制等，描述其与气候相关的关键目标，如与温室气体排放、用水量、能源使用等相关的目标。还包括效率或财务目标、财务损失容忍度、整个产品生命周期中的温室气体减排量，或为低碳经济设计的产品和服务的净收入目标。

在描述其目标时，应考虑包括以下内容：

— 目标是绝对目标还是按强度分级；

— 目标所用的时间框架；

— 测量进度的基准年；

— 用于评估目标进展的关键绩效指标。

为了更加清晰，组织应说明用于计算目标和措施的方法。

**注释（4）**　情景分析（Scenario Analysis）是指基于数据或模型，以定性或定量的方式，对未来可能出现的不同状态的潜在影响进行识别和评估的方法。D. 情景分析与气候相关问题部分，提供了以情景分析的方法来对企业应对气候相关问题做前瞻性评估的分析范式。

《TCFD 披露建议》认为，企业可考虑的情景包括面临转型风险和面临物理风险两类。其中，面临转型风险的典型案例是《巴黎协定》下的 2℃ 情景（“保持全球平均气温仅比工业化前水平升高不超过 2℃，并努力将气温上升限制在比工业化前水平高 1.5℃”），面临物理风险包括在短期和长期内企业面临的极端气候威胁等假设。

企业应使用情景分析来帮助了解其战略和财务规划流程，披露其战略应对不同的气候相关情景的韧性。

内容：略（具体内容请见本节第四部分：《使用情景分析披露气候相关风险和机遇》和《TCFD 非金融公司情景分析指南》）。

**注释（5）** 信息披露原则是保证信息披露质量的基石，从全球来看，无论是财务报告还是非财务报告，都需在遵循一定原则的前提下进行披露，目的是提高解决信息不对称问题的效率，常见的原则包括真实性、准确性、一致性等。

《TCFD披露建议》附录3：有效披露的基本原则部分，阐述了TCFD制定的七项信息披露原则。

**F. 有效披露的基本原则**

为巩固其建议，并协助引导气候相关财务报告当前及今后的制定，TCFD拟定了一套有效披露原则。随着对气候相关问题的理解和解决方法不断进步，气候相关财务报告也将不断进步。这套原则有助于进行高质量披露，为决策提供相关信息，让使用者能够掌握气候变化给机构造成的影响。TCFD鼓励采纳其建议的各机构在进行气候相关金融披露时，考虑遵循这套原则。

TCFD的披露原则在很大程度上与其他国际通行的主流财务报告框架一致，且可普遍适用于大部分金融披露者。财务信息的定性特征与定量特征，以及金融稳定理事会设立TCFD时强调的一致、可比、可靠、明晰及有效的披露总目标，均为披露原则的设定提供了参考。这些原则的总体设计目标是协助机构在气候相关问题与其治理、战略、风险管理以及指标和目标之间建立明确的联系和关联。

**原则1：披露相关的信息**

各机构应当针对气候相关风险与机遇对其市场、业务、企业或投资战略、财务状况及未来现金流造成的潜在影响提供信息。

— 为避免混淆相关信息，应当删除不重要或重复的披露。但是，当特定风险或问题引起投资者或市场的兴趣或注意时，机构可在披露中声明该风险或问题不具重大性，以表明该风险或问题已纳入考量且未被忽略。

— 披露应当提供充分的细节，让使用者能够评估机构面临的气候相关问题及其处理方法，同时理解不同机构提供的信息类型、信息的提供方式，以及附注各有不同，且将随着时间的推移而作出改变。

— 气候相关影响在短期、中期及长期内均会出现。各机构既会遭受慢性、渐进的影响（例如，天气模式转变造成的影响），也会遭受急性、突发的破坏性影响（例如，洪灾、旱灾或突发管制行动造成的影响）。机构应当从气候相关风险给价值创造带来的潜在影响的角度提供信息，考虑不同的时限和影响类型，并提供相应的应对策略。

— 各机构应当避免通用式或样稿式披露，此类披露无法让使用者深入了解问题。此外，任何提出的指标均应充分地描述风险或表现，或代表风险或表现，并反映机构是如何管理风险与机遇的。

**原则 2：披露应具体、完整**

— 机构的报告应当提供下列完整概述：其面临的潜在气候相关影响；该等影响的潜在性质与规模；机构管理气候相关风险的治理、战略、流程，以及气候相关风险与机遇管理工作的表现。

— 为做到足够全面，披露应当包含历史信息及未来导向信息，让使用者能够评价他们之前对机构实际表现的预期，并评估未来可能产生的财务影响。

— 关于定量信息，披露应当对采用的定义和范围作出解释。关于未来导向的数据，披露应当对使用的关键设想作出阐释。前瞻性的定量披露应当与机构进行投资决策和风险管理时采用的数据相一致。

— 任何情景分析均应基于机构进行投资决策和风险管理时采用的数据或其他信息。适当情形下，机构还应当从定性和定量的角度，论证主要基础方法论和假设变化时可能造成的风险敞口，或对选取的风险指标的影响。

**原则 3：披露应当明晰、均衡并易于理解**

— 披露应当以传达金融信息为目的，满足广大金融行业使用者（例如，投资者、债权方、保险公司及分析师）的需求，因此报告质量应高于最低要求。披露应当为经验丰富的使用者提供足够详尽的信息，但同时也应当为非专业使用者提供简明扼要的信息。清晰的传达可以让使用者有效地辨认关键信息。

— 披露应当在定性信息与定量信息之间作出适当平衡，并恰当地使用文本、数字及图表展示。

— 应当通过公平、均衡的叙述性阐释，说明定量披露的意义，包括其描述的逐步变化与发展。此外，均衡的叙述性阐释要求不带偏见地描述风险与机遇。

— 披露应当就问题提供直接解释。应当对披露中使用的术语进行解释或定义，以便使用者对其有正确的理解。

**原则4：披露应当具有时间上的连贯性**

— 披露应当具有时间上的连贯性，以便使用者能够了解气候相关问题给机构的业务带来的影响的发展和/或演变情况。为进行跨期对比，不同时期的披露应当使用前后一致的格式、语言及指标。推荐使用比对信息，但在某些情况下，比对信息无法提供或重述时，可考虑另行作出新披露。

— 气候相关披露时机不够成熟时，可以改变披露及相关方法或格式（例如，由于气候相关问题的转变，以及风险实践、治理、测量方法或会计实践的发展变化）。对于任何该等改变，披露者均应作出解释。

**原则5：同一经济部门、行业或投资组合内各机构的披露应当具有可比性**

— 披露应当可以在各机构之间及各行业和地区之间，就战略、商业活动、风险和表现进行有意义的对比。

— 披露应足够详细，使得能够在各行业之间（以及在适当情况下，在不同投资组合之间）就风险进行对比并确定基准。

— 为方便轻松获取相关信息，各机构最好在统一的地方（财务申报中）提供报告。

**原则6：披露应当可靠、可核实和客观**

— 披露应当提供高质量的可靠信息。该等信息应当准确且中立——不存在偏见。

—未来导向型披露必须包括机构的判断（应对该判断予以充分阐释）。披露应当尽量基于客观数据，并采用最佳的测量方法，包括最新的行业惯例。

—为确保高质量的披露信息，在定义、收集、记录及分析披露信息时应当确保报告的信息可以核实。对于未来导向型的信息，这意味着采用的假设应当有源可溯。这并不意味着需要独立的外部保证，但是，披露应当遵循与财务报告相同或基本相同的内部治理流程。

**原则7：披露应当及时**

—报告人应当至少每年一次采用适当的媒介在主要财务报告中及时更新或向使用者提供信息。

—气候相关风险可引发破坏性事件。该等破坏性事件导致重大财务影响时，机构应当适当及时更新气候相关披露。

报告人在遵循上述基本原则的过程中可能会面临一些矛盾。例如，为满足可比性原则，机构可能更新披露方式，但这又可能导致违反了连贯性原则。即便是同一项原则，也有可能产生矛盾。例如，原则6认为披露应当可核实，但关于未来的披露所作的假设一般很大程度上需要管理层自行判断，这就很难加以验证。鉴于披露范围之广，且披露的使用者和比较者各有需求，上述矛盾在所难免。各机构应当致力于寻求一个适当的披露平衡点，做到既合理地遵循建议与原则，同时也避免过多地为使用者提供不必要的信息。

## 三、《气候相关财务信息披露工作组建议实施指南》和《TCFD指标、目标和转型计划指南》

### （一）《气候相关财务信息披露工作组建议实施指南》

作为《TCFD披露建议》的补充，2017年6月，TCFD发布《气候相关财务信息披露工作组建议实施指南》（*Implementing the Recommendations of the Task Force on Climate-related Financial Disclosures*，以下简称《TCFD实施指南》）。

**注释（1）**《TCFD 实施指南》[1] 包括 6 个部分，分别为：A. 前言；B. 建议；C. 适用所有行业的指导意见；D. 金融行业补充指导意见；E. 非金融行业补充指导意见；F. 有效披露基本原则。《TCFD 实施指南》旨在为组织提供切实可行的方法，按照《TCFD 披露建议》的标准进行气候相关财务信息的有效披露。在《TCFD 实施指南》中，既有适用于所有行业的指导意见，也有针对金融行业和非金融行业的披露建议。

**注释（2）**《TCFD 实施指南》A. 前言，包括 4 个部分：①背景；②标准的架构；③标准的使用；④评估气候相关风险和机遇的财务影响。其中④评估气候相关风险和机遇的财务影响对气候相关问题对收入、支出、资产和负债、资本和融资的影响四个领域进行了分析（同《TCFD 披露建议》B. 气候相关风险、机遇和财务影响），同时对气候相关风险和机遇敞口，以及应对气候相关风险和机遇进行了阐述。

**A. 前言**

**1. 背景（略）；2. 标准的架构（略）；3. 标准的使用（略）；4. 评估气候相关风险和机遇的财务影响**

（a）气候相关风险和机遇敞口

“敞口”指机构容易遭受的负面影响或能够实现的积极影响，包括低碳经济转型影响和/或气候变化实体影响。机构考虑其气候相关风险和机遇敞口时，应当同时考虑价值链敞口。

气候变化伴随着复杂性和不确定性，导致难以确定气候变化对机构产生影响的具体领域和时间范围。首先，机构应当在合理的时间范围内，评估其涉及如下各项的价值链：

气候相关风险，包括：（1）限排政策、征收碳税、限制用水、限制或鼓励用地、市场供需变化等转型风险；（2）经营中断、财物破坏等实体风险。

① 本书引用气候相关财务信息披露工作组（TCFD）2017 年 6 月发布的《气候相关财务信息披露工作组建议实施指南》（*Implementing the Recommendations of the Task Force on Climate - related Financial Disclosures*），网址为 https：//assets. bbhub. io/company/sites/60/2020/10/FINAL - TCFD - Annex - Amended - 121517. pdf。中文版本仅供参考，中文版本与英文版本如有出入，以英文版本为准。

气候相关机遇，比如进入新市场、使用新技术（如碳捕获与封存技术）。

表1－8列出了六大类指标，能够帮助机构理解其面对各类转型风险和实体风险的薄弱环节或应变能力。举例而言，如果机构经营和供应链排放量大、水耗高、采用不可持续的土地利用实践或者工厂位于沿海等“危险”地域，则更易受转型和实体风险影响。相反，节能节水、排放量低或采用可持续的土地利用实践的机构，则不易受气候相关风险影响，具体情况取决于机构面临的政策、技术限制和地理限制。

**表1－8　气候相关指标分类和相关风险类型**

| 分类 | 子类 | 风险类型 | 指标说明 |
|---|---|---|---|
| 温室气体（GHG）排放 | 排放水平 | 转型 | 总排放量（按温室气体类型、来源、范围计） |
| | 排放强度 | 转型 | 产出比例因子（比如收入、销售额、产量）单位排放量 |
| | 隐含排放 | 转型 | 化石能源储量单位排放量 |
| 能源/燃料 | 能源使用 | 转型 | 总能耗［每年兆瓦时（MWh）或千兆焦耳（GJ）］ |
| | 能源强度 | 转型 | 产出比例因子（比如收入、销售额、产量、占地面积）单位总能耗 |
| | 能源构成 | 转型 | 各类能源（比如可再生能源、水能、煤炭、石油、天然气）比例（MWh或GJ） |
| 水 | 用水 | 实体 | 取用淡水总量（立方米） |
| | 用水强度 | 实体 | 产出比例因子（比如收入、销售额、产量）单位用量（立方米） |
| | 水源 | 实体 | 高基准水压力地区取用量（立方米）<br>处理和回收量（立方米） |
| 用地 | 土地覆盖 | 实体 | 各覆盖类型土地（比如草地、森林、耕地、牧场、城市用地）比例 |
| | 用地方法 | 转型 | 覆盖类型年度变动率<br>用于农业耕作、放牧、可持续利用或保护的土地比例 |
| 位置 | 沿海地区 | 实体 | 沿海地区位置 |
| | 洪泛区 | 转型 | 指定洪泛区位置 |
| 风险适应和减缓 | 研发 | | 开发低碳产品、服务和/或技术投资额 |
| | 资本支出 | | 低碳技术、节能部署等投资额<br>适应能力投资额 |

**注释（3）**　《TCFD实施指南》B. 建议和C. 适用于所有行业的指导意见，参见本节第二部分《TCFD披露建议》C. 建议与指南。

**注释（4）**　为使利益相关者更好地了解与碳相关的金融部门的资产以及金融体系面临的气候相关风险。TCFD针对金融机构制定了专门的气候相关信息披露标准。TCFD将金融部门分为四大类，包括银行（贷款）、保险公司（承保）、资产管理公司（资产管理）和资产所有者（包括公共和私营部门的养老金、捐赠和基金会）。TCFD针对上述四类金融机构确定需求进行披露的领域。

《TCFD实施指南》D. 金融行业补充指导意见，为银行、保险公司、资产管理公司和资产所有者四类金融机构的气候相关信息披露提供了指导。本书选取银行为例，介绍银行在披露自身经营活动和贷款等其他金融服务相关的气候相关信息时，可以参考的披露框架。

**D. 金融行业补充指导意见**

**1. 银行**

TCFD认为，银行自身的经营活动，以及通过其贷款和其他金融服务，面临与气候相关的风险和机遇。作为金融中介，银行可能面临其借款人、客户或交易对手带来的气候风险敞口。

银行面临的气候风险包括提供贷款，或交易有直接风险的证券（例如，化石燃料生产商、密集型化石燃料消费者、不动产所有者或农业/食品公司）。特别是对大型化石燃料生产商或用户的特定信贷或股权敞口，尤其需要通过银行进行披露。此外，随着低碳和节能替代品市场增长，银行可能承担其贷款和投资业务的实质性风险敞口。银行也可能在融资活动或损害赔偿及其他法律追索中成为诉讼对象。

投资者，贷方、保险机构和其他利益相关者需要能够识别银行的风险敞口和风险状况，以便他们能够作出全面的财务决策。

在企业管理方面，银行可采用适用于所有组织的披露标准。

在战略方面，除适用于所有组织的披露标准外，银行还应作出补充披露。

银行应描述显著集中的与碳相关的信贷风险。此外，银行应考虑披露在他们的贷款和其他金融中介业务中的气候相关风险（转型风险和物理风险）。

在风险管理方面，除适用于所有组织的披露标准外，银行还应作出补充披露。

银行应考虑在传统银行业风险背景下描述其气候相关风险，包括信用风险、市场风险、流动性风险和操作风险。

银行还应考虑描述所使用的任何风险分类框架（例如，TCFD“主要和新兴风险”的框架）。

在指标和目标方面，除适用于所有组织的披露标准外，银行还应作出补充披露。

银行应提供在短期、中期和长期内用于衡量贷款和其他金融中介业务活动的气候相关风险（转型风险和物理风险）的指标。提供的指标覆盖信用风险、股权和债务持有量或交易头寸，并按以下方式细分：

— 行业

— 地理

— 信用质量（例如，投资级或非投资级、内部评级系统）

— 平均期限

银行还应提供碳相关资产的数量和占总资产百分比，以及与气候机遇相关的贷款和其他融资金额。

银行应描述其与远低于2℃的情景保持一致的贷款和其他金融中介业务。

银行还应说明所包括的金融中介业务活动（例如，向特定部门或行业的金融中介业务）。

在数据和方法都允许的条件下，银行应披露其贷款和其他金融中介业务的温室气体排放量。这些排放应根据碳核算金融联盟（Partnership for Carbon Accounting Financials，PCAF）开发的全球温室气体会计和财务报告（Global GHG Accounting and Reporting Standard for the Financial Industry）计算，或采用类似的方法计算。

**碳足迹计算公式**

针对银行、资产所有者和资产管理者 GHG 排放指标，TCFD 提供了常见碳足迹的描述和计算公式。

对于上市股权，即在证券交易所交易并在金融机构资产负债表上的股权。GHG 排放计算公式如下：

$$\sum_{c}\left(\frac{未偿还部分_{c}}{EVIC_{c}}\times 企业碳排放_{c}\right)$$

其中，*EVIC*（Enterprise Value Including Cash）是含现金企业价值。PCAF 将 *EVIC* 定义为：财年末普通股市值、财年末优先股市值，以及总债务和少数股东权益的账面价值之和。不扣除现金或现金等价物是为了避免企业价值为负值的可能性。

对于上市债券，即在市场上交易并在金融机构资产负债表内的上市公司债券，GHG 排放计算公式如下：

对于非上市公司债券

$$\sum_{c}\left(\frac{未偿还部分_{c}}{股东权益+负债_{c}}\times 企业碳排放_{c}\right)$$

对于上市公司债券

$$\sum_{c}\left(\frac{未偿还部分_{c}}{EVIC_{c}}\times 企业碳排放_{c}\right)$$

其中，*EVIC*（Enterprise Value Including Cash）是含现金企业价值。

商业贷款，即向企业、非营利组织和任何其他未在市场上交易且在金融机构资产负债表内的所有贷款和授信额度。

对于上市公司

$$\sum_{c}\left(\frac{未偿还部分_{c}}{EVIC_{c}}\times 企业碳排放_{c}\right)$$

其中，*EVIC*（Enterprise Value Including Cash）是含现金企业价值。

对于非上市公司

$$\sum_{c}\left(\frac{未偿还部分_{c}}{股东权益+负债_{c}}\times 企业碳排放_{c}\right)$$

未上市股权，即对企业、非营利组织和任何其他未在市场上交易且在金融机构资产负债表内的组织结构进行的所有股权投资。

$$\sum_{c}\left(\frac{\text{未偿还部分}_{c}}{\text{股东权益}+\text{负债}_{c}}\times\text{企业碳排放}_{c}\right)$$

注：未偿还部分是金融机构持有的私人公司股权的未偿价值。其计算方法是金融机构在被投资方的相对份额乘以被投资方的总权益。

项目融资，即金融机构资产负债表内用于特定目的的项目的所有贷款或股权。

$$\sum_{p}\left(\frac{\text{未偿还部分}_{p}}{\text{股东权益}+\text{负债}_{p}}\times\text{项目碳排放}_{p}\right)$$

商业地产，即用于购买和再融资商业房地产（CRE）的资产负债表内贷款和投资。

$$\sum_{b}\left(\frac{\text{未偿还部分}_{b}}{\text{商业地产初始价值}_{b}}\times\text{能源消耗}_{b,e}\times\text{排放因子}_{e}\right)$$

$b=$商业地产

$e=$能源类型

住房贷款，即用于购买和再融资住宅物业的资产负债表内贷款，包括独立住宅和多户住宅。

$$\sum_{b}\left(\frac{\text{未偿还部分}_{b}}{\text{住宅初始价值}_{b}}\times\text{能源消耗}_{b,e}\times\text{排放因子}_{e}\right)$$

车辆贷款，即用于为一辆或多辆汽车贷款的企业和消费者的资产负债表内贷款和信贷额度。

$$\sum_{b}\left(\frac{\text{未偿还部分}_{v}}{\text{初始价值}_{v}}\times\text{行驶距离}_{v}\times\text{效率}_{v,f}\times\text{排放因子}_{f}\right)$$

$v=$车辆

$f=$燃油类型

### （二）《TCFD 指标、目标和转型计划指南》

指标和目标是组织披露其气候相关风险和机遇的重要内容，指标和目标的适用性、真实性和可比性，是气候信息披露质量的重要影响因素。因此，2021年10月，TCFD 发布了《TCFD 指标、目标和转型计划指南》（*Task Force on Climate - related Financial Disclosures Guidance on Metrics, Targets, and Transition Plans*），为披露气候相关指标和目标以及转型计划的关键信息提供指导。

**注释（1）** 在气候相关指标方面，《TCFD 指标、目标和转型计划指南》① 确定了七个气候相关指标类别（见表 1－9），并要求所有组织披露这些指标类别。

**表 1－9 气候相关指标和示例**

| 指标 | 计量单位 | 指标示例 |
| --- | --- | --- |
| 温室气体排放量<br>范围1、范围2 和范围3 温室气体排放量绝对值；排放强度 | 公吨二氧化碳当量 | — 范围 1、范围 2 和范围 3 温室气体排放量<br>— 融资碳排放量（按资产类别）<br>— 加权平均碳强度<br>— 每兆瓦时（MWh）发电量的温室气体排放量<br>— 排放量限制法规覆盖下的全球范围 1 温室气体总排放量 |
| 转型风险<br>易受转型风险影响的资产或业务活动的数量和程度 | 数量或百分比 | — 面临重大转型风险的不动产抵押品数量<br>— 碳相关资产的信用风险敞口集中度<br>— 煤炭开采产生的收入比例<br>— 未被国际航空碳抵消和减少计划（CORSIA）覆盖的客公里产生的收入比例 |
| 物理风险<br>易受物理风险影响的资产或业务活动的数量和程度 | 数量或百分比 | — 百年一遇洪水区的抵押贷款数量和价值<br>— 百年一遇洪水区的污水处理能力<br>— 基线水压力高或极高地区的取水和用水相关收入<br>— 受洪水、热压力或水压力影响地区的财产、基础设施或其他替代资产组合的比例<br>— 暴露于 1:100 或 1:200 气候相关危害的实物资产比例 |

① 本书引用气候相关财务信息披露工作组（TCFD）2021 年 10 月发布的《TCFD 指标、目标和转型计划指南》（*Task Force on Climate - related Financial Disclosures Guidance on Metrics, Targets, and Transition Plans*），网址为 https：//assets. bbhub. io/company/sites/60/2021/07/2021 - Metrics_Targets_Guidance - 1. pdf。中文版本仅供参考，中文版本与英文版本如有出入，以英文版本为准。

续表

| 指标 | 计量单位 | 指标示例 |
| --- | --- | --- |
| 气候相关机遇<br>与气候相关机遇一致的收入、资产或其他业务活动比例 | 数量或百分比 | — 与能源效率和低碳技术相关的净溢价<br>—（1）零排放汽车（ZEV）、（2）混合动力汽车以及（3）插电式混合动力汽车的销售量<br>— 支持向低碳经济转型的产品或服务收入<br>— 按照第三方多属性绿色建筑标准认证交付的房屋比例 |
| 资本配置<br>针对气候相关风险和机遇配置的资本支出、融资或投资的金额 | 报告币种 | — 投资于低碳产品/服务研发的年收入百分比<br>— 气候适应措施的投资（例如，土壤健康、灌溉、技术） |
| 内部碳价格<br>组织内部使用的每吨温室气体排放的价格 | 以报告货币计算的价格（公吨二氧化碳当量） | — 内部碳价格<br>— 影子碳价格（按地理位置划分） |
| 薪酬<br>高管人员薪酬中与气候因素关联的比例 | 报告货币的百分比、权重、描述或金额 | — 员工年度自由支配奖金中与气候相关产品投资挂钩的部分<br>— 执行董事长期激励计分卡上气候目标的权重<br>— 薪酬计分卡中绩效相对于运营排放目标的权重 |

**注释（2）**　在气候相关目标方面，《TCFD 指标、目标和转型计划指南》提供了与上述气候相关指标类别保持一致的量化目标示例（见表 1 – 10）。

**表 1 – 10　气候相关目标**

| 气候相关指标类别 | 气候相关目标示例 |
| --- | --- |
| 温室气体排放量<br>范围 1、范围 2 和范围 3 温室气体排放量绝对值；<br>排放强度 | — 到 2050 年减少范围 1、范围 2 和范围 3 温室气体净排放量至零，过渡目标是到 2035 年实现排放量在 2015 年基准水平上削减 70% |
| 转型风险<br>易受转型风险影响的资产或业务活动的数量和程度 | — 到 2030 年将面临转型风险的资产价值比例减少 30%（相对于 2019 年的基线水平而言） |
| 物理风险<br>易受物理风险影响的资产或业务活动的数量和程度 | — 到 2050 年将面临突发和长期物理气候相关风险的资产价值比例削减 50% |

续表

| 气候相关指标类别 | 气候相关目标示例 |
| --- | --- |
| 气候相关机遇<br>与气候相关机遇统一的收入、资产或其他业务活动比例 | — 至少60%的洪水暴露资产采取风险缓释措施，该资产定义与2060年预计的百分之一洪灾泛滥区保持统一 |
| 资本配置<br>针对气候相关风险和机遇配置的资本支出、融资或投资的金额 | — 提高可再生能源净装机容量，到2035年实现占总容量比例达到85% |
| 内部碳价格<br>组织内部使用的每吨温室气体排放的价格 | — 至少25%的年度资本支出用于投资电动汽车制造<br>— 至少将10%的投资组合配置于集中开展物理气候相关风险缓释的项目 |
| 薪酬<br>高管人员薪酬中与气候因素关联的比例 | — 到2030年将内部碳价格提升至150美元，以反映潜在的政策变化 |

## 四、《使用情景分析披露气候相关风险和机遇》和《TCFD非金融公司情景分析指南》

情景分析是常用于企业战略规划和政策决策的一套分析方法。具体而言，情景分析是指通过对事物未来发展状态的定性和定量描述，对预测对象可能出现的情况作出预测的方法。TCFD认为，对于一个组织来说，情景分析可以了解在假设的不同未来气候状态下，组织的表现如何，从而对组织进行定位，以作出更好的战略决策并提高其战略韧性。通过与气候相关的情景分析，组织可以了解气候变化的物理风险、转型风险和机遇如何以不同的方式发展，以及随着时间的推移，组织的业务可能会受到怎样的影响。

为发挥情景分析这一方法在气候信息披露中的作用，TCFD先后发布两份说明性文件，分别是2017年发布的《使用情景分析披露气候相关风险和机遇》（*The Use of Scenario Analysis in Disclosure of Climate – Related Risks and Opportunities Technical Supplement*）和2020年发布的《TCFD非金融公司情景分析指南》（*Guidance on Scenario Analysis for Non – Financial Companies*）。

### （一）《使用情景分析披露气候相关风险和机遇》

在《使用情景分析披露气候相关风险和机遇》中，TCFD 阐述了组织如何采用情景分析的方法，来考虑气候相关风险和机遇在不同条件下对组织业务的影响，主要包括以下内容：一是情景分析的运用；二是情景分析的考虑因素；三是情景分析涉及的分析选项；四是气候相关情景的类型；五是国际能源署（IEA）、政府间气候变化专门委员会（IPCC）及其他机构提供的公开可用的气候相关情景。

情景分析的宗旨是考虑并深入理解组织在不同的未来状况下可能的表现（例如，韧性/稳健性）。面临气候风险时，组织可以利用气候相关情景发现并了解气候变化的物理及转型风险与机遇是如何随着时间的推移对业务产生影响的。

TCFD 建议，各个组织至少应运用“2 摄氏度（2℃）情景”，并考虑运用与该组织环境相关度最高的其他情景，例如国家自主贡献（NDCs）情景、政策延续（大于 2℃）情景、物理气候风险情景或其他情景。（详见专栏 1：国际能源署六种气候转型情景和 2℃情景）。

TCFD 提出了情景分析的六个步骤（见图 1 - 1），组织可按照相应的步骤，完成对气候相关风险和机遇的情景分析，具体包括：步骤一，保证妥善治理；步骤二，评估气候相关风险的重要性；步骤三，识别并确定情景的范围；步骤四，评估业务的影响；步骤五，识别可能的响应措施；步骤六，文件及披露。

**注释（1）**　《使用情景分析披露气候相关风险和机遇》[①] 认为，在情景分析中包括三类主要考虑因素，分别是参数、假设和分析选项。

---

① 本书引用气候相关财务信息披露工作组（TCFD）2017 年 6 月发布的《使用情景分析披露气候相关风险和机遇》（*The Use of Scenario Analysis in Disclosure of Climate - Related Risks and Opportunities Technical Supplement*），网址为 https：//assets. bbhub. io/company/sites/60/2021/03/FINAL - TCFD - Technical - Supplement - 062917. pdf。中文版本仅供参考，中文版本与英文版本如有出入，以英文版本为准。

步骤一，保证妥善治理：
将情景分析融入战略规划和/或企业风险管理流程中。向董事会相关委员会/小组委员会委任监督权。确定应参与的内部（及外部）利益相关方及其参与方式。

↓

步骤二，评估气候相关风险的重要性：
机构面临的现有及预期气候相关风险与机遇是什么？在未来，此类风险与机遇是否会变得很重要？机构的利益相关方是否关注？

↓

步骤三，识别并确定情景的范围：
考虑到风险敞口，什么情景（和叙事）更为合适？考虑输入参数、假设条件及分析选项。应该使用什么参考情景？

↓

步骤四，评估业务的影响：
评估在确定情景中对机构战略和财务状况的潜在影响。识别关键敏感性。

↓

步骤五，识别可能的响应措施：
利用结果识别适用、可行的决策，从而对已识别的风险和机遇进行管理。需要对战略/财务计划实施怎样的调整？

↓

步骤六，文件及披露：
记录流程；与相关当事方沟通；准备披露关键输入信息、假设条件、分析方法、输出结果以及可能的管理响应措施。

**图1-1　在气候相关风险与机遇中应用情景分析的步骤**

组织在创建情景及实施情景分析时，会面对一系列选项与考虑因素。这将影响到情景分析是否前后一致、分析及披露信息是否可比，以及是否高效地运用流程。

在情景分析中，三个主要考虑因素如下：

1. 所用参数（例如，贴现率、国内生产总值、其他宏观经济变量、人口统计变量）；

2. 拟定假设（例如，政策变化假设、技术开发/利用假设、能源构成假设、主要商品或投入价格假设、转型影响及物理影响的地理适应假设，以及潜在影响的时机假设）；

3. 分析选项（例如，选择情景、时间范围、支持数据及模型）。

**注释（2）**　在参数和假设方面，TCFD 建议考虑下列参数和变量。

贴现率。机构在贴现未来价值时使用什么贴现率？

碳价格。对碳价格随时间变化的方式（在税金和/或排放交易框架内）及实施的地理范围采取了什么假设？碳价格是否只用作为边际成本或作为基本成本？碳价格是否适用于特定经济部门或整体经济，以及适用于哪些领域？是否使用共同的碳价格（在多个时间节点?），或者采用差异化价格？是否通过税收或交易计划假设了二氧化碳价格的范围及形式？

能源需求与构成。不同的能源例如，煤/石油/天然气/核能/可再生能源（子类别）会产生怎样的能源总需求与能源构成？在供给/终端用户效率得以改善的假设下，该结果会如何不断发展？每种来源类别的能源转换效率及终端用户效率采用了什么因素？

主要商品/产品的价格。根据投入参数/假设，机构就主要投入、能源（例如，煤、石油、天然气、电能）的市场价格走势得出了什么结论？

宏观经济变量。使用了何种国内生产总值比率、就业率，以及其他经济变量？

人口统计变量。针对人口增长和/或人口迁徙进行了何种假设？

效率。效率提升/清洁能源转型/物理变化的积极因素融入情景及业务计划的程度如何？

转型影响的地理定制。对于不同地区、国家、资产位置及市场的投入参数可能存在的差异，机构进行了何种假设？

技术。机构是否对各种主要供应和需求方面的技术的性能/成本的开发及最终应用水平进行了假设？上述技术包括太阳能光伏/聚光太阳能发电、风能、能量储存、生物燃料、碳捕获与封存/碳捕获、利用与封存、核能、非常规天然气、电动汽车，以及包括行业与基础设施在内的其他主要部门的增效技术。

政策。对于不同政策信号的强度及其发展，机构进行了何种假设？（例如，全国碳排放总体目标；主要部门的能源效率或技术标准及相关政策；化石燃料的补贴；对可再生能源和碳捕获与封存/碳捕获、利用与封存的补贴或支持）。

气候敏感度假设。是否对因$CO_2$增加的温升进行了假设？

**注释（3）** 在分析选项方面，TCFD建议考虑下列因素。

情景。机构分析转型影响时使用了何种情景？机构评估核心/基准情形及敏感度分析的物理影响时，使用了何种来源？

定量与定性或“定向”。情景演练全部是定量的，还是结合使用定量和定性的？

时机。机构如何依据情景考虑影响的时机？例如，是否从2020年以十年为单位进行考虑，即2030年、2040年、2050年。

适用范围。将分析应用于全部价值链（投入、运营及市场），或者只是分析特定业务部门/运营的直接影响？

气候模型/数据集。哪种气候模型及数据集为气候相关风险评估提供了支持？

物理风险。使用何种特定风险及严重性来评估物理风险（例如，气温、降水、洪水、风暴潮、海平面升高、飓风、水资源可获得性/旱灾、山体滑坡、森林大火等）？机构评估投资组合（例如，大型资产、敏感性资产）物理影响的程度如何？机构将物理风险融入投资筛选及未来业务战略的程度如何？机构考虑对整体价值链中的价格及可用性影响（包括来自供应商、发货人、基础设施及获取客户的连锁影响）的程度如何？

**注释（4）** 在业务影响和结果方面，TCFD建议考虑下列可能受影响的因素。

收益。机构针对收益影响（如息税折旧及摊销前利润、息税折旧及摊销前利润率、息税折旧及摊销前利润贡献、股息）得出了什么结论？机构说明该影响的方式是什么？

成本。机构对其运营/生产成本及其发展的影响得出了何种结论？

收入。机构针对主要商品/产品/服务的收入及其进展的影响得出了何种结论？

资产。不同情景对资产价值的影响是什么？

资金配置/投资。对资本支出及其他投资有何种影响？

时机。一段时间内（例如，5 年/10 年/20 年），机构对成本、收入及收益发展得出了何种结论？

响应措施。机构提供了何种关于潜在影响的信息（例如，资本支出计划的预计变更、通过收购及撤资改变投资组合、资产报废、开拓新市场、开发新能力等）？

因物理影响造成业务中断。机构针对物理影响（该等影响包括对机构自身资产的直接影响以及对供应链/产品移交中断的间接影响）造成的潜在业务中断/生产效率损失得出了何种结论？

**专栏 1：国际能源署六种气候转型情景和 2℃情景**

**国际能源署气候转型情景**

国际能源署（International Energy Agency，IEA）成立于 1974 年，由经济合作与发展组织（OECD）设立，主要协调各成员国在能源问题上的合作与发展。在向低碳经济转型的过程中，国际能源署构建的情景得到较为广泛的应用，学术界和行业分析大多采用国际能源署情景或与之进行比较。国际能源署提出了六种关于各种假设路径及温升的不同情景：

1. 国际能源署《世界能源展望》“当前政策情景”（预计气温较工业化前水平上升 6 摄氏度）

"当前政策情景"仅考虑政府已正式通过的相关政策。即"没有新举措"情景，这可以为评估新政策提供基准点。

2. 国际能源署《世界能源展望》"新政策情景"（预计气温较工业化前水平上升4摄氏度）

《世界能源展望》的核心情景是"新政策情景"，其考虑了影响能源市场的已采纳政策及实施方案，以及相关的政策建议。

3. 国际能源署国家自主贡献"巴黎协定情景"（计划将气温较工业化前水平的上升幅度限制在2.6摄氏度以内）

作为《巴黎协定》的基础，国家自主贡献情景评估了在第21次缔约方大会之前提交的国家自主贡献的影响。具体情景包括在世界能源构成中，化石燃料比例有所下降，但是到了2030年仍占75%左右的份额。对煤和石油的需求仍未减少，但其增速已逐渐下降；天然气的使用量日益增加等。

4. 国际能源署"桥接情景"（Bridge Scenario）

桥接情景下，到2025年，气温较工业化前水平的上升幅度保持在2摄氏度的限值内，但是，2025年需更高的限值。各个国家或地区可利用桥接情景采取相关措施，单独达成与全球能源相关的温室气体排放峰值行动。

5. 国际能源署《世界能源展望》"450ppm情景"（计划将气温较工业化前水平的上升幅度限制在2摄氏度以内）

"450ppm情景"是指将大气中温室气体浓度稳定在450ppm以下，以及在这一目的前提下各国需要采取的政策。在该情景下，各国要采取相互协调的措施，限制气温上升在2摄氏度以内。具体工作包括加强利用目前商业规模上常见的技术实现近60%减排量的目标：大力扩展核电能力；以1990年至2010年燃气产能的扩展速率，在2025年之后快速扩展碳捕获与封存能力。

6. 国际能源署《能源技术展望》"2DS情景"（计划将气温较工业化前水平的上升幅度限制在2摄氏度以内）

国际能源署发布的《2016年能源技术展望》，按照至少有50%的可能性将全球平均温升限制在2摄氏度以内的目标，设定了能源体系的发展路径及减排轨迹。2DS 情景设置了到 2050 年二氧化碳减排近 60% 的目标（相较于 2013 年），并且在 2050 年后持续减排，直至实现碳中和。

**2℃情景**

2℃情景是指设定了与可能将全球平均升温限制在 2℃左右温度范围内的路径及排放轨迹。在国际能源署的各种情景中，450ppm 情景及 2DS 情景模拟构建了 2℃的未来模型。此外，还有其他可选的 2℃情景与工具，包括国际可再生能源署（IRENA）可再生能源路线图（2016 年）和政府间气候变化专门委员会（IPCC）代表性浓度路径（RCP）等。

1. 国际可再生能源署（IRENA）可再生能源路线图（2016 年）

该情景计划到 2030 年，可再生能源在全球能源构成中的份额增加 1 倍。到 2030 年，可再生能源电力份额应从目前的 18% 提高到 36%，并且由于逐步淘汰生物质能（如薪柴）的传统用途，现代可再生能源将增加 4 倍。

2. 政府间气候变化专门委员会（IPCC）代表性浓度路径（RCP）

政府间气候变化专门委员会创建了一组温室气体浓度情景，进而得出了各种全球变暖的结果。在这些模型下，将温升控制在 2℃以内有多种路径，包括电力部门到 21 世纪中叶实现脱碳，尽可能多地实现能源服务电气化，在交通、建筑及工业部门用生物燃料替换剩余的化石燃料，土地使用部门到 21 世纪末实现负排放（“碳汇”）。

### （二）《TCFD 非金融公司情景分析指南》

2020 年 10 月，TCFD 发布《TCFD 非金融公司情景分析指南》（*Guidance on Scenario Analysis for Non - Financial Companies*），为非金融企业使用与气候相关的情景分析提供了一种以流程为导向的方法。TCFD 提出，非金融企业使用情景分析有助于企业在气候变化等复杂和不确定的条件下制定战略和风险管理决策。通过情景分析，企业可以了解不同假设未来情景下可能面临的风险和不确定性，以及这些情景可能如何影响其业绩，从而有助于实现更好的战略韧性和灵活性。

相较于 2017 年发布的《使用情景分析披露气候相关风险和机遇》，《TCFD 非金融公司情景分析指南》更为详细地阐述了企业在进行情景分析时可以遵循的组织方式、开发流程、利用情景进行战略管理以及如何对情景分析进行信息披露。

## 第二节　国际可持续准则理事会（ISSB）

ISSB 专注于满足投资者对评估企业价值和作出投资决策的可持续信息需求。其标准将帮助投资者了解公司如何应对气候等 ESG 问题，从而为资本决策提供信息。

国际可持续准则理事会（ISSB）与国际会计准则理事会（IASB）同根同源，作为 2021 年成立的组织，ISSB 在多个国家以及企业界得到较快推广。ISSB 推出的《可持续相关财务信息披露一般要求》和《气候相关披露准则》，尝试从财务影响的角度，来制定可持续信息披露的标准。

### 一、国际可持续准则理事会

#### （一）国际可持续准则理事会背景情况

国际可持续准则理事会（International Sustainability Standards Board，ISSB）成立于 2021 年 11 月 3 日，由国际财务报告准则（International Financial Reporting Standards，IFRS）基金会牵头建立，并合并了价值报告基金会（VRF）[①] 和气候披露标准委员会（CDSB）。ISSB 的宗旨，是为全球金融市场提供与气候及其他可持续问题相关的高质量信息披露标准。

2020 年，IFRS 发布关于建立国际可持续准则理事会的咨询文件，开始 ISSB 的筹备工作。2021 年 3 月，IFRS 成立两个工作组开展 ISSB 的筹备工作，分别是技术准备工作小组（Technical Readiness Working Group，TRWG，以下简称TRWG工作小组）和多边工作小组（Multilateral Working Group，以下简称

① VRF 由国际综合报告委员会（IIRC）和可持续会计准则委员会（SASB）合并而成。

MWG 工作小组)。其中，TRWG 工作小组前期负责 ISSB 的筹备工作，并主要负责可持续信息披露标准制定。MWG 工作小组负责与其他国际和国家标准制定组织的联系沟通工作。

TRWG 工作小组的主席是国际财务报告准则基金会，主要参与成员包括气候披露标准委员会（CDSB）、气候相关财务信息披露工作组（TCFD）、国际会计标准委员会（IASB），价值报告基金会（VRF）和世界经济论坛（WEF）。国际证监会组织（IOSCO），国际公共部门会计准则委员会（IPSASB）担任观察员。该工作组主要负责为以下几方面工作提供建议：

（1）可持续相关财务信息的一般披露标准；

（2）标准制定的概念指南；

（3）标准的架构；

（4）与标准制定相关的其他项目；

（5）正当流程；

（6）数字化战略；

（7）IASB 和 ISSB 之间的联系。

在 2021 年 11 月举办的第 26 届联合国气候变化大会（COP26）上，ISSB 正式成立。ISSB 总部设在德国法兰克福，并作为欧洲、中东和非洲地区的办事处。ISSB 蒙特利尔办事处负责承担理事会的部分职能，并作为北美地区的办事处。在与价值报告基金会（VRF）合并之后，旧金山和伦敦办事处投入使用。目前，ISSB 还在考虑北京和东京办事处的提案，主要覆盖亚洲和大洋洲区域。最终 ISSB 计划将在全球开展业务，包括美洲、亚洲、大洋洲和欧洲、中东和非洲。

### （二）《可持续相关财务信息一般披露要求》和《气候相关披露准则》

根据 ISSB 定义，可持续是指：1. 指对人类、环境和经济产生影响的活动和关系；2. 在短期、中期和长期内侵蚀、维持或增强其创造企业价值的能力的活动。

ISSB 将公司可持续信息披露分为三个层面：

第一层面是向利益相关者披露，内容包括对人类、环境和经济有影响的可持续发展事项，这类披露通常包括的信息最为广泛，因为它们需要满足多方利益相关者的需要。这一层面的披露包括部分辖区主导的或公共政策驱动的披露要求。

第二层面是向投资者、贷款人和其他债权人披露影响其企业价值评估的可持续性问题。这些披露使投资者、贷款人和其他债权人能够了解与可持续性有关的风险和机会，及其在短期、中期和长期对实体未来现金流量的价值、时间和确定性的影响，并最终影响对企业价值的评估。

第三层面是通过财务报表向投资者、贷款人和其他债权人披露可持续性因素的相关影响。这类披露的特点是将相关影响计入财务报表，主要通过现金流预测对估值的影响。

ISSB认为，上述三类披露虽然在披露对象上存在不同，但它们所涉及的可持续问题的范围可能重叠。这种重叠源于对人、环境和经济的影响的相互依存性，以及对企业价值的影响。因此，有必要制定可持续相关披露标准的统一基准，为投资者和其他资本市场参与者提供有关公司可持续相关风险和机会的信息，以帮助他们进行决策。

2021年11月，ISSB发布两项可持续信息披露标准，分别是《可持续相关财务信息一般披露要求（样稿）》（*General Requirements for Disclosure of Sustainability - related Financial Information Prototype*，以下简称《一般要求（样稿）》）和《气候相关披露准则（样稿）》（*Climate - related Disclosures Prototype*，以下简称《气候披露（样稿）》）。这两份标准是ISSB可持续信息披露标准的基础，本书将对其进行解读。

在此基础上，2022年3月31日，ISSB发布了《国际财务报告可持续披露准则第1号——可持续相关财务信息披露一般要求（征求意见稿）》[（*Draft*）*IFRS S1 General Requirements for Disclosure of Sustainability - related Financial Information*]和《国际财务报告可持续披露准则第2号——气候相关披露（征求意见稿）》[（*Draft*）*IFRS S2 Climate - related Disclosures*]，向全球公开征求意见。ISSB计划根据利益相关方的反馈意见，在2022年下半年重新审议征求意见稿，并根据这些提议发布最终的IFRS可持续披露准则。

## 二、《可持续相关财务信息披露一般要求（样稿）》

1. ISSB 标准与 TCFD 的一致性

《一般要求（样稿）》提出，主体应披露治理、战略、风险管理、指标和目标四个方面内容，这与 TCFD 的四要素框架要求是一致的。这样做的好处一方面是可以降低企业的适应成本；另一方面，由于 TCFD 框架在推出过程中已经多次征求并吸收市场反馈意见，因此与 TCFD 框架的一致性也在一定程度上受市场机构的欢迎（贝莱德对 ISSB 发布的气候相关披露征求意见稿的回应，2022. 8. 15）。

2. 与 IASB 的一致性

国际会计准则理事会（IASB）和国际可持续准则理事会（ISSB）同属于国际财务报告准则（IFRS）基金会。ISSB 相关标准在适用范围、披露内容和披露形式等方面，都会受到 IASB 相关会计标准的影响。

IASB 成立于2001 年，专门负责制定国际财务报告准则（IFRS）。IASB 的前身是国际会计准则委员会（International Accounting Standards committee，IASC），在 2000 年重组后改为 IASB。从会计准则的发展历程来看，国际会计标准的统一经过了数十年的时间，经历了不断的修改和完善，也经历了不同利益主体间的权衡和妥协。国际会计标准的演变，对社会经济和企业运营都会产生重要影响。同样地，国际可持续信息披露标准的制定，也会受到不同利益方的影响，并影响可持续信息的透明度和公信力。

IFRS 基金会表示，ISSB 与 IASB 将密切合作，确保 IFRS 会计准则与 ISSB 准则之间的连通性和兼容性。这两个标准将相辅相成，为投资者和其他资本市场参与者提供全面的信息。

此外，IFRS 基金会还计划吸收综合报告（Integrated Reporting Framework）的基本概念以及综合思维原则（Integrated Thinking Principles），就建立 IASB 和 ISSB 之间的联系提供建议［关于综合报告和综合思维原则，请见本章第六节：国际综合报告委员会（IIRC）］。

3. 以投资者为主要利益相关者

IFRS 基金会以满足投资者的信息需求为宗旨，与 IFRS 基金会相同，ISSB 也以投资者作为主要利益相关者。《一般要求（样稿）》是围绕着投资者的投资决策展开的，即要求组织提供与投资者决策相关的重大可持续发展事项相关的所有重要信息，包括主题和基于行业的要求。由于财务报告中包含的信息不能满足投资者需要的有关可持续性影响的信息需求，ISSB 要求组织披露前瞻性的可持续性事项，这些事项在短期、中期和长期内可能影响企业价值创造，从而影响投资者的投资决策。

此外，由于以投资者为主要利益相关者，《一般要求（样稿）》明确了不影响报告实体企业价值的可持续问题不属于报告的范围，这与欧盟可持续相关法规（例如，欧盟企业可持续报告指令）中定义的“双重重要性”有着明显的不同，在“双重重要性”下，实体应从环境对实体的影响和实体对环境的影响两个方面来进行披露（详见本书第二章第一节：欧盟可持续信息披露标准）。

**注释（1）** 《一般要求（样稿）》[①] 全文分为五个部分，分别是：①目标；②范围；③关键概念；④总体特征；⑤附录。

其中第四部分作为主体部分，从治理、战略、风险管理等多个方面，详细阐述了《一般要求（样稿）》对可持续信息披露内容和形式要求。

**表 1－11 《可持续相关财务信息披露一般要求（样稿）》目录**

| | | |
|---|---|---|
| 1. 目标 | | |
| 2. 范围 | | |
| 3. 关键概念 | 实质性 | |
| | 报告主体边界 | |
| | 关联性 | |

① 本书引用国际可持续准则理事会（ISSB）2021 年 11 月发布的《可持续相关财务信息一般披露要求（样稿）》（*General Requirements for Disclosure of Sustainability－related Financial Information Prototype*），网址为 https：//www. ifrs. org/content/dam/ifrs/groups/trwg/trwg－general－requirements－prototype. pdf。中文版本仅供参考，中文版本与英文版本如有出入，以英文版本为准。

续表

| | | |
|---|---|---|
| 4. 总体特征 | 治理 | |
| | 战略 | |
| | 风险管理 | |
| | 指标和目标 | |
| | 比较信息 | |
| | 披露频率 | |
| | 披露渠道 | |
| | 确定相关的财务报表 | |
| | 使用财务数据和假设 | |
| | 公允阐述 | |
| | 估计和不确定性 | |
| | 误差 | |
| | 合规声明 | |
| | 生效日期 | |
| 5. 附录 | A. 名词解释 | |
| | B. 应用指南 | 包括与可持续发展相关的财务信息和财务报表信息的通用财务报告 |
| | | 报告主体边界 |
| | C. 实质性应用指南 | |
| | D. 可持续相关信息的质量特征 | 基础质量特征 |
| | | 加强质量特征 |

**注释（2）**　ISSB制定《一般要求（样稿）》的目标，是为股权、债权、信贷等各类投资者，提供关于实体可持续相关风险和机遇的信息。

（1）目标

发布《一般要求（样稿）》的目标是提供关于报告实体面临的与可持续性有关的重大风险和机会的信息。这主要影响投资者以下几类决策。

（a）购买、出售或持有股权和债务工具；

（b）提供或回收贷款及其他形式的信贷；

（c）对管理层行为行使投票权，或以其他方式影响管理层行为。

基于上述目标，《一般要求（样稿）》要求披露与实体面临的重大可持续性相关的风险和机遇有关财务信息。《一般要求（样稿）》还要求与可持续相关的财务信息需满足以下条件：

（a）可比性：与过往和可持续性有关的财务信息，以及其他主体与可持续性有关的财务信息具有可比性；

（b）相关性：与主体披露的财务报告中的其他信息相关联。

一个实体的财务报告应包括对该实体的重大可持续性风险和机会的完整、中立和准确的描述，以帮助财务报告用户预测该实体未来短期、中期和长期现金流量的价值、时间和确定性，从而为用户评估企业价值提供信息。一个完整的描述应该包括所有关于具有实质性（Materiality）的可持续性相关风险和机会的信息。

在决定是否向一个实体提供资源时，用户需要了解与可持续性有关的风险和机会可能如何影响该实体未来现金流的价值、时间和确定性，从而影响用户对企业价值的评估。其中一些对企业价值的影响在报告日期之前已经发生（或者已经列入未来现金流量估计和估值的现金流量预测），因此已经在财务报表中得到体现。

虽然与可持续性有关的财务信息在一定程度上可以用财务报表来体现，但它的范围比财务报表所列信息更为广泛。因为它考虑到该实体在报告日或报告日之前作出的决定，这些决定将影响未来的资金流入和流出，而这些资金流入和流出不符合在报告日财务报表中确认的标准。

**注释（3）** 《一般要求（样稿）》第二部分、范围，对可持续信息披露的实体适用范围进行了阐述，一般而言，采用IFRS会计准则或其他一般公认会计原则（GAAP）的实体可依据《一般要求（样稿）》进行可持续信息披露。

（2）范围

实体在编制和披露与可持续有关的财务信息时应符合IFRS可持续披露准则。应用IFRS可持续披露准则的实体，其财务报表应根据IFRS会计准

> 则或其他一般公认会计原则（GAAP）编制。
>
> 其他 IFRS 可持续披露准则规定具体可持续性相关事项的披露要求以及相关的跨行业、行业与活动指标和目标。
>
> 不影响报告实体企业价值的可持续问题不属于本报告的范围。
>
> 《一般要求（样稿）》使用的术语适用于以盈利为目的的实体，包括公共部门的商业实体。如果是私营或公共部门的非营利组织，它们可能需要对 IFRS 可持续披露标准有关的特定披露项目的说明进行修改。

**注释（4）** 《一般要求（样稿）》第三部分、关键概念，明确了对实质性（Materiality）、报告实体边界（Reporting entity boundary）和关联性（Connectivity）三个概念的定义。

> （3）实质性
>
> 财务报告包括特定报告实体的财务报表和与可持续有关的财务信息。判断与可持续有关的财务信息是否具有实质性（Materiality），主要是看如果遗漏、错误陈述或模糊这些信息，是否会影响财务报告使用者根据财务报告作出的决定。
>
> 与可持续有关的财务信息如果影响用户对实体未来现金流的价值、时间和确定性的评估，进而影响用户对实体的估值，就是具有实质性的。
>
> 因此，实质性信息包括影响用户评估该实体企业价值的因素，包括该实体在短期、中期和长期内产生现金流的能力以及用户对这些现金流的估值。实质性信息包括但不限于以下方面的信息：
>
> （a）一个实体对社会和环境的影响，如果这些影响预计会影响该实体未来的现金流；
>
> （b）被认为对该实体未来现金流产生影响的可能性很小但潜在影响很大的事件。
>
> 实质性与实体密切相关。《一般要求（样稿）》没有规定实质性的统一定量阈值，也没有预先确定在特定情况下对实质性的判定。

管理层应运用判断力，来确定关于可持续性风险和机会的信息，以及与实体具体情况密切相关的实质性衡量标准。因为一个实体的情况随着时间的推移而改变，在每个报告期应根据这些变化对实质性进行重新评估。

在考虑实质性时，管理层应考虑信息披露报告使用者的特点，同时也考虑到实体自身的情况。

许多现有的和潜在的投资者、贷款人和其他债权人不能要求报告实体直接向他们提供信息，而必须依靠财务报告来获得他们所需要的信息。因此，这些用户是财务报告的主要用户。财务报告是为那些对商业和经济活动有一定了解并且勤奋地审查和分析信息的用户准备的。即使是消息灵通、勤奋的用户也可能需要寻求顾问的帮助来理解复杂的可持续相关问题的信息。

如果披露产生的信息不是实质性的，则该实体不需要提供可持续披露标准所要求的具体披露。即使可持续披露标准列出了一系列具体要求或最低要求，如果应用该要求所产生的信息不具备实质性，则该实体无须披露。

当按照可持续披露标准披露的信息不足以使财务报告的用户了解与可持续性有关的风险和机会在短期、中期和长期对实体未来现金流量的价值、时间安排和确定性的影响，从而也不足以使用户对企业进行估值时，实体还应考虑是否应提供要求以外的信息。此类补充信息可以涉及该实体的业务模式、财务状况或业绩，也可以说明该实体如何调整其战略、风险管理和治理，以应对与可持续性有关的风险和机遇，还可以包括实体用来设定目标和监控绩效的措施。

(4) 报告实体边界

报告实体财务报告的边界应与下列内容相同：

(a) 财务报表；

(b) 与可持续有关的财务披露。

对于来自报告实体范围以外的活动、互动和关系，如果影响到用户对企业价值的评估，那么实体也应披露与可持续有关的重大风险和机会的实质性信息。例如，一个报告实体的主要供应商可能会使用一种制造工艺，将需要大幅修改以符合环境法规。报告实体可以认为与这个供应商有关的可持续风险是实质性的。

（5）关联性

应提供完整的与可持续有关的财务披露，使用户能够理解与可持续有关的财务披露与财务报告中的其他信息之间可能适用的关联性。一些与可持续有关的财务信息可以与财务报表一起放在财务报告的相关章节中，向用户提供实体业务的完整描述。具体的指标和目标可以与治理、战略和风险管理的信息一起披露。

一个实体应将可持续性相关的财务披露与其他信息关联起来，例如：

（a）突出不同信息之间的关系，并将其清晰简洁地表达出来。例如，一个实体可能会解释其对自然资源的使用，供应链内的变化，以及与可持续相关的重大风险和机遇。该实体可能需要将这种情况与对其生产成本的潜在或实际影响、减轻这种风险的战略以及对研究和开发的相关投资联系起来。这些信息可能还需要与财务报表中的信息、特定的指标和目标相关联。

（b）解释由可持续相关的风险和机会引起的权衡。例如，由于即将征收的碳排放税，一个实体可能需要重组其运营。这种变化可能会给企业带来巨大的风险，并可能在未来几年大幅度缩减就业。该实体可能需要披露其如何重新技能化、补偿和重新部署劳动力。

**注释（5）** 《一般要求（样稿）》第四部分阐述了对可持续报告的内容要求和形式要求。

在内容要求方面，《一般要求（样稿）》吸收了 TCFD 的四要素框架，主要包括治理、战略、风险管理、指标和目标 4 个部分。

形式要求包括 10 个部分，分别是比较信息、披露频率、披露渠道、确定相关的财务报表、使用财务数据和假设、公允阐述、估计和不确定性、误差、合规声明和生效日期。

(6) 一般特征

除特殊要求外，实体应披露对实体运营至关重要的信息，主要包括治理、战略、风险管理及指标和目标四部分内容：

(a) 治理：包括报告实体用于监测与可持续有关的风险和机遇的治理过程、控制和程序；

(b) 战略：包括与可持续有关的风险和机遇如何在短期、中期和长期内改变实体的业务模式和战略；

(c) 风险管理：包括如何识别、评估、管理和减轻与可持续有关的风险；

(d) 指标和目标：包括用于管理和监测实体在可持续相关风险和机遇方面的表现的信息。

**注释（6）** 《一般要求（样稿）》对治理的披露要求。

(7) 治理

与可持续有关的治理信息披露的目的，是使财务报告的用户能够了解用于监测和管理与可持续有关风险和机遇的治理过程、控制和程序。这些信息可以帮助用户评估与可持续相关的财务风险和机遇是否得到企业负责人的适当监督。

为实现上述目标，实体应披露负责监督现有和新的可持续相关风险和机遇的一个或多个机构（可包括负责治理的董事会、委员会或同等机构）的说明，以及管理层在现有和新出现的可持续相关风险和机遇方面的作用，包括：

(a) 负责可持续相关风险和机遇的机构或个人的身份；

(b) 上述负责机构对可持续相关风险和机遇的责任，包括职权范围、董事会授权和其他相关实体政策；

(c) 负责机构如何确保具备正确的技能和能力，来监督旨在应对可持续相关风险和机遇的战略；

（d）负责机构及其委员会（审计委员会、风险委员会或其他委员会）获告知与可持续有关的事项及与可持续有关的风险和机遇的程序和频率；

（e）负责机构及其委员会在监督该实体的战略、关于重大交易的决定和风险管理政策时，以及在可能需要进行利弊权衡和对不确定性进行分析时，如何考虑与可持续有关的风险和机遇；

（f）负责机构如何监督制定与可持续有关的目标，并监察实现这些目标的进展，包括是否以及如何将相关的绩效指标纳入薪酬政策；

（g）说明管理层在评估和管理与可持续有关的风险和机遇方面的作用（例如，是否已将与可持续有关的责任分配给具体的管理层职位或委员会，管理层是否已实施适当的控制措施，以监测与可持续有关的事项，包括在不同的内部职能之间审议和协调与可持续有关的风险和机遇的方式），以及负责机构如何监督管理层发挥这一作用。

**注释（7）**　《一般要求（样稿）》对战略的披露要求。

（8）战略

可持续财务披露在战略方面的主要披露目标是使财务报告用户能够了解实体处理与可持续有关的重大风险和机遇的战略。这些信息将有助于评估可持续相关的财务风险和机遇是否被纳入实体的战略规划，并且成为实体战略的核心。

为实现上述目标，实体应披露其对以下方面的评估：

（a）合理预期可能在短期、中期或长期影响其业务模式、战略和现金流的与可持续有关的重大风险和机遇；

（b）与可持续相关的重大风险和机遇对其业务模式的影响；

（c）与可持续相关的重大风险和机遇对管理层战略和决策的影响；

（d）与可持续相关的重大风险和机遇在报告期结束时对实体的财务状况、业绩和现金流的影响，以及对短期、中期和长期影响的预测；

（e）实体战略对重大可持续相关风险的弹性。

一个实体应披露信息，使财务报告用户能够了解与可持续有关的重大风险和机遇，这些风险和机遇在短期、中期或长期内可能会影响该实体的业务模式、战略和现金流量。具体而言，实体应披露：

（a）描述识别可持续相关重大风险和机遇的流程，这些风险和机遇可能对实体的业务模式、战略和现金流产生积极或消极影响；

（b）实体如何界定短期、中期和长期，以及这些定义如何与实体的战略规划和资本配置计划挂钩；

（c）说明与可持续相关的具体风险或机会，以及每个风险或机遇对实体产生财务影响的预计时间范围。

上述要求的相关时限可能因许多因素而有所不同，包括具体行业的特点，如现金流和业务周期、资本投资的预期期限、用户采用的时限，以及实体行业管理层通常用于战略决策的规划时限。

一个实体应披露信息，使财务报告的用户能够了解其对与可持续性有关的重大风险和机会对其当前业务模式和未来预期影响的评估。具体来说，实体应披露：

（a）说明与可持续有关的重大风险和机会对其生产货物或服务的价值链（例如，供应链、运营、劳动力、销售和分销渠道）当前和预期的影响；

（b）在实体的价值链中，与可持续有关的重大风险或机会集中在哪里（例如，地理区域、设施或资产类型、投入、产出或分销渠道）。

一个实体应披露信息，使财务报告的用户能够了解其对与可持续性有关的风险和机会对管理层战略和决策的影响的评估。具体来说，实体应披露：

（a）如何应对与可持续相关的重大风险和机遇；

（b）遗留资产的计划和关键假设（如适用）；

（c）披露的计划进展情况的定量和定性资料；

（d）管理层在决策过程中考虑了与可持续性有关的风险和机会之间的

权衡（例如，在关于新业务地点的决定中，在这些业务的环境影响和它们创造的就业机会之间的权衡，以及对企业价值的相关影响）；

（e）如何将与可持续性有关的重大风险和机会纳入实体的财务规划决策（例如，投资决策和融资决策）。

一个实体应披露信息，使一般用途财务报告的用户能够了解与可持续性有关的重大风险和机会对该实体在报告期结束时的当前财务状况、业绩和现金流量以及短期、中期和长期预期的影响。具体来说，实体应在可行的情况下定性和定量披露：

（a）与可持续相关的风险和机遇如何影响实体最新报告的财务业绩、头寸和现金流；

（b）管理层对实体的财务状况随着时间的推移而变化的预期，这应与其应对可持续性相关重大风险和机遇的战略保持一致，具体应披露：

（i）实体目前和已承诺的投资计划及其对财务状况的预期影响（例如，大型收购和撤资、合资企业、业务转型、创新、新业务领域和资产报废）；

（ii）实体计划用于实施战略的资金来源；

（c）管理层如何期望实体的财务表现随着时间的推移而改变，以符合其应对重大可持续相关风险和机遇的战略；

（d）实体对与可持续相关重大风险和机会的评估如何影响财务报表中作出的判断，或对预测产生不确定性影响。

一个实体应在可行的情况下，从质量和数量上披露对该实体战略韧性的分析，并酌情披露对与可持续相关重大风险的现金流，包括分析是如何进行的、分析的界限和时间范围以及分析结果。

**注释（8）**　《一般要求（样稿）》对风险管理的披露要求。

（9）风险管理

可持续相关风险管理财务披露的目标是使用户能够了解如何查明、评估、管理和减轻一个实体的现有和新出现的可持续性相关风险，以及这些流程是否被纳入现有的风险管理进程。这些信息可以支持可持续相关财务披露的用户评估实体的整体风险情况和风险管理活动。

为实现上述目标，实体应说明：

（a）确定可持续性相关风险的程序；

（b）实体评估可持续相关风险重要性的过程，包括（如有关）：

（i）如何确定此类风险的可能性和影响（如定性因素或定量阈值）；

（ii）相对于其他类型的风险，包括在风险评估工具的使用方面，如何优先考虑与可持续性有关的风险；

（iii）它使用哪些重要参数（例如，数据来源，所覆盖的操作范围和在假设中使用的详细程度）；

（iv）与上一个报告期相比，是否改变了所使用的流程；

（c）就每一项可持续性相关重大风险而言，提供有助于了解如何监测、管理和减轻风险的信息，包括相关政策；

（d）这些与可持续有关的风险识别、评估和管理过程在多大程度上以及如何纳入实体的整体风险管理过程。

**注释（9）** 《一般要求（样稿）》对指标和目标的披露要求。

（10）指标和目标

指标和目标的可持续相关财务披露，目标是使用户能够了解一个实体如何衡量和监测其与可持续相关的重大财务风险和机会。这些信息使用户可以评估实体在这些问题上的进展和表现。

实体应披露：

（a）跨行业、基于行业和活动的指标；

（b）由其治理机构（包括负责治理和管理的董事会、委员会或同等机构）制定的目标；

（c）治理机构用于衡量实现所确定目标进展情况的其他主要业绩指标。

跨行业指标与实体相关，无论行业和商业模式如何。基于行业的指标与一个行业内的实体相关，其依据是该行业内商业模式的共同特征，以及构成这些商业模式的基本商业活动带来的与可持续有关的具体风险或机会。

活动指标（Activity Metric）有助于跨行业和基于行业的指标的标准化，以便与其他实体进行比较。活动指标的例子包括雇员数量、产品销售量和销售面积。

关键绩效指标包括跨行业指标、基于行业的指标和其他针对具体实体的关键绩效指标。

应根据《一般要求（样稿）》和相关的应用指南，界定跨行业、基于行业和活动的指标（统称为“指标”）。一个实体应根据其业务模式披露适用于其活动并与具体的可持续相关风险或机会有关的基于行业的指标。一些实体将有一系列的活动，因此可能需要应用适用于多个行业的指标。

实体应披露：

（a）管理层设定的缓解或适应可持续相关风险或增强可持续相关机遇并实现战略目的的目标；

（b）有关目标性质的资料，包括：

（i）明确指出目标是绝对的，标准化的，强度或者是基于活动的；

（ii）目标适用的时间范围；

（iii）衡量进展的基准期；

（iv）任何里程碑或中期目标；

（v）目标是根据外部参数确定，还是作为可持续措施的一部分进行验证；

（c）用于评估实现目标和战略目标进展情况的指标和其他关键业绩指标；

（d）实体的表现与公开目标的比较，分析实体表现的趋势或重大变化；

（e）解释用于计算目标的方法和计算的输入，包括所作的重要假设和这些方法的局限性。

目标和具体实体的关键绩效指标（KPI）的定义和计算应该随着时间的推移保持一致。如果目标或实体特定的关键绩效指标被重新定义，实体应：

（a）解释这些变化；

（b）解释这些变化的原因；

（c）提供比较数字。

实体应使用有意义、清晰和精确的名称和描述来标记指标、特定实体的关键绩效指标和目标。

如果一个实体停止披露具体的关键绩效指标或目标，该实体应解释为什么不再提供相关信息。

当一个针对具体实体的衡量标准关键绩效指标或目标被另一个更好实现相同目标的指标或目标所取代时，该实体应解释这一变化，并解释为什么与以前使用的指标相比，新的指标提供了更可靠或更相关的信息。

**注释（10）** 《一般要求（样稿）》对可比信息的披露要求。

**可比信息**

除非《一般要求（样稿）》允许或另有要求，否则实体应提交关于上一披露周期的可比信息，包括当期报告的指标和关键业绩指标。当与理解当期可持续性相关的财务披露相关时，实体还应披露叙述性和描述性信息的可比信息。

实体应披露反映最新估计数的可比信息。提供可比信息的最新估计数增强了可比性。当一个实体报告的可比信息与前一时期报告的信息不同时，它应披露：

（a）上期报告的金额与修订后的可比金额之间的差异；

（b）金额被修订的原因。

在某些情况下，调整一个或多个以前期间的可比信息以达到与当前期间的可比性是不可行的。例如，收集前期数据的方式可能不允许追溯适用指标、目标或关键绩效指标的新定义，或追溯重述以纠正前期错误，因此可能无法重新提供信息。当调整一个或多个前期的可比信息是不可行的时候，一个实体应该披露事实。

**注释（11）**　《一般要求（样稿）》要求实体与财务报表同时披露可持续相关财务信息。

**报告频率**

实体应确定可持续相关财务披露的报告周期。实体可持续相关财务信息披露周期应与其财务报表披露一致，因此至少每12个月披露一次，并与财务报表同时披露。

当一个实体改变其报告期结束时间并披露长于或短于12个月的可持续相关财务披露时，该实体应披露：

（a）使用较长或较短期限的原因；

（b）可持续相关财务披露中的数额并不完全可比。

通常情况下，一个实体准备一年的可持续相关财务披露。然而，出于实际原因，一些实体更喜欢报告，例如，52周的期限。本标准不排除这种做法。

本标准并未规定应要求哪些实体进行中期可持续相关财务披露，披露频率如何，或在中期期末结束后多久披露。然而，政府、证券监管机构、证券交易所和会计机构可能会要求债券或股票公开交易的实体发布中期报告。如果一个实体被要求或者选择按照《一般要求（样稿）》进行中期披露，下一段适用。

出于及时性和费用考虑，并为避免重复以前报告的信息，可能要求或可能选择在中期提供的信息少于其年度披露中提供的信息。中期披露旨在提供可持续相关财务信息的最新完整年度披露的最新情况。因此，这些披露侧重于新的信息、事件和情况，并不重复先前报告的信息。然而，虽然中期披露中提供的信息可能比年度披露中提供的信息更为精练，但并不禁止或阻止一个实体按照《一般要求（样稿）》在中期报告中公布完整的可持续相关财务信息披露。

**注释（12）**《一般要求（样稿）》要求实体将可持续相关财务信息作为财务报告的一部分进行披露。

**报告渠道**

实体应按照通用财务报告的一部分，披露可持续相关财务信息。根据适用于实体的法规或其他要求，在通用财务报告中有多个可能的地点披露可持续相关财务信息。

可持续相关财务信息披露可包括在实体的管理评论（Management Commentary）中，管理评论是实体通用财务报告的一部分。管理评论补充了实体的财务报表。它包括管理层深入了解影响实体财务业绩和财务状况的因素，以及可能影响实体创造价值和产生现金流量的能力的因素。管理评论的名称可能不同，但也应被纳入其中，包括管理层的讨论和分析、运营和财务审查、综合报告和战略报告。

一个实体可以列入其他信息，这些信息不是实质性的，但实体为遵守其他要求或准则需要披露，条件是这些额外信息不能掩盖实质性信息。

《一般要求（样稿）》所要求的信息，可以通过与财务报表同时向用户提供的其他报告交叉引用的方式予以纳入，如果该方式不是直接纳入通用财务报告并不会使通用报告不够明确。

如果其他报告中的实质性信息通过交叉引用列入通用财务报告，则该信息成为通用财务报告的一部分，这意味着，例如：

（a）交叉引用所包含的信息需要符合《一般要求（样稿）》。例如，它需要是完整的，中立的和准确的；

（b）授权发布通用财务报告的团体或个人，对交叉引用所载资料的责任程度，与对直接载于通用财务报告内的资料的责任程度相同。

如果通用财务报告通过与另一份报告的交叉引用包含信息：

（a）通用财务报告应当清楚地标明报告，并说明如何查阅该报告；

（b）应精确指定交叉引用部分在报告中的位置。

《一般要求（样稿）》所要求的信息可在财务报表中或在该实体公布的

通用财务报告的一部分中披露。如果以这种方式披露这些信息不会使通用财务报告不够清楚，则可以参照财务报表或通用财务报告的一部分提供这些信息。

当《一般要求（样稿）》要求披露常见的信息项目时，实体应避免不必要的重复。例如，如果一个实体对与可持续相关风险和机会的监督是在综合的基础上进行的，那么关于治理的披露也应该是综合的，而不是为每个实质性可持续风险和机会提供单独的治理披露。

**注释（13）**　《一般要求（样稿）》要求可持续相关财务信息披露应确定与之相关的财务报表。

**确定相关的财务报表**

可持续相关财务信息披露应确定与之相关的财务报表。如果有关财务报表不是按照《国际财务报告准则》编制的，可持续相关财务信息披露应披露编制财务报表的依据。

**注释（14）**　《一般要求（样稿）》对财务数据和假设的披露要求。

**财务数据和假设**

当可持续相关财务信息披露包括财务数据和假设时，这些财务数据和假设应与该实体财务报表中所列的相应财务数据和假设一致。

指定报告货币作为计量单位时，实体应使用列报其财务报表的货币。

如果当地法律法规禁止实体披露信息，则实体不必披露可持续相关财务信息。如果一个实体因为这个原因而省略了重要信息，它应该确定未披露的信息类型，并解释限制的来源。

**注释（15）**　《一般要求（样稿）》还对公允阐述、估计和不确定性、误差、合规声明等披露要求进行了阐述，请参考《一般要求（样稿）》原文。

## 三、《气候相关披露准则（样稿）》

1. 与《一般要求（样稿）》的一致性

《气候披露（样稿）》针对治理、战略、风险管理、指标和目标四个要素制定了明确的披露要求，这与《一般要求（样稿）》和TCFD的核心披露内容是一致的。由于TCFD标准已经在一些国家和交易所推广使用，《气候披露（样稿）》采用基本相同的披露框架有助于提高其接受程度。

此外，也有市场观点认为《一般要求（样稿）》和《气候披露（样稿）》两者可以进一步合并，以减少重复并简化披露要求，两者在核心披露要素上的一致性也为合并提供了可能。

2. SASB行业披露标准

《气候披露（样稿）》附录B部分，针对11个大类的68个行业，分别提供了与气候风险或机遇有关的披露主题和核算指标。这部分披露要求沿用了可持续核算准则委员会（SASB）的行业要求［关于SASB的详细内容，请见本章第三节：可持续核算准则委员会（SASB）］。为气候信息披露提供明确行业标准的好处在于可以提高相关信息的一致性和可比性，在财务分析和投资决策中可以发挥较好的效果。

但目前对采用SASB作为国际统一的行业标准尚存在一些争议。一方面，SASB标准未经过ISSB标准制定流程，是否应与ISSB标准具有一样的效力仍有待商榷。另一方面，对于一些企业来说，如果以满足SASB标准作为满足ISSB标准的先决条件，可能在实际操作中存在困难，尤其是中小型企业，这也会给ISSB标准的推广带来困难。因此，SASB标准的强制性和适用性可以进一步讨论。

3. 与GHG的一致性

温室气体排放是气候信息披露的核心部分。《气候披露（样稿）》明确组织应按照世界资源研究所（WRI）和世界可持续发展工商理事会（WBCSD）共同发布的《温室气体核算体系》（*Greenhouse Gas Protocol Corporate Standard*）披露报告期内产生的温室气体排放。《温室气体核算体系》是目前企业运用较为广泛的标准，TCFD、VRF、GRI、CDP、CDSB等组织也采用了这一标准。

**注释（1）** 《气候披露（样稿）》[①] 在框架上与《一般要求（样稿）》保持一致，主要针对气候相关的信息披露要求进行了详细的规定。《气候披露（样稿）》共分为五个部分，分别是目标、范围、披露内容（包括治理、战略、风险管理、指标和目标）、生效日期以及附录（包括名词解释和行业披露要求）。

**表1-12 《气候披露（样稿）》目录**

| 章节 | 标题 | |
|---|---|---|
| 1 | 目标 | |
| 2 | 范围 | |
| 3 | 治理 | |
| 4 | 战略 | |
| 5 | 风险管理 | |
| 6 | 指标和目标 | |
| 7 | 生效日期 | |
| 8 | 附录 | A. 名词解释 |
| | | B. 行业披露要求 |

**注释（2）** 《气候披露（样稿）》的目标和范围。

（1）目标

《气候披露（样稿）》的目标是通过要求实体披露与气候有关的风险和机遇的信息，使财务报告的用户能够：

（a）确定与气候有关的风险和机会对该实体的财务状况、财务业绩和现金流的影响，并协助用户评估该实体未来的现金流及其短期、中期和长期价值、时机和确定性，从而协助用户评估该实体的企业价值；

① 本书引用国际可持续准则理事会（ISSB）2021年11月发布的《国际财务报告可持续披露准则第2号——气候相关披露（征求意见稿）》[（*Draft*）*IFRS S2 Climate-related Disclosures*]，网址为https：//www.ifrs.org/content/dam/ifrs/groups/trwg/trwg-climate-related-disclosures-prototype.pdf。中文版本仅供参考，中文版本与英文版本如有出入，以英文版本为准。

（b）了解管理层如何使用资源，以及相应的投入、活动、产出和成果，以支持实体应对与气候相关的风险和机遇的策略；

（c）评估实体在应对气候相关风险和机遇时调整其规划、业务模式和运作的能力。

实体在应用《气候披露（样稿）》标准时，应与《一般要求（样稿）》保持一致。

（2）范围

《气候披露（样稿）》适用于：

（a）实体所面临的与气候相关的风险，包括但不限于：

（i）气候变化的物理风险（物理风险）；

（ii）与向低碳经济转型相关的风险（转型风险）；

（b）实体可以利用和考虑的与气候有关的机会。

**注释（3）** 《气候披露（样稿）》对治理的披露要求。

（3）治理

实体应披露使财务报告用户能够了解用于监测和管理与气候有关的风险和机遇的治理过程、控制和流程的信息。为实现这一目标，该实体应披露负责监督与气候有关的风险和机遇的一个或多个治理机构（可包括一个负责治理的董事会、委员会或同等机构）的说明，以及管理层在与气候有关的风险和机会方面的作用，包括：

（a）负责气候相关风险和机遇的机构内的机构或个人的身份；

（b）负责机构对与气候相关风险和机会的责任如何反映在职权范围、董事会授权和其他相关政策中；

（c）负责机构如何确保具备正确的技能和能力来监督旨在应对气候相关风险和机遇的战略；

（d）负责机构及其委员会（审计委员会、风险委员会或其他委员会）获告知与气候有关的事项及与气候有关的风险和机遇的程序和频率；

(e) 该机构及其委员会在监督该实体的战略、关于重大交易的决定和风险管理政策时如何考虑与气候有关的风险和机遇，包括对可能需要的权衡和对不确定性的敏感性的任何评估；

(f) 该机构如何监督制定与气候有关的目标并监测实现这些目标的进展情况，包括是否以及如何将相关的绩效指标纳入薪酬政策；

(g) 说明管理层在评估和管理与气候有关的风险和机会方面的作用（例如，与气候有关的责任是否已分配给具体的管理层职位或委员会，管理层是否已实施适当的控制，以监测与气候有关的事项，包括在不同的内部职能之间审议和协调与气候有关的风险和机会的方式），以及机构如何监督管理层发挥这一作用。

**注释（4）**　《气候披露（样稿）》对战略的披露要求。

(4) 战略

一个实体应披露信息，使财务报告的用户能够了解其应对气候相关风险和机遇的战略，具体应披露：

(a) 合理预期可能在短期、中期或长期影响其业务模式、战略和现金流的与气候有关的重大风险和机会；

(b) 与气候相关的重大风险和机遇对其业务模式的影响；

(c) 与气候有关的重大风险和机遇对管理层的战略和决策的影响；

(d) 与气候有关的重大风险和机遇在报告期末对其财务状况、财务业绩和现金流的影响，以及短期、中期和长期的预期影响（见第9段）；

(e) 实体战略对与气候变化物理影响和向低碳经济过渡相关的重大气候相关风险的抵御能力（见第10段）。

一个实体应披露信息，使财务报告的用户能够了解合理预期会在短期、中期或长期影响该实体的业务模式、战略和现金流的与气候有关的重大风险和机会。具体而言，该实体应披露：

(a) 说明现有确定与气候相关风险和机会的进程，合理预期这些风险和机会可能对其业务模式、战略和现金流产生积极或消极影响；

（b）如何定义短期、中期和长期，以及如何将定义与实体的战略规划和资本配置计划联系起来；

（c）对与气候有关的重大风险或机会的描述，以及可合理预期每个风险或机会对实体产生财务影响的时间范围；

（d）确定的风险是物理风险还是过渡风险。例如，龙卷风和洪水等极端天气事件的严重程度加剧等急性物理风险，以及长期物理风险包括海平面上升或平均气温上升。转型风险可能包括监管、技术、市场、法律或声誉风险。

实体应披露信息，使财务报告的用户能够了解其对与气候有关的重大风险和机会对其业务模式的影响的评估。具体而言，该实体应披露：

（a）说明气候相关重大风险和机会对其生产货物或服务的价值链（例如，供应链、业务、劳动力、销售和分销渠道）当前和预期的影响；

（b）在其价值链中存在与气候相关的重大风险或机会的聚集（例如，地理区域、设施或资产类型、投入、产出或分销渠道）。

实体应当披露能够为财务报告使用者所用的信息，了解其对重大气候相关风险影响的评估和管理策略和决策的机会，包括转型计划。具体而言，该实体应披露：

（a）如何应对气候相关重大风险和机会，包括但不局限于：

（i）计划如何实现其设定的任何气候相关目标，包括为实现目标提供的资源，对目标的审查程序和关于在实现目标过程中使用碳补偿（Carbon Offsets）的假设，包括补偿的最低质量或阈值；

（ii）如何推进与缓解、适应和应用气候变化有关的研究和开发；

（iii）是否采用新技术；

（iv）它正在进行哪些直接的适应和缓解气候变化的措施（例如，通过劳动力，所用材料的变化或产品规格，或引进节能措施）；

（v）正在进行哪些间接适应和缓解气候变化的措施［例如，通过与客户和供应链合作或使用认证计划（例如，一个国际认可的木材或棕榈油等商品可持续性认证计划）]；

（vi）缓解措施在多大程度上依赖于碳补偿战略；例如，在对多种方案进行评估之后，一家技术公司决定通过造林方案抵消其价值链内的剩余排放量，以履行其缓解气候风险的战略承诺。该公司选择抵消项目是因为它们具有永久和额外的效果，并达到了认证标准。该实体说明了每个项目、项目运作的地理位置、公吨补偿的数量、每公吨的成本、减排发生的年份以及适用于该办法的认证标准；

（b）遗留资产的处置计划和关键假设，包括管理碳能源和水密集型业务的战略，以及停用碳能源和水密集型资产的战略；

（c）上述披露计划进度的定量和定性资料；

（d）如何将气候相关重大风险和机会纳入实体的财务规划决策（例如，投资决策和融资决策）。

实体应披露信息，使财务报告的用户能够了解气候相关重大风险和机会在报告期末对其财务状况、财务业绩和现金流的影响，以及短期、中期和长期的预期影响。具体而言，该实体应在可行的情况下定性和定量披露：

（a）与气候相关的重大风险和机遇如何影响其最近报告的财务业绩、财务状况和现金流；

（b）根据其应对与气候有关的重大风险和机遇的战略，管理层如何预期该实体的财务状况将随着时间的推移而发生变化，具体应披露：

（i）实体现行及已承诺的资本配置计划对财务状况的预期影响（例如，大型收购及撤资、合资企业、业务转型、创新、新业务范畴及资产报废）；

（ii）实体计划用于实施战略的资金来源；

（c）在实体处理与气候相关重大风险和机会的战略下（例如，按照《巴黎协定》，与低碳经济相一致的产品和服务的收入增加或成本增加；气候事件对资产的物理损害；以及适应或缓解气候变化的总成本），管理层如何预期该实体的财务业绩会随着时间的推移而发生变化；

（d）该实体对与气候有关的重大风险和机会的评估如何影响财务报表中作出的判断和估计。

实体应披露该实体战略对重大气候相关风险（物理和转型）的弹性分析，包括：

（a）如何进行分析，包括：

（i）是否通过比较各种与气候有关的假设情景进行了研究，以及是否使用了与《巴黎协定》一致的假设情景和与实际气候相关风险相一致的假设情景；

（ii）使用哪些情景假设方案进行评估，以及所使用情景假设方案的来源（例如，绿化金融系统网络2050年情景假设方案、国际能源机构2050年情景假设方案和政府间气候变化专门委员会途径1.9和2.6）；

（iii）解释为什么该实体认为选择的情景与评估其对气候相关风险和机遇的适应能力有关；

（iv）进行分析的时间范围；

（v）对假设情景分析的投入，包括但不限于：风险范围（例如，假设情景分析所包括的物理风险范围）、所覆盖的业务范围（例如，所覆盖的业务地点）和假设的详细程度（例如，特定于公司地点的地理空间坐标或国家或区域一级的假设）；

（vi）管理层关于向低碳经济转型将如何影响该实体的假设，包括该实体运作所在司法管辖区的政策假设、宏观经济趋势、能源使用和组合，以及技术假设。

（b）分析结果以及显示该实体的财务状况和财务业绩如何在短期、中期和长期内支持该实体战略和业务模式的弹性的评估，包括：

（i）在气候变化造成实际破坏或气候模式长期变化的情况下，资产和投资如何与重新分配、报废、修复和升级相一致或具有足够的灵活性；

（ii）目前或计划对低碳替代品的投资（以及投资占总投资的比例）、劳动力再技能培训以及可用于抵御气候变化实际影响的资本灵活性程度。

**注释（5）**　《气候披露（样稿）》对风险管理的披露要求。

> （5）风险管理
>
> 实体应披露信息，使财务报告的用户能够了解实体是如何识别、评估、管理和减轻与气候相关的风险。具体应披露：
>
> （a）识别与气候有关的风险的过程。
>
> （b）实体评估与气候相关的风险的重要性的过程，包括：
>
> （i）如何确定此类风险的可能性和影响（例如，所使用的定性因素或定量阈值）；
>
> （ii）相对于其他类型的风险，包括使用风险评估工具（例如，基于科学的风险评估工具或其他来源），如何优先考虑气候相关风险；
>
> （iii）它使用了哪些重要的输入参数（例如，数据来源、所覆盖的运营范围和在假设中使用的详细程度）；
>
> （iv）与上一个报告期比较，是否改变所采用的程序。
>
> （c）就每一个与气候相关的重大风险而言，有助于了解如何监测、管理和减轻风险的信息，包括相关政策。
>
> （d）这些与气候相关的风险识别、评估和管理过程在多大程度上以及如何整合到实体的整体风险管理过程中。

**注释（6）**　《气候披露（样稿）》对指标和目标的披露要求。

> （6）指标和目标
>
> 实体应披露信息，使财务报告的用户能够了解该实体在管理气候相关重大风险和机会方面的表现。为了实现这一目标，一个实体应该披露：
>
> （a）跨行业指标；
>
> （b）基于行业的指标；
>
> （c）管理层为缓解或适应与气候相关的风险或尽量扩大与气候相关的机会而制定的目标；
>
> （d）董事会或管理层用于衡量所述目标进展情况的其他主要表现指标。

实体应披露下列跨行业指标：

(a) 温室气体排放量：按照《温室气体议定书》以公吨二氧化碳当量表示的绝对总量范围1、范围2和范围3，以及排放强度；

(b) 转型风险：易受转型风险影响的资产或业务活动的数额及百分比；

(c) 物理风险：易受物理风险影响的资产或业务活动的数量和百分比；

(d) 气候相关机会：与气候相关机会相一致的收入、资产或其他商业活动的比例，以数额或百分比表示；

(e) 资本部署：以报告货币表示的资本支出、融资或投资用于气候相关风险和机会的金额；

(f) 内部碳价格：实体内部使用的每公吨温室气体排放量的价格，包括该实体在决策中如何应用以每公吨二氧化碳当量报告货币表示的碳价格(例如，投资决策、转让定价和情景分析)；

(g) 薪酬：当期受与气候有关的考虑因素影响的行政管理人员薪酬所占的比例，以报告货币的百分比、权重、说明或数额表示。

对于范围3的温室气体排放，该实体应对所披露的指标中包括的活动提供解释。例如，网上零售商可能面临与报告实体为销售给客户的产品的出境物流而购买的第三方运输和分销服务所产生的温室气体排放有关的风险或机会。零售商可能会确定这些排放信息对于其通用财务报告的用户来说是重要的，这样他们就可以评估其企业价值。因此，零售商将解释其供应链中实体提供的排放信息如何包含在范围3温室气体排放的确定中。

该实体应披露其与气候相关的目标：

(a) 目标的目标（例如，缓解、适应及符合部门及科学为本的措施)；

(b) 目标是绝对的还是基于强度的；

(c) 目标是否以科学为基础，如是，是否已得到第三者的确认；

(d) 目标是否采用部门脱碳方法得出；

(e) 目标适用的时间范围；

| |
|---|
| (f) 衡量进展的基准年;<br>(g) 任何里程碑或中期目标;<br>(h) 用于评估实现目标和战略目标的进度的指标。 |

**注释 (7)**　《气候披露(样稿)》附录 B 部分,针对 11 个大类的 68 个行业分别制定了行业披露要求,包括气候风险或机遇有关的披露主题和核算指标。

《气候披露(样稿)》行业披露要求包含行业说明、披露主题说明、技术协议指标和活动指标。其中技术协议指标为定义、范围、实施、汇编提供指导,活动指标主要用于量化实体活动的规模,旨在与会计指标一起使用,以规范数据并促进比较。

《气候披露(样稿)》行业披露要求的披露主题和相关指标是基于行业的活动列出的。一个实体应该披露与其业务模式和特定气候相关风险或机会相关的指标。一些实体可能包括一系列跨越多个行业的活动。实体可能需要提供进一步的行业披露和关键业绩指标,以反映其特有的业务模式面临的气候风险和机遇[关于行业披露要求的详细内容,请参考本章第三节:可持续核算准则委员会(SASB)]。

**表 1-13　《气候披露(样稿)》行业披露要求**

| 类别 | 行业 |
|---|---|
| 一、消费品 | 1. 服装、配饰和鞋类 |
| | 2. 家电制造 |
| | 3. 家居及个人用品 |
| | 4. 建筑产品和家具 |
| | 5. 电子商务 |
| | 6. 多线和专业零售商和分销商 |
| 二、采掘和矿物加工 | 7. 煤炭业务 |
| | 8. 建筑材料 |
| | 9. 钢铁生产商 |
| | 10. 金属与采矿 |
| | 11. 石油与天然气—勘探与生产 |

续表

| 类别 | 行业 |
| --- | --- |
| 二、采掘和矿物加工 | 12. 石油和天然气—中游 |
| | 13. 石油和天然气—炼油和营销 |
| | 14. 石油和天然气—服务 |
| 三、食品与饮品 | 15. 农产品 |
| | 16. 含酒精的饮料 |
| | 17. 肉类、家禽和奶制品 |
| | 18. 非酒精饮料 |
| | 19. 加工食品 |
| | 20. 食品零售商和分销商 |
| | 21. 餐饮业 |
| 四、金融 | 22. 资产管理和托管活动 |
| | 23. 商业银行 |
| | 24. 保险 |
| | 25. 投资银行与经纪 |
| | 26. 抵押贷款 |
| 五、卫生保健 | 27. 医疗保健服务 |
| | 28. 医疗保健经销商 |
| | 29. 管理式医疗 |
| | 30. 医疗设备及用品 |
| | 31. 药品零售商 |
| 六、基础设施 | 32. 电力公司和发电机 |
| | 33. 工程与建筑服务 |
| | 34. 燃气公用事业和分销商 |
| | 35. 房屋建筑商 |
| | 36. 房地产 |
| | 37. 房地产服务 |
| | 38. 水务与服务 |
| | 39. 废弃物管理 |
| 七、可再生资源和替代能源 | 40. 生物燃料 |
| | 41. 林业管理 |
| | 42. 燃料电池和工业电池 |

续表

| 类别 | 行业 |
| --- | --- |
| 七、可再生资源和替代能源 | 43. 纸浆和纸制品 |
| | 44. 太阳能技术和项目开发商 |
| | 45. 风能技术和项目开发商 |
| 八、资源转化 | 46. 航空航天与国防 |
| | 47. 化学品 |
| | 48. 容器和包装 |
| | 49. 电子电气设备 |
| | 50. 工业机械及货物 |
| 九、服务 | 51. 赌场和博彩 |
| | 52. 酒店和住宿 |
| | 53. 休闲设施 |
| 十、技术与通信 | 54. 电子制造服务和原创设计制造 |
| | 55. 互联网媒体与服务 |
| | 56. 半导体 |
| | 57. 软件和 IT 服务 |
| | 58. 电信服务 |
| | 59. 硬件 |
| 十一、运输 | 60. 航空公司 |
| | 61. 空运与物流 |
| | 62. 汽车 |
| | 63. 汽车零件 |
| | 64. 汽车租赁 |
| | 65. 邮轮公司 |
| | 66. 海上运输 |
| | 67. 轨道交通 |
| | 68. 公路运输 |

# 第三节　可持续核算准则委员会（SASB）

可持续核算准则委员会（SASB）制定行业特定的可持续核算准则，适用于在标准文件中披露，例如美国证券交易委员会要求的10－K表格。

可持续核算准则委员会（SASB）强调环境、社会资本、人力资本、商业模式与创新、领导力与治理五个可持续主题，并为11个部门77个行业的可持续信息披露制定了标准。2021年，SASB并入ISSB，SASB制定的行业标准继续在新的披露框架下发挥作用。

## 一、可持续核算准则委员会

可持续核算准则委员会（Sustainability Accounting Standards Board，SASB）成立于2011年，总部位于美国旧金山。SASB致力于分行业的可持续信息披露标准的制定，旨在帮助企业和投资者就可持续的财务影响形成共同语言。

在组织架构上，SASB董事会负责监督整个机构的战略、募资、运营和任命标准委员会（Standards Board）成员。标准委员会负责研发、发布和维护可持续核算准则（SASB Standards）。SASB下设三个小组，分别是：SASB会员联盟（SASB Alliance）；标准顾问小组（Standards Advisory Group，SAG）；投资者顾问小组（Investor Advisory Group，IAG）。SASB会员联盟主要为付费会员提供教育培训和资源。标准顾问小组负责为SASB制定中遇到的相关问题提供建议。投资者顾问小组由资产所有者和资产管理者组成。

SASB的愿景是创建一套针对各行业具备全球适用性的可持续核算标准，使世界各地的企业能够识别、管理并向投资者传达财务上重要的可持续信息，通过促进高质量可持续信息的披露来满足投资者的需求。

近年来，随着企业可持续信息披露环境不断发展，许多全球企业和投资者呼吁简化和明确相关标准。2020年11月，SASB和国际综合报告委员会（IIRC）宣布将并入价值报告基金会（Value Reporting Foundation，VRF）［关于IIRC，参见本章第六节：国际综合报告委员会（IIRC）］。2021年6月，VRF正式成立，通过整合 SASB 和 IIRC，VRF 拟提供一整套包括综合思维原则、综合报告框架和 SASB 标准的可持续信息披露标准，来帮助企业和投资者形成对企业价值的共识。2021 年 11 月，VAF 并入 ISSB［参见本章第二节：国际可持续准则理事会（ISSB）］。

## 二、可持续核算准则委员会准则

### （一）可持续核算准则委员会准则

2018 年，SASB 正式发布了第一套完整的、全球适用的、分行业的可持续核算准则委员会准则（SASB Standards，以下简称 SASB 准则）。SASB 准则旨在帮助企业和投资者衡量、管理和报告可以产生价值并对财务绩效有实质性影响的可持续因素，来更好地识别和沟通创造长期价值的机遇。

1. 77 个行业披露标准

与其他国际可持续机构标准相比，SASB 准则的特点是针对特定行业，制定行业适用的可持续信息披露标准。其优势在于既能够满足大多数投资者对企业在环境和社会责任方面的披露需求，又能够突出反映企业之间经营业绩的横向对比情况，以及企业自身发展的纵向对比情况。

每个行业在 SASB 准则中都有自己独特的一套可持续核算准则。可持续核算反映了企业对其生产和服务所产生的社会和环境影响，以及创造长期价值所必需的环境和社会资本的管理，还包括可持续挑战与创新、商业模式和公司治理的相互影响。

为突出 SASB 准则分行业的特点，SASB 在传统行业分类系统的基础上，建立了可持续行业分类系统（Sustainable Industry Classification System，SICS）。SICS 根据企业的业务类型、资源强度、可持续影响力和可持续创新潜力等对企业进行分类，覆盖包括日用消费品、采掘矿产加工等在内的 11 个部门，共 77 个行业①。

① SASB 准则最初涵盖 10 个领域，包括 80 多个行业。后来反复征求社会各界具有影响力的机构和企业意见，经过组织内部专家等标准制定者的修改，于 2016 年确认 SASB 准则涵盖 11 个部门共 77 个行业。

**表 1－14　SASB 准则行业分类**

| 部门 | 行业 |
| --- | --- |
| 日用消耗品 | 服装配饰与鞋类、小家电制造业、建筑产品与家具、电子商务、家庭与个人用品、多行业与专业零售商和分销商、玩具与运动用品 |
| 采掘矿产加工 | 煤炭业务、建筑材料、钢铁生产商、金属与矿业、油气勘探与生产、油气—中游、油气炼制与销售、油气服务 |
| 金融 | 资产管理与托管活动、商业银行、消费金融、保险、投资银行和经纪业、抵押贷款融资、证券与商品交易所 |
| 食品和饮料 | 农产品、酒精饮料、食品零售商与经销商、肉类家禽与奶类、非酒精饮料、加工食品、餐饮、烟草 |
| 医疗卫生 | 生物技术与医药、药物零售商、医疗服务提供、医疗分销商、管理式医疗、医疗设备及用品 |
| 基础设施 | 电力设施与发电机、工程与建筑服务、燃气设施与分销商、住宅建筑商、房地产、房地产服务 |
| 可再生资源和替代能源 | 生物燃料、林业管理、燃料电池与工业电池、纸浆与纸制品、太阳能技术与项目开发商、风能技术与项目开发商 |
| 资源转化 | 航空航天与国防、化学物质、容器与包装、电气与电子设备、工业机械与货物 |
| 服务 | 广告与营销、赌场与博彩、教育、酒店与住宿、休闲设施、媒体娱乐、专业与商业服务 |
| 技术与通信 | 电子制造服务与原始设计制造、硬件、互联网媒体与服务、半导体、软件与 IT 服务、电信服务 |
| 交通运输 | 空运与物流、航空公司、汽车零部件、汽车、汽车租赁、邮轮公司、海洋运输、铁路运输、公路运输 |

总体而言，SASB 标准的结构化明显且具有较高的规范性，主题描述清晰，标准设定详细，且广泛征求了社会各界人士的意见并进行修订，保证了标准和数据的可比性、完整性、适用性、可验证、中立性、有用性和一致性，并能公允呈现。该标准通过促进高质量的可持续性信息披露，目前能够在很大程度上满足各个行业使用者的基本需求，既为企业提供了一套具有成本效益的适用标准，又节省了信息使用者的时间成本和机会成本。

但是由于该标准的发展时间并不长，因此也会存在一定的缺陷，例如遗漏潜在可持续性主题、具体指标相关性不足、指标过于个性化导致实用性不够、影响行业可持续主题错判或遗漏、部分指标仅适用于美国资本市场企业等。

2. 五个可持续发展主题

SASB 准则将可持续主题分为五个方面，即环境（environment）、社会资本（social capital）、人力资本（human capital）、商业模式和创新（business model & innovation）、领导力和治理（leadership and governance）。在这五个方面的基础上，SASB 准则进一步提出 27 个可持续核算内容。

**表 1－15　SASB 准则可持续核算主题和内容**

| 主题 | 可持续核算内容 |
|---|---|
| 一、环境 | 1. 温室气体排放<br>2. 空气质量<br>3. 能源管理<br>4. 燃料管理<br>5. 水和水污染管理<br>6. 污染材料和有毒材料管理<br>7. 生态影响 |
| 二、社会资本 | 8. 人权和社区关系<br>9. 用户隐私<br>10. 数据安全<br>11. 获取和负担能力<br>12. 产品质量和安全性<br>13. 消费者福利<br>14. 销售行为和产品标签 |
| 三、人力资本 | 15. 劳资关系<br>16. 员工健康和安全<br>17. 多元化和包容性 |
| 四、商业模式和创新 | 18. 产品和生命周期管理<br>19. 商业模式韧性<br>20. 供应链管理<br>21. 原料采购和效率<br>22. 气候变化的物理影响 |
| 五、领导力和治理 | 23. 商业道德<br>24. 竞争行为<br>25. 法律和监管环境管理<br>26. 重大事件风险管理<br>27. 系统性风险管理 |

**注释（1）** SASB准则环境主题可持续核算内容。

**一、环境**

环境包括各类环境影响，即通过使用不可再生的自然资源作为生产要素的投入，或通过有害排放到环境中，可能会对公司的财务状况或经营业绩产生影响。

**1. 温室气体排放**

该类别涉及公司通过其运营产生的直接（范围1）温室气体（GHG）排放。这包括来自固定源（例如，工厂、发电厂）和移动源（例如，卡车、运载工具、飞机）的温室气体排放，无论是燃料燃烧还是自然资源开采、电力等活动期间未燃烧的直接排放的结果发电、土地利用或生物成因过程。该类别还包括监管风险、环境合规以及声誉风险和机遇的管理，因为它们与直接温室气体排放有关。《京都议定书》涵盖的七种温室气体包括在这一类别中——二氧化碳（$CO_2$）、甲烷（$CH_4$）、一氧化二氮（$N_2O$）、氢氟碳化物（HFCs）、全氟化碳（PFCs）、六氟化硫（$SF_6$）和三氟化氮（$NF_3$）。

**2. 空气质量**

该类别涉及对固定（例如，工厂、发电厂）和移动源（例如，卡车、运货车辆、飞机）以及工业排放造成的空气质量影响的管理。相关的空气污染物包括但不限于氮氧化物（$NO_x$）、硫氧化物（$SO_x$）、挥发性有机化合物（VOC）、重金属、颗粒物和氯氟烃。该类别不包括温室气体排放，这些排放在单独的类别中处理。

**3. 能源管理**

该类别涉及与能源消耗相关的环境影响。它涉及公司在制造和/或提供来自非公司拥有或控制的公用事业供应商（电网能源）的产品和服务的能源管理。更具体地说，它包括能源效率和强度、能源组合以及电网依赖的管理。上游（例如，供应商）和下游（例如，产品使用）的能源使用不包括在范围内。

**4. 水和废水管理**

该类别涉及公司的用水、水消耗、废水产生以及其他运营对水资源的影响，这些影响可能受到水资源可用性和质量以及水资源竞争的地区差异的影响。更具体地说，它涉及管理策略，包括但不限于用水效率、强度和循环利用。最后，该类别还涉及废水处理和排放的管理，包括地下水和含水层污染。

**5. 废物和危险材料管理**

该类别涉及与公司产生的危险和非危险废物相关的环境问题。它解决了公司在制造、农业和其他工业过程中对固体废物的管理。它涵盖处理、储存、处置和法规遵从性。该类别不包括排放到空气或废水中，也不包括产品报废产生的废物，这些废物在单独的类别中处理。

**6. 生态影响**

该类别通过活动管理公司对生态系统和生物多样性的影响，包括但不限于用于勘探的土地使用、自然资源开采和种植，以及项目开发、建设和选址。影响包括但不限于生物多样性丧失、栖息地破坏和所有阶段的森林砍伐——规划、土地征用、许可、开发、运营和场地修复。该类别不包括气候变化对生态系统和生物多样性的影响。

**注释（2）** SASB 准则社会资本主题可持续核算内容。

**二、社会资本**

社会资本包括企业对社会的贡献以获得社会经营许可的期望。它处理与关键外部（如客户、当地社区、公众和政府）的关系管理。

**7. 人权与社区关系**

该类别涉及企业与其经营所在社区之间关系的管理，包括但不限于对核心人权和土著人民待遇的直接和间接影响的管理。更具体地说，此类管理可能涵盖社会经济社区影响、社区参与、环境正义、当地劳动力的培养、对当地企业的影响、经营许可和环境/社会影响评估。该类别不包括空气污染或废物等环境影响，尽管它们可能会影响当地社区成员的健康和安全，但在单独的类别中进行了处理。

**8. 用户隐私**

该类别涉及与将个人身份信息（PII）和其他客户或用户数据用于次要目的相关的风险管理，包括但不限于通过关联公司和非关联公司进行营销。该类别的范围包括公司收集数据、获得同意（例如，选择加入政策）、管理用户和客户对其数据使用方式的期望以及管理不断变化的法规的方法可能产生的社会问题。它不包括由网络安全风险引起的社会问题，这些问题属于单独的类别。

**9. 数据安全**

该类别涉及与收集、保留和使用敏感、机密和/或专有客户或用户数据相关的风险管理。它包括可能由数据泄露等事件引起的社会问题，其中个人身份信息（PII）和其他用户或客户数据可能会被暴露。它涉及公司与IT基础设施、员工培训、记录保存、与执法部门的合作以及用于确保客户或用户数据安全的其他机制相关的战略、政策和实践。

**10. 可获得性和可负担性**

该类别涉及公司确保广泛获得其产品和服务的能力，特别是在服务不足的市场和/或人口群体的背景下。它包括与普遍需求相关的问题的管理，例如医疗保健、金融服务、公用事业、教育和电信的可及性和可负担性。

**11. 产品质量与安全**

该类别解决的问题涉及可能对最终用户造成健康或安全风险的所售产品或所提供服务的意外特征。它解决了公司提供制造产品和/或服务的能力，这些产品和/或服务满足客户对健康和安全特性的期望。它包括但不限于涉及责任、召回和市场撤回管理、产品测试和产品中的化学品/含量/成分管理的问题。

**12. 消费者福利**

该类别解决了客户对食品和饮料的健康和营养、动物生产中抗生素使用以及受控物质管理等问题的福利关注。该类别解决了公司为消费者提供符合社会期望的制成品和服务的能力。它不包括与制造产品和服务的质量和安全故障直接相关的问题，而是解决产品和服务的设计和交付所固有的质量问题，其中客户福利可能存在问题。该类别的范围还体现了公司防止假冒产品的能力。

**13. 销售行为和产品标签**

该类别解决了由于未能管理营销声明、广告以及产品和服务标签的透明度、准确性和可理解性而可能引起的社会问题。它包括但不限于广告标准和法规、道德和负责任的营销实践、误导性或欺骗性标签，以及歧视性或掠夺性销售和借贷行为。这可能包括欺骗性或激进的销售行为，其中员工的激励结构可能会鼓励销售不符合客户或客户最佳利益的产品或服务。

**注释（3）**　SASB 准则人力资本主题可持续核算内容。

**三、人力资本**

人力资本包括将公司的人力资源（雇员和个人承包商）管理作为实现长期价值的关键资产。它包括影响雇员生产力的问题、劳资关系的管理、雇员健康和安全的管理以及创造安全文化的能力。

**14. 劳资关系**

该类别涉及公司在工作场所维护普遍接受的劳工标准的能力，包括遵守劳工法和国际公认的规范和标准。这包括但不限于确保与童工、强迫或抵债劳动、剥削性劳动、公平工资和加班费以及其他基本工人权利有关的基本人权。它还包括最低工资政策和福利规定，这可能会影响劳动力的吸引、留住和激励方式。该类别进一步涉及公司与有组织的劳工和结社自由的关系。

**15. 员工健康和安全**

该类别涉及公司创建和维护安全和健康的工作环境的能力，该环境没有受伤、死亡和疾病（慢性和急性）。传统上，它是通过实施安全管理计划、为员工和承包商制定培训要求以及对他们自己和分包商的做法进行定期审计来实现的。该类别进一步描述了公司如何通过技术、培训、企业文化、法规遵从性、监控和测试以及个人防护设备来确保员工的身心健康。

**16. 多元化和包容性**

该类别涉及公司确保其文化、招聘和晋升实践包括建立反映当地人才库及其客户群构成的多元化和包容性员工队伍的能力。它解决了基于种族、性别、民族、宗教、性取向和其他因素的歧视性做法问题。

**注释（4）** SASB准则商业模式和创新主题可持续核算内容。

**四、商业模式和创新**

商业模式和创新是指关于公司价值创造过程中对环境、人力和社会问题的整合，包括资源回收和生产过程中的其他创新，以及产品创新，设计、使用阶段和产品处理的效率和责任。

**17. 产品和生命周期管理**

该类别涉及将环境、社会和治理（ESG）考虑因素纳入公司提供或销售的产品和服务的特征。它包括但不限于管理产品和服务的生命周期影响，例如与包装、分销、使用阶段的资源强度以及可能在使用阶段或寿命结束时发生的其他环境和社会外部性有关的影响。该类别反映了公司满足客户和社会对更可持续产品和服务的需求以及满足不断变化的环境和社会法规的能力。它不涉及公司运营对环境或社会的直接影响，也不涉及其他类别中涵盖的产品使用对消费者的健康影响和安全风险。

**18. 商业模式韧性**

该类别涉及一个行业管理与将社会、环境和政治转型纳入长期商业模式规划相关的风险和机遇的能力。这包括对向低碳和受气候限制的经济过渡的反应，以及在未得到服务和服务不足的社会经济人口中的增长和新市场的创造。该类别突出了不断变化的环境和社会现实可能会挑战公司从根本上适应或可能使其商业模式面临风险的行业。

**19. 供应链管理**

该类别涉及公司供应链中的环境、社会和治理（ESG）风险管理。它解决了与供应商通过其运营活动产生的环境和社会外部性相关的问题。此类问题包括但不限于环境责任、人权、劳工实践以及道德和腐败。管理可能涉及对供应商的环境和社会影响进行筛选、选择、监控和参与。该类别不涉及外部因素（例如，气候变化及其他环境和社会因素）对供应商运营和/或对关键资源的可用性和定价的影响，这在一个单独的类别中进行了介绍。

**20. 原料采购与效率**

该类别涉及与材料供应链对气候变化和其他外部环境和社会因素的影响的弹性有关的问题。它捕获了这些外部因素对供应商运营活动的影响，这可能会进一步影响关键资源的可用性和定价。它解决了公司通过产品设计、制造和报废管理这些风险的能力，例如通过使用可回收和可再生材料、减少关键材料的使用（非物质化）、最大限度地提高制造中的资源效率，以及对替代材料进行研发投资。此外，公司可以通过筛选、选择、监控和与供应商接触来管理这些问题，以确保他们能够抵御外部风险。它不涉及与个别供应商的运营活动产生的环境和社会外部性相关的问题，这些问题包含在一个单独的类别中。

**21. 气候变化的物理影响**

该类别涉及公司管理与其拥有或控制的资产和运营直接暴露于气候变化的实际或潜在物理影响相关的风险和机遇的能力。它捕捉可能出现的环境和社会问题由于气候变化的物理影响造成的运营中断。它进一步捕捉了由于公司未能将气候变化考虑因素纳入所售产品和服务（如保险单和抵押贷款）而导致的社会经济问题。该类别与公司适应极端天气、气候变化、海平面风险和气候变化的其他预期物理影响的频率和严重程度增加的能力有关。管理可能涉及增强实物资产和/或周边基础设施的弹性，以及将与气候变化相关的考虑纳入关键业务活动（例如，抵押和保险承保、房地产项目的规划和开发）。

**注释（5）** SASB 准则领导和管理主题可持续核算内容。

**五、领导和管理**

领导和管理是指对商业模型固有问题或行业中常见做法的管理，这些问题可能与利益相关者群体的利益发生冲突，因此会产生潜在的责任、限制或吊销经营许可证。这包括法规遵从、风险管理、安全管理、供应链和材料采购、利益冲突、反竞争行为以及腐败和贿赂。

**22. 商业道德**

该类别涉及公司管理与道德商业行为相关的风险和机会的方法，包括欺诈、腐败、贿赂和疏通费、信托责任以及其他可能具有道德成分的行为。这包括对业务规范和标准的敏感性，因为它们会随着时间、管辖权和文化的变化而变化。它解决了公司提供满足行业最高专业和道德标准的服务的能力，这意味着通过充分培训员工和实施政策和程序来避免利益冲突、虚假陈述、偏见和疏忽，以确保员工提供的服务不受偏见和错误。

**23. 竞争行为**

该类别涵盖与存在垄断相关的社会问题，其中可能包括但不限于价格过高、服务质量差和效率低下。它解决了公司对垄断和反竞争行为的法律和社会期望的管理，包括与议价能力、勾结、定价或操纵以及专利和知识产权（IP）保护有关的问题。

**24. 法律和监管环境管理**

该类别涉及公司在与公共利益冲突可能会对环境和社会产生长期不利直接或间接影响的情况下，与监管机构合作的方法。该类别涉及公司对监管政策或货币激励措施（如补贴和税收）的依赖程度、影响行业政策的行动（如通过游说）、对企业竞争力有利监管环境的总体依赖程度以及合规能力与相关规定。它可能与管理层和投资者对监管参与和合规的看法保持一致。

**25. 重大事件风险管理**

该类别涉及公司使用管理系统和情景规划来识别、理解和预防或尽量减少具有重大潜在环境和社会外部影响的低概率、高影响事故和紧急情况的发生。它涉及公司的安全文化、相关的安全管理体系和技术控制、此类事件发生的潜在人类、环境和社会影响，以及对组织、工人和社会的长期影响。

**26. 系统性风险管理**

该类别涉及公司对因经济和社会所依赖的系统大规模削弱或崩溃而导致的系统性风险的贡献或管理。这包括金融系统、自然资源系统和技术系统。它解决了公司为减少对系统性风险的贡献和改善可能减轻系统性故障影响的保障措施而制定的机制。对于金融机构而言，该类别还体现了公司吸收金融和经济压力带来的冲击以及满足与行业公司的复杂性和相互关联性相关的更严格监管要求的能力。

### （二）SASB 准则的使用

SASB 建议在使用 SASB 准则时按照以下四个步骤，包括：1. 确定行业；2. 确定适用的可持续核算准则；3. 选取适合的可持续议题和指标；4. 准备可持续报告。

1. 确定行业

即在前述 SICS 中找到企业所属行业。SICS 将企业划分到单个行业，若企业综合业务跨多个行业，或商业模式不适用于传统行业划分，SASB 推荐参考多项跨行业准则，以确定某项行业标准之外但须向投资者披露的议题。使用 SASB 准则的跨行业公司包括蒙特利尔银行（BMO Financial Group），奈飞（Netflix）等。

2. 确定适用的可持续核算准则

在确定行业后，企业可以从 SASB 获得相关行业的可持续核算准则。

3. 选取适合的可持续议题和指标

在 SASB 准则的 77 个行业中，平均每个行业准则包含 6 个披露项和 14 个指标。SASB 是独立准则制定机构，不对企业的可持续发展表现进行评级与评估，也不为企业提供合规评估或认证。企业可自行决定SASB准则中与公司相关的指标、对企业财务表现至关重要的披露项，以及报告中覆盖的指标。若企业决定某一可持续议题对其业务财务表现至关重要，SASB准则提供了该议题的标准化披露方式。

4. 准备可持续报告

企业可参照SASB使用指南（SASB Implementation Primer）准备可持续报告。企业可选择通过股东年报、整合报告、可持续发展报告、独立SASB报告、监管申报、投资人关系网等多种渠道披露SASB信息。SASB准则聚焦于对企业财务有实际影响的ESG相关议题，致力于满足大部分投资人需求。SASB准则也可以与其他可持续报告框架配合使用。比如，许多公司同时应用SASB和GRI标准以满足相关方需求。安塞乐米塔尔集团（ArcelorMittal）、雪铁龙集团（PSA Group）等公司在整合报告中同时使用SASB和GRI进行披露。耐克公司则发布了以GRI为主的报告和SASB摘要。SASB鼓励企业根据利益相关方的不同目标和不同信息诉求来选择所要披露的可持续发展信息。

## 三、SASB准则——以电子商务行业为例

本书以电子商务行业（E－Commerence）[①] 为例，介绍在SASB准则下，电子商务行业可持续信息披露的标准。

在确定行业之后，公司可以按照SASB准则准备相关可持续报告。SASB准则要求一份完整的可持续报告包含六部分内容，分别是：一般披露指导、行业描述、可持续主题及描述、可持续核算准则、技术协议和活动度量标准。具体而言：

（1）一般披露指导：为使用SASB标准的发行人提供包括范围、报告格式、时间、限制和前瞻性声明在内的一般指导。

（2）行业描述：针对每类标准所对应的主体行业进行简单描述，包括关

① 本书引用可持续核算准则委员会（SASB）2018年10月发布的《电子商业行业可持续信息披露标准》（*E－Commerce Sustainability Accounting Standard*）。中文版本仅供参考，中文版本与英文版本如有出入，以英文版本为准。

于该行业可能涉及的公司类别、业务模型和行业分布的相关假设。

（3）可持续主题及描述：简要描述了对行业相关可持续披露主题进行良好管理或管理不善分别如何影响企业价值创造。

（4）可持续核算准则：通过定性或者定量指标来度量企业在每个相关可持续性主题方面的绩效表现。定量的会计指标应伴有必要的叙述性描述，保证企业披露报告中数据的完整性、准确性和可比性。定性会计指标的描述内容应该包括战略、竞争地位、控制程度、年内业绩、为了提高业绩已经采取或计划采取的措施、未来发展趋势。

（5）技术协议：以客观性、可测量性、完整性、相关性为原则对定义、披露范围、会计指导、编制和陈述进行指导。

（6）活动度量标准：用来衡量发行人业务规模的活动指标以促进 SASB 会计指标的规范化。具体包括如员工总数、客户数量等高级商业数据和类似化工公司的设备产能利用率、互联网媒体和服务公司交易数量之类的特定行业的数据。

**注释（1）**　行业描述是针对每类标准所对应的主体行业进行的描述，包括关于该行业可能涉及的公司类别、业务模型和行业分布的相关假设。SASB 准则对电子商务行业描述如下。

**行业描述**

电子商务行业由为其他公司或个人提供在线市场以销售其商品和服务的公司以及为消费者提供购买商品和服务的专门基于网络的平台的零售商和批发商组成。该行业的公司向消费者以及其他企业销售产品。由于电子商务网站的可访问性，该行业是买卖双方的全球市场。注：行业范围仅适用于“纯”电子商务运营，不涉及公司的制造或实体零售业务。许多消费品制造商和零售商已经或正在将电子商务组件纳入其业务。SASB 对多线和专业零售商和经销商（CG－MR）；服装、配饰和鞋类（CG－AA）；玩具和体育用品（CG－TS）行业。根据上述行业公司的具体活动和运营，与电子商务行业标准相关的披露主题和会计指标也可能是相关的。

**注释（2）** 可持续主题及描述主要是指披露对行业相关可持续披露主题进行良好管理或管理不善分别如何影响企业价值创造。可持续核算准则主要是指通过定性或者定量指标来度量企业在每个相关可持续性主题方面的绩效表现。定量的会计指标应有必要的叙述性描述，保证企业披露报告中数据的完整性、准确性和可比性。定性会计指标的描述内容应该包括战略、竞争地位、控制程度、年内业绩、为了提高业绩已经采取或计划采取的措施、未来发展趋势等。

SASB 准则明确了对电子商务行业相关的可持续披露主题和核算指标要求。鉴于相关性，本书选取与电子商务行业中与环境和碳信息披露相关的内容，主要包括硬件基础设施能源和水资源管理、产品包装和分销两个主题。

**表 1－16 可持续披露主题和核算指标**

| 主题 | 核算指标 | 类型 | 单位 | SASB 代码 |
|---|---|---|---|---|
| 硬件基础设施能源和水资源管理 | （1）总能源消耗；（2）电网电力百分比；（3）可再生能源百分比 | 数量 | 千兆焦耳（GJ），百分比（%） | CG－EC－130a. 1 |
| | （1）总取水量；（2）总耗水量，在基线水资源压力高或极高的地区所占的百分比 | 数量 | 千立方米（$m^3$），百分比（%） | CG－EC－130a. 2 |
| | 讨论将环境因素纳入数据中心需求的战略规划 | 讨论及分析 | n/a | CG－EC－130a. 3 |
| 数据隐私和广告标准 | 信息被用于次要目的的用户数量 | 数量 | 数字 | CG－EC－220a. 1 |
| | 描述与行为广告和用户隐私相关的政策和做法 | 讨论及分析 | n/a | CG－EC－220a. 2 |
| 数据安全 | 描述识别和解决数据安全风险的方法 | 讨论及分析 | n/a | CG－EC－230a. 1 |
| | （1）数据泄露数量；（2）涉及个人身份信息（PII）的百分比；（3）受影响的用户数量 | 数量 | 数量，百分比（%） | CG－EC－230a. 2 |

续表

| 主题 | 核算指标 | 类型 | 单位 | SASB 代码 |
|---|---|---|---|---|
| 员工招聘、包容与绩效 | 员工参与度比例 | 数量 | 百分比 | CG - EC - 330a. 1 |
| | (1) 所有员工的自愿离职率;(2) 非自愿离职率 | 数量 | 比率 | CG - EC - 330a. 2 |
| | (1) 管理人员;(2) 技术人员;(3) 所有其他员工的性别和种族/民族代表百分比 | 数量 | 百分比(%) | CG - EC - 330a. 3 |
| | 持有 H1B 签证的技术员工的百分比 | 数量 | 百分比(%) | CG - EC - 330a. 4 |
| 产品包装和分销 | 产品运输的总温室气体(GHG)足迹 | 数量 | 公吨二氧化碳 | CG - EC - 410a. 1 |
| | 讨论减少产品交付对环境影响的策略 | 讨论及分析 | n/a | CG - EC - 410a. 2 |

**表 1-17 活动指标**

| 活动指标 | 类型 | 单位 | SASB 代码 |
|---|---|---|---|
| 实体自定义的用户活动度量 | 数量 | 数量 | CG - EC - 000. A |
| 数据处理能力,外包百分比 | | | CG - EC - 000. B |
| 出货数量 | 数量 | 数量 | CG - EC - 000. C |

**注释(3)** 硬件基础设施能源和水资源管理核算指标。

**硬件基础设施能源和水资源管理**

**主题摘要**

电子商务行业消耗的大部分能源用于为数据中心的关键硬件和 IT 基础设施供电。数据中心需要持续供电,能源供应中断可能会对运营产生重大影响,具体取决于中断的幅度和时间。公司在数据中心冷却需求方面也面临着能源和水消耗的权衡:用水而不是冷水机冷却数据中心是提高能源效率的一种手段,但它可能导致对当地大量水资源的依赖。有效管理这一问题的公司可能会受益于成本节约并最大限度地降低声誉风险，因为人们对能源和水的使用越来越关注。

**核算指标**

CG－EC－130a.1

(1) 总能源消耗；(2) 电网电力百分比；(3) 可再生能源百分比。

1. 实体应披露 (1) 其消耗的能源总量，以千兆焦耳 (GJ) 为单位。

1.1 能源消费范围包括所有来源的能源，包括从单位外部来源购买的能源和单位自身生产的能源（自产）。例如，燃料的直接使用、外购电力、供暖、制冷、蒸汽等能源都包含在能源消耗的范围内。

1.2 能源消耗范围仅包括报告期内企业直接消耗的能源。

1.3 在计算燃料和生物燃料的能源消耗时，实体应使用更高的热值(HHV)，也称为总热值（GCV），直接测量或取自政府间气候变化专门委员会（IPCC）和美国能源部（DOE）或美国能源信息署（EIA）。

2. 主体应披露 (2) 其消耗的能源占电网供电的百分比。

2.1 百分比为外购电网用电量除以总用电量。

3. 主体应披露 (3) 其消耗的能源占可再生能源的百分比。

3.1 可再生能源被定义为以大于或等于其消耗率的速度补充的能源，例如地热、风能、太阳能、水力和生物质能。

3.2 百分比按可再生能源消耗除以能源消耗总量计算。

3.3 可再生能源的范围包括实体消耗的可再生燃料、实体直接生产的可再生能源，以及实体购买的可再生能源，如果通过可再生能源购买协议(PPA) 购买，该协议明确包括可再生能源证书（REC）或担保 Origin (GOs)、Green e Energy 认证的公用事业或供应商计划，或其他明确规定的绿色电力产品。

3.3.1 对于现场产生的任何可再生电力，任何 REC 和 GO 必须代表实体保留（不出售）和报废或取消，以便实体将其声明为可再生能源。

3.3.2 对于可再生能源购电协议和绿色电力产品，协议必须明确包括并传达代表实体保留或替换、退役或取消 REC 和 GO，以便实体将其声明为可再生能源。

3.3.3　电网组合中不受主体控制或影响的可再生能源部分不包括在可再生能源范围内。

3.4　就本披露而言，来自水力和生物质资源的可再生能源的范围仅限于以下内容：

3.4.1　水电能源仅限于经低影响水电研究所认证或符合国家可再生能源组合标准的能源；

3.4.2　生物质能源仅限于通过第三方标准认证的材料（例如，森林管理委员会、可持续森林倡议、森林认证认可计划或美国林场系统），被视为合格供应来源的材料根据 Green - e 可再生能源认证框架，版本 1.0（2017）或 Green - e 区域标准，和/或符合适用的州可再生能源组合标准的材料。

4. 实体应一致地对根据本披露报告的所有数据应用转换因子，例如，将 HHV 用于燃料使用（包括生物燃料）和将千瓦时（kWh）转换为 GJ（用于能源数据，包括来自太阳能或风能的电力）。

5. 实体可能会披露其数据中心过去十二个月（TTM）的加权平均电力使用效率（PUE）。

5.1　PUE 定义为计算机数据中心设施使用的总电量与传送到计算设备的电量之比。

5.2　如果披露 PUE，实体应遵循由 ASHRAE 和 The Green Grid Association 发布的 PUE™：指标的综合检查（2014）中描述的指导和计算方法。

CG - EC - 130a.2

（1）总取水量；（2）总耗水量，在基线水资源压力高或极高的地区所占的百分比。

1. 该实体应披露从所有来源抽取的水量，以千立方米为单位。

1.1　水源包括地表水（包括来自湿地、河流、湖泊和海洋的水）、地下水、本单位直接收集和储存的雨水，以及来自市政供水、自来水公司或其他单位的水和废水。

2. 例如，如果大部分取水来自非淡水资源，则实体可以按来源披露其部分供应。

2.1　淡水可根据实体经营所在地的当地法律法规进行界定。在没有法律定义的情况下，淡水应被视为根据美国地质调查局的溶解固体含量低于百万分之1000的水。

2.2　从符合美国国家初级饮用水法规的自来水公司获得的水可以假定满足淡水的定义。

3. 实体应披露其运营中消耗的水量，以千立方米为单位。

3.1　用水量定义为：

3.1.1　取用、使用、排放过程中蒸发的水分；

3.1.2　直接或间接纳入实体产品或服务的水；

3.1.3　不会以其他方式返回其被撤回的同一个集水区的水，例如返回另一个集水区或海洋的水。

4. 实体应分析其所有业务的水资源风险，并确定在世界资源研究所（WRI）分类的高（40%～80%）或极高（>80%）基线水资源压力地区取水和消耗水的活动）水风险地图集工具，渡槽。

5. 实体应披露其在基线水资源压力高或极高的地区的取水量占取水总量的百分比。

6. 实体应披露其在基线水资源压力高或极高的地区的用水量占总用水量的百分比。

CG－EC－130a.3

讨论将环境因素纳入数据中心需求的战略规划。

1. 实体应讨论将其纳入其数据中心选址、设计、建造、翻新和运营规范的环境考虑因素，包括与能源和水消耗相关的因素。

1.1　环境因素可能包括但不限于能效标准；布局设计，例如“热通道/冷通道”布局；基于位置的因素，例如考虑区域湿度、平均温度、可用水量和地下水压力、用水许可、区域或州级碳立法或定价，以及地方电网电力的碳强度。

2. 披露范围应包括本单位目前拥有和运营的数据中心、已规划或在建的数据中心以及外包的数据中心服务。

3. 实体应讨论其确定的环境因素如何纳入报告期内与其数据中心相关的决策中，包括是否影响内购或外包数据中心服务的决策、提高现有数据中心的效率和/或建造新的数据中心。

**注释（4）**　产品包装和分销核算指标。

**产品包装和分销**

**主题摘要**

电子商务行业附加值的一个重要部分来自公司将各种商品有效地运送给消费者的能力，否则这些消费者将不得不亲自前往实体店取货。随着包装运输量的增加，该行业可能会更容易受到环境外部因素的影响，例如，碳定价和随后不断上涨的燃料成本，这些都会带来与产品运输相关的风险。虽然外包航运和物流的公司对航运业务的具体流程控制较少，但他们仍然可以选择具有更节能业务实践的供应商。由于这是一个竞争激烈且利润率低的行业，通过减少燃料和更有效的路线来削减运输成本的能力可以让公司将这些节省转嫁给他们的客户。此外，电子商务公司有动力尽量减少包装的使用。有效的包装可以通过减少需要购买的材料量来节省成本，并节省物流成本，因为更多的产品可以装入单个运输负载中。

**核算指标**

CG－EC－410a. 1

产品运输的总温室气体（GHG）足迹。

1. 实体应披露与实体产品出境运输相关的完整的罐到轮温室气体（GHG）足迹（以公吨 $CO_2$－e 为单位）。

1.1 油箱到车轮的排放与车辆过程相关，不包括与一次能源生产相关的上游排放（油箱到油箱的排放）。

1.2 实体应根据EN 16258：2012《运输服务（货运和客运）能源消耗和温室气体排放计算和申报方法》计算其披露。

1.2.1 计算应与EN 16258：2012中描述的用于计算“油箱到车轮温室气体排放（Gt）”结果的方法一致。

1.2.2 交通系统范围、边界和任何必要分配的确定应符合EN 16258：2012中描述的方法。

2. 披露范围包括与主体产品出境运输相关的所有货运和物流活动产生的排放，包括来自合同承运人和外包货运代理服务和物流供应商的排放（范围3）以及来自主体自有资产的排放（范围1）。

3. 披露范围包括所有运输方式的排放，例如公路货运、空运、驳船运输、海运和铁路运输。

4. 与EN16258：2012一致，披露可能基于混合排放值类别的计算（特定测量值、运输运营商车辆类型或路线类型特定值、运输运营商车队值和默认值）。

5. 在解释披露相关和必要的情况下，实体应描述其分配方法、排放值、边界、使用的运输服务组合和其他信息。

CG－EC－410a.2

讨论减少产品交付对环境影响的策略。

1. 实体应讨论其减少产品履行和交付对环境影响的战略，包括与包装材料相关的影响和与产品运输相关的影响。

2. 讨论的相关策略包括但不限于：

2.1 讨论物流选择、模式选择和管理（例如，铁路运输与空运）和/或运营以提高路线效率。

2.2 讨论包装选择，包括但不限于使用可回收或可再生（例如，生物基塑料）包装材料的决定、优化包装材料使用量的决定（例如，减少来源)、使用可再填充或可重复使用的包装，以及高效运输和运输的设计。

2.3 讨论实体拥有和/或运营的车队的燃料选择和车辆选择，例如使用可再生和低排放燃料以及低排放车辆的决定。

2.4 其他相关策略，例如努力减少实体拥有和/或运营的车辆的空转，提高“最后一英里”交付效率的创新，以及优化交付时间以减少交通拥堵的策略。

## 四、《温室气体排放和 SASB 准则》

为进一步明确 SASB 准则中对温室气体（GHG）排放（范围1、范围2 和范围3）的要求，2020 年 9 月，SASB 发布《温室气体排放和 SASB 准则》（*Greenhouse Gas Emissions and SASB Standards*），对 SASB 准则中涉及温室气体排放信息披露的要求进行了梳理。

### （一）直接排放

根据《温室气体排放和 SASB 准则》，在 SASB 准则的 77 个行业标准中，有 22 个将直接范围 1 温室气体排放列为披露主题。

**表 1－18 范围 1 温室气体排放涉及行业**

| 范围 1 温室气体排放涉及行业 | | |
|---|---|---|
| 农产品<br>航空公司<br>空运与物流<br>化学品<br>煤炭业务<br>建筑材料<br>容器和包装<br>邮轮公司 | 电力公司和发电机<br>食品零售商和分销商<br>钢铁生产商<br>海上运输<br>肉类、家禽和奶制品<br>金属与采矿 | 石油与天然气—勘探与生产<br>石油和天然气—中游<br>石油和天然气—再融资和营销<br>纸浆和纸制品<br>轨道交通<br>公路运输<br>半导体<br>废物管理 |

在部分准则中，SASB 还建议披露与这些排放相关的额外行业特定绩效数据或分析，来增强信息的有效性。此类额外的建议披露包括：

— 披露在受排放限制或排放报告监管的地区排放的范围 1 排放的百分比；

— 与某些石油和天然气行业的甲烷排放相关的范围 1 排放百分比；

— 半导体行业中与全氟化合物相关的范围 1 排放量百分比。

## （二）间接排放

SASB 要求披露导致间接排放的运营和战略因素。这些因素是公司管理层可能用来减少范围 2 和范围 3 排放的主要方法。披露这些方法可以使投资者能够评估一家公司是否正在调整其业务运营和战略以减轻气候相关风险、实现气候相关机遇并实现社会的温室气体排放目标。

具体来说，在 SASB 准则的 77 个行业标准中的有 35 个将范围 2 温室气体排放列为披露主题。范围 3 温室气体排放相关的主题包含在多个行业标准中。

**表 1－19　范围 2 温室气体排放涉及行业**

| 范围 2 温室气体排放涉及行业 | | |
|---|---|---|
| 航空航天与国防<br>农产品<br>含酒精的饮料<br>汽车零件<br>建筑产品和家具<br>赌场和游戏<br>化学品<br>建筑材料<br>容器和包装<br>邮轮公司<br>药品零售商<br>电子商务<br>电子电气设备 | 食品零售商和分销商<br>燃料电池和工业电池<br>医疗保健服务<br>酒店和住宿<br>工业机械及货物<br>互联网媒体与服务<br>钢铁生产商<br>休闲设施<br>海上运输<br>肉类、家禽和奶制品<br>金属与采矿 | 多线和专业零售商和分销商<br>非酒精饮料<br>加工食品<br>纸浆和纸制品<br>房地产<br>餐厅半导体<br>软件和 IT 服务<br>太阳能技术和项目开发商<br>电信服务<br>水务与服务 |

**表 1－20　范围 3 温室气体排放涉及行业**

| 行业 | 披露主题 | 行业 | 披露主题 |
|---|---|---|---|
| 航空航天与国防 | 使用阶段的燃油经济性和排放 | 食品零售商和分销商 | 供应链中的环境和社会影响管理 |
| 空运与物流 | 供应链管理 | 燃料电池和工业电池 | 产品效率 |
| 含酒精的饮料 | 包装生命周期管理 | 硬件 | 产品生命周期管理 |

续表

| 行业 | 披露主题 | 行业 | 披露主题 |
| --- | --- | --- | --- |
| 家电制造 | 产品生命周期环境影响 | 医疗保健经销商 | 产品生命周期管理 |
| 汽车 | 燃油经济性和使用阶段排放 | 家居及个人用品 | 包装生命周期管理 |
| 汽车零件 | 燃油效率设计 | 工业机械及货物 | 使用阶段的燃油经济性和排放 |
| 生物燃料 | 生命周期排放平衡 | 医疗设备及用品 | 产品设计与生命周期管理 |
| 建筑产品和家具 | 产品生命周期环境影响 | 多线和专业零售商和分销商 | 产品采购、包装和营销 |
| 汽车租赁 | 车队燃油经济性和利用率 | 非酒精饮料 | 包装生命周期管理 |
| 化学品 | 使用阶段效率的产品设计 | 石油和天然气—再融资和营销 | 产品规格和清洁燃料混合物 |
| 建筑材料 | 产品创新 | 加工食品 | 包装生命周期管理 |
| 容器和包装 | 产品生命周期管理 | 纸浆和纸制品 | 供应链管理 |
| 电子商务 | 产品包装和分销 | 房地产 | 租户可持续性影响管理 |
| 电子电气设备 | 产品生命周期管理 | 房地产服务 | 可持续发展服务 |
| 工程与建筑服务 | 建筑物和基础设施的生命周期影响 | 半导体 | 产品生命周期管理 |

## 第四节　气候披露准则理事会（CDSB）

CDSB 通过制定全球气候变化企业报告框架，促进和推进主流报告中与气候变化相关的信息披露。

气候披露标准理事会（CDSB）制定了《CDSB 环境和气候变化信息披露框架》，为在主流报告中报告环境和气候变化相关信息提供了标准，对主流报告中的财务信息和其他信息形成补充和拓展。CDSB 还针对气候变化、水资源、生物多样性和社会信息等主题分别发布了指南，将作为 ISSB 制定相关标准的基础。

# 一、气候披露准则理事会

## （一）气候披露准则理事会介绍

气候披露准则理事会（Climate Disclosure Standards Board，CDSB）成立于2007年，总部位于英国伦敦，在柏林和布鲁塞尔设有办事处。CDSB 旨在推进和整合全球主流企业报告（Mainstream Reports）模式，通过制定在主流报告中披露环境信息的标准，来推动环境（包括气候）和社会相关信息披露。在标准制定方面，CDSB 尝试为公司提供一个与财务信息披露一样严格的环境和社会信息披露框架，通过环境和社会信息披露的标准化，来帮助投资者评估特定环境和社会问题与公司的战略、绩效和前景之间的关系，并将自然社会资本与金融资本结合起来。

CDSB 的组织架构包括董事会、咨询委员会和技术工作组三个部分。CDSB 董事会主要负责治理和战略方向，董事会成员来自商业和环境组织，包括碳披露计划（CDP）、环境责任经济共同体（Ceres）、美国气候注册署（The Climate Registry）、国际排放贸易协会（IETA）、可持续核算准则委员会（SASB）、世界企业永续发展委员会（WBCSD）、世界经济论坛（WEF）和世界资源研究所（WRI）等。CDSB 咨询委员会负责向 CDSB 董事会提供指导和建议，成员主要来自企业、非政府组织和律师事务所。CDSB 技术工作组（Technical Working Group，TWG）负责协调 CDSB 的工作计划和 CDSB 框架的开发，成员主要来自会计师事务所、专业会计机构、专业顾问和学术界。

## （二）气候披露准则委员会框架

1. 气候披露标准委员会框架

CDSB 针对企业的环境、气候变化和社会等信息披露开发了一系列标准，称为 CDSB 框架（CDSB Framework）。CDSB 框架规定了在主流报告（主流报告包括年报、10－K 表格或综合报告等）中报告相关信息的方法。

第一个 CDSB 框架《气候变化报告框架》（*Climate Change Reporting Framework*）发布于2010年，重点关注气候变化给企业战略和财务业绩带来的风险和机遇。

随着披露侧重点和披露内容的变化，CDSB 框架不断更新。2015 年，CDSB 发布了针对环境和气候变化信息的《CDSB 环境和气候变化信息披露框架》（*CDSB Framework for reporting environmental and climate change information*，以下简称《CDSB 环境和气候变化框架》）。《CDSB 环境和气候变化框架》对以下五个方面的信息披露制定了标准：一是自然资本依赖；二是环境影响；三是环境风险和机遇；四是环境政策影响、战略和目标；五是针对环境目标的绩效。2018 年 4 月，CDSB 对上述框架进行了更新，融合了符合气候相关财务信息披露工作组（TCFD）的建议和其他主要主流报告要求。2019 年，结合市场需求的变化，CDSB 进一步对《CDSB 环境和气候变化框架》进行了完善和更新，确保其具有普遍适用性。根据研究重点，本书着重对《CDSB 环境和气候变化信息披露框架》（2019 年版）进行解读。

2022 年，CDSB 将 CDSB 框架的范围扩大到包括社会和环境信息，2022 年 1 月，经过公众咨询，CDSB 发布《CDSB 环境和社会信息披露框架》（*CDSB Framework for reporting environmental and social information*）。

2. CDSB 信息披露标准

CDSB 框架要求主流报告的主要内容（包括财务报表、管理层评述和公司治理声明等）与环境信息相结合。一个完整的 CDSB 框架至少包括指导原则和报告要求两部分。其中，指导原则主要确保公司所披露的信息是准确、完整、有用并且可核验的，指导原则适用于信息披露的整个决策、准备和报告流程。报告要求则规定了公司在主流报告中应披露哪些以及如何披露环境信息。

在披露渠道方面，CDSB 认为环境信息应融入主流报告进行披露。主流报告主要是指法律要求公司（或其他组织）提供的年度信息。通常这些信息是面向公司股东的，包括财务报表、管理层评述和公司治理声明等，并且主流报告通常是公开的。目前，提供主流报告的要求以及引用主流报告的方式在全球范围内各不相同。在一些国家，主流报告也被称为年度报告。随着主流报告要求的扩展，一些监管机构正在考虑将公司网站作为主流报告渠道之一。

3.《CDSB 披露指南》体系

除 CDSB 框架外，为进一步提高对自然资本要素以及社会信息的披露质量，CDSB 还针对气候变化、水资源、生物多样性和社会信息等主题分别发布了相关指南（Application Guidance）。

其中，《CDSB 气候信息披露指南》（*CDSB Framework*：*Application guidance for climate – related disclosures*）规定了在主流报告中披露重大环境信息的关键内容要素和披露建议及指导。

《CDSB 水资源信息披露指南》（*CDSB Framework*：*Application guidance for water – related disclosures*）规定了水资源相关信息披露的内容和方法。

《CDSB 生物多样性信息披露指南》（*CDSB Framework*：*Application guidance for biodiversity – related disclosures*）将信息披露的要素扩展到自然和生物多样性。

《社会信息披露指南》（*Corporate reporting on social matters*）对工作安全、薪酬制度等社会信息的披露要求进行了规范。

根据研究重点，本书对《CDSB 气候信息披露指南》（2020 年 6 月）进行解读。

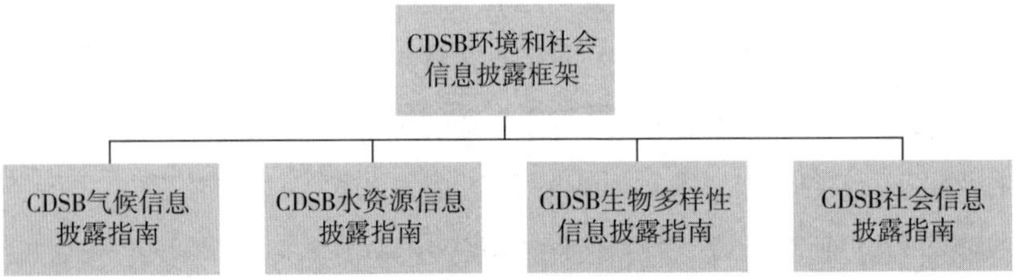


**图 1－2　《CDSB 披露指南》体系**

4. 并入 ISSB

2021 年 11 月 3 日，国际财务报告准则基金会（IFRS Foundation）宣布成立国际可持续准则理事会（ISSB），并合并了 CDSB 和价值报告基金会（VRF）。在并入 IFRS 基金会后，CDSB 框架和相关技术标准将作为 ISSB 制定相关规范的基础。CDSB 的气候、水资源、生物多样性和社会披露的框架和技术指南将继续有效，直到 ISSB 发布有关此类主题的可持续性披露标准。

## 二、《CDSB 环境和气候变化信息披露框架》

《CDSB 环境和气候变化信息披露框架》（*CDSB Framework for reporting environmental and climate change information*，以下简称《CDSB 环境和气候框架》）发布于 2015 年，并在 2018 年和 2019 年进行了更新。《CDSB 环境和气候框架》主要制定了在主流报告中报告环境和气候变化相关信息的要求和相关指南。这些要求旨在推动环境信息披露的标准化，对主流报告中的其他信息形成补充和拓展。

关键要点

1. 《CDSB 环境和气候框架》与 TCFD 四要素框架的一致性

《CDSB 环境和气候框架》明确了在主流报告中披露环境信息的内容要求和指引。具体包括：

— 有关组织的环境政策和战略、风险和机会及其治理的要求；

— 有关组织的环境结果和业绩的要求；

— 关于管理层对环境结果、业绩和影响的未来展望的要求；

— 关于环境信息的编制和报告方式的要求；

— 关于符合 CDSB 框架的要求。

**表 1－21　《CDSB 环境和气候框架》目录**

| | | |
|---|---|---|
| 第一章　CDSB 简介 | 1 | 目的 |
| | 2 | 目标 |
| | 3 | 发展 |
| | 4 | CDSB 框架使用者（信息披露方） |
| | 5 | CDSB 信息使用者（信息使用方） |
| | 6 | CDSB 框架结构 |
| | 7 | 信息布局 |
| | 8 | 术语 |
| | 9 | 指南和资源 |
| | 10 | 影响 |

续表

| | | |
|---|---|---|
| 第二章　原则 | 1 | 原则 1：环境信息应根据相关性和重要性原则来编制 |
| | 2 | 原则 2：披露的信息应如实表述 |
| | 3 | 原则 3：披露的信息应与主流报告中其他信息相关 |
| | 4 | 原则 4：信息披露应具有一致性和可比性 |
| | 5 | 原则 5：信息披露应清晰易懂 |
| | 6 | 原则 6：披露的信息应是可验证的 |
| | 7 | 原则 7：披露的信息应具有前瞻性 |
| 第三章　报告要求 | 1 | 要求 1：治理 |
| | 2 | 要求 2：管理层的环境政策、战略和目标 |
| | 3 | 要求 3：风险和机遇 |
| | 4 | 要求 4：环境影响的源头 |
| | 5 | 要求 5：业绩和比较分析 |
| | 6 | 要求 6：前瞻分析 |
| | 7 | 要求 7：组织边界 |
| | 8 | 要求 8：报告政策 |
| | 9 | 要求 9：报告期 |
| | 10 | 要求 10：重述 |
| | 11 | 要求 11：符合性 |
| | 12 | 要求 12：担保 |

从披露内容可以看到，《CDSB 环境和气候框架》基本覆盖了 TCFD 的四要素框架。其中，《CDSB 环境和气候框架》要求 1 覆盖了 TCFD 对治理的披露要求，要求 2 和要求 6 覆盖了 TCFD 对战略的披露要求，要求 3 覆盖了 TCFD 对风险管理的披露要求，要求 4 和要求 5 覆盖了 TCFD 对指标和目标的披露要求。

2. 对主流报告的针对性和兼容性

《CDSB 环境和气候框架》旨在促进和推进主流报告中与气候变化相关信息披露的标准化，为此，CDSB 按照已有主流报告的结构和内容要求，推出有针对性的气候信息披露标准。

例如，管理层讨论与分析（MD&A）是上市公司年报中叙述性信息披露的重要内容，其目的是通过管理层对公司经营状况的分析，阐述可能影响公司经营业绩的主要原因，并对公司未来发展进行前瞻性分析。一般而言，前瞻性分析应包括对组织经营的计划、机会与风险的评价、企业发展前景预测等内容。为满足前瞻性信息披露的需求，《CDSB 环境和气候框架》在要求 6 中提出，管理层应总结环境影响、风险和机遇对组织未来的业绩和状况的影响，并披露管理层如何看待组织的主要环境影响、风险和机遇对其创新能力、执行战略的能力以及创造价值能力的影响。这样有针对性的披露要求，有助于环境和气候信息融入主流报告的内容。

**注释（1）**　《CDSB 环境和气候框架》① 第一章对环境和气候信息披露的宗旨、目标、目标用户、目标受众等进行了阐述，可以看到，《CDSB 环境和气候框架》以投资者为主要利益相关者，目标是制定环境信息披露标准，对财务信息披露进行补充和完善。

《CDSB 环境和气候框架》的宗旨，是制定一个在主流报告中披露环境信息的方法。其中，环境信息包括：

- 自然资本依赖；
- 环境结果；
- 环境风险和机遇；
- 环境政策、战略和目标；
- 针对环境目标的表现。

主流报告一般是指年报。国际上对公司年报的具体规定不尽相同，但一般都应包括财务报表、治理报告、管理层评述等其他财务报告内容。

在《CDSB 环境和气候框架》下，一般认为以下年报内容包含环境信息，构成环境信息披露的组成部分：

- 组织的主要活动和商业模式；

① 本书引用气候披露准则理事会（CDSB）2019 年 12 月发布的《CDSB 环境和气候变化信息披露框架》（*CDSB Framework for reporting environmental and climate change information*）。中文版本仅供参考，中文版本与英文版本如有出入，以英文版本为准。

- 组织运营所在的主要市场和司法管辖区；
- 对组织供应链的说明；
- 其他关键的法律、员工和业绩方面的指标。

《CDSB环境和气候框架》的目标是：

- 补充和完善财务报告系统，通过披露与财务及其他信息有关的环境信息，为现有和潜在的投资人、贷款人和其他债权人决策提供支持；
- 整合优化全球通用信息披露方法，推动主流报告中环境信息披露的标准化；
- 帮助各组织在主流报告中披露环境信息，使信息清晰、简洁、有可比性，并将环境业绩与组织总体战略、业绩和发展联系起来；
- 使该组织现有的主流报告增值，同时也使报告负担最小化，并且简化报告流程；
- 推动资金流向利于环保的活动；
- 支持环境信息符合监管要求以及其他报告要求；
- 支持第三方鉴证活动，提供适合于开展第三方鉴证活动的报告要求和指导原则。

**目标用户和目标受众**

CDSB框架的目标用户包括单个公司或实体和企业集团在内的各种组织，尤其是在组织内部负责财务、治理和可持续报告的人员。

CDSB框架还为监管机构、政策制定者和国际标准制定者提供建议，帮助其引入、制定或设立报告环境和自然资本信息的合规要求。

《CDSB框架》主要目标受众是投资者。

**注释（2）** 《CDSB环境和气候框架》的核心内容包括指导原则和报告要求两部分。《CDSB环境和气候框架》第二章指导原则，对环境信息披露的7项指导原则进行了阐述。指导原则编制和报告所有环境信息的基础。通过指导原则，可以保证主流报告中的环境信息对投资人有用，是准确且完整的，并可以进行第三方检验。

> **第二章 指导原则**
>
> 1. 环境信息应根据相关性和重要性原则来编制
> 2. 披露的信息应如实表述
> 3. 披露的信息应和主流报告中的其他信息有关
> 4. 信息披露应该具有一致性和可比性
> 5. 信息披露应该清晰易懂
> 6. 披露的信息应是可验证的
> 7. 披露的信息应具有前瞻性

**注释（3）** 《CDSB 环境和气候框架》第三章报告要求，明确了在主流报告中披露环境信息的内容要求，并提供了相关指引。这些要求旨在推动环境信息披露的标准化，并对主流报告中的财务信息形成补充和拓展。

具体而言，《CDSB 环境和气候框架》提出了治理、环境政策等 12 个项目的要求，并对各个项目的披露内容提供了指引。

**注释（4）** 《CDSB 环境和气候框架》对治理的披露要求。

> **第三章 报告要求**
>
> （一）要求 1：治理（Governance）
>
> 在治理部分，企业应披露环境政策、战略和信息的公司治理情况。这部分披露的目的，是展示该组织对环境政策、战略和信息的监督的透明度和问责性。环境政策要取得成功，需要得到一个组织董事会或最高管理层的支持和领导。
>
> 具体披露内容应包括：
>
> - 明确负责环境政策、战略和信息的 CEO、高级主管、董事会委员会；
> - 对下述事项进行说明：
>
> — 环境政策、战略和信息的责任是如何授权的，以及在政策上是如何对管理层进行问责和/或激励的；
>
> — 董事会用来编制和披露环境信息的底层信息和控制机制的性质和可

靠性；

— 组织的环境政策和策略是否与财务管理有相同的治理、披露和流程；

— 由谁批准发布环境信息。

**注释（5）**《CDSB环境和气候框架》对管理层的环境政策、战略和目标的披露要求。

（二）要求2：管理层的环境政策、战略和目标

在该部分，企业应披露管理层的环境政策、战略和目标，包括用于评估业绩的指标、方案和时间安排。这部分披露的目的，是协助信息使用者全面评估该组织的环保政策、策略及目标的逻辑、质量及效果，以及了解管理及评估业绩的指标及时间表。

具体披露内容应包括：

（1）自然资本依赖，即企业提供产品和服务所需的可再生和不可再生环境资源；

（2）环境政策、战略和目标，以及它们与组织的总体政策、战略和运营业绩之间的关系，其中环境政策和战略方面的信息是指：

（a）政策和战略所适用的组织或活动边界（如果不同于根据要求7所确定的边界时）；

（b）政策和战略的逻辑和性质，例如，对要求3中风险和机遇的应对；

（c）详述这些政策和战略，比如是否涉及减产、效率、投资、多样化、自然资本依赖管理等；

（d）确认这些政策和战略是否以及在多大程度上考虑了该组织关键利益相关者的关系和观点，包括与关键供应商或价值链中其他各方的沟通细节；

（e）明确并解释自上一个报告期以来政策和战略方面的变化（如有）；

(f) 详述这些政策和战略是否以及在多大程度上符合该组织的游说、宣传、会员资格和相关政策参与活动，包括参与多方利益相关者倡议；

(g) 说明这些政策和战略是否通过参与或支持可持续倡议、监管计划、自愿报告或类似的方式得到了支持，比如 Caring for Climate、CDP、GRI、National Capital Protocol、SASB、Science Based Targets、TCFD 以及 UN Global Compact；

(h) 说明该组织的环境政策和战略是否涉及与供应商及其他第三方的合作，以协助他们管理环境影响；

(i) 包括有关抵消和其他（气候）缓解措施的信息；

(j) 任何与环保表现有关的实际或预期处罚。

(3) 管理层环境政策、战略和目标的资源分配，具体指：

(a) 说明分配给管理和执行政策、战略和目标的资源，包括投资和资本开支计划。应具体到这些资源在更广泛的业务范围进行分配或整合的程度。

(b) 关于环境政策和战略治理情况（或在要求 1 中进行披露）。

(4) 用于衡量环境战略和政策结果的目标、时间表和关键业绩指标。目标、时间表和关键业绩指标方面的信息是指：

(a) 目标类型，即是绝对目标还是强度目标；

(b) 目标对应的时间范围，包括中期里程碑；

(c) 基准年份；

(d) 目标是否适用于合并后的集团、单一实体、其供应链或某地理区域的详细信息；

(e) 目标是否以及在多大程度上是根据外部参数来制定的，比如联合国可持续发展目标、爱知生物多样性目标（Aichi Biodiversity Targets）、地球边界（Planetary Boundaries）、科学碳目标、IPCC transition pathways 或类似参数；

(f) 用于对照评估目标进度的关键业绩指标。

关键业绩指标应具备以下特征：

(g) 与组织所处环境有关；

(h) 聚焦与组织相关和重要的事项；

(i) 与以下各项一致：

— 管理层内部使用的指标；

— 普遍接受的用来对比的行业或区域基准；

— 在连续报告期内使用的指标，不管最后得到的趋势和比较结果是有利的还是不利的；

(j) 与主流报告中的其他信息相关联；

(k) 还包括以下信息：

— 短期、中期、长期预测；

— 短期、中期、长期可比信息；

— 曾报告过的目标、预测或估计；

— 提供背景信息，包括对衡量方法和底层假设的说明。

**注释（6）** 《CDSB环境和气候框架》对风险和机遇的披露要求。

（三）要求3：风险和机遇

披露信息应说明当前和预期会影响该组织的重要环境风险和机遇。

环境风险和机遇涉及范围很广，可能是直接的或间接的（比如，影响市场或供应链），具体披露内容应包括：

(a) 来自现有和/或预期的监管要求的监管风险和机遇，包括：

— 温室气体和非温室气体的排放限制；

— 能效、水和森林标准；

— 对环境资源和环境影响源头的征税；

— 生产过程和产品标准；

— 参与温室气体排放交易计划。

(b) 物理风险，包括：

— 资源质量或可用性的变化，尤其是组织的自然资本依赖；

— 不断变化的天气现象；

— 海平面上升；

— 种群分布的变化；

— 水资源可用性和质量的变化；

— 温度的变化；

— 农作物收成和种植季节的变化。

(c) 声誉风险和机遇。

(d) 诉讼风险和机遇。

相关信息应符合以下标准：

(e) 分析了造成环境风险和机遇的实际和潜在起因和来源，例如：

— 自然资本的可获得性或质量，包括供应链；

— 风险或机遇是覆盖这个组织全范围还是只针对某个地区或业务单位；

— 支持或限制自然资本的监管产生的影响；

— 风险和机遇是否来自组织所依赖的外部组织，比如，供应链、水电等公用事业、物流等；

— 使用自然资本所引起的品牌和名声方面的后果；

— 组织依赖的自然资本可获得性存在风险，比如，被欧盟认定为“关键原材料”的自然资本；

— 组织依赖的自然资本是否受制于一些已知的限制，比如地球边界(Planetary Boundaries)、碳追踪计划（Carbon Tracker Initiative）等组织确定的限制或其他类似限制。

(f) 对组织运营、供应链、商业模式、财务、战略目标等方面的影响：

— 确定可能受到影响的产品、服务、市场和地理区域；

— 确定这些影响是否会影响该组织和/或其利益相关者，比如客户和供应商；

— 与主流报告中解释该组织明确风险和机遇的方法和系统的其他内容的联系，比如，是否已经审计了库存、运营和供应链，并且确定了可能增强或减弱组织获取自然资本能力的许可证、权利、资产和关系；

— 组织能够如何以及在多大程度上直接和/或间接通过客户、供应链、市场等减缓风险并使机会最大化；

— 评估风险和机遇的时限，估计具体落实的时间。

对环境风险和机遇治理和管理，应根据要求1和要求2进行披露。

**注释（7）** 《CDSB环境和气候框架》对环境影响的源头的披露要求。

（四）要求4：环境影响的源头

应对反映环境影响源头的定量结果、定性结果以及形成这些结果的方法论进行披露。

环境影响的源头是指一个组织的活动和产出，这些活动和产出会实际或潜在地造成以下环境影响：

- 温室气体排放；
- 可再生/不可再生能源的生产、使用和消耗；
- 森林和土地利用（LULUCF）；
- 排放到空气、土壤和水中的非温室气体，如噪声、恶臭污染物、颗粒物、污染物等；
- 可再生和不可再生物资的使用，如森林产品、鱼类资源、矿物、金属等；
- 水资源的使用和消耗；
- 垃圾和溢出物，如采矿垃圾、危害废物、辐射物质和工业副产品。

在可能的情况下，报告期间环境影响的重要源头产生程度的环境影响结果应使用绝对、标准化和强度指标以定量方式报告。对于组织报告范围内（见要求7）的业务、实体和活动的环境影响的重要源头，至少应提供高质量的定量信息。定量结果应配以文字说明，帮助读者理解。如果无法提供定量信息，应该以定性的方式表述结果。

在因为报告组织和第三方的合同关系或其他关系导致环境影响源头超出了该组织的报告边界的情况下（例如，供应链中产生的范围3温室气体排放），鼓励以定量的方式提供对报告组织重要的信息，但《CDSB环境和气候框架》对此不做要求。但是，应该根据要求3提供关于重要风险和机遇的定性信息。

如原则1所述，本组织财务报告范围内的运营、实体和活动所产生的温室气体排放应视为重要信息，并且应该在任何情况下予以报告。特别是，报告组织应根据公认的（见下文定义）温室气体排放测量方法，披露以$CO_2$当量公吨计量、范围1和范围2的温室气体排放绝对值和标准化值。

根据组织的重要性评估（原则1）结果，应根据公认的方法计算重要环境影响源头的衡量尺度、指标和其他信息，并在必要时用解释性的叙述描述进行披露。

CDSB没有制定用于编制定量化环境结果的报告规定。《CDSB环境和气候框架》要求根据现有的全球认可的报告规定来编制信息，包括编制衡量标准、指标和其他信息。除非已按照要求8列出，用于编制环境结果的方法论应该按照要求4进行报告。

《CDSB环境和气候框架》认可的报告规定包括：

- 通过公众咨询和正当程序制定的现行全球性标准。同时包括由这些全球性标准衍生而来的行业标准和国家标准；
- 要求报告环境信息或部分环境信息的国家和地区立法；
- 国家政府发起的环境信息报告指南；
- 其他减轻环境影响的活动。

在披露环境结果、衡量尺度、指标和其他信息时，不应考虑那些已经或旨在减轻环境影响的行为。减轻活动的效果应该按照要求2进行披露。

**分解和归类**

结果应该进行适当的分解、归类来帮助理解。例如，结果可以按照地理位置、商务活动、源头类型等分类。

**不确定性**

结果应附有对数据计算中任何不确定因素主要影响的说明，例如数据缺口、假设、外推、计量/测量不准确等。

**注释（8）**《CDSB环境和气候框架》对业绩和比较分析的披露要求。

（五）要求5：业绩和比较分析

应披露要求4中相关信息与目标值以及上个报告期的比较。

为了能更好地进行比较分析，环境结果应该和前报告期的结果以同样的方式呈现，第一年的报告除外。

相关披露应满足：

（a）通过比较该组织从上一个报告期到当前报告期的环境结果，分析主要趋势；

（b）与分析环境业绩的目标、基线和其他标准进行比较；

（c）说明了从一个报告期到下一个报告期环境结果发生的重大变化；

比较分析描述并且解释以下内容：

（d）任何业绩方面的重大变化或者偏离目标的结果，原因包括：

— 组织的战略、政策和治理变化；

— 计算方法或KPI改变；

— 因收购、撤资、有机增长或衰退、效率提升或过程改进、收集数据、缺失的数据等而引起的变化；

— 其他原因。

（e）在前报告期内披露的前瞻性披露在多大程度上得到了证实，包括组织业绩不如、符合或超出之前的前瞻性披露的情况和原因；

（f）引起变化的活动，即收购、出售、销售等是否是引起变化的主要因素。

**注释（9）**《CDSB环境和气候框架》对前瞻分析的披露要求。

（六）要求 6：前瞻分析

管理层应总结环境影响、风险和机遇对组织未来的业绩和状况的影响。

应披露管理层如何看待组织的主要环境影响、风险和机遇对其创新能力、执行战略的能力，以及创造价值的能力的影响。

管理层的前瞻分析应参考《CDSB 环境和气候框架》要求 1 到要求 5 所披露的流程和信息，并且基于公司对任何可能影响其未来业绩和地位的环境法规、市场趋势或实践的了解。情景分析是有效的分析手段之一。

管理层的前瞻分析应披露相应的预测时间范围，并解释为何认为这个时间范围合适。

**注释（10）**　《CDSB 环境和气候框架》对组织边界的要求。

（七）要求 7：组织边界

披露环境信息应针对与主流报告一致的组织或集团边界内的实体，同时应区分该边界外的实体和活动所报告的信息。目的是确保环境信息的编制依据与主流报告中所报告的其他信息的实体和活动相同。

如果对主流报告编写的要求，或主流报告所包含要素的要求，规定了应包括在报告组织范围内的实体和活动，则根据《CDSB 环境和气候框架》，应使用相同的组织边界来报告环境信息。比如，许多司法管辖区要求使用 IFRS，以识别应为其编制公司集团财务报表的实体。通常，对同一实体和被投资单位而言，需要披露管理层评述/分析、分析和治理方面的信息。

对于外包等组织主流报告边界之外的环境信息，应进行明确区分。

**注释（11）**　《CDSB 环境和气候框架》对报告政策的要求。

（八）要求 8：报告政策

应披露用于编制环境信息报告所遵循的规范，并（报告第一年除外）确认该规范在各报告期连续使用。

为了满足这一要求，应披露用于编写和报告环境信息的监管、特定行业或财务方面的框架、标准、指南等，并确认该规范在各报告期连续使用。如果做了任何改变，应该解释改变的原因和效果。

组织还应说明用于收集环境信息来源数据的方法，以及任何用于确保信息质量的控制手段和质量检验过程。

**注释（12）**　《CDSB环境和气候框架》对报告期的要求。

（九）要求9：报告期

应每年披露。

环境信息的报告期应该和主流报告保持相同，比如12个月。

**注释（13）**　《CDSB环境和气候框架》对重述的要求。

（十）要求10：重述

应披露并说明上一年度的重述。即披露并解释由于错误以及政策、方法或组织结构方面的变化而对先前报告的信息所做的修改。

需要进行重述的情况包括：

- 前一个报告期内的错误；
- 随时间推移，政策变化影响了对业绩的理解；
- 方法论发生变化，比如提高环境影响的衡量标准、改变基准年份等；
- 撤资和收购；
- 外包安排方面的变化。

如果重述是因为政策变化，则政策变化的影响也应该予以解释。

**注释（14）**　《CDSB环境和气候框架》对报告符合性的要求。

（十一）要求11：符合性

披露应包括符合《CDSB环境和气候框架》的声明。

为了保证符合《CDSB 环境和气候框架》，组织必须将指导原则应用到环境信息报告中，并遵守报告要求。如果没有完全符合，管理层应在声明中明确其完全或部分不符合的原则和要求。同时应该解释有关情况、遗漏的性质及机构完全符合框架的计划。

除非主题报告中另有说明，符合性声明还应包括：

- 确定哪些信息是不完整的，哪些信息是在不确定的情况下编制的并且随附了对遗漏、错误和不确定情况的性质和程度的解释；
- 表明环境信息是否以及在多大程度上得到了鉴证（要求 12）；
- 表明应用相关性和重要性原则的结果。

**注释（15）**　《CDSB 环境和气候框架》对鉴证的要求。

（十二）要求 12：鉴证

如果对报告的环境信息是否符合《CDSB 环境和气候框架》提供第三方鉴证，则应对此披露或在要求 11 的符合性声明中进行披露。

希望各组织以与在主流报告中列报所有报表和披露信息（已审计或未审计）相当的力度和管理责任心在主流报告中提供环境信息。通常，财务报表审计师应该阅读已审计的财务报表之外所提交的信息，鉴别出两者之间存在的重大不一致之处，并考虑披露信息中所发现的重大不实表述，以符合当地的监管要求。

但是，一致性检查的目的不是给发布的信息提供担保。此外，根据 ISA 100 – 700 系列进行的财务报表审计一般不适合于具体和不连续的披露，比如，根据《CDSB 环境和气候框架》编制的环境信息，得出结论。因此，一致性检查并不等同于对环境信息的担保，也不可与根据 ISAE 3000 和 ISAE 3410 所实施的担保活动等同。

CDSB 鼓励各组织与担保提供者接洽，达成一个合适的担保方法。根据现有的标准，如 ISAE 3000 或 ISAE 3410，或类似的国家标准进行的担保业务适合在 CDSB 框架下为环境信息提供担保。

> 如为环保资讯提供保障意见，机构应指明保障活动范围内的环保资讯，并在一致性声明中加入或交叉参考保障报告。
>
> 如为环境信息提供担保意见，各组织应该指明担保活动范围内的环境信息，并把这个担保纳入或交叉引用到符合性声明的担保报告部分（要求11）。

## 三、《CDSB 气候相关信息披露应用指南》

为确保有关重大气候问题信息披露质量，以支持投资者和其他利益相关者的决策，2020 年，CDSB 制定了《气候相关信息披露应用指南》（*CDSB Framework：Application guidance for climate－related disclosures*，以下简称《CDSB 气候指南》），以帮助公司在主流报告中披露与气候相关的重要信息。

《CDSB 气候指南》旨在补充《CDSB 环境和气候框架》和其他符合 CDSB 框架的部分或全部要求的框架、规范和建议。该指南为公司提供了一种信息披露的方法，以确保投资者获得有效的资本配置所需的重要气候相关信息，并推动向低碳经济的过渡。

**注释（1）** 与《CDSB 环境和气候框架》相比，《CDSB 气候指南》[①] 着重解析了《CDSB 环境和气候框架》12 个披露项目中前 6 项的报告要求。这 6 项报告要求规定了在主流报告中报告重大气候相关信息的关键内容要素，分别是：

- 要求 1：治理
- 要求 2：管理层的环境政策、战略和目标
- 要求 3：风险和机遇
- 要求 4：环境影响来源

① 本书引用气候披露准则理事会（CDSB）2020 年 7 月发布的《CDSB 气候信息披露指南》（*CDSB Framework：Application guidance for climate－related disclosures*），网址为 https：//cdn. cdp. net/cdp－production/comfy/cms/files/files/000/005/493/original/climateguidancedoublepage. pdf。中文版本仅供参考，中文版本与英文版本如有出入，以英文版本为准。

- 要求5：绩效和比较分析
- 要求6：展望

对于上述要求，《CDSB气候指南》都提供：

①进行有效气候披露的清单；

②详细的报告建议和指导，以补充CDSB有关气候问题的报告要求；

③进一步选择有用的资源，以帮助公司开发其主流气候报告；

④解释了主流气候报告中的良好做法示例。

**注释（2）**　《CDSB气候指南》对治理的披露要求。

**要求1：治理**

组织应考虑是否披露：

- 确定负责气候政策、战略和信息的人员或委员会。
- 解释如何将气候政策、战略和信息授权于管理层。
- 描述问责和激励系统。
- 解释气候政策、战略和披露的治理机制是否与其他重大问题不同，如果是，为什么？

披露指南：

披露应描述环境政策、战略和信息的治理。

（1）治理安排和理由

治理披露应证明公司监督气候相关事项的透明度和问责制。重要的是识别那些有披露气候相关信息的最终责任，无论是首席执行官还是特定委员会或类似机构。

最具创新性、影响深远和成功的气候战略通常需要公司最高管理机构的领导或整体支持。无论是用图表还是通过清晰的叙述，为投资者说明董事会层面的责任，以及谁在管理层推动此类战略，对于证明明确的问责制和提供透明度至关重要。它可以帮助报告用户了解重大战略决策的决策过程。例如，哪些流程将允许或要求治理机构决定分配资本、改变战略方向或转变业务模式，以应对已识别的气候相关风险和机遇？

在制定气候相关政策、战略和目标的治理和管理安排时，公司应解释此类安排的理由。例如，在董事会层面，哪些资格、技能或经验使委员会的个人或成员最适合监督公司的气候战略？

事实上，董事会和管理团队可就一般或具体的气候相关问题听取外部专家的建议，以进行能力建设（Capacity Building）和指导。例如，能力建设会议可能适合使用气候情景分析来推动战略发展的公司。在主流报告中提供此类外部专家建议的详细信息，可以表明对气候的积极主动和响应性监督。

（2）信息流和监督

有效的治理报告将向投资者阐明董事会、管理层和气候相关问题之间存在的联系、信息流和监督机制。例如，报告用户可能希望了解管理层通过何种方式以及多久向适当的董事会成员通报目标、进展或外部环境的相关变化。哪些公司治理准则决定或影响公司的治理方式？在适当的情况下，是否有响应性战略干预措施或系统来确保复原力？整个董事会多久讨论一次气候战略并考虑气候相关风险和机遇的发展？通过回答上述气候相关的问题，以证明适当的组织和信息系统已经到位，来监督与气候相关的风险和机遇。

（3）激励

激励董事会和管理层的适当成员达到和实现与气候相关的目标和政策，是促进绩效的一种手段，而在主流报告中披露此类安排是传达该承诺的一种手段。同时，报告激励计划中使用的指标或标准同样重要。这些指标和标准应反映公司为气候相关问题确定的最相关的风险、机会和影响。例如，银行将其气候激励措施与绿色融资绩效联系起来，可能比挂钩范围 1 温室气体排放更合适。提供有关绩效和进展的持续披露与薪酬挂钩的长期目标十分有效。

（4）气候治理的特殊性

公司的气候工作有时是更广泛的、跨领域的环境战略的一部分，治理和监督围绕这些更广泛、相互关联的环境愿景。然而，不同的投资者在评估公司和阅读报告时，可以将注意力集中在不同的重大环境问题上，气候变化通常尤为重要。因此，如果作为环境战略的一部分，公司应努力尽可能明确地详细说明其对气候相关问题的治理。

**注释（3）** 《CDSB 气候指南》对管理层的环境政策、战略和目标的披露要求。

**要求 2：管理层的环境政策、战略和目标**

组织应考虑是否披露：

- 解释公司与气候相关的自然资本依赖性。
- 描述气候政策和战略，以及它们如何支持或链接到公司的整体战略。
- 详细说明气候政策和战略的实现和管理资源。
- 列出实施气候政策和战略的目标、时间表和指标，并附上方法和基线，并解释进展或发展。

披露指南：

披露应报告管理层的环境政策、战略和目标，包括用于评估绩效的指标、计划和时间表。

（1）自然资本依赖

报告用户应该能够理解可再生和不可再生资源和地球系统，例如气候因素，如何反映在其应对气候相关问题的愿景中。

因此，公司详细说明其自然资本依赖关系是有帮助的。例如，《自然资本议定书》（*Natural Capital Protocol*）和国际综合报告框架（International <IR> Framework）中的指导可能有助于编制者理解和报告这些依赖关系。虽然本指南侧重于气候，但它承认气候风险和机遇与其他环境问题存在内在联系，例如水资源压力和森林砍伐。这种自然资本背景化为公司提供了以下机会：

- 探索不同环境问题之间的相互联系和关系中出现的风险和机遇；

- 向投资者解释它在复杂的自然系统网络中的位置；
- 考虑如何将上述经验整合到风险管理中。

（2）政策和战略

报告用户应该能够了解公司确定的风险和机遇如何反映在战略发展中，以及它们如何影响持续的自然资本依赖和气候愿景。在报告中应阐明采用此类政策和战略的理由，解释它们如何有效应对风险和机会分析中提出的问题、依赖关系和愿景。如果已采用政策、战略和目标来降低气候相关风险，则应对其进行解释，并与其他气候披露适当地联系起来，例如风险管理过程。如果这些战略和目标有与重要协议或政策（例如《巴黎协定》或国家脱碳途径）或部门和气候计划［例如，基于科学的目标（Science Based Targets）］有关，则应解释其对公司的重要性和相关性。

在通过和报告重大气候问题的政策、战略和目标的细节时，应重点考虑地理和时间问题。气候相关的风险和机遇因地点和时间范围而异。例如，在时间点上，一些与气候相关的法规在一个国家比另一个国家更有可能发生，气候影响的性质和严重程度，如极端天气和温度升高，在不同地区之间会有很大差异。为了有效地采取气候行动和报告，公司政策、战略和目标应该直接和全面地应对短期、中期和长期以及跨地区面临的所有重大气候问题。当这些气候战略和目标与其他环境或社会政策相互作用时，报告编制者应提请用户注意潜在或现有的协同作用，解释好处和/或反馈。

（3）目标和时间表

详细和一致的披露对于报告公司目标、时间表和指标以衡量气候政策和战略的绩效尤为重要。目标和指标的类型、基准和时间线、范围，应向投资者清楚地描述并与整体战略相联系。例如，如果一家公司通过了2050年净零碳承诺，有用的支持信息则包括：到2050年的绝对温室气体排放指标、里程碑和目标，以及业务运营如何为公司范围内的目标作出贡献的详细信息。

同样，根据公司定义的时间安排可能是有益的，包括短期、中期和长期的风险和前景分析。实现目标的进展可以通过减少负面影响来表达，也可以通过更积极的目标来表达，例如绿色投资的价值、以低碳为重点的研发百分比或可再生能源购买协议的数量。诸如此类的目标提供了与财务和核心业务绩效的更大连接。

随着公司在其气候战略和政策方面取得进展，解释其进展方式以及实现或超越目标的内在原因是有益的。更重要的是，在已经或可能错过指标或目标的情况下，应该对其进行合理化，详细说明重要的原因，并解释哪些是可以控制或不能控制或更好管理的。因此，解释如何调整策略以提高绩效对于报告用户来说尤其重要。

（4）资源

最后，在报告气候相关政策、战略和目标时，公司应列出财务和人员资源，以实现气候政策和战略的实施。同样，年度报告中的此类细节可以让投资者放心公司的承诺和努力实现其气候愿景。如果公司的战略需要大量资本投资或运营重组以实现其愿景，则披露资源配置尤为重要。

**注释（4）**　《CDSB 气候指南》对风险和机遇的披露要求。

**要求 3：风险和机遇**

组织应考虑是否披露：

- 确定与气候相关的实质性风险和机遇，以及它们预计实现的时间范围。
- 解释已识别的气候相关风险和机遇对战略、地理、运营、财务和供应链的影响。
- 描述用于评估、识别和监控风险的系统和流程与机会，包括它们是否与现有的风险管理系统和流程相结合。

披露指南：

披露应解释影响组织的当前和预期的重大环境风险和机遇。

与气候相关的风险和机遇，主要与气候变化的物理影响或向低碳经济转型的影响有关，其中包括监管、技术、法律和声誉等因素。气候风险和机遇可能很复杂，并且具有独特的特征，包括它们随时间而变化，由许多不同行为者的不确定行动所塑造，并且遵循的可能是非线性的路径。这些风险和机遇也高度特定于公司、部门、运营和供应链。

与公司面临的其他风险和机遇一样，与气候变化相关的风险和机遇需要在不同的时间范围内和潜在的未来路径中仔细考虑。出于这个原因，风险管理方法、视野扫描（Horizon Scanning）、预测、敏感性测试和情景分析（将在下面结合原则6进一步讨论）是可以指导公司评估风险和机会的实用工具。

（1）详细说明风险和机会

在主流报告中报告与气候相关的重大风险和机遇时，应进行全面和详细描述，指明风险或机遇的关键特征，并解释其与公司及运营的相关性。就高质量报告而言，必须正确考虑风险或机会可能出现的地方，例如，具体说明它是否涉及特定业务领域、特定运营区域或供应链。鉴于气候问题在不同时间范围内的可变性和复杂性，公司必须解释风险和机遇的时间框架，强调它们何时可以实现以及它们如何随着时间的推移而发展。当气候相关风险与其他业务和环境风险以放大方式交叉时，企业应谨慎识别和解释这种联系和反馈。

**表1-22　气候相关风险和机遇（注：该部分表格与TCFD标准2017年版相同）**

| | 风险 | 潜在财务影响 |
|---|---|---|
| 政策和法律 | — 提高温室气体排放定价<br>— 加强排放报告义务<br>— 对现有产品和服务的授权和监管<br>— 诉讼风险 | — 增加运营成本<br>— 由于政策变化导致现有资产的核销、资产减值和提前报废<br>— 罚款和判决导致成本增加和/或对产品和服务的需求减少 |
| 技术 | — 以较低排放选项替代现有产品和服务<br>— 对新低碳技术的投资不成功<br>— 过渡到低排放技术的成本 | — 现有资产的注销和提前报废<br>— 对产品和服务的需求减少<br>— 新技术和替代技术的研发支出<br>— 对技术开发的资本投资<br>— 采用/部署新实践和流程的成本 |

续表

| | 风险 | 潜在财务影响 |
|---|---|---|
| 物理 | 急性的<br>— 增加极端天气事件的严重性<br>慢性的<br>— 降水模式的变化和天气模式的极端变化<br>— 平均气温上升<br>— 海平面上升 | — 产能下降导致收入减少<br>— 现有资产的注销和提前报废<br>— 增加的运营和资本成本<br>— 销售额/产量下降导致收入减少<br>— 增加的保险费和降低资产保险可用性的可能性 |
| | 机遇 | 潜在财务影响 |
| 资源效率 | — 使用更高效的交通方式<br>— 使用更高效的生产和分销流程<br>— 回收利用<br>— 迁移到更高效的建筑<br>— 减少用水量和消耗量 | — 降低运营成本<br>— 产能增加，收入增加<br>— 固定资产增值<br>— 对劳动力管理和规划的好处 |
| 产品与服务 | — 低排放商品和服务的开发和/或扩展<br>— 开发气候适应和保险风险解决方案<br>— 通过研发和创新开发新产品或服务<br>— 业务活动多样化的能力<br>— 消费者偏好的转变 | — 通过对低排放产品和服务的需求增加收入<br>— 通过适应需求的新解决方案增加收入<br>— 更好的竞争地位以反映不断变化的消费者偏好，从而增加收入 |
| 弹性 | — 参与可再生能源计划并采取节能措施<br>— 资源替代或多样化 | — 通过弹性规划提高市场估值<br>— 提高供应链的可靠性和在各种条件下运作的能力<br>— 通过与确保弹性相关的新产品和服务增加收入 |

（2）量化和财务影响

除了描述重大气候相关风险和机遇的关键细节和相关性外，对决策有用的披露还将进一步阐明业务影响，并在可能的情况下量化适当时间范围内的风险和机遇。

在评估风险或机会时，应向读者提供假设和基本数据（例如，资产的现值或收入流受影响），以及财务数据的不确定性，尤其是在风险或机会随时间变化很大的情况下。此外，如原则2要求，主流报告的设计方式应向读者展现与这些风险和机遇中对应的政策和战略。

（3）连接信息

此外，虽然CDSB框架没有规定具体的报告要求，但原则3鼓励公司解释气候相关问题是否以及在何种程度上与主流报告中的其他信息和结果相关，例如，报告用户应该能够了解气候相关问题如何被纳入现有的风险识别和优先排序系统，以及这些系统是否已经适应气候相关问题的特征。

在报告重大气候风险和机遇时，重要的是解释公司如何考虑短期、中期和风险管理系统中的长期问题。此外，用于识别气候相关风险和机遇的系统将在未来几年随着对气候、监管和技术路径的深入了解而发展。向报告用户说明公司如何开发和调整这些系统，将展示响应性和有效的管理。

**注释（5）**《CDSB气候指南》对环境影响的来源的披露要求。

**要求4：环境影响的来源**

组织应考虑是否披露：

- 使用绝对和标准化指标提供实质性气候影响来源的指标，包括范围1和范围2温室气体排放量。
- 提供气候影响指标的解释，包括使用的方法、不确定性水平和适当的叙述，以帮助理解结果。
- 对指标进行分类和分解以帮助理解和可比性。

披露指南：

应报告定量和定性结果，以及用于准备它们的方法，以反映环境影响的实质性来源。

（1）气候影响的实质性来源

除了要求公司报告其重大气候相关问题的目标和指标外，CDSB框架还规定公司应披露其气候相关影响的实质性来源。CDSB框架下，公司的范围1和范围2温室气体排放应被视为实质性并纳入主流报告。

通常情况下，气候影响的实质性来源将反映推动气候问题政策、战略和目标形成的自然资本依赖、风险和机遇以及愿景。为了清楚起见，应附有对来源的实质性的解释。

气候对公司的影响。可能是公司在其可持续发展报告、CDP 回复或指数问卷中披露了环境影响的重要来源。此类披露可以重新用于纳入主流报告并满足 CDSB 框架的原则 4。

**表 1－23　气候影响的来源和描述**

| 气候影响的来源 | 描述 |
|---|---|
| 范围 1 和范围 2 温室气体排放 | 根据 CDSB 框架定义为所有公司的物质，范围 1 和范围 2 温室气体排放是公司或其控制（范围 1）下的所有直接排放，以及公司或其控制下购买和使用的能源的间接排放（范围 2） |
| 范围 3 温室气体排放 | 范围 3 温室气体排放收集来自公司活动的所有其他间接排放，这些间接排放来自他们不拥有或控制的上游和下游来源（例如，分别购买的商品和销售产品的使用） |
| 非/可再生能源的生产、使用和消费 | 电力和热力生产是温室气体排放的最大贡献者之一。发电需要扩大并转向可再生能源以实现脱碳 |
| 运输 | 交通运输占温室气体年排放量的很大一部分，是全球努力将经济增长与温室气体排放联系起来的关键领域，每种形式的过渡路径都不同 |
| 土地利用、变化和林业（LULUCF） | 土地利用、变化和林业是排放的主要来源，LULUCF 是国际温室气体清单的一部分，记录了土地可以促进的温室气体的增加或减少 |
| 用水和再利用 | 全球变暖将加剧和扩大缺水地区，使人们和企业面临供应风险 |

（2）对决策有用的信息

在报告气候影响实质性来源的结果时，应考虑构成 CDSB 框架原则 4、原则 5 和原则 6 中规定的决策有用信息的要素——一致性、可比性、清晰性和可验证性。

在满足这些关键特征时，应考虑选择用于报告气候影响的实质性来源的指标和指标的适用性，例如，部门或行业和/或国家报告标准。此外，结果应以绝对和强度形式报告，并使用公司收入和/或适当的非财务产出衡量标准（例如，每标准产品单位的排放量）来标准化结果。此外，公司应确保他们不会将气候影响的实质性来源的结果与可能的缓解活动（例如，碳抵消计划）混为一谈。

(3) 分解和分类

为了提高可比性和可理解性，应根据地理和业务活动对结果进行分解和分类，以更好地评估影响并将这些与总体结果一起披露。例如，如果大部分森林砍伐和土地利用的生产变化以及温室气体排放发生在生物多样性受到威胁的国家，那么投资者了解这种影响差异就很重要。

在报告其气候影响结果的实质性来源时，报告用户最好对报告选择的指标、强度因子和分解方法的适当性进行简要说明。鉴于选择性报告企业影响是很常见的，这样的解释为所披露的数据提供了进一步的可信度。此外，明确规定用于准备披露的方法将增加结果的有效性和实用性。如果气候数据存在不确定性和差距，或者方法和假设已被修改，则突出显示这些差异，并为报告用户提供解释来减轻混淆或误解。

**注释（6）**　《CDSB 气候指南》对表现和比较分析的披露要求。

**要求5：表现和比较分析**

组织应考虑是否披露：

• 为上述要求4报告的气候实质性影响来源的结果提供适当的历史数据，以便进行比较。

• 将绩效与用于评估进展的基线、目标和其他标准联系起来。

• 解释主要趋势，例如气候战略、业务发展或政治和经济变化。

披露指南：

披露应包括将要求4中披露的信息与设定的任何绩效目标和上一时期报告的结果进行比较的分析。

为了向报告用户提供有关气候影响实质性来源的过去和现在表现的适当可比性，公司需要确保他们提供适当数量的历史数据点。CDSB框架的要求2规定，披露应包括“理解其声称代表的事项所必需的所有信息，并且不遗漏可能导致信息虚假或误导用户的细节”。狭窄的数据集窗口或间歇性的长期数据集不适合比较和决策，例如，可能会掩盖实际趋势影响。例如，对范围1、范围2和范围3排放量的短期观点可能会掩盖排放量从范围1和范围2转移到范围3的趋势。对于一些企业来说，因为没有收集足够长时间的数据，不能披露这种影响和绩效的长期衡量，应该解释它妨碍报告用户的地方。

此外，需要将一致性应用于数据收集和处理的技术，以允许适当的可比性和对性能的理解。在这种情况下，进行此类更改是为了提高准确性或满足新标准。在对方法进行更改的情况下，应按照CDSB框架的要求10（参见前文《CDSB环境和气候框架》要求10：重述）进行重述，以提请注意这些更改并提供解释。

在为气候影响的实质性来源设定目标的情况下，重申总体目标和基线是有用的，向读者澄清这些目标是企业计划或计划的一部分，还是与更广泛的国家或国际目标相关联。此类目标提供了一种有效的方法，可以对减少气候影响的绩效进行叙述性分析。在解释趋势时，公司应提请读者注意环境举措的影响、更广泛的公司发展、监管变化和公司无法控制的因素。例如，能源使用量的激增可能是重大收购的结果，或者范围2温室气体排放量的显著下降可能是由于电网中可再生能源的加入。因此，此类叙述应尝试说明更全面的气候影响，从而在公司报告的不同方面建立联系。

**注释（7）**　《CDSB气候指南》对展望的披露要求。

**要求6：展望**

组织应考虑是否披露：

- 解释未来气候相关影响、风险和机遇对公司业绩的可能影响，同时考虑监管和市场趋势。
- 确定并解释用于报告公司前景的时间范围。
- 解释用于为前景提供信息的技术，例如情景分析，包括所使用的方法、情景和假设，以及缺点和不确定性。

披露指南：

管理层应总结其关于环境影响、风险和机遇对组织未来绩效和地位的影响的结论。

CDSB框架的要求6鼓励公司提供面向未来的摘要，使报告用户能够了解公司的气候相关风险、机遇和影响，或将影响其跨时间跨度执行战略、创新和创造价值的能力。为响应要求6提供的信息应综合并建立在根据CDSB框架前五项报告要求披露的信息的基础上，为投资者提供有关气候相关问题可能如何影响公司业绩和地位的情景。

考虑到气候变化表现出来的时间尺度、可能影响的非线性和潜在突然性，以及为公司带来气候相关风险和机遇的多个相互关联的系统，情景分析是一种特别有用的方法。

（1）情景分析

情景分析可以通过不同的途径进行，包括咨询公司和外部专家或科学分析。没有特殊或正确的公式可以完成。相反，这是一个分析一系列潜在未来的过程，在推动每个未来的不同因素中，了解公司、其依赖关系和战略弹性。有些会通过定量建模来做到这一点，有些则不会。对于气候相关问题，评估一系列未来气候状态，考虑到一系列不同的变暖水平（例如，1.5℃、2℃、3℃和大于4℃）和过渡路径（例如，急剧上升到1.5℃，相对更多逐渐降低2℃，技术支持1.5℃），将为公司和报告用户提供重要信息。政府间气候变化专门委员会（IPCC）和国际能源署（IEA）开发的情景被世界各地的政府和监管机构使用，为公司考虑其潜在未来提供了可靠的基础。

情景分析的使用将基于迭代学习和开发。这将使公司能够以先前采用的发现或方法为基础，并结合对气候变化、其他环境系统及其相互作用的最新理解，以及对气候适应路径的更深入理解。如果使用情景分析，那么报告编制者应该对学习和发展的这些方面持开放态度。

（2）方法、假设和不确定性

在报告公司展望时，报告用户应该能够理解用于准备展望的不同方法，包括视野扫描和情景分析、所做的任何假设以及完成分析的时间范围。情景的这些不同特征应反映公司的性质、资产和运营，以及已识别的风险和机遇的规模。此外，在使用外部建议或协助进行情景分析时，在方法和输入中强调这一点是有益的。在报告公司战略对不同情景的潜在业务影响的有效性和弹性时，报告编制者应清楚不确定性，但尽可能准确地说明风险影响因地理、运营和时间范围而异。对不同情景的具体敏感性的清晰表述将使报告用户能够更好地了解公司在演习中确定的潜在反应，无论是无反应、财务规划和投资的变化，还是重新构想业务模式。

（3）迭代和学习

气候相关风险和机遇具有高度动态性，取决于复杂气候系统和政治、经济和社会领域的变化，以及公司或资产的风险敞口及其相关脆弱性。气候相关风险和机遇可能会随着时间而改变，无论是渐进的还是突然的。鉴于此，利用此类推演的结果评估企业前景，是更新风险和机会识别系统，以及改进或重新制定气候相关政策、战略和目标的重要手段。这将使公司更好地准备好限制和抓住与气候相关的风险和机遇。在主流报告中纳入此类学习以及如何将其纳入系统和愿景，是向投资者展示对重大气候相关事项进行有效和高效管理的重要手段。

## 第五节　全球报告倡议组织（GRI）

GRI 设想了一个通过透明度和影响力公开对话来实现的可持续未来。在未来，披露影响力是全世界所有组织的通用做法。

GRI 通用标准、GRI 行业标准和 GRI 主题标准构成了 GRI 模块化可持续信息披露标准体系下的三类标准模块。GRI 为排放、能源等 18 个实质性主题制定了可持续报告标准，并为煤炭、石油天然气行业制定了行业可持续报告标准。

### 一、全球报告倡议组织

全球报告倡议组织（Global Reporting Initiative，GRI）成立于 1997 年，由

环境责任经济体同盟（Coalition for Environmentally Responsible Economies，CE-RES）和泰勒斯研究院（Tellus Institute）[①] 共同发起成立。GRI 总部位于荷兰阿姆斯特丹，并在巴西（2007 年）、中国（2009 年）、印度（2010 年）、美国（2011 年）、南非（2013 年）、哥伦比亚（2014 年）和新加坡（2019 年）设有办事处。

GRI 的目标是创建一个问责机制，以确保企业、政府及其他机构遵守负责任的环境行为原则，并扩大到社会、经济和治理问题。GRI 通过推动企业、政府及其他机构进行可持续发展报告，帮助了解其行为对包括气候变化在内的重大可持续问题的影响，促进全球经济可持续发展。

## 二、GRI 可持续报告标准

在可持续报告标准建设方面，2000 年，GRI 发布 GRI 指南（GRI Guidelines）第一版［以下简称 GRI 指南（G1）］，提供了可持续报告的一个全球性框架。2001 年，GRI 对 GRI 指南（G1）进行了更新，并发布 GRI 指南（G2）。随着全球对 GRI 报告使用的需求稳步增长，GRI 对指南不断进行扩展和改进，并分别在 2006 年和 2013 年发布 GRI 指南（G3）和 GRI 指南（G4）。2016 年，GRI 从提供指南转变为制定可持续报告全球标准，即 GRI 标准（GRI Standards）。

1. 模块化标准体系

GRI 模块化标准体系由三类标准模块构成，分别是 GRI 通用标准、GRI 行业标准和 GRI 主题标准。具体而言，GRI 通用标准是指在按照 GRI 标准进行报告时，所有组织都需遵守的标准，GRI 行业标准是针对企业所在行业（例如，煤炭行业、农业等）所需遵守的报告标准，GRI 主题标准是根据企业所报告的不同实质性主题（例如，排放、水资源等）所制定的标准。

---

① Tellus Institute 成立于 1976 年，是一个跨学科研究组织，致力于以综合视角解决环境、社会和经济问题，关注焦点包括能源、水、可持续社区、企业责任和气候变化。

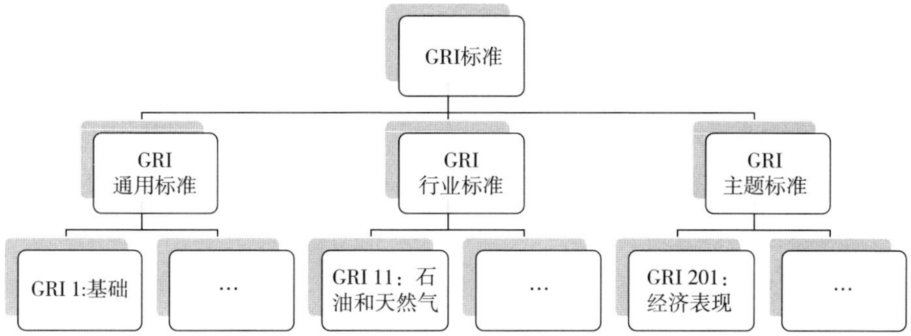


**图 1-3　GRI 模块化标准体系**

（1）GRI 通用标准：GRI 1、GRI 2 和 GRI 3

GRI 1：基础（Foundation）2021，介绍了 GRI 标准的目的和系统，并解释了可持续性报告的关键概念。它还规定了组织按照 GRI 标准进行报告时必须遵守的要求和报告原则。

GRI 2：一般披露（General Disclosure）2021，包含组织进行信息披露的具体操作实践和和其他组织细节，例如其活动、治理和政策。这部分披露有助于了解组织的概况、规模和影响等情况。

GRI 3：实质性主题（Material Topics）2021，提供了关于如何确定实质性主题的指南，以及组织确定其应披露的实质性主题的过程，包括其实质性主题清单，以及它如何管理每个主题。

（2）GRI 行业标准

GRI 行业标准为组织提供有关其行业相关实质性主题的信息。在确定应披露的实质性主题和具体应披露的信息时，组织应参考对应的 GRI 行业标准。

每个行业标准都包含一个概览部分，该部分概述了该行业的特征，包括其活动和业务带来的相关影响。行业标准的主要内容是该行业可能的实质性主题。每个主题都与相应的 GRI 主题标准对应。行业标准还可能列出主题标准中未包含的其他披露，例如，主题标准中的披露未提供有关组织对该主题的影响的足够信息。

（3）GRI 主题标准

GRI 主题标准包括组织在对相应的实质性主题进行披露时，应包括的内容。主题标准涵盖了广泛的主题。组织应根据 GRI 3：实质性主题（Material Topics）2021 来确定应披露的主题。

在确定组织将披露的实质性主题后，组织应按照 GRI 主题标准披露要求，对实质性主题进行披露。

2. 实质性主题的专项披露

在确认应披露的实质性主题后，组织的实质性主题报告由以下五个部分构成（可参考本节第四部分 GRI 12：煤炭行业的气候和碳信息披露），分别是主题管理、主题标准披露、其他行业相关建议、其他行业相关披露、行业标准参考编号。

（1）主题管理

组织必须根据 GRI 3：实质性主题中的披露要求 3－3[①]，来报告其如何管理每个实质性主题。

（2）主题标准披露

该部分列出了 GRI 主题标准中被确定为与行业组织相关的披露。当组织将该主题确定为实质性主题时，需要报告这些披露或解释为什么它们不适用于 GRI 索引。披露要求、建议和指导应参考 GRI 主题标准。

（3）其他行业相关建议

列出其他行业相关建议，作为对主题标准披露的补充。

（4）其他行业相关披露

列出其他行业相关披露。该部分信息，结合主题标准披露，可确保组织充分披露有关其与该主题相关影响的信息。

（5）行业标准参考编号

GRI 行业标准参考编号须包含在 GRI 内容索引中。这有助于信息用户评

① 披露要求 3－3 要求组织从：1. 组织是因其活动或业务关系而产生负面影响；2. 组织为管理该主题和相关影响而采取的行动；3. 披露上述行动的有效性等方面，来披露组织对经济、环境和人的实际、潜在、消极和积极影响。

估 GRI 行业标准中的哪些披露包含在报告中。

## 三、GRI 305：排放信息披露指南

GRI 305：排放信息披露指南是 GRI 在 2016 年发布的针对温室气体及其他气体排放的信息披露标准。其中，GRI 从直接（范畴 1）温室气体排放、能源间接（范畴 2）温室气体排放、其他间接（范畴 3）温室气体排放、温室气体排放强度、温室气体减排量、臭氧消耗物质（ODS）的排放、氮氧化物（$NO_x$）、硫氧化物（$SO_x$）和其他重大气体排放九个方面，为组织披露气体排放相关信息提供了标准。

**注释（1）**　GRI 305：排放信息披露指南[①]主要披露组织进入大气中的排放，排放物的类型包括温室气体（GHG）、臭氧消耗物质（ODS）、氮氧化物（$NO_x$）、硫氧化物（$SO_x$）以及其他重大气体排放。

**温室气体排放**

GRI 305 涵盖以下温室气体：

- 二氧化碳（$CO_2$）
- 甲烷（$CH_4$）
- 一氧化二氮（$N_2O$）
- 氢氟烃（HFC）
- 全氟化碳（PFC）
- 六氟化硫（$SF_6$）
- 三氟化氮（$NF_3$）

一些温室气体（包括甲烷）同时也是空气污染物，它们会对生态系统、空气质量、农业、人畜健康产生重大不利影响。

① 本书引用全球报告倡议组织（GRI）2016 年发布的《GRI 305：排放信息披露指南》（*GRI 305: Emissions* 2016）。中文版本仅供参考，中文版本与英文版本如有出入，以英文版本为准。

GRI 305 关于温室气体排放的报告要求，主要依据世界资源研究所（WRI）和世界可持续发展工商理事会（WBCSD）制定的温室气体核算体系（GHG Protocol），包括《温室气体核算体系：企业核算与报告标准》（温室气体核算体系企业标准）和《温室气体核算体系：企业价值链（范畴 3）核算与报告标准》（温室气体核算体系企业价值链标准）中的要求。

温室气体核算体系已确立温室气体排放的分类，称为“范畴”：范畴 1、范畴 2 和范畴 3。在国际标准化组织（ISO）发布的温室气体排放标准《ISO 14064》中，使用如下表述：

- 直接温室气体排放 = 范畴 1
- 能源间接温室气体排放 = 范畴 2
- 其他间接温室气体排放 = 范畴 3

**臭氧消耗物质（ODS）**

臭氧层能滤除太阳发出的大部分对生物有害的紫外（UV－B）辐射。已观察到和预测到的由于 ODS 而引起的臭氧消耗在全世界备受关注。联合国环境规划署（UNEP）的《蒙特利尔破坏臭氧层物质管制议定书》（蒙特利尔议定书）规定在国际上逐步淘汰臭氧消耗物质。

**氮氧化物（$NO_x$）、硫氧化物（$SO_x$）和其他重大气体排放**

氮氧化物和硫氧化物等污染物对气候、生态系统、空气质量、栖息地、农业、人畜健康都有不利影响。空气质量恶化、酸化、森林退化和公共卫生问题，促使出台各种地方和国际法规，以控制这些污染物的排放。

受管治污染物的减排有利于改善工作者和当地社区的健康状况，也可增进与受影响的利益相关方的关系。在实施排放限额的地区，排放还直接影响成本。

其他重大气体排放包括持久性有机污染物或微粒物质，以及受到国际公约和/或国家法律或法规监管的空气排放，包括组织环境许可证中列出的排放物。

**注释（2）**　GRI 305 的披露内容包括管理披露和主题披露两部分，其中管理披露是对组织如何管理实质性议题、相关影响、利益相关方的合理期望和利益的叙述性说明（关于管理披露的更详细内容请参考 GRI 3 实质性主题）。

主题披露部分包括七个专项披露主题，分别是：披露项 305－1 直接（范畴 1）温室气体排放；披露项 305－2 能源间接（范畴 2）温室气体排放；披露项 305－3 其他间接（范畴 3）温室气体排放；披露项 305－4 温室气体排放强度；披露项 305－5 温室气体减排量；披露项 305－6 臭氧消耗物质（ODS）的排放；披露项 305－7 氮氧化物（$NO_x$）、硫氧化物（$SO_x$）和其他重大气体排放。

**注释（3）**　管理方法披露。

管理方法披露是对组织如何管理实质性议题、相关影响、利益相关方的合理期望和利益的叙述性说明。对于声明其报告是符合 GRI 标准来编制的组织，均要求其针对各个实质性议题报告其管理方法，以及报告这些议题的专题披露。

因此，本议题专项标准旨在与 GRI 103：管理方法结合使用，从而全面披露组织影响。GRI 103 规定如何报告管理方法以及提供何种信息。

**报告要求**

1.1　报告组织应使用 GRI 103：管理方法报告其排放管理方法。

1.2　在报告温室气体排放目标时，报告组织应说明是否使用了抵消来达到这些目标，包括抵消所属的类型、数量、标准或机制。

**报告指南**

在报告其排放的管理方法时，报告组织也可：

- 说明是否受任何国家、地区或行业层面的排放法规和政策的约束；并提供这些法规和政策的示例；
- 披露用于处理排放（例如，用于过滤器、试剂的支出）以及排放证书的购买和使用的支出。

**注释（4）** 披露项305－1直接（范畴1）温室气体排放的披露要求。

**披露项305－1直接（范畴1）温室气体排放**

**报告要求**

报告组织应报告以下信息：

（a）直接（范畴1）温室气体排放总量，以$CO_2$当量公吨数表示。

（b）纳入计算的气体是$CO_2$、$CH_4$、$N_2O$、HFC、PFC、$SF_6$、$NF_3$，还是全部包括在内。

（c）生物源$CO_2$排放，以$CO_2$当量公吨数表示。

（d）用于计算的基准年（如适用），包括：

（i）选择此年份的理由；

（ii）基准年中的排放；

（iii）导致重新计算基准年排放的重大排放变化背景。

（e）排放因子的来源，以及使用的全球变暖潜能值（GWP），或对GWP来源的引用。

（f）排放的整合方法是权益份额、财务控制，还是运营控制。

（g）使用的标准、方法、假设和/或计算工具。

2.1 在编制披露项305－1中规定的信息时，报告组织应：

2.1.1 在计算直接（范畴1）温室气体排放总量时，排除任何温室气体交易；

2.1.2 分别报告直接（范畴1）温室气体排放总量中因生物质燃烧或生物降解而产生的生物源$CO_2$排放。排除其他类型温室气体（例如，$CH_4$和$N_2O$）的生物源排放，以及生物质生命周期中非燃烧和生物降解（例如，加工或运输生物质产生的温室气体排放）导致的生物源$CO_2$排放。

**报告建议**

2.2 在编制披露项305－1中规定的信息时，报告组织宜：

2.2.1 针对所披露的数据一致地运用排放因子和GWP值；

2.2.2　使用基于百年框架的 IPCC 评估报告中的 GWP 值；

2.2.3　选择一致的方法整合直接（范畴 1）温室气体排放和能源间接（范畴 2）温室气体排放；从《温室气体核算体系企业标准》中概述的权益份额、财务控制或运营控制方法中进行选择；

2.2.4　如果使用不同的标准和方法，说明作出此种选择所遵循的方针；

2.2.5　如果透明度或可比性逐渐增强，则按以下类别提供直接（范畴 1）温室气体排放的细目：

2.2.5.1　业务单位或设施；

2.2.5.2　国家；

2.2.5.3　来源类型（固定燃烧、加工、短时排放）；

2.2.5.4　活动类型。

**报告指南**

披露项 305 – 1 指南

直接（范畴 1）温室气体排放包括但不限于燃料消耗所产生的 $CO_2$ 排放，正如在 GRI 302：能源的披露项 302 – 1 中所报告。

直接（范畴 1）温室气体排放可来自以下组织拥有或管控的来源：

- 发电、供暖、制冷和蒸汽：这些排放源于固定源（例如，锅炉、熔炉和涡轮机）中的燃料燃烧，以及骤燃等其他燃烧过程；
- 物理或化学加工：其中大部分排放源于化学品和物料的生产或加工，例如水泥、钢铁、铝、氨和废物处理；
- 物料、产品、废物、工作者和乘客的运输：这些排放源于组织拥有或管控的移动燃烧源中的燃料燃烧，例如，卡车、火车、船舶、飞机、巴士和汽车；
- 短时排放：这些排放不是物理控制的，而是源于有意或无意的温室气体释放。这些可包括设备的接头、密封件、包装和垫圈泄漏；甲烷排放（例如，来自煤矿）和排气；制冷和空调设备的 HFC 排放；以及甲烷泄漏（例如，来自天然气输送）。

计算直接（范畴 1）温室气体排放所使用的方法可包括：

- 直接测量消耗的能源（煤、天然气）或冷却系统的损耗（补充），并转换为温室气体（$CO_2$当量）；
- 质量平衡计算；
- 基于特定场地数据的计算，例如，燃料成分分析；
- 根据公布的标准进行计算，例如，排放因子和 GWP 值；
- 直接测量温室气体排放，例如，连续在线分析仪；
- 估算。

如果由于缺乏默认数据而使用估算，则报告组织可指出估算数据的依据和假设。

如重新计算上一年度的排放，组织可遵循《温室气体核算体系企业标准》中的方法。

所选的排放因子可来自强制性报告要求、自愿性报告框架或行业群体。

随着科学研究的发展，GWP 值的估算会随时间而变化。政府间气候变化专门委员会（IPCC）第二次评估报告中的 GWP 值是按照《京都议定书》进行国际谈判的依据。因此，在不与国家或区域报告要求相冲突时，可使用此类值披露温室气体排放。组织也可使用最新 IPCC 评估报告中的 GWP 值。

组织可将披露项 305 – 1 与披露项 305 – 2［能源间接（范畴 2）温室气体排放］和披露项 305 – 3［其他间接（范畴 3）温室气体排放］结合起来，以披露温室气体排放总量。

更多详细信息和指南见《温室气体核算体系企业标准》。

**注释（5）** 披露项 305 – 2 能源间接（范畴 2）温室气体排放的披露要求。

**披露项 305 – 2 能源间接（范畴 2）温室气体排放**

**报告要求**

报告组织应报告以下信息：

a. 按地区的能源间接（范畴2）温室气体排放总量，以 $CO_2$ 当量公吨数表示。

b. 按市场的能源间接（范畴2）温室气体排放总量（如适用），以 $CO_2$ 当量公吨数表示。

c. 纳入计算的气体（如适用）：是 $CO_2$、$CH_4$、$N_2O$、HFC、PFC、$SF_6$、$NF_3$，还是全部包括在内。

d. 用于计算的基准年（如适用），包括：

i　选择此年份的理由；

ii　基准年中的排放；

iii　导致重新计算基准年排放的重大排放变化背景。

e. 排放因子的来源，以及使用的全球变暖潜能值（GWP），或对 GWP 来源的引用。

f. 排放的整合方法：是权益份额、财务控制，还是运营控制。

g. 使用的标准、方法、假设和/或计算工具。

2.3　在编制披露项 305 - 2 中规定的信息时，报告组织应：

2.3.1　在计算间接（范畴2）温室气体排放总量时，排除任何温室气体交易；

2.3.2　排除按披露项 305 - 3 中的规定进行披露的其他间接（范畴3）温室气体排放；

2.3.3　如果组织在没有产品或供应商特定数据的市场中经营业务，则按地区方法，核算并报告能源间接（范畴2）温室气体排放；

2.3.4　如果组织在以合同文书形式提供产品或供应商特定数据的市场中经营业务，则按地区和按市场方法，核算并报告能源间接（范畴2）温室气体排放。

**报告建议**

2.4　在编制披露项 305 - 2 中规定的信息时，报告组织宜：

2.4.1　针对所披露的数据一致地运用排放因子和 GWP 值；

2.4.2 使用基于百年框架的IPCC评估报告中的GWP值；

2.4.3 选择一致的方法整合直接（范畴1）温室气体排放和能源间接（范畴2）温室气体排放，并从《温室气体核算体系企业标准》中概述的权益份额、财务控制或运营控制方法中进行选择；

2.4.4 如果使用不同的标准和方法，说明作出此种选择所遵循的方针；

2.4.5 如果透明度或可比性逐渐增强，则按以下类别提供能源间接（范畴2）温室气体排放的细目：

2.4.5.1 业务单位或设施；

2.4.5.2 国家；

2.4.5.3 来源类型（电力、供暖、制冷和蒸汽）；

2.4.5.4 活动类型。

**报告指南**

披露项305－2指南

能源间接（范畴2）温室气体排放包括但不限于，在所购买的或所获取的且由组织消耗的电力、供暖，制冷和蒸汽的产生过程中所形成的$CO_2$排放，根据GRI 302：能源的披露项302－1的规定进行披露。对于许多组织而言，所购买的电力在产生过程中导致的能源间接（范畴2）温室气体排放，可能远高于其直接（范畴1）温室气体排放。

《温室气体核算体系范畴2指南》要求组织提供两个范畴2的不同的值：按位置和按市场。按位置方法主要使用电网平均排放因子数据，反映发生能源消耗的电网的平均温室气体排放强度。按市场方法反映组织有意选择（或未选择）的电力排放。它从合同文书中获得排放因子，其中包括捆绑了能源产生属性或未捆绑属性声明的能源买卖双方之间任何形式的合同。

如果组织的合同文书中没有规定排放强度，按市场方法计算还包括使用残差组合。这有助于防止消费者使用按市场方法得出的数据出现重复计数。如果残差组合不可用，组织可披露这一点，并使用电网平均排放因子代替（这可能意味着按位置和按市场方法将得到相同的数字，除非残差组合可用）。

报告组织可运用《温室气体核算体系范畴2指南》中的质量标准，从而在合同文书中传达温室气体排放率声明，并防止重复计数。

如重新计算上一年度的排放，组织可遵循《温室气体核算体系企业标准》中的方法。

所选的排放因子可来自强制性报告要求、自愿性报告框架或行业群体。

随着科学研究的发展，GWP值的估算会随时间而变化。IPCC第二次评估报告中的GWP值是按照《京都议定书》进行国际谈判的依据。因此，在不与国家或区域报告要求相冲突时，可使用此类值披露温室气体排放。组织也可使用最新IPCC评估报告中的最新GWP值。

组织可将披露项305－2与披露项305－1［直接（范畴1）温室气体排放］和披露项305－3［其他间接（范畴3）温室气体排放］结合起来，以披露温室气体排放总量。

更多详细信息和指南见《温室气体核算体系企业标准》。有关按位置和按市场方法的详细信息见《温室气体核算体系范畴2指南》。

**注释（6）**　披露项305－3其他间接（范畴3）温室气体排放量的披露要求。

**披露项305－3其他间接（范畴3）温室气体排放量**

**报告要求**

报告组织应报告以下信息：

a. 其他间接（范畴3）温室气体排放总量，以$CO_2$当量公吨数表示。

b. 纳入计算的气体（如适用）：是$CO_2$、$CH_4$、$N_2O$、HFC、PFC、$SF_6$、$NF_3$，还是全部包括在内。

c. 生物源$CO_2$排放，以$CO_2$当量公吨数表示。

d. 纳入计算的其他间接（范畴3）温室气体排放类别和活动。

e. 用于计算的基准年（如适用），包括：

i 选择此年份的理由；

ii 基准年中的排放；

iii 导致重新计算基准年排放的重大排放变化背景。

f. 排放因子的来源，以及使用的全球变暖潜能值（GWP），或对GWP来源的引用。

g. 使用的标准、方法、假设和/或计算工具。

2.5 在编制披露项305－3中规定的信息时，报告组织应：

2.5.1 在计算其他间接（范畴3）温室气体排放总量时，排除任何温室气体交易；

2.5.2 从本披露中排除能源间接（范畴2）温室气体排放。能源间接（范畴3）温室气体排放按披露项305－2中的规定进行披露；

2.5.3 分别报告其他间接（范畴3）温室气体排放总量中发生在其供应链中的生物质燃烧或生物降解所产生的生物源$CO_2$排放。排除其他类型温室气体（例如，$CH_4$和$N_2O$）的生物源排放，以及生物质生命周期中非燃烧和生物降解（例如，加工或运输生物质产生的温室气体排放）导致的生物源$CO_2$排放。

**报告建议**

2.6 在编制披露项305－3中规定的信息时，报告组织宜：

2.6.1 针对所披露的数据一致地运用排放因子和GWP值；

2.6.2 使用基于百年框架的IPCC评估报告中的GWP值；

2.6.3 如果使用不同的标准和方法，说明作出此种选择所遵循的方针；

2.6.4 列出其他间接（范畴3）温室气体排放，并按上游和下游类别及活动进行细分；

2.6.5 如果透明度或可比性逐渐增强，则按以下类别提供其他直接（范畴2）温室气体排放的细目：

2.6.5.1　业务单位或设施；

2.6.5.2　国家；

2.6.5.3　来源类型；

2.6.5.4　活动类型。

**报告指南**

其他间接（范畴3）温室气体排放是组织活动的后果，但由非该组织拥有或控制的来源发生。其他间接（范畴3）温室气体排放包括上游和下游排放。其他间接（范畴3）温室气体排放包括上游排放和下游排放。

范畴3活动的一些示例包括提取和生产所采购的物料；在非该组织拥有或控制的车辆中运送所购燃料；以及最终使用产品和服务。

其他间接排放也可来自组织废弃物的分解。在制造所购商品过程中的排放，以及在非组织所有设施中的逃逸排放，还会产生间接排放。

对于许多组织而言，源于组织外部的能源消耗所产生的温室气体排放，可能远高于其直接（范畴1）温室气体排放或能源间接（范畴2）温室气体排放。

报告组织可通过评估其中哪项活动的排放构成以下影响，来识别其他间接（范畴3）温室气体排放：

- 对组织预期的其他间接（范畴3）温室气体排放总量产生重大影响；
- 为组织可实施或影响的减排提供可能性；
- 导致与气候变化有关的风险，例如，财务、监管、供应链、产品和客户、诉讼和声誉风险；
- 被客户、供应商、投资者或民间社会等利益相关方视为具有实质性；
- 源于以前在内部执行的外包活动，或通常由同行业中的其他组织内部执行；
- 经确定为对组织所属的行业非常重要；

- 符合组织或所属行业中其他组织制定的用于确定相关性的其他任何标准。

组织可使用《温室气体核算体系企业价值链标准》中的下列上游和下游类别和活动：

**上游类别**

1. 购买的商品和服务
2. 资本品
3. 与燃料和能源相关的活动（不包括在范畴 1 或范畴 2 中）
4. 上游运输和配送
5. 运营中产生的废物
6. 出差
7. 员工通勤
8. 上游租赁资产、其他上游

**下游类别**

9. 下游运输和配送
10. 所售产品的加工
11. 所售产品的使用
12. 所售产品的报废处理
13. 下游租赁资产
14. 特许经营
15. 投资、其他下游

对于其中各种类别和活动，组织可提供 $CO_2$ 当量数据，或说明不包括特定数据的原因。

如重新计算上一年度的排放，组织可遵循《温室气体核算体系企业价值链标准》中的方法。

所选的排放因子可来自强制性报告要求、自愿性报告框架或行业群体。

随着科学研究的发展，GWP 值的估算会随时间而变化。IPCC 第二次评估报告中的 GWP 值是按照《京都议定书》进行国际谈判的依据。因此，在不与国家或区域报告要求相冲突时，可使用此类值披露温室气体排放。组织也可使用最新 IPCC 评估报告中的 GWP 值。

组织可将披露项 305－3 与披露项 305－1［直接（范畴 1）温室气体排放］和披露项 305－2［能源间接（范畴 2）温室气体排放］结合起来，以披露温室气体排放总量。

**注释（7）**　披露项 305－4 温室气体排放强度的披露要求。

**披露项 305－4 温室气体排放强度**

**报告要求**

报告组织应报告以下信息：

a. 组织的温室气体排放强度比。

b. 选定的用于计算此比率的组织特定指标（分母）。

c. 强度比中包含的温室气体排放类型；直接（范畴 1）温室气体排放、能源间接（范畴 2）温室气体排放和/或其他间接（范畴 3）温室气体排放。

d. 纳入计算的气体：是 $CO_2$、$CH_4$、$N_2O$、HFC、PFC、$SF_6$、$NF_3$，还是全部包括在内。

2.7　在编制披露项 305－4 中规定的信息时，报告组织应：

2.7.1　将绝对温室气体排放（分子）除以组织特定指标（分母），由此计算出比率；

2.7.2　如果报告其他间接（范畴 3）温室气体排放的强度比，则要将此强度比与直接（范畴 1）排放和能源间接（范畴 2）排放的强度比分开报告。

**报告建议**

2.8　在编制披露项 305－4 中规定的信息时，如透明度或可比性逐渐增强，则报告组织宜按以下类别提供温室气体排放强度比的细目：

2.8.1　业务单位或设施；

2.8.2　国家；

2.8.3　来源类型；

2.8.4　活动类型。

**报告指南**

披露项 305－4 指南

可针对以下方面提供强度比：

- 产品（例如，每单位产生的 $CO_2$ 排放公吨数）；
- 服务（例如，每项功能或每项服务产生的 $CO_2$ 排放公吨数）；
- 销售额（例如，每笔销售额产生的 $CO_2$ 排放公吨数）；

组织特定的指标（分母）可包括：

- 产品单位；
- 产量（例如，公吨、升或兆瓦时）；
- 尺寸（例如，占地面积——平方米）；
- 全职员工数；
- 货币单位（例如，收入或销售额）。

报告组织可使用披露项 305－1 和披露项 305－2 中报告的数据，报告直接（范畴 1）温室气体排放和能源间接（范畴 2）温室气体排放合并的强度比。

**背景**

强度比定义了组织特定指标背景下的温室气体排放。许多组织通过强度比跟踪环境绩效，这通常称作归一化的环境影响数据。

温室气体排放强度表示每单位活动、产出或任何其他组织特定指标的温室气体排放量。结合组织的绝对温室气体排放，即披露项 305－1、披露项305－2 和披露项 305－3 中报告的排放，温室气体排放强度有助于置于组织效率的背景中，包括涉及其他组织时。

**注释（8）**　披露项305－5温室气体减排量的披露要求。

**披露项305－5温室气体减排量**

**报告要求**

报告组织应报告以下信息：

a. 因减排举措直接减少的温室气体排放，以$CO_2$当量公吨数表示。

b. 纳入计算的气体：是$CO_2$、$CH_4$、$N_2O$、HFC、PFC、$SF_6$、$NF_3$，还是全部包括在内。

c. 基准年或基线，包括选择的理由。

d. 减排发生的范畴：是直接（范畴1）、能源直接（范畴2）和/或其他间接（范畴3）。

e. 使用的标准、方法、假设和/或计算工具。

2.9　在编制披露项305－5中规定的信息时，报告组织应：

2.9.1　排除因产能下降或外包实现的减排；

2.9.2　使用库存或项目方法来说明减排；

2.9.3　计算一项举措的温室气体减排总量，将其作为相关主要影响与任何重大次要影响之和；

2.9.4　如果报告两种或更多的范畴类型，分别报告每种范畴的减排；

2.9.5　单独报告因抵消实现的减排。

**报告建议**

2.10　在编制披露项305－5中规定的信息时，报告组织如果使用不同的标准和方法，则宜说明作出此种选择所依循的方针。

**报告指南**

披露项305－5指南

报告组织可优先披露在报告期内实施的，且有潜力显著减排举措。减排举措及其目标可在本议题的管理方法中加以说明。

减排举措可包括：

- 流程重新设计；

- 设备转换和改造；
- 燃料转换；
- 行为变化；
- 抵消。

组织可按举措或举措组织报告分解的减排情况。

本披露项可与本标准的披露项305－1、披露项305－2和披露项305－3结合使用，参照组织的目标，或参照国际或国家层面的法规和交易系统，来监测温室气体减排。

条款2.9.2 指南

库存法与基准年比较减排。项目法则与基线比较减排。

条款2.9.3 指南

主要影响是旨在减少温室气体排放的要素或活动，如碳储存。次要影响是减排举措产生的较为次要、意想不到的结果，包括因生产或制造的变化而导致其他方面的温室气体排放变化。

**注释（9）** 披露项305－6臭氧消耗物质（ODS）的排放的披露要求。

**披露项305－6臭氧消耗物质（ODS）的排放**

**报告要求**

报告组织应报告以下信息：

a. ODS的生产、进口和出口，以CFC－11（三氯氟甲烷）当量公吨数表示。

b. 纳入计算的物质。

c. 使用的排放因子的来源。

d. 使用的标准、方法、假设和/或计算工具。

2.11 在编制披露项305－6中规定的信息时，报告组织应：

2.11.1 ODS产生量的计算公式为：生产的ODS减去使用批准的技术销毁的数量，再减去在其他化学品的生产中完全用作原料的数量；

ODS 产生量 = 生产的 ODS - 使用批准的技术销毁的 ODS - 在其他化学品的生产中完全用作原料的 ODS

2.11.2　排除循环与再利用的 ODS。

**报告建议**

2.12　在编制披露项 305 -6 中规定的信息时，报告组织宜：

2.12.1　如果使用不同的标准和方法，说明作出此种选择所遵循的方针；

2.12.2　如果透明度或可比性逐渐增强，则按以下类别提供 ODS 数据的细目：

2.12.2.1　业务单位或设施；

2.12.2.2　国家；

2.12.2.3　来源类型；

2.12.2.4　活动类型。

**报告指南**

披露项 305 -6 指南

报告组织可针对纳入计算的物质报告单独或组合的数据。

背景

衡量 ODS 的生产、进口和出口有助于表明组织如何遵守法规。如果组织在其流程、产品和服务中生产或使用 ODS，且受逐步淘汰承诺的约束，则这一点尤其相关。逐步淘汰 ODS 的结果有助于表明组织在任何受 ODS 监管影响的市场中的地位。

本披露项涵盖《蒙特利尔议定书》附录 A、B、C、E 中所列物质，以及组织生产、进口或出口的任何其他 ODS。

**注释（10）**　披露项 305 -7 氮氧化物（$NO_x$）、硫氧化物（$SO_x$）和其他重大气体排放的披露要求。

**披露项305－7氮氧化物（$NO_x$）、硫氧化物（$SO_x$）和其他重大气体排放**

**报告要求**

报告组织应报告以下信息：

a. 以下各项的重大气体排放，以公斤或倍数表示：

i $NO_x$；

ii $SO_x$；

iii 持久性有机污染物（POP）；

iv 挥发性有机化合物（VOC）；

v 危害性空气污染物（HAP）；

vi 颗粒物质（PM）；

vii 相关规定中确定的气体排放的其他标准类别。

b. 使用的排放因子的来源。

c. 使用的标准、方法、假设和/或计算工具。

2.13 在编制披露项305－7中规定的信息时，报告组织应选择下面的一种方法来计算重大气体排放：

2.13.1 直接测量排放（例如，在线分析仪）；

2.13.2 基于场所特定数据的计算；

2.13.3 基于公布的排放因子的计算；

2.13.4 估算。如果由于缺乏默认数据而使用估算，组织应指出估算数据的依据。

**报告建议**

2.14 在编制披露项305－7中规定的信息时，报告组织宜：

2.14.1 如果使用不同的标准和方法，说明作出此种选择所遵循的方针；

2.14.2 如果透明度或可比性逐渐增强，则按以下类别提供气体排放数据的细目；

2.14.2.1　业务单位或设施；

2.14.2.2　国家；

2.14.2.3　来源类型；

2.14.2.4　活动类型。

## 四、GRI 12：煤炭行业的气候和碳信息披露

GRI 拟从对可持续发展影响最大的行业开始，为相关行业的可持续信息披露提供行业标准，并计划最终覆盖约 40 个行业。第一个推出的 GRI 行业标准是2021 年10 月发布的 GRI 11：石油和天然气行业标准。2022 年3 月，GRI 发布 GRI 12：煤炭行业标准（GRI 12：Coal Sector 2022），主要针对煤炭开采、勘探、加工、运输和储存中的相关企业。

煤炭行业碳排放约占全球碳排放的 30%，提升煤炭企业透明度要求有助于推动低碳转型。在 2021 年第 26 届联合国气候变化大会上，各国同意“逐步减少”煤炭的使用。GRI 12：煤炭行业标准提出多方面的披露要求，包括：

- 企业如何应对减缓气候变化的需求；
- 员工和社区安全，评估与灾难性事件相关的风险，例如，尾矿设施故障；
- 有效管理对环境和生物多样性影响的措施；
- 煤矿关闭及其影响；
- 履行金融义务和解决腐败问题，包括支付、所有权结构和合同的透明度。

从气候和可持续的角度，本书选取 GRI 12：煤炭行业标准中的主题 12.1 温室气体排放和主题 12.2 气候适应、复原力和过渡进行分析。

主题 12.1 温室气体排放

温室气体（GHG）排放包括导致气候变化的空气排放，例如二氧化碳（$CO_2$）和甲烷（$CH_4$）。本主题涵盖直接（范围 1）和能源间接温室气体（范围 2）排放，以及组织上下游发生的其他间接温室气体（范围 3）排放。

**表 1-24 主题 12.1 温室气体排放**

| 标准 | 披露 | 行业标准参考编号 |
|---|---|---|
| 主题管理 | | |
| GRI 3：实质性主题 | 披露要求 3-3：实质性主题管理 | 12.1.1 |
| 主题标准披露 | | |
| GRI 302：能源 | 披露 302-1 组织内部的能源消耗 | 12.1.2 |
| | 披露 302-2 组织外部的能源消耗 | 12.1.3 |
| | 披露 302-3 能源强度 | 12.1.4 |
| GRI 305：排放 | 披露 305-1 直接（范围 1）温室气体排放<br>其他行业建议<br>报告来自 $CH_4$ 的直接（范围 1）温室气体排放总量的百分比<br>报告按类型划分的直接（范围 1）温室气体排放总量细目来源（固定燃烧、过程、逃逸） | 12.1.5 |
| | 披露 305-2 能源间接（范围 2）温室气体排放 | 12.1.6 |
| | 披露 305-3 其他间接（范围 3）温室气体排放 | 12.1.7 |
| | 披露 305-4 温室气体排放强度 | 12.1.8 |

主题 12.2 气候适应、复原力和过渡

气候适应、复原力和过渡是指组织如何适应当前和预期与气候变化相关的风险，以及它如何促进社会和经济对气候变化的承受能力。本主题涵盖了与向低碳经济转型相关的组织战略以及该转型对工人和当地社区的影响。

**表 1-25 主题 12.2 气候适应、复原力和过渡**

| 标准 | 披露 | 行业标准参考编号 |
|---|---|---|
| 主题管理 | | |
| GRI 3：实质性主题 | 披露要求 3-3：实质性主题管理<br>其他行业建议<br>• 披露组织是否制订了过渡计划。如果是，请报告它是否为年度股东大会（AGM）上的预定决议项目（如果适用）。<br>• 描述组织的政策、承诺和行动，以防止或减轻向低碳经济过渡对工人和当地社区的影响。<br>• 报告组织内负责管理气候变化风险和机遇的级别和职能。<br>• 描述最高治理机构在管理气候变化风险和机遇方面的监督。<br>• 报告管理气候变化相关影响的责任是否与绩效评估或激励机制相关联，包括在最高治理机构成员和高级管理人员的薪酬政策中。<br>• 描述用于评估组织战略弹性的气候变化相关情景，包括 2℃或更低的情景。 | 12.2.1 |

续表

| 标准 | 披露 | 行业标准参考编号 |
|---|---|---|
| 主题标准披露 | | |
| GRI 201：经济表现 | 披露 201－2 财务影响以及其他风险和机遇<br>气候变化<br>其他行业建议<br>• 报告已探明和可能储量的排放潜力。<br>• 报告有助于识别气候变化风险和机遇的内部碳定价和煤炭定价假设。<br>• 描述气候变化相关的风险和机遇如何影响或可能影响组织的运营或收入，包括：<br>— 开发目前已探明和可能的储量；<br>— 可能注销和提前关闭现有资产；<br>— 本报告期的煤炭产量和未来五年的预计产量。<br>• 报告分配给以下投资的资本支出（CapEx）百分比：<br>— 勘探、收购和开发新储量；<br>— 扩建现有煤矿；<br>— 可再生能源（按来源类型）；<br>— 从大气中去除二氧化碳的技术和缓解气候变化的基于自然的解决方案；<br>— 可以解决组织与气候变化相关的风险的研究和开发计划。<br>• 报告捕获和储存的二氧化碳净质量（公吨），细分如下：<br>— 在点源捕获的碳；<br>— 直接从大气中捕获的碳。<br>• 报告计划、正在进行或已完成的煤炭资产剥离。对于每次撤资：<br>— 描述组织如何考虑其对负责任的商业行为的政策承诺；<br>— 报告是否有规定确保解决关闭带来的负面影响，以及收购资产的实体是否遵循现有的关闭和修复计划。 | 12.2.2 |
| GRI 305：排放 | 披露 305－5 减少温室气体排放<br>其他部门建议<br>• 报告温室气体排放的目标和指标是如何设定的，具体说明它们是否以科学共识为依据，并列出与目标和指标相一致的任何权威性政府间文书或强制性立法。<br>• 报告目标和指标适用的温室气体排放、活动和业务关系的范围 1、范围 2、范围 3。<br>• 报告目标和指标的基线以及实现它们的时间表。 | 12.2.3 |

续表

| 标准 | 披露 | 行业标准参考编号 |
|---|---|---|
| 其他行业相关披露 | | |
| 描述该组织制定公共政策和游说气候变化的方法，包括：<br>• 组织在气候变化相关重大问题上的立场，这些问题是其参与公共政策制定和游说的重点，以及这些立场与其既定政策、目标或其他公共立场之间的任何差异；<br>• 是否为参与气候变化公共政策制定和游说的任何代表协会或委员会的成员或作出贡献，包括：<br>— 这种贡献的性质；<br>— 组织在与气候变化相关的重大问题上的既定政策、目标或其他公开立场之间的任何差异，以及代表协会或委员会的职位。 | | 12.2.4 |

# 第六节　国际综合报告委员会（IIRC）

国际综合报告框架和综合思维原则促进有关价值创造、保护和侵蚀的沟通。综合报告和综合思维推动高效的资本配置，成为金融稳定和可持续发展的力量。

综合报告框架以综合思维为基础，为组织定期报告一段时间内的价值创造提供了标准。综合报告披露组织的战略、治理、绩效和前景，以反映其运营所在的商业、社会和环境背景，并展示组织的管理能力和价值创造能力。综合思维推动对如何创造价值的更好理解，并加强董事会和管理层的决策。

## 一、国际综合报告委员会

### （一）国际综合报告委员会（IIRC）

国际综合报告委员会（International Integrated Reporting Council，IIRC）成立于2010年，是一个由监管机构、投资者、公司、标准制定者、会计专业、学术界和非政府组织组成的国际联盟。IIRC 旨在建立一个关于价值创造（Value Creation）的国际认可的沟通框架，使组织能够简单、明确地披露其在一段时间内创造价值的相关信息。

IIRC 隶属于价值报告基金会（Value Reporting Foundation，VRF）。VRF 下属三个子机构，分别是综合思维原则（Integrated Thinking Principles）、IIRC 和 SASB。

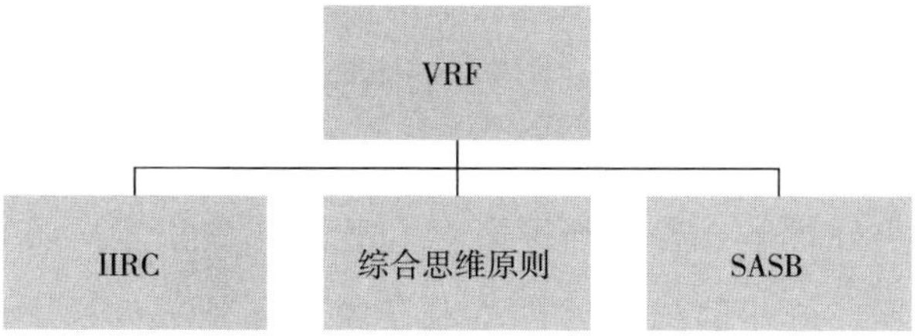


**图 1－4　VRF 结构**

在治理架构上，VRF 董事会监督整个组织的战略、财务和运营，IIRC 董事会组织对综合报告框架（Integrated Reporting Framework，以下简称 <IR> 框架）的修订、修改或其他更新，并提供其他与综合报告或综合思维有关的指导材料。

## （二）综合报告框架（<IR> 框架）和综合报告

2013 年，IIRC 发布综合报告框架，并在 2021 年进行了修订。<IR> 框架为公司披露战略愿景、组织模式和价值创造相关信息提供了一个范式。本书采用标准为 2021 年版。

根据 <IR> 框架的定义，综合报告（Integrated Reporting）是指以综合思维为基础，要求组织定期综合报告一段时间内的价值创造，并就价值创造的各个方面进行相关沟通的过程。综合报告披露组织的战略、治理、绩效和前景，以反映其运营所在的商业、社会和环境背景，它清晰而简洁地展示了组织如何展示管理能力，以及它如何在现在和未来创造价值。

目前，<IR> 框架已在 75 个国家使用。在法国，2019 年，CAC40 指数中 58% 的公司和 SBF120 指数中 33% 的公司发布了综合报告。IIRC 本身不对企业披露综合报告做强制性要求。

## 二、综合报告框架

1. 以综合思维来提高报告质量

IIRC 认为，综合报告不仅仅是一个报告过程，而且是建立在综合思维或系统思维之上的。< IR >框架将综合思维定义为：组织积极考虑其各种运营和职能单位以及组织使用或影响的资本之间的关系。综合思维导向综合决策和行动，考虑到在短期、中期和长期创造价值。综合思维推动对如何创造价值的更好理解，并加强董事会和管理层的决策。日常运营中嵌入的综合思维越多，这些信息就越自然地在内部和外部沟通中表达出来。在此基础上，综合思维与综合报告相辅相成。由此编制的综合报告有以下几个方面的优势：

一是提高金融资本提供者获得的信息质量，以实现更高效的资本配置。

二是促进一种更具凝聚力和更有效的公司报告方法，利用不同的报告链，传达对组织随着时间的推移创造价值的能力产生重大影响的所有因素。

三是加强对资本（金融、制造、智力、人力、社会和关系以及自然）的问责和管理，并促进对其独立性的理解。

四是支持专注于在短期、中期和长期创造价值的综合思维、决策和行动。

2. 整合可持续概念、社会责任报告和财务报告

在内容上，综合报告是企业社会责任报告（CSR）、道德相关报告以及财务报告的整合，并将可持续性的概念整合到组织业务模式和战略中。因此，综合报告在一些时候被用来取代企业社会责任报告，例如，法国巴黎银行（BNP）用综合报告取代其《活动和企业责任报告》（*Report on Activity and Corporate Responsibility*）。

**注释（1）** < IR >框架[①]的主要内容包括指导原则和内容要素两部分。其中，指导原则是综合报告编制的基础，规定了报告内容和信息的呈现方式。

① 本书引用国际综合报告委员会（IIRC）2021 年 1 月修订的《综合报告框架》（*Integrated Reporting Framework*）。中文版本仅供参考，中文版本与英文版本如有出入，以英文版本为准。

内容要素包括根据<IR>框架要求，组织在综合报告中需要披露的关键信息。

与其他国际可持续机构标准相比，<IR>框架对内容要素的要求以一系列问题的形式提出，而不是一份规范性的披露清单。

**表1-26　综合报告框架目录**

<table>
<tr><td colspan="3">综合报告框架</td></tr>
<tr><td colspan="3">管理层综述</td></tr>
<tr><td rowspan="11">第一部分：简介</td><td rowspan="7">1. 使用《综合报告框架》</td><td>A. 综合报告定义</td></tr>
<tr><td>B. 综合报告框架的目标</td></tr>
<tr><td>C. 综合报告的目的和用户</td></tr>
<tr><td>D. 基于原则的方法</td></tr>
<tr><td>E. 报告形式和与其他信息的关系</td></tr>
<tr><td>F. 综合报告框架的应用</td></tr>
<tr><td>G. 综合报告的责任</td></tr>
<tr><td rowspan="4">2. 基本概念</td><td>A. 简介</td></tr>
<tr><td>B. 为组织和他人创造价值</td></tr>
<tr><td>C. 资本</td></tr>
<tr><td>D. 价值创造、保存和减少的过程</td></tr>
<tr><td rowspan="16">第二部分：综合报告</td><td rowspan="7">3. 指导原则</td><td>A. 着眼战略并面向未来</td></tr>
<tr><td>B. 信息的连通性</td></tr>
<tr><td>C. 利益相关者关系</td></tr>
<tr><td>D. 实质性</td></tr>
<tr><td>E. 简洁</td></tr>
<tr><td>F. 可靠性和完整性</td></tr>
<tr><td>G. 一致性和可比性</td></tr>
<tr><td rowspan="8">4. 内容元素</td><td>A. 组织概况和外部环境</td></tr>
<tr><td>B. 治理</td></tr>
<tr><td>C. 商业模式</td></tr>
<tr><td>D. 风险和机遇</td></tr>
<tr><td>E. 战略和资源分配</td></tr>
<tr><td>F. 业绩</td></tr>
<tr><td>G. 展望</td></tr>
<tr><td>H. 准备和展示</td></tr>
<tr><td>5. 一般性报告指南</td><td></td></tr>
<tr><td colspan="3">词汇表</td></tr>
<tr><td colspan="3">附录：要求综述</td></tr>
</table>

<IR>框架：指导原则

着眼战略并面向未来

综合报告应提供对组织战略的洞察，以及该战略与其在短期、中期和长期创造价值的能力及其对资本的使用和影响的关系。

信息的连通性

综合报告应全面展示影响组织在一段时间内创造价值的能力的因素之间的组合、相互关联和依赖关系。

利益相关者关系

综合报告应深入了解组织与其主要利益相关者关系的性质和质量，包括组织如何以及在何种程度上理解、考虑和响应他们的合法需求和利益。

实质性

综合报告应披露对组织在短期、中期和长期创造价值的能力产生实质性影响的事项的信息。

简明

综合报告应简明扼要。

可靠性和完整性

综合报告应包括所有重大事项，包括正面和负面，平衡且没有重大错误。

一致性和可比性

综合报告中的信息应包括：

— 在长期一致的基础上；

— 在某种程度上，可以与其他组织进行比较，以达到对组织自身随着时间的推移创造价值的能力的重要性。

**注释（2）** <IR>框架要求综合报告具备八个内容元素，分别是：组织概况和外部环境、治理、商业模式、风险和机遇、战略和资源分配、业绩、展望、准备和展示。同时，<IR>框架还指出，上述八个内容元素是互相关联的，在披露过程中应体现其内在联系。内容元素以问题的形式呈现，组织可以按照<IR>框架提供的指引，回答各个内容元素相应的问题。

**A. 组织概况和外部环境**

综合报告应回答以下问题：组织做什么，以及它在什么环境下运作？

综合报告确定组织的宗旨、使命和愿景，并通过确定以下事项提供基本背景：

- 组织的：

— 文化、道德和价值观；

— 所有权和运营结构；

— 主要活动和市场；

— 竞争格局和市场定位（考虑新竞争和替代产品或服务的威胁、客户和供应商的议价能力、竞争激烈程度等因素）；

— 在价值链中的位置。

- 关键的定量信息（例如，员工人数、收入和组织运营所在国家的数量），特别强调与以往时期相比的重大变化；
- 影响外部环境和组织反映的重要因素。

**外部环境**

影响外部环境的重要因素包括影响组织在短期、中期或长期创造价值的能力的法律、商业、社会、环境和政治背景等方面。它们可以直接或间接地影响组织（例如，通过影响组织使用或影响的资本的可用性、质量和可负担性）。

这些因素发生在特定组织的背景下，在其行业或地区的背景下，以及更广泛的社会或全球背景下。它们可能包括，例如：

— 主要利益相关者的合法需求和利益；

— 宏观和微观经济状况，如经济稳定、全球化和行业趋势；

— 市场力量，例如，竞争对手的相对优势和劣势以及客户需求；

— 技术变革的速度和效果；

— 社会问题，例如，人口和人口变化、人权、健康、贫困、集体价值观和教育系统；

— 环境挑战，例如，气候变化、生态系统的丧失以及随着地球极限的接近而出现的资源短缺；

— 组织运作的立法和监管环境；

— 组织运营所在国家和其他国家的政治环境可能影响组织实施其战略的能力。

**B. 治理**

综合报告应回答以下问题：组织的治理结构如何支持其在短期、中期和长期创造价值的能力？

综合报告应提供有关以下事项如何创造价值信息：

— 组织的领导结构，包括治理层技能和多样性（例如，背景范围、性别、能力和经验）以及监管要求是否影响治理结构的设计；

— 用于制定战略决策以及建立和监测组织文化的具体流程，包括其对风险的态度以及解决诚信和道德问题的机制；

— 治理层为影响和监测组织的战略方向及风险管理而采取的具体行动；

— 组织的文化、道德和价值观如何反映在其对资本的使用和对资本的影响中，包括其与关键利益相关者的关系；

— 组织是否正在实施超出法律要求的治理实践；

— 治理层为促进和支持创新所承担的责任；

— 薪酬和激励如何与短期、中期和长期的价值创造相关联，包括它们如何与组织对资本的使用和影响相关联。

**C. 商业模式**

综合报告应回答以下问题：组织的商业模式是什么？

组织的商业模式是通过其商业活动将投入转化为产出和成果的系统，旨在实现组织的战略目标并在短期、中期和长期创造价值。

综合报告描述商业模式，包括下列关键要素：

— 投入（Inputs）；

— 商业活动（Business actives）；

— 产出（Outputs）；

— 结果（Outcomes）。

商业模式描述的有效性和可读性包括：

— 明确识别商业模式的关键要素；

— 一个突出关键要素的简单图表，并清楚地解释这些要素与组织的相关性；

— 考虑到组织的特定情况，叙述是合乎逻辑的；

— 识别关键利益相关者和其他（例如，原材料）依赖关系以及影响外部环境的重要因素；

— 连接到其他内容元素所涵盖的信息，例如，战略、风险和机会以及绩效（包括关键绩效指标和财务考虑，例如，成本控制和收入）。

**投入**

综合报告应包括关键投入与组织所依赖的资本或为组织提供差异化来源的资本之间的关系，在某种程度上它们对于理解商业模式的稳健性和弹性很重要。

综合报告并不试图提供所有投入的详尽清单。相反，重点是那些对短期、中期和长期创造价值的能力有重大影响的投入，无论它们所源自的资本是否归组织所有。它还可能包括对影响投入选择的重大权衡的性质和大小的讨论。

**商业活动**

综合报告描述关键商业活动，包括：

— 组织如何在市场中脱颖而出（例如，通过产品差异化、市场细分、交付渠道和营销）；

— 商业模式在多大程度上依赖于初始销售后的创收（例如，延长保修安排或网络使用费）；

— 组织如何满足创新需求；

—如何设计商业模式以适应变化。

在重要的情况下，综合报告应讨论流程改进、员工培训和关系管理等举措对组织长期成功的贡献。

**产出**

综合报告确定组织的关键产品和服务。可能还包括其他产出，例如，副产品和废弃物（包括排放），需要根据其重要性在商业模式披露中进行讨论。

**结果**

综合报告应披露主要结果。结果是组织的业务活动和产出对资本的内部和外部影响（正面和负面）。结果描述包括：

—内部结果（例如，员工士气、组织声誉、收入和现金流）和外部结果（例如，客户满意度、纳税、品牌忠诚度以及社会和环境影响）；

—正面结果（导致资本净增加从而创造价值的结果）和负面结果（那些导致净资本减少，从而侵蚀价值的结果）。

**D. 风险与机遇**

综合报告应回答以下问题：影响组织在短期、中期和长期创造价值的能力的具体风险和机遇是什么？组织如何应对？

综合报告确定组织特有的关键风险和机遇，包括与组织在短期、中期和长期内对相关资本的影响，以及相关资本的持续可获得性、质量和可负担性相关的风险和机遇。

具体包括识别：

—风险和机会的具体来源，可以是内部的、外部的，或者通常是两者的混合。外部来源包括来自外部环境的来源（如A、组织概况和外部环境中所述）。内部来源包括来自组织业务活动的来源（如C、商业模式中所述）。

—组织对风险或机会实现的可能性及其影响程度的评估。这包括考虑可能导致风险或机会实现的具体情况。

— 为减轻或管理关键风险，或从关键机会中创造价值而采取的具体步骤，包括确定相关的战略目标、战略、政策、指标和关键绩效指标。

考虑到指导原则中关于实质性的要求，如果一些风险对于组织持续创造价值的能力至关重要，并且可能产生极端后果，但它们发生的可能性可能被认为非常小，组织应将这部分风险（无论是短期、中期还是长期）在综合报告中进行披露。

**E. 战略和资源分配**

综合报告应回答以下问题：组织的发展目标以及计划如何实现目标？

综合报告通常应披露：

— 组织的短期、中期和长期战略目标；

— 为实现这些战略目标而制定或打算实施的战略；

— 为实施其战略的资源分配计划；

— 如何衡量短期、中期和长期的成就和目标结果。

具体披露内容可包括：

● 组织的战略和资源分配计划之间的联系，以及其他内容要素所涵盖的信息，包括其战略和资源分配计划如何：

— 与组织的商业模式相关，以及为实施所选策略可能需要对该商业模式进行哪些更改，以了解组织适应变化的能力；

— 受外部环境和已识别的风险和机遇的影响/应对；

— 影响资本以及与这些资本相关的风险管理安排。

● 是什么使组织与众不同，并具备竞争优势来创造价值，例如：

— 创新的作用；

— 组织如何开发和利用智力资本；

— 环境和社会因素在多大程度上被纳入组织的战略以赋予其竞争优势；

— 为制定战略和资源分配计划的利益相关者参与的主要特征。

**F. 绩效**

综合报告应回答以下问题：该组织在多大程度上实现了该时期的战略

目标，以及其对资本的影响的结果是什么？

综合报告应包含有关绩效的定性和定量信息，其中可能包括以下事项：

— 关于目标、风险和机会的量化指标，解释它们的重要性、影响以及编制它们时使用的方法和假设；

— 组织对资本的影响（正面和负面），包括对价值链上下游资本的实质性影响；

— 关键利益相关者关系的状态，以及组织如何回应关键利益相关者的合法需求和利益；

— 过去与当前绩效之间，以及当前绩效与组织前景之间的联系。

将财务指标与其他部分相结合的关键绩效指标（例如，温室气体排放量与销售额的比率），或说明对其他资本和其他因果关系的重大影响的财务影响（例如，通过努力提高人力资本而产生的预期收入增长），可用于展示财务业绩与其他资本的表现。在某些情况下，这可能还包括将对资本的某些影响货币化（例如，碳排放和用水）。

对绩效的讨论可能需要包括法规对绩效产生重大影响的情况（例如，由于监管费率设定对收入的限制），或组织不遵守法律或法规可能对其运营产生重大影响的情况。

**G. 展望**

综合报告应回答以下问题：组织在实施其战略时可能会遇到哪些挑战和不确定性，对其业务模式和未来绩效有何潜在影响？

综合报告通常强调随着时间推移的预期的变化，并提供基于合理和透明分析的信息，包括：

— 对组织在短期、中期和长期可能面临的外部环境的预期；

— 这将如何影响组织；

— 组织目前如何应对可能出现的关键挑战和不确定性。

需要注意确保组织陈述的期望、愿望和意图以现实为基础。它们需要与组织利用机会的能力相称（包括适当资本的可用性、质量和可负担性），以及对组织的竞争格局、市场定位和面临风险的现实评估。

对潜在影响的讨论，包括对未来的财务表现的影响，通常包括：

— 外部环境、风险和机遇，并分析它们如何影响战略目标的实现；

— 组织使用的资本的可用性、质量和可负担性（例如，熟练劳动力或自然资源的持续可用性），包括如何管理关键关系，以及为什么随着时间的推移它们对组织创造价值的能力很重要。

综合报告还可以提供领先指标、关键绩效指标或目标、来自公认外部来源的相关信息以及敏感性分析。如果预测内容包含在报告组织的前景中，对相关假设的介绍是有用的。将实际绩效与先前确定的目标进行比较，可以进一步评估当前的前景。

在综合报告中，对组织的展望应考虑到组织必须遵守的法律法规要求。

**H. 准备和展示的基础**

综合报告应回答以下问题：组织如何确定要在综合报告中包含哪些事项，以及如何量化或评估这些事项？

综合报告描述了其编制和呈现的基础，包括：

— 组织的实质性确定过程的摘要；

— 报告边界的描述以及它是如何确定的；

— 用于量化或评估实质性事项的重要框架和方法的摘要。

**注释（3）**　<IR>框架还对实质性确定过程、报告边界、重要框架和方法总结等内容提供了相关指引。

**实质性确定过程**

综合报告包括对组织实质性确定过程和关键判断的总结。这可能包括：

— 简要描述用于识别相关事项、评估其实质性并将其缩小到实质性事项的过程；

— 确定负责治理的人员和关键人员在实质性事项的确定和优先排序中的作用；

还可能包含指向实质性确定过程的更详细描述的链接。

**报告边界**

综合报告确定其报告边界并解释它是如何确定的。

归属于财务报告实体或与包括在财务报告实体中的重大风险、机会和成果在组织的综合报告中进行报告。

归属于其他实体/利益相关者或与其他实体/利益相关者相关的风险、机会和结果在对财务报告实体创造价值的能力产生重大影响的程度上在综合报告中进行报告。

实际问题可能会限制可以在综合报告中呈现的信息的性质和范围。例如：

— 财务报告主体无法控制的实体的可靠数据的可用性；

— 固有地无法识别所有将对财务报告主体创造价值的能力产生重大影响的风险、机会和结果，特别是在长期内；

— 在综合报告中披露此类限制以及为克服这些限制而采取的行动可能是适当的。

**重要框架和方法总结**

综合报告包括用于量化或评估报告中包含的重大事项的重要框架和方法的摘要（例如，用于编制财务信息的适用财务报告标准、公司定义的衡量客户满意度的公式，或基于行业的风险评估框架）。在其他通信中可能会提供更详细的解释。

当综合报告中的信息与组织发布的其他信息相似或基于组织发布的其他信息时，它的编制基础与该其他信息相同，或易于与该其他信息相一致。例如，当关键绩效指标涵盖与组织的财务报表或可持续报告中发布的信息类似的主题或基于该信息时，它的编制基础和时间与其他信息相同。

# 第七节　碳披露项目（CDP）

CDP专注于衡量投资者、公司、城市和政府的环境影响，并采取行动建设可持续经济。

碳披露项目（CDP）为组织披露治理及政策、风险及机会管理、环境目标、策略及情景分析等一系列信息提供了标准，同时，CDP以问卷的形式，提高了可持续信息披露的可操作性，并增加了信息的一致性和可比性。

## 一、碳披露项目

碳披露项目（Carbon Disclosure Project，CDP）成立于2000年，主要为公司、城市、州和地区提供环境信息披露服务，包括气候变化、森林和水资源等。CDP的目标是激励公司披露其对环境的影响，减少温室气体排放、保护水资源和保护森林，推动城市、州和地区披露气候信息并向低碳和有弹性经济转型。

CDP信息披露标准以问卷作为组织环境信息披露的主要形式。通过制定一系列的问卷，CDP为组织披露环境信息提供了一个标准性框架，在该框架下，组织可以披露包括治理和政策、风险和机会管理、环境目标、策略及情景分析在内的一系列内容。

按照披露主题的不同，CDP制定了三类问卷，包括：气候变化问卷、森林问卷和水资源安全问卷。组织可根据自身需求填写所有三份问卷或问卷组合。在披露方式上，组织可以通过CDP提供的在线回答系统（Online Response System，ORS）完成问卷的填写。

气候变化问卷覆盖组织温室气体排放管理和气候变化风险管理等一系列问题。填写气候变化问卷可以提高组织气候信息对利益相关者的透明度，包括投资者、客户、政策制定者、监管机构和公众，并帮助组织为强制性监管制度（例如，强制信息披露制度）和向净零经济过渡做好准备。CDP的气候变化调查问卷在内容上符合 TCFD 的建议。2021 年，超过 13100 家公司通过 CDP 进行了气候变化相关信息披露。

森林问卷帮助组织及其投资者识别其面临的森林砍伐风险，并从积极应对森林砍伐中获得机会。组织可以报告七种森林风险商品，分别是：棕榈油、木材产品、农产品、大豆、橡胶、可可和咖啡。2021 年，865 家公司通过 CDP 披露了森林影响。

水资源安全问卷要求组织披露与水相关的关键业务信息，报告其决策过程并推动有效行动。通过填写水资源安全问卷，组织可以更好地了解水风险和机遇，并提高水安全和减少污染措施对股东和客户的透明度，制定标准的水影响指标和绩效基准。

在服务对象上，CDP 为企业、城市（Cities）、州和地区（States and Regions）三类组织提供环境信息披露服务。2021 年，全球有超过 14000 家组织通过 CDP 披露了数据，包括 13100 多家公司和 1100 多个城市、州和地区。同时，CDP 的环境数据库和 CDP 打分体系还被用于投资和采购决策，以实现零碳、可持续经济。

## 二、CDP 气候变化问卷——以农产品（AC）为例

关键要点

1. 模块化答题

气候变化问卷主要用于组织气候变化风险管理和温室气体排放的信息披露。CDP 气候变化问卷共包括 13 个模块（Module），在每个模块中，组织除回答通用内容外，还需根据所在行业回答行业特定问题。

CDP 气候变化问卷包括 13 个模块，分别为：简介，管理，风险和机遇，商业战略，目标和绩效，排放方式，排放数据，能源，附加指标，核查，碳定价，参与，行业方法。气候变化问卷内的通用问题编号以字母 C 开始。

CDP 针对 16 个高影响力的行业制定了行业特定问题，特定行业的问题编号使用两个字母缩写进行标记，包括：

农业：农业商品（AC），食品、饮料和烟草（FB），造纸和林业（PF）。

能源：煤炭（CO），电力（EU），石油和天然气（OG）。

金融：金融服务（FS）。

材料：水泥（CE），资本货物（CG），化工（CH），施工（CN），金属和采矿（MM），房地产（RE），钢铁（ST）。

运输：运输服务（TS），运输业原始设备制造商。

2. 以问卷的形式提升信息质量

与其他国际可持续机构制定的标准相比，CDP 问卷在可操作性上更好。企业通过网页链接就可以开展可持续报告相关工作，有助于提高披露标准选择、报告范围确定、实质性评估等工作的效率。

CDP 问卷部分解决了企业在进行可持续信息披露时，经常面临标准不统一，披露项目不一致等问题。在信息质量上，CDP 问卷也对信息的完整性、一致性和可比性起到提升作用。

3. 环境数据库

基于其环境信息的计量与披露服务，CDP 还建立了全球气候变化报告数据库、水资源与森林风险数据库。

**注释（1）**　按照农产品（AC）问卷[①]定义，农产品行业的活动包括生产、加工和分销原材料（作物和/或牲畜），这些原材料将用作食品、饮料和烟草行业生产和包装其消费品的原料，其中包括小规模生产非木材森林产品（如橡胶、坚果、种子等）。农产品行业从根本上依赖于自然资源，因此也直接受到气候变化的影响。该行业相关的气候风险包括天气变化等自然风险，以及与农场管理实践有关的监管风险（例如，化肥和农药的使用、土地利用、牲畜管理等）。排放与整个农产品价值链相关，因此建议采用全价值链的方法，包括考虑产品消费所产生的排放。

① 本书引用碳披露项目（CDP）2020 年版本的农产品（AC）问卷。中文版本仅供参考，中文版本与英文版本如有出入，以英文版本为准。

CDP 的农产品问题重点关注以下主题：

1. 具有减缓/适应气候变化效益的土地管理实践；
2. 与直接运营有关的生物碳排放；
3. 与组织活动相关的特定商品的排放强度数据；
4. 按相关业务活动划分的范围 1 和范围 3 排放明细。

**注释（2）** CDP 气候变化问卷中关于组织运营、组织业务活动和温室气体排放关系的综合性信息。

**CDP 气候变化问卷 F0 简介**

（C0.1）请对您的组织进行一般说明及介绍。

（C0.2）请对贵公司报告数据所涉及的年度起止时间进行说明。

（C0.3）请选择您将提供数据的国家/地区。

（C0.4）请选择整个回复中的财务信息所涉及的货币单位。

（C0.5）选择描述报告边界的选项，以该边界上报您的业务对气候所产生的相关影响。请注意，此选项应与您选择的合并温室气体排放清单的方法保持一致。

业务活动排放相关性

（C－AC0.6/C－FB0.6/C－PF0.6）农业/林业、加工/制造、分销活动或产品消耗产生的排放——无论是在您的直接经营还是在您价值链的其他部分——与您当前的 CDP 气候变化披露相关吗？

（C－AC0.6a/C－FB0.6a/C－PF0.6a）农业/林业活动与您当前的 CDP 气候变化披露相关吗？

（C－AC0.6b/C－FB0.6b/C－PF0.6b）为什么在您所有的土地上进行的农业/林业活动排放与您当前的 CDP 气候变化披露不相关？

（C－AC0.6c/C－FB0.6c/C－PF0.6c）为什么加工/制造活动与您当前的 CDP 气候变化披露不相关？

（C－AC0.6d/C－FB0.6d/C－PF0.6d）为什么直接运营内的加工/制造活动产生的排放与您当前的 CDP 气候变化披露不相关？

（C－AC0.6e/C－FB0.6e/C－PF0.6e）为什么分销活动与您当前的CDP气候变化披露不相关？

（C－AC0.6f/C－FB0.6f/C－PF0.6f）为什么直接运营内的分销活动产生的排放与您当前的CDP气候变化披露不相关？

（C－AC0.6g/C－FB0.6g/C－PF0.6g）为什么产品消耗产生的排放与您当前的CDP气候变化披露不相关？

**农业商品依赖**

（C－AC0.7/C－FB0.7/C－PF0.7）如果按收益划分的话，您的组织生产的哪些农业商品和/或来源对您的业务最为重要？

**注释（3）**　CDP气候变化问卷中关于董事会和管理层对气候相关问题治理的信息。

**C1 治理**

董事会对气候相关问题的监督被视为最佳做法，并表明了气候相关问题对组织的重要性。

本模块旨在了解贵公司在气候变化方面的治理结构，并让数据用户了解贵公司在董事会和管理层处理气候相关问题的方法。

**董事会监督**

（C1.1）贵组织董事会层级是否对气候相关议题进行监督？

（C1.1a）请就气候相关问题，明确董事会中每个人的职位和责任（不涉及人名）。

（C1.1b）请提供气候相关问题的董事会监管详情。

（C1.1c）为什么没有董事会级别的气候相关问题监管？您的计划未来会对此作出哪些变更？

**管理责任**

（C1.2）提供在董事会层级之下，负责气候相关议题的最高管理职位或委员会。

（C1.2a）请描述该/这些职位和/或委员在组织结构中的位置、相关职责以及如何监控气候相关问题（不涉及人名）。

（C1.3）贵公司是否提供管理气候相关议题的奖励机制，包括目标实现时的奖励方法?

（C1.3a）请提供有关针对气候相关问题管理提供的奖励机制的更多详细信息（不涉及人名）。

**注释（4）** CDP气候变化问卷中关于组织面临的气候相关风险和机遇的信息。

**C2 风险和机遇**

评估在一系列时间范围内与气候相关的风险和机遇，有助于制定向《巴黎协定》和联合国可持续发展目标所承认的低碳经济转型的战略。本模块侧重于识别、评估并应对气候相关问题以及贵组织确定的气候相关风险和机遇。该信息有助于投资者评估对估值的潜在影响以及公司风险的充分性。

在报告气候相关问题时，您面临的许多挑战与公司报告的其他方面相同，要求您提供有关您的预期状况的声明。一些组织，特别是会计师事务所及其理事机构已经发布了关于如何编制包含前瞻性信息的声明的指南。

您可能希望咨询您的财务、法律和/或合规部门，以获得有关贵公司提供前瞻性声明和风险信息的一般方法的建议。

请注意，这些问题与“固有”风险有关，而不是考虑到管理措施后仍然存在的“剩余”风险。

（C2.1）贵组织是否有识别、评估和应对气候相关风险和机遇的流程?

（C2.1a）贵公司如何定义短期、中期和长期时间范围?

（C2.1b）贵公司如何定义实质性的财务或战略影响?

（C2.2）请描述贵公司识别、评估和应对气候相关风险和机遇的流程。

（C2.2a）贵公司在进行气候相关风险评估中考虑了哪些风险类别?

（C2. 2b）贵公司为什么没有识别、评估和应对气候相关风险评估和机遇的流程，以及您是否有计划在未来引入这一流程？

**风险公开**

（C2. 3）您是否已识别出任何气候相关，并有可能会对您的业务造成实质性财务或战略影响的固有风险？

（C2. 3a）请提供已识别出的任何气候相关、并有可能会对您的业务造成实质性财务或战略影响的风险详情。

（C2. 3b）您为什么认为贵组织不会暴露在气候相关、并有可能会对您的业务造成实质性财务或战略影响的固有风险？

**机遇公开**

（C2. 4）您是否已识别出任何可能会对您的业务造成实质性财务或战略影响的气候相关机遇？

（C2. 4a）请提供已识别出的任何气候相关、并有可能会对您的业务造成实质性财务或战略影响的机遇详情。

（C2. 4b）您为什么认为贵组织不具有气候相关机遇？

**注释（5）** CDP 气候变化问卷中关于组织应对气候变化的战略相关信息，包括应对战略、情景分析、转型战略等。

**C3 商业战略**

CDP 数据用户对组织的前瞻性战略和财务决策感兴趣，这些战略和决策是由气候相关的未来市场机会、公共政策目标和公司责任驱动的。本模块允许组织披露他们是否已采取行动，将气候相关问题纳入其业务战略。本模块包括关于情景分析和过渡规划的问题，这是战略环境规划中的重要演变。

鉴于对气候相关风险和机遇进行前瞻性评估的重要性，情景分析对于一个组织来说是一个重要而有用的工具，可以用来理解气候相关风险和机遇的战略影响，以及告知利益相关者组织在认识到这些问题时的定位。它还可以帮助投资者、贷款人和保险承保人告知他们自己的财务决策。

转型规划也是战略环境规划的一个重要演变，包括在公司能够适应低碳未来之前，需要对公司商业模式进行的所有相关变更。这一点尤其适用于在高影响力行业运营的公司。

2016 年，CDP 在评估低碳转型（Assessing Low - Carbon Transition，ACT）倡议中试行了气候相关情景分析和转型规划披露。有关进行和披露情景分析的更多信息，请参见《CDP 情景分析技术说明》。

**商业战略**

（C3. 1）气候相关风险和机遇是否影响了贵公司的战略和/或财务规划？

（C3. 1a）贵公司是否使用气候相关情景分析，以便采取对应战略？

（C3. 1b）请提供贵公司的气候相关情景分析使用的详情。

（C3. 1c）贵公司为何不使用气候相关的情景分析，以便采取对应战略？

（C3. 1d）请描述气候相关风险和机遇在哪一环节以及以何种方式影响了您的战略。

（C3. 1e）请描述气候相关风险和机遇在哪一环节以及如何影响您的财务规划。

（C3. 1f）提供信息说明气候相关风险和机遇如何影响您的战略和财务规划（选填）。

（C3. 1g）为什么气候相关风险和机遇没有影响贵组织的战略和/或财务规划？

**注释（6）** CDP 气候变化问卷中关于气候相关目标和绩效的信息，包括排放目标、减排计划、土地管理手段、低碳产品等。

**C4 目标和绩效**

本模块中的问题集中于排放和低碳能源目标、其他气候相关目标、减排举措和低碳产品的详细信息。

目标设定为环境战略提供了方向和结构。提供有关定量目标和定性目标的信息，以及在实现这些目标方面取得的进展，可以表明贵公司致力于改善与气候相关的公司层面的问题管理。该信息与投资者了解贵公司如何应对和监控所披露风险和机遇的进展有关。

有关减排举措的问题使 CDP 数据用户能够理解该公司在正常情况下减排的承诺。

有关低碳产品的问题为寻求增加对提供低碳和气候适应性产品和服务的公司的投资的投资者提供了宝贵的信息。

**排放目标**

（C4.1）在此报告年中，您是否有有效的排放目标？

（C4.1a）请提供您的绝对排放目标和针对这些目标的进展的详情。

（C4.1b）请提供您的排放强度目标和针对这些目标的进展的详情。

（C4.1c）请解释贵公司没有制定减排目标的原因和贵公司在未来五年内排放量的变化情况预测。

（C4.2）您是否有在报告年活跃的其他气候相关目标？

（C4.2a）请详细说明增加低碳能源消耗或生产的目标。

（C4.2b）请详细说明任何其他气候相关目标，包括甲烷减排目标。

**减排计划**

（C4.3）您在报告年度内是否有正在开展的减排行动？请注意，这可以包括处于筹备阶段和/或实施阶段的行动。

（C4.3a）请确认处于各个发展阶段中的计划数量。对于那些处于执行阶段的计划，请写下估测的 $CO_2e$ 减排量。

（C4.3b）请在下表中提供报告年中执行的行动详情。

（C4.3c）贵公司用何种方法来推动减排项目的投资？

（C4.3d）为什么您在报告年度内没有正在开展的减排行动？

**土地管理手段**

（C－AC4.4/C－FB4.4/C－PF4.4）您是否在自有土地上实施任何有益

于缓解和/或适应气候变化的农业或森林管理手段?

(C－AC4.4a/C－FB4.4a/C－PF4.4a) 指明在您的自有土地上实施的具有气候变化缓解和/或适应效益的农业或森林管理实践，并提供相应的排放量数据（若已知）。

**低碳产品**

(C4.5) 您是否从现有的产品和/或服务中区分出低碳产品，或者它们是否能帮助第三方避免温室气体排放?

(C4.5a) 请提供贵公司是否区分低碳产品或服务或授权第三方来减少温室气体排放的详细信息。

**注释（7）** CDP 气候变化问卷中关于温室气体排放核算和披露标准有关信息。

**C5 排放方法**

随着时间的推移，对排放量进行有意义和一致的比较对于管理气候相关问题至关重要。本模块允许公司提供基准年和基准年排放量数据，并提供标准、协议或方法的详细信息用于收集活动数据和计算排放量。

**基准年排放量**

(C5.1) 请提供贵公司的基准年和基准年排放量数据（范围 1 和范围 2）。

**排放方式**

(C5.2) 请选择贵公司用来收集活动数据和计算排放的标准、协议或方法论的名称。

(C5.2a) 请提供贵公司用于收集活动数据和计算排放的标准、协议或方法的详情。

**注释（8）** CDP 气候变化问卷中关于温室气体排放量有关信息。

**C6 排放数据**

报告排放量是最佳做法，也是了解和减少负面环境影响的先决条件。

本模块检查排放数据详细信息，并与TCFD指标和目标相一致。建议披露b）披露范围1、范围2，如果适用，披露范围3温室气体（GHG）排放以及相关风险。

**范围1排放数据**

（C6.1）贵公司世界范围内范围1的排放总量（单位：公吨 $CO_2e$）是多少？

**范围2排放报告**

（C6.2）请描述贵公司报告范围2排放的方法。

**范围2排放数据**

（C6.3）贵公司全球范围内范围2的排放总量（单位：公吨 $CO_2e$）是多少？

**排除项**

（C6.4）贵公司是否有在所选择的报告边界内，但未披露的范围1和范围2的任何其他排放源（例如，设施、特定温室气体、活动、地区等）？

（C6.4a）请提供贵公司所选择的报告边界内未披露的范围1和范围2的排放源详情。

**范围3排放数据**

（C6.5）请说明贵公司的全球范围3总排放，并披露和解释任何例外情况。

**范围3排放数据：农业价值链**

（C－AC6.6/C－FB6.6/C－PF6.6）您能否按相关业务活动领域划分范围3排放量？

（C－AC6.6a/C－FB6.6a/C－PF6.6a）针对您的每个相关业务活动领域披露您的范围3排放量。

（C－AC6.6b/C－FB6.6b/C－PF6.6b）为什么不按业务活动领域上报您的范围3排放量？

**生物成因碳数据：农业**

（C－AC6.8/C－FB6.8/C－PF6.8）您的直接运营中存在的生物碳与您

当前的 CDP 气候变化披露是否相关？

（C－AC6. 8a/C－FB6. 8a/C－PF6. 8a）请说明您的直接运营中存在的生物碳数据，并指明任何例外情况。

**其他排放数据：农产品**

（C－AC6. 9/C－FB6. 9/C－PF6. 9）您是否收集或计算了在 C－AC0. 7/C－FB0. 7/C－PF0. 7 中报告对贵公司来说重要的各种商品的温室气体排放量？

（C－AC6. 9a/C－FB6. 9a/C－PF6. 9a）请报告您披露商品的温室气体排放数据，并说明方法，请包括任何例外情况。

**排放强度**

（C6. 10）请提供贵公司每单位营业收入的报告年度中范围 1 和范围 2 合并的全球总排放量（单位：公吨 $CO_2e$），并提供适用于您的业务运营的任何额外强度指标。

**注释（9）** CDP 气候变化问卷中按照国家、业务明细等对温室气体排放进行的细分。

**C7 排放细分**

本模块使受访者能够按国家、业务部门、设施和部门细分范围 1 和范围 2 的排放量。

通过按国家或地区划分排放量，这些数据可以提供给地区、州和地方机构，以帮助指导排放相关立法的制定。

按业务部门、设施和活动分解排放量，可使数据用户和投资者对公司范围 1 和范围 2 排放源具有透明度，并允许跟踪部门和单个设施随时间的表现。

该模块还要求提供二氧化碳以外的排放数据。由于这些气体通常仅以二氧化碳当量（$CO_2e$）报告，它们对总排放量的贡献有时被掩盖。

**范围 1 细分：温室气体**

（C7. 1）贵公司是否排放除二氧化碳之外的温室气体？

（C7.1a）请按照温室气体类型，划分您的全球范围1排放总量，并提供所使用的各个全球变暖潜力值（GWP）的来源。

**范围1细分：国家**

（C7.2）请按照国家/地区细分您的全球范围1的排放总量。

**范围1细分：业务明细**

（C7.3）请指出您可以提供哪些范围1排放量的细分信息。

（C7.3a）请按业务部门细分贵公司的范围1全球排放总量。

（C7.3b）请按业务工厂划分贵公司的范围1全球排放总量。

（C7.3c）请按业务工厂划分贵公司的范围1全球排放总量。

**范围1细分：农业**

（C－AC7.4/C－FB7.4/C－PF7.4）您是否将与业务活动有关的排放量包括在直接业务中，以作为全球范围1数据总量的一部分？

（C－AC7.4a/C－FB7.4a/C－PF7.4a）选择您上报农业/林业排放量时所采用的表格。

（C－AC7.4b/C－FB7.4b/C－PF7.4b）请报告您的业务活动中存在的范围1排放，并解释任何例外情况。如适用，请按照温室气体排放分类划分您的农业/林业相关活动。

（C－AC7.4c/C－FB7.4c/C－PF7.4c）为什么您没有包含与直接运营业务活动相关联的温室气体排放数字，作为全球总范围1数字的一部分？请描述未来将执行的任何计划。

**范围2细分：国家**

（C7.5）请按照国家/地区细分您的全球范围2的排放总量。

**范围2细分：业务明细**

（C7.6）请指出您可以提供哪些范围2排放量的细分信息。

（C7.6a）请按业务部门细分贵公司的范围2全球排放总量。

（C7.6b）请按业务工厂划分贵公司的范围2全球排放总量。

（C7.6c）请按业务工厂划分贵公司的范围2全球排放总量。

**排放绩效**

（C7.9）同上一报告年度相比，贵公司在报告年度内的全球排放总量（结合范围 1 和范围 2）有何变化?

（C7.9a）请明确全球排放总量（结合范围 1 和范围 2）变化的原因，并阐述与去年相比，该原因对贵公司排放量的影响。

（C7.9b）CC7.9 和 CC7.9a 中，贵公司排放绩效的计算是基于范围 2 的位置数据还是市场数据?

**注释（10）** CDP 气候变化问卷中与能源相关的温室气体排放。

**C8 能源**

对于许多部门来说，与能源有关的活动是最重要的温室气体排放源。本模块提供了各组织能源消耗和产生的透明度。

准确的排放核算取决于对能源的全面核算。预计各组织已经收集了必要的能源数据，以披露之前模块中的排放量。除非问题具体指南中另有规定，否则本模块中要求的发电数据与范围 1 排放源一致，即来自组织拥有或控制的发电机组。所需的购买或获得的能源数据与范围 2 排放报告一致。

**能源消耗**

（C8.1）您是否报告年度内在能源方面的花销所占运营总经费的比重?

能源相关活动

（C8.2）请选择贵公司已进行的能源相关活动。

（C8.2a）请报告贵公司的能源消耗总量（原料除外），单位为 MWh。

（C8.2b）请选择贵公司燃料消耗的应用情况。

（C8.2c）请按照燃料类型描述贵公司已消耗的燃料（原料除外），单位为 MWh。

（C8.2d）请描述贵公司在报告年中生产和消耗了的电力、热能、蒸汽能和制冷能源的详情。

（C8.2e）请提供 C6.3 报告的范围 2（基于市场）数据中以零排放因子计算的电能、热能、蒸汽能和/或制冷能源的详细信息。

**注释（11）**　CDP 气候变化问卷中关于除温室气体排放以外的气候相关指标的信息。

> **C9 附加指标**
>
> 本模块要求报告组织提供可能间接或直接影响其排放或能源使用的相关气候指标。
>
> 本模块包括一个关于其他气候相关指标的一般性问题和一些关于指标的特定行业问题，如生产产出、低碳技术实施、二氧化碳排放和低碳排放的转移和封存投资。
>
> **其他气候相关指标**
>
> （C9.1）请提供与您的业务相关的任何额外气候相关指标。

**注释（12）**　CDP 气候变化问卷中关于温室气体排放数据核查的信息。

> **C10 验证**
>
> 核查和保证是环境报告中的良好做法，因为它可以确保披露的数据和过程的质量。
>
> 本模块要求提供适用于组织报告的范围 1、范围 2 和范围 3 排放的验证状态的详细信息，以及 CDP 披露中报告的其他气候相关信息的验证。
>
> **核查**
>
> （C10.1）请说明贵公司所报告的排放数据的审验/认证状态。
>
> （C10.1a）请提供审验/认证范围 1 排放的更多详细信息并附上相关证明材料。
>
> （C10.1b）请提供审验/认证范围 2 排放的更多详细信息并附上相关证明材料。
>
> （C10.1c）请提供审验/认证范围 3 排放的更多详细信息并附上相关证明材料。
>
> **其他已审验数据**
>
> （C10.2）除了在 C6.1、C6.3 和 C6.5 中回复的排放量数据外，您是否验证任何在 CDP 披露中报告的气候相关信息？

**注释（13）** CDP 气候变化问卷中包括碳定价系统、基于项目的碳信用和内部碳交易价格等关于碳定价的信息。

**C11 碳定价**

碳定价已成为推动温室气体减排和缓解气候变化危险影响的关键政策机制。在过去十年中，拥有碳定价政策的司法管辖区数量翻了一番，用户有兴趣了解这些计划对公司的影响。

本课程详细介绍了由碳定价系统、基于项目的碳信用和内部碳交易价格监管的运营或活动。

有关报告本模块中问题的进一步指导，请参阅 CDP 的技术说明《碳定价：CDP 披露最佳实践》。

**碳定价系统**

（C11.1）您是否有任何受碳定价体系（如 ETS、Cap&Trade 或 Carbon Tax）监管的运营业务或活动？

（C11.1a）请选择影响您运营的碳定价法规。

（C11.1b）请针对贵公司使用的每一项排放交易体系填写以下表格。

（C11.1c）请针对贵公司使用的每一个税收体系填写以下表格。

（C11.1d）贵公司通过什么策略来遵从正在使用或即将使用的体系？

**基于项目的碳信用**

（C11.2）贵公司在报告期内是否曾参与开发或购买基于项目的碳信用额度？

（C11.2a）请提供贵公司在报告年度内开发或购买的基于项目的碳信用额度详细信息。

**内部碳交易价格**

（C11.3）贵公司是否使用内部碳交易价格？

（C11.3a）请提供贵公司使用内部碳交易价格的方式详情。

**注释（14）** CDP 气候变化问卷中关于价值链碳排放的信息。

**C12 合作**

为了真正减少全球排放量，公司必须在气候相关问题上与其价值链保持联系。本模块中的问题将检查组织如何与其供应商、客户和其他合作伙伴合作。

本模块使数据用户能够深入了解各组织在气候相关问题上影响公共政策的不同类型的活动。

本模块还调查各组织是否将非财务指标和数据纳入主流财务报告，这与 TCFD 的主要目标一致，即在财务文件中披露气候相关信息。

**价值链参与度**

（C12.1）您是否就气候相关事宜与您的价值链接洽？

（C12.1a）请提供任何其他气候相关供应商参与战略的详细信息。

（C12.1b）请提供与气候相关的客户参与战略的详细信息。

（C12.1c）请提供详细信息说明与价值链内其他伙伴的气候相关合作战略。

（C12.1d）您为什么没有就价值链上的任何元素与气候相关议题进行接洽？您计划未来怎么实现这一点？

**农业供应商参与度**

（C–AC12.2/C–FB12.2/C–PF12.2）您是否鼓励您的供应商采取任何具有气候变化缓解/适应益处的农业或森林管理实践？

（C–AC12.2b/C–FB12.2b/C–PF12.2b）您是否从供应商处收集有关您鼓励供应商落实的任何农业/森林管理实践的成果的信息？

（C–AC12.2c/C–FB12.2c/C–PF12.2c）您为什么不鼓励您的供应商执行任何有缓解和/或适应气候变化的益处的农业或林业管理手段？

**公共政策参与度**

（C12.3）您是否通过以下任何方式参与任何可能直接或间接影响气候相关问题公共政策的活动？

（C12.3a）您在哪些问题上曾经和政策制定者直接合作？

(C12.3b) 您是否担当任何贸易协会的董事或者提供超出会费的资金支持？

(C12.3c) 请说明关于这些可能对气候变化相关政策产生影响的贸易协会的详细信息。

(C12.3d) 您是否公开披露所有您资助的研究机构？

(C12.3e) 请提供您参与的其他接洽活动的详细信息。

(C12.3f) 您以什么方式确保所有直接和间接的活动对政策所产生的影响跟贵公司的整体气候变化战略一致？

(C12.3g) 为什么您没有就气候相关问题与政策制定者接洽？

**沟通**

(C12.4) 除了参与CDP问卷外，您是否还通过其他方式发布本报告年度内企业应对气候变化和温室气体排放绩效的信息？如果是，请附上出版物。

**注释（15）** CDP气候变化问卷中关于土地管理有关信息（该部分属于行业特定问题）。

**C13 其他土地管理影响**

本模块提供了披露自有土地和/或供应商实施的土地管理实践的影响（气候相关的影响除外）的机会。

(C－AC13.1/C－FB13.1/C－PF13.1) 您是否知道在C－AC4.4a/C－FB4.4a/C－PF4.4a中披露的针对在自有土地上落实的任何管理实践是否具有除气候变化缓解/适应益处以外的其他影响？

(C－AC13.2/C－FB13.2/C－PF13.2) 您是否知道C－AC12.2a/C－FB12.2a/C－PF12.2a中提及的由您的供应商落实的具有除气候变化缓解/适应益处以外的其他影响的任何管理实践？

(C－AC13.2a/C－FB13.2a/C－PF13.2a) 提供由您的供应商落实的管理实践的详细信息，除气候变化缓解/适应益处以外，这些实践还具有其他影响。

**模块C14 依赖关系**

模块C14仅适用于在金融服务行业开展活动的组织。

**注释（16）** CDP 气候变化问卷中关于报告核签人的信息。

**C15 签核**

（C－FI）使用此栏提供任何您认为与贵公司回复相关的额外信息或背景。请注意，此栏为可选项，不计分。

**签核**

（C15.1）请提供贵公司 CDP 气候变化回复签核人（批准人）的详细信息。

# 第二章　国家和地区可持续信息披露标准

## 第一节　欧盟可持续信息披露标准

### 一、欧盟可持续金融和可持续信息披露

#### （一）欧盟可持续金融背景概况

1. 可持续金融定义

在欧盟政策背景下，可持续金融一般是指在支持经济增长的同时减少环境压力并考虑社会和治理方面的金融行为。同时，在欧盟《可持续金融信息披露条例》（SFDR）和《企业可持续报告法令》（CSRD）等信息披露标准的语境下，欧盟还从双重重要性（Double Materiality）的角度来定义可持续金融，双重重要性是指既包括可持续相关风险对金融体系产生的影响，又包括通过金融机构和企业来减轻可持续风险的行为。

可持续金融要求金融部门做投资决策时，综合考虑环境、社会和治理（ESG）因素，并为可持续经济活动和项目提供更多的长期投资。其中，环境因素包括减缓和适应气候变化，以及更广泛意义上的环境因素，例如，保护生物多样性、防止污染和循环经济等。社会因素包括不平等、包容性、劳资关系、人力资本、社区以及人权问题等。治理因素包括管理、员工关系和高管薪酬等。

为达到可持续金融和可持续经济发展的目标，2018 年以来，欧盟委员会

（European Commission）制定了一系列可持续金融综合战略政策，其中包括《可持续增长融资行动计划》（*Action Plan：Financing Sustainable Growth*），以及在《欧洲绿色协议》（*European green deal*）和新融资战略框架内制定新的可持续金融战略，以及向可持续经济的过渡方案等。

2. 欧盟可持续金融战略

（1）《欧盟可持续金融行动计划》

2018 年 3 月，欧盟委员会发布《可持续金融行动计划》（*Sustainable Finance Action Plan*，以下简称《行动计划》），制定了欧盟可持续金融战略，以及未来欧盟金融体系工作计划。《行动计划》旨在将资本导向更可持续的经济，培养长期主义并管理可持续性风险。迄今为止，《行动计划》是欧盟可持续金融领域制定的最广泛和最全面的监管举措。在《行动计划》中，为欧盟可持续金融未来工作制定了覆盖三大目标和 10 项行动的路线图（见表 2－1）。

**表 2－1　欧盟可持续金融行动计划路线图**

| 三大目标 | 10 项行动 |
|---|---|
| 将资本导向更具可持续性的经济活动 | 建立欧盟可持续活动分类体系 |
| | 建立绿色金融产品的标准和标签 |
| | 促进可持续项目投资 |
| | 将可持续性纳入投融资建议中 |
| | 制定可持续性基准体系 |
| 将可持续性纳入主流风险管理 | 将可持续性与评级和市场研究结合 |
| | 进一步明确机构投资者和资产管理者的职责 |
| | 将可持续性纳入审慎要求中 |
| 鼓励长期主义和市场透明度的提升 | 加强可持续性信息披露和会计准则制定 |
| | 提升企业可持续治理能力并减弱资本市场的短期行为 |

《行动计划》不仅直接与欧盟实体相关，也对欧盟以外的实体产生直接（间接）影响，尤其是那些希望向欧盟客户销售金融产品的实体。例如，《行动计划》对企业合规性提出了更高的要求，在欧洲新的 ESG 营销和推广制度下，金融机构必须从战略角度对自身及其产品进行 ESG 定位［对欧盟金融机构 ESG 相关的监管要求，详见本节第二部分：可持续金融信息披露条例（SFDR）］。

（2）《欧洲绿色协议》

2019年12月11日，欧盟委员会发布《欧洲绿色协议》（*European Green Deal*），其核心是制定相关发展战略，使欧洲到2050年成为第一个气候中和（climate－neutral）大陆。作为《欧洲绿色协议》的一部分，欧盟委员会于2020年1月14日提出《欧洲绿色协议投资计划》（*European green deal investment plan*），该计划拟在未来10年动员至少1万亿欧元的可持续投资，并推动公共和私人投资投向气候中和、绿色、竞争和包容性经济转型。

在气候和能源领域，2020年9月17日，欧盟委员会提出《2030年气候目标计划》（*Stepping up Europe's* 2030 *climate ambition*：*Investing in a climate－neutral future for the benefit of our people*），将2030年温室气体排放量目标调整为较1990年至少减少55%（此前目标为40%）。在此基础上，2021年7月14日，欧盟委员会公布了“Fit for 55”（“减碳55”）的一揽子气候计划，提出了包括能源、工业、交通、建筑等在内的12项更为积极的系列举措，成为欧盟低碳发展的核心政策。

根据欧盟委员会测算，为了实现2030年气候和能源目标，欧盟需要在2021年至2030年的10年期间，每年比以往多投资约3500亿欧元。欧盟已经通过欧洲战略投资基金（European Fund for Strategic Investments）等一系列举措来吸引投资。

**（二）欧盟可持续信息披露框架**

可持续信息披露框架是欧盟可持续金融战略的重要组成部分。通过建立一致的、系统性的可持续信息披露标准，欧盟尝试在整个金融价值链中创建一致、连贯的可持续发展信息，并最终推动可持续融资的增长。为实现这一目标，欧盟同时推动可持续金融信息披露、企业可持续信息披露以及可持续活动分类等多项立法，形成一系列全面覆盖经济活动的可持续信息披露标准。

目前，欧盟可持续信息披露框架由三个核心法规构成，主要包括：《可持续金融信息披露条例》（*Sustainable Finance Disclosure Regulation*，以下简称SFDR）；《企业可持续报告法令》（*Corporate Sustainability Reporting Directive*，以下简称CSRD）；《欧盟可持续分类法规》（*The EU Taxonomy Regulation*，以

下简称《欧盟分类法规》)。

在全球标准的基础上，欧盟根据自身气候转型路径和目标，以及欧盟现有的法律框架，通过 SFDR、CSRD 和《欧盟分类法规》，制定符合其经济运行特点和气候发展目标的可持续披露标准。总体来看，欧盟可持续信息披露体系具有以下几方面的特点：

一是三个主要法规相互间具有一致性和连贯性。

SFDR、CSRD、《欧盟分类法规》在适用对象上分别覆盖金融主体和产品、企业主体以及可持续活动，三者的一致性和连贯性可以降低信息披露的复杂性，同时减少重复报告要求的可能性。此外，欧盟委员会在立法过程中，也尽量保证 SFDR、CSRD、《欧盟分类法规》与其他欧盟可持续金融倡议保持一致。

二是三个主要法规存在相互关联和交叉引用。

SFDR、CSRD 和《欧盟分类法规》在披露标准、内容方面存在互相关联和交叉引用。例如，在投资行为中，SFDR 和 CSRD 分别约束投资者和被投资者，CSRD 要求被投资者（企业）披露受 SFDR 约束的金融市场参与者所需的信息，这就要求 CSRD 制定的披露标准应包括与 SFDR 中包含的指标相对应的指标。

在 CSRD 和《欧盟分类法规》之间，《欧盟分类法规》条款 8 要求在 CSRD 范围内的公司，披露其活动在多大程度上是可持续的。这就要求 CSRD 制定的报告标准充分考虑《欧盟分类法规》的“重大贡献”和“无重大损害”标准，并制定相关指标［详情请见本节第四部分：欧盟可持续分类法规(EU Taxonomy)］。

同时，任何受 CSRD 约束的企业都需要披露其活动如何以及在何种程度上与被认为是环境可持续的活动相关联。例如，企业需要披露：

— 来自《欧盟分类法规》活动的营业额比例；

— 与《欧盟分类法规》活动相关的资本支出和运营支出的比例（详情请见本节第四部分：《欧盟分类法规》，以及《欧盟分类法规》条款 8 授权法案)。

在SFDR和《欧盟分类法规》之间，SFDR范围内的实体将需要披露有关其产品的《欧盟分类法规》分类标准的信息，例如：

— SFDR条款5和条款6，要求披露金融产品基础投资如何以及在多大程度上用于符合《欧盟分类法规》规定的环境可持续发展经济活动。披露涵盖以可持续投资为目标的产品（SFDR条款9产品）以及具有环境或社会特征的产品（SFDR条款8产品）。

— SFDR条款7要求，对于不考虑《欧盟分类法规》可持续经济活动标准的金融产品，实体必须在其披露中作出此声明。

三是与国际可持续标准的合作。

制定与国际标准一致的欧盟标准符合欧盟企业及投资者的利益。因此，在欧盟标准和国际标准的关系上，欧盟支持G20、G7、金融稳定委员会和其他机构的倡议，以此作为全球可持续报告标准的基准，同时参考TCFD、ISSB、GRI、SASB、IIRC、CDSB等可持续标准的基本要素。同时，欧盟通过欧盟财务报告顾问小组（European Financial Reporting Advisory Group，EFRAG），与相关国际倡议之间建立双向合作。

## 二、可持续金融信息披露条例（SFDR）

### （一）可持续金融信息披露条例

2018年3月，欧盟委员会提出可持续增长融资行动计划（Action Plan on Financing Sustainable Growth），其中第9条提出，要加强可持续性信息披露和会计准则制定，包括修订现有非财务信息披露政策，要求资产管理者披露其在制定投资战略和决策时如何考虑可持续性因素。

根据这一要求，2018年5月，欧盟委员会提出了一揽子措施，作为行动计划的后续方案，主要包括三项提案：一是建立统一的欧盟可持续经济活动分类系统（《欧盟分类法规》）；二是提高机构投资者将环境、社会和治理（ESG）因素纳入其风险管理流程的信息披露要求；三是创建帮助投资者比较其投资碳足迹的基准系统。

2018年5月，欧盟委员会提交关于披露可持续投资和可持续风险相关信息法规的提案，该提案作为可持续融资方案的一部分被采纳，2019 年，该提案获得通过。2019 年 12 月 9 日，可持续金融信息披露条例（Sustainable Finance Disclosure Regulation，SFDR）正式发布，并从 2021 年 3 月 10 日开始实施。

1. 欧盟金融领域可持续信息披露的重要标准

SFDR 在实体和产品层面对欧盟金融市场参与者和财务顾问（包括银行、保险公司、养老基金和投资公司）提出了可持续信息透明度和披露要求。在披露内容上，具体包括：

（1）将可持续风险纳入投资决策和咨询过程的政策；

（2）投资对可持续性的不利影响；

（3）金融产品如何满足所宣传的环境或社会特征；

（4）如果金融产品以可持续投资为目标，而某一指数已被指定为参考基准，则需提供关于该指数如何与该目标保持一致的信息，如果没有指数被指定为可持续投资目标的参考基准，则说明如何实现该目标。

对披露渠道的要求包括：

（1）公司必须在其网站上披露和维护的内容；

（2）公司必须向投资者提供的信息（例如募集说明书）；

（3）公司向投资者提供的定期报告。

2. 条款 6 金融产品

条款 6 是 SFDR 中金融产品的默认分类，既适用于条款 8 产品和条款 9 产品（关注 ESG 的金融产品），也适用于不关注 ESG 的金融产品（金融产品既没有可持续的投资目标，也没有投资于具有环境或社会效益的资产）。条款 6 要求金融市场参与者披露将可持续风险纳入投资决策的过程，以及可持续风险对产品收益率的影响。金融市场参与者在决策过程中不考虑可持续风险的，则应按照“遵守或解释”原则披露原因。

3. 条款 8 产品和条款 9 产品

条款 8 和条款 9 适用的金融产品都被认为是可持续的，但两者间存在明显差异。根据 SFDR，以关注 ESG 作为特征来推广的金融产品必须根据分类标准，被归类为条款8产品或条款9产品，其中条款9产品要求最为严格。同时，金融产品还必须符合第6条的披露要求。

根据SFDR，条款8产品是指投资于具有积极环境或社会特征、良好治理原则以及其他非ESG特征项目的产品。尽管条款8产品不以可持续作为投资目标，但可持续仍然是投资过程的一部分，条款8产品需要披露其投资于环境可持续或具有社会目标的程度。

条款9产品是指以可持续投资为主要目标的产品。可持续投资是指有助于实现环境或社会目标的经济活动。条款9产品应选择与产品目标一致的基准指数，并以该基准衡量产品可持续投资目标的实现情况，如未选择基准指数，则应作出相应的解释。

4. 对金融机构的影响

对于受SFDR约束的金融机构，如计划发行条款8产品或条款9产品，需要对产品的整个生命周期进行审查，包括产品开发、营销、监测和报告等。同时，金融机构需要制定收集和整理可持续相关数据和信息的流程，以满足披露要求。金融机构还要对政策进行更新，例如，在风险管理政策中覆盖ESG和SFDR要求，并定期审查风险指标。

**注释（1）** SFDR[①]从实体和产品两个层面制定了金融可持续信息披露的标准。其中实体包括金融市场参与者（Financial Market Participant）（包括资产管理公司、机构投资者、保险公司、养老基金等，即所有提供金融产品并管理客户资金的实体）和财务顾问（Financial Advisor），产品主要是指具有可持续特征和追求可持续投资目标的金融产品。

在披露渠道上，SFDR规定了金融市场参与者和财务顾问通过网站、合同前文件（例如，招股说明书）、定期报告等渠道，向（潜在）投资者披露ESG信息的透明度要求。

在披露主题上，SFDR要求披露机构就可持续风险的整合、可持续负面影

① 本书引用欧盟委员会2019年12月发布的可持续金融信息披露条例（Sustainable Finance Disclosure Regulation），网址为 https://eur-lex.europa.eu/legal-content/EN/TXT/?uri=CELEX:32019R2088。中文版本仅供参考，中文版本与英文版本如有出入，以英文版本为准。

响、环境或社会因素的促进以及可持续投资目标等主题，进行金融实体和金融产品层面的披露。其中，可持续风险的整合是指金融市场参与者和财务顾问在所有投资中整合可持续风险流程。可持续负面影响主要是指SFDR引入的一套主要负面影响（Principle Adverse Impact，PAI）指标，这些指标概括了导致负面的可持续影响的环境、社会和治理（ESG）因素。从2022年起，所有金融市场参与者和财务顾问都必须披露PAI信息。

SFDR于2019年12月生效，部分关键条款在2021年3月10日实施。欧洲监管机构（European Supervisory Authorities，ESA）还将制定监管技术标准（Regulatory Technical Standards，RTS），对SFDR的技术标准和指标进行补充和明确。

**注释（2）**　SFDR要求金融市场参与者和财务顾问在所有投资中整合可持续性风险流程，并对金融产品的可持续信息进行披露。SFDR条款1和条款2明确了SFDR适用对象的定义，即根据欧盟相关法律对“金融市场参与者”“财务顾问”两类实体，以及“金融产品”的定义。

**SFDR条款1　主旨**

SFDR制定了关于金融市场参与者和财务顾问在决策中对可持续性风险（Sustainability Risks）和可持续性负面影响（Adverse Sustainability Impacts）的透明度要求，以及对金融产品的可持续信息披露要求。

**SFDR条款2　定义**

在SFDR中，采用以下定义：

（1）“金融市场参与者”是指：

（a）提供基于保险的投资产品（Insurance - Based Investment Product，IBIP）的保险机构；

（b）提供投资组合管理的投资公司；

（c）职业养老金管理机构（Occupational Pensions Regulatory Authority，OPRA）；

（d）养老金产品提供机构（Pension Product）；

（e）另类投资基金管理机构（Alternative Investment Fund Manager，AIFM）；

（f）泛欧个人养老金产品（A Pan – European Personal Pension Product，PEPP）提供机构；

（g）按照欧盟条例 345/2013 号第 14 条规定登记的合格风险投资基金的管理人；

（h）按照欧盟条例 346/2013 号第 15 条规定登记的合格社会创业基金的管理人；

（i）可转让证券集合投资计划（Undertaking for Collective Investment in Transferable Securities，UCITS）的管理机构；

（j）提供投资组合管理的信贷机构。

（2）“财务顾问”（Financial Advisor）是指：

（a）就 IBIP 提供保险建议的保险中介；

（b）为 IBIP 提供保险建议的保险公司；

（c）提供投资建议的信贷机构；

（d）提供投资建议的投资公司；

（e）根据欧盟指令 2011/61 第 6（4）条（b）（i）点提供投资建议的 AIFM；

（f）根据欧盟委员会指令 2009/65 第 6（3）条（b）（i）点提供投资建议的 UCITS 管理公司。

（3）“金融产品”（Financial Product）是指：

（a）投资组合；

（b）另类投资基金（AIF）；

（c）IBIP；

（d）养老金产品；

（e）养老金计划；

（f）UCITS；

(g) PEPP。

“可持续投资”(Sustainable Investment) 是指对有助于实现环境目标的经济活动的投资，例如，能源、可再生能源、原材料、水和土地的使用、废弃物和温室气体排放，或其对生物多样性和循环经济的影响，或对有助于实现社会目标的经济活动的投资，特别是有助于解决不平等问题或促进社会凝聚力、社会融合和劳动的投资，或对人力资本或经济或社会弱势社区的投资，前提是此类投资不会对其他目标产生严重损害，并且被投资公司遵循良好的治理实践，包括健全的管理结构、员工关系、薪酬和税务合规性。

“可持续性风险”(Sustainability Risk) 是指可能对投资价值造成实际或潜在的重大负面影响的环境、社会或治理事件或情况。

“可持续性因素”(Sustainability Factors) 包括环境、社会和员工问题、尊重人权、反腐败和反贿赂问题等。

**注释 (3)**　SFDR 要求金融市场参与者和财务顾问在投资决策中整合可持续性风险流程，条款 3 明确了在可持续性风险政策 (Sustainability Risk Policy) 方面的信息披露要求。

**SFDR 条款 3　可持续性风险政策的透明度**

1. 金融市场参与者应在网站上公布其在作出投资决策过程中整合可持续性风险的相关政策。

2. 财务顾问应在网站上公布其在作出投资建议或保险建议过程中整合可持续性风险的相关政策。

**注释 (4)**　SFDR 明确了关于实体和金融产品层面对可持续性负面影响 (Adverse Sustainability Impacts) 的披露义务，即金融市场参与者和财务顾问应以尽职调查声明的形式，披露是否考虑投资决策和建议对环境和社会的负面外部影响，如果是的话，应披露是如何体现的。条款 4 明确了在实体层面 (金融市场参与者和财务顾问)，对可持续性负面影响的信息披露要求。同时，

SFDR明确欧洲监管机构（ESA）应在一定时间内，制定针对可持续性负面影响等具体指标的技术标准（Regulatory Technical Standards，RTS）。从2022年起，所有金融市场参与者和财务顾问都必须披露主要负面影响（Principle Adverse Impact，PAI）信息，这也是欧盟打击“漂绿”（greenwashing）行为和鼓励为绿色项目融资战略的一部分。

**SFDR条款4　实体层面可持续性负面影响的透明度**

1. 金融市场参与者应在其网站上发布和维护下列信息：

（a）当他们考虑投资决策对可持续性因素（Sustainability Factors）的主要负面影响（Principle Adverse Impacts，PAI）时，应提交一份针对这些影响的尽职调查声明，并适当考虑其规模、活动的性质和规模以及他们提供的金融产品类型；

（b）如果他们不考虑投资决策对可持续性因素的负面影响，则应明确说明他们不这样做的原因，同时应包括关于他们是否以及何时打算考虑此类负面影响。

2. 根据上述要求，金融市场参与者应至少提供以下信息：

（a）其识别和对主要可持续性负面影响和指标进行优先级排序的有关政策；

（b）对主要可持续性负面影响的应对行动或行动计划；

（c）根据欧盟委员会指令2007/36第3g条（如适用）所作出的应对政策；

（d）关于其遵守负责任的商业行为守则（Responsible Business Conduct Codes）和国际公认的尽职调查和报告标准，以及其与《巴黎协定》目标的一致性程度。

3. 自2021年6月30日起，财务年度内平均员工人数为500人以上的金融市场参与者，应在其网站发布关于其投资的主要可持续性负面影响的尽职调查政策。该声明至少应包括第2段中提到的信息。

4. 自2021年6月30日起，欧盟指令2013/34第3（7）条所指的大型集团的母公司，在合并后财务年度内平均员工人数为500人以上的金融市场参与者，应在其网站发布关于其投资的主要可持续性负面影响的尽职调查政策。该声明至少应包括第2段中提到的信息。

5. 财务顾问应在其网站上发布和维护下列信息：

（a）根据他们的规模、活动的性质和范围，以及他们提供建议的金融产品，在投资建议或保险建议中对可持续性因素主要负面影响的考虑；

（b）解释他们为何在投资建议或保险建议的决策中不考虑可持续性因素主要负面影响，并公布他们是否以及打算何时考虑这种负面影响。

6. 到2020年12月30日，欧洲监管机构（ESA）应通过联合委员会（Joint Committee，包括EBA、EIOPA、ESMA）制定完成监管技术标准（Regulatory Technical Standards，RTS）草案，符合欧盟条例1093/2010、欧盟条例1094/2010和欧盟条例1095/2010的第10条至第14条标准，来具体解释本文第1条款至第5条款所指对气候的负面影响和其他与环境相关负面影响有关的可持续性指标，包括其内容、方法论和表述方式。

ESA应征求欧洲环境署（European Environment Agency）和欧盟委员会联合研究中心（Joint Research Centre of the European Commission）的意见。

7. 2021年12月30日前，欧洲监管机构（ESA）应通过联合委员会制定完成监管技术标准草案，符合欧盟条例1093/2010、欧盟条例1094/2010和欧盟条例1095/2010的第10条至第14条标准，来具体解释本文第1条款至第5条款所指与社会和员工事务、尊重人权、反腐败和反贿赂问题，包括其内容、方法论和表述方式。

**注释（5）**　条款5明确了金融市场参与者和财务顾问与可持续性风险整合相关的薪酬制度的信息披露要求。

**SFDR 条款5　与可持续风险整合相关的薪酬政策透明度**

1. 金融市场参与者和财务顾问应在其薪酬政策中包含与可持续性风险整合的一致性信息，并应在其网站上公布该信息。

2. 第1段中提及的信息应包含在金融市场参与者和财务顾问根据行业立法必须制定和维护的薪酬政策中，即欧盟委员会指令2009/65、欧盟委员会指令2009/138、欧盟委员会指令2011/61、欧盟委员会指令2013/36、欧盟委员会指令2014/65、欧盟委员会指令2016/97和欧盟委员会指令2016/2341。

**注释（6）** 条款6明确了金融市场参与者和财务顾问在合同前披露（Pre－Contractual Disclosure）中对可持续性风险整合的信息披露要求，该条款实际上针对金融参与者和财务顾问所提供的产品，因此是在金融产品层面的信息披露要求。例如，金融市场参与者可以在基金的募集说明书或私募备忘录（PPM）中进行相关信息披露。

**SFDR条款6　可持续性风险整合的透明度**

1. 金融市场参与者应在合同前披露中描述以下内容：

（a）将可持续风险纳入其投资决策的方式；

（b）可持续风险对其提供的金融产品回报可能产生的影响。如果金融市场参与者认为可持续性风险不相关，应当清晰、简明地说明理由。

2. 财务顾问应在合同前披露中包括以下描述：

（a）将可持续风险纳入其投资或保险建议的方式；

（b）可持续风险对他们所建议的金融产品回报的可能影响。如果财务顾问认为可持续性风险不相关，应当清晰、简明地说明理由。

**注释（7）** SFDR将可持续相关的金融产品分为宣传ESG特征的金融产品和以ESG为目标的金融产品。对于这两类产品，SFDR要求进一步解释投资行为如何迎合ESG特征或目标，以及披露指标与特征或目标的一致性。SFDR还对这两类产品的合同前披露、网站披露和定期报告披露要求进行了明确。同时，对于非ESG相关金融产品，SFDR要求其声明不考虑投资对可持续负面影响。

具体而言，条款7明确了在金融产品层面，对可持续性负面影响的信息披露要求。条款8针对宣传环境或社会特征的金融产品，对其合同前信息披露进行了规定。条款9针对以可持续投资为目标的金融产品，对其合同前信息披露进行了规定。条款10对宣传环境或社会特征的金融产品，以及以可持续投资为目标的金融产品的网站信息披露进行了规定。条款11对宣传环境或社会特征的金融产品，以及以可持续投资为目标的金融产品的定期报告信息披露进行了规定。

**SFDR 条款7　金融产品可持续性负面影响的透明度**

1. 到2022年12月30日，对于适用第4条第1款第（a）项或第4条第3款或第4款的金融市场参与者的每一种金融产品，第6条第3款提及的披露应包括以下内容：

（a）对金融产品是否以及如何考虑对可持续因素主要负面影响（PAI）进行清晰和合理的解释；

（b）关于对可持续因素主要负面影响的信息可在第11条第2款披露的信息中获得声明。

如果第11条第2款中的信息涉及对可持续因素主要负面影响的量化，该信息应符合第4条第6款和第7款采用的监管技术标准的规定。

2. 如果金融市场参与者适用第4条第1款（b）项，第6条第3款，所述的披露应包括对每个金融产品的金融市场参与者不考虑投资对可持续负面影响的声明及其原因。

**SFDR 条款8　在合同前披露中宣传环境或社会特征的透明度**

1. 如果金融产品宣传环境或社会特征，或为具有这些特征的组合产品，在投资的公司遵循良好治理实践的前提下，根据第6条第1款和第3款披露的信息应包括以下内容：

（a）关于如何满足这些（环境或社会）特征的信息；

（b）如果某指数被指定为参考基准，该指数是否以及如何与这些特征保持一致的信息。

2. 金融市场参与者应在根据第6条第1款和第3款披露的信息中指明在哪里可以找到本条第1款所述指数的计算方法。

3. 欧洲监管机构应通过联合委员会制定监管技术标准（RTS）草案，明确规定依据本条披露的信息的表述方式和内容。

欧洲监管机构在制定第一款所指的监管技术标准（RTS）草案时，应当考虑到金融产品的种类、特点和差异，以及披露准确、公正、清晰、不误导，简洁的目标。

欧洲监管机构应在2020年12月30日之前将第一段中提到的监管技术标准草案提交给委员会。

授权欧盟委员会通过上述监管技术标准来补充本法规，与欧盟条例1093/2010第10条至第14条、欧盟条例1094/2010和欧盟条例1095/2010一致。

**SFDR条款9　可持续投资合同前披露的透明度**

1. 金融产品以可持续投资为目标，并以相关指数为参考基准的，按照第6条第1款和第3款规定披露的信息应包括以下内容：

（a）关于该指数如何与该目标保持一致的信息；

（b）解释与该目标一致的指数为何以及如何不同于大盘指数。

2. 金融产品以可持续投资为目标且未指定指数为参考基准的，依据第6条第1款和第3款披露的信息，应当说明该目标的实现方式。

3. 金融产品以减少碳排放为目标的，按照第6条第1款和第3款的规定，披露的信息应当包括为实现《巴黎协定》长期全球气候变暖目标而制定的低碳排放敞口目标。

作为本条第2款的例外，如果没有使用符合欧盟条例2016/1011的欧盟气候过渡基准（EU Climate Transition Benchmark）或欧盟巴黎基准（EU Paris - aligned Benchmark），则第6条应包括详细解释如何确保实现《巴黎协定》的长期全球变暖目标而继续努力实现减少碳排放的目标。

4. 金融市场参与者应在根据第6条第1款和第3款披露的信息中，说明用于计算本条第1款所用指数的方法，以及本条第3款第2段所指基准的计算方法。

5. 欧洲监管机构应通过联合委员会制定监管技术标准草案，以规定根据本条披露的信息的表述和内容的细节。

在制定上述监管技术标准草案时，欧洲监管机构应当考虑第 1 款、第 2 款和第 3 款所指的各类金融产品，包括它们的目标以及它们之间的区别，以及披露准确、公正、清晰、不误导，简洁的目标。

欧洲监管机构应在 2020 年 12 月 30 日之前将监管技术标准草案提交给委员会。

**SFDR 条款 10　在网站上宣传环境或社会特征和可持续投资的透明度**

1. 金融市场参与者应在其网站上公布和维护第 8 条第 1 款和第 9 条第 1 款、第 2 款和第 3 款所述的每种金融产品的以下信息：

（a）对环境或社会特征或可持续投资目标的描述；

（b）有关用于评估、衡量和监测环境或社会特征或为金融产品选择的可持续投资的影响的方法的信息，包括其数据来源、基础资产的筛选标准和用于评估的相关可持续性指标衡量金融产品的环境或社会特征或整体可持续影响；

（c）第 8 条和第 9 条提及的信息；

（d）第 11 条所述的信息。

上述信息应当清晰、简洁、投资者容易理解。应以准确、公平、清晰、不误导、简单明了的方式在网站的显眼易访问区域发布。

2. 欧洲监管机构应通过联合委员会制定监管技术标准草案，以详细说明上述第 1 款（a）项和（b）项所指信息内容的细节，以及相关表述的具体要求。

欧洲监管机构制定上述监管技术标准草案时，应当考虑上述第 1 款所述各类金融产品、其特点和目标以及它们之间的差异。

欧洲监管机构应根据监管和技术发展情况更新监管技术标准。欧洲监管机构应在 2020 年 12 月 30 日之前将监管技术标准草案提交给欧盟委员会。

**SFDR条款11　定期报告中促进环境或社会特征和可持续投资的透明度**

当金融市场参与者提供第8条第1款或第9条第1款、第2款或第3款相关金融产品时，在定期报告中应包括对以下内容进行披露：

（a）对于第8条第1款所述的金融产品，其环境或社会特征的符合程度；

（b）对于第9条第1款、第2款或第3款所述的金融产品：

（i）通过相关可持续性指标，来衡量金融产品的整体可持续性相关影响；

（ii）如果某指数被指定为参考基准，则通过可持续性指标将金融产品的整体可持续性相关影响与指定指数和广泛市场指数的影响进行比较。

**注释（8）**　此外，SFDR条款12－20还对金融可持续信息的披露审查、营销传播、主管部门等进行了规定，详见原文。

**（二）SFDR技术监管标准（RTS）**

2021年2月4日，欧洲监管机构（ESA）向欧盟委员会提交了SFDR监管技术标准草案（Final Report on Draft Regulatory Technical Standards，以下简称SFDR监管技术标准），主要对SFDR标准下的信息披露内容、方法和表述要求进行了明确。SFDR监管技术标准旨在通过加强对投资决策相关的主要负面影响（PAI）以及各种金融产品的可持续特征的披露要求，改善面向投资者的环境、社会和治理（ESG）披露，从而达到保护投资者的目的。

目前，在不同的监管要求下，各类金融产品本身需要满足颗粒度和内容不同的披露要求。SFDR监管技术标准在可持续性方面对所有金融产品提出了统一的披露要求。这一系列规则为改进ESG报告和打击漂绿（greenwashing）提供了基础，有助于提升投资者对可持续产品的需求。

1. 实体层面的主要负面影响（PAI）披露

SFDR监管技术标准要求，投资决策对可持续性因素的主要负面影响应在实体网站上披露。披露应采取声明的形式，显示投资如何对相关指标产生不利影响。主要指标包括：

（1）气候和环境；

（2）社会和员工、尊重人权、反腐败和反贿赂。

SFDR 监管技术标准更新了主要不利影响的指标清单。对于少于 500 名员工的公司，实体级别的主要负面影响报告适用遵守或解释原则（comply or explain）。

2. 产品级别披露

SFDR 监管技术标准要求，金融产品的可持续性特征或目标，将在同一披露模板下，在合同前文件、定期披露文件和网站上，以单独附件的形式披露。具体包括：

（1）合同前信息披露，应包括具有环境或社会特征或具有可持续投资目标的相关产品，如何满足相关特征和目标的详细信息。

（2）实体网站信息披露，应包括金融产品的环境或社会特征，以及产品的可持续投资目标和所用方法。

（3）定期报告中的信息披露，应具体说明：①通过相关指标，描述金融产品满足环境或社会特征的程度；②具有可持续投资目标的产品，包括以减少碳排放为目标的产品。

（4）与“不严重损害”原则（do not significantly harm）相关的信息：详细说明可持续投资如何不会严重损害可持续投资目标。

## 三、企业可持续报告指令（CSRD）

2021 年 4 月，欧盟委员会发布《企业可持续报告指令》征求意见稿（*Corporate Sustainability Reporting Directive*，CSRD），替代 2014 年 10 月发布的《非财务报告指令》（*Non – Financial Reporting Directive*，NFRD）。CSRD 的目的是明确欧盟可持续发展报告的性质和范围，加速企业的可持续转型，并支持欧盟委员会引导投资用于可持续活动。CSRD 的披露主题包括环境事项（如气候变化和生物多样性）以及社会因素（如工作条件、平等、不歧视、多样性和包容性、人权以及承诺对人类和人类健康的影响），企业还需披露有关其业务战略以及商业模式对可持续事项相关风险的弹性的信息。

CSRD 对欧盟可持续信息披露产生多方面的影响。首先，CSRD 有助于标准化并简化公司的可持续发展报告。目前，许多公司面临使用各种不同的可持续发展报告标准和框架的压力。CSRD 旨在将其整合为一份 ESG 报告，以满足欧盟监管机构、投资者和其他利益相关者的需求。在与欧盟现有立法保持一致的前提下，CSRD 对企业可持续信息披露相关政策进行了修订，包括欧盟会计指令 2013/34 号（Accounting Directive 2013/34/EU）、欧盟委员会透明度指令 2004/109 号（Transparency Directive 2004/109/EC）、欧盟审计条例 537/2014 号（Audit Regulation）和欧盟委员会审计指令 2006/43 号（Audit Directive）。

其次，按照 CSRD 要求，企业可持续报告需要提供所有可持续因素的定性和定量数据，其中包括气候环境、生物多样性、工作条件、公司如何与社区进行合作以及人权等其他因素，CSRD 还要求公司披露高级管理人员、董事会如何组织管理企业的转型，以及如何整合内部和外部的利益相关方利益和期望。

最后，此前 NFRD 的信息披露规则主要适用于“公共利益实体”（Public Interest Entities），即上市公司、银行和保险公司，主要包括员工数超过 500 人的大型公司，在欧盟地区覆盖约 11000 家公司。与 NFRD 相比，CSRD 涉及的企业范围更大，覆盖所有大型企业，无论其是否上市，以及所有在欧盟监管市场上上市的企业（微型实体除外），也取消了 500 名员工的门槛。具体而言，CSRD 适用范围包括上市公司，以及所有满足下述 3 项标准中至少 2 项的大公司：

（1）超过 250 名员工；

（2）年收入超过 4000 万欧元；

（3）总资产超过 2000 万欧元。

任何符合该标准的欧盟公司都必须遵守 CSRD 规则，说明可持续发展如何影响其业务，以及公司对人类和环境的影响。根据欧盟委员会数据，CSRD

规则约覆盖 49000 家公司，占欧盟公司总营业额的 75%。

欧洲财务报告咨询小组（EFRAG）的目标是在 2022 年中期之前发布第一套标准草案，如获立法通过，企业将在 2024 年发布 2023 财年的可持续信息披露报告。

**表 2-2 CSRD 生效时间表**

| 时间 | 进程 |
| --- | --- |
| 2022 年 6 月 | 欧洲财务报告咨询小组（EFRAG）向欧盟委员会提交报告标准草案 |
| 2022 年 10 月 | 欧盟委员会通过了第一套可持续发展报告和披露标准 |
| 2022 年 11 月或 12 月 | 欧盟成员国将欧盟指令纳入国家法律 |
| 2023 年 | 企业可持续发展信息披露指令（CSRD）生效，企业将需要跟踪其 2023 年 ESG 战略、风险和绩效，以准备其 CSRD 报告 |
| 2024 年 | 符合条件的企业将需要根据其 2023 财年的第一套可持续发展报告标准披露 CSRD 报告 |
| 2027 年 | 欧盟中小企业（SME）将需要使用专为小型企业设计的后续简化报告系统开始自己的 CSRD 报告 |

1. 对欧盟企业会计、审计和透明度立法的修订

CSRD 延续了欧盟在会计、审计和透明度方面的立法要求，并通过在现有立法中增加或修订可持续相关内容，来完善企业可持续信息披露的标准。具体来说，CSRD 对四项现有立法进行了修改：（1）修改欧盟会计指令 2013/34 号（Accounting Directive 2013/34/EU），对一些现有的规定进行了修改，并增加关于可持续发展报告的新规定；（2）修改欧盟审计指令 2006/43 号（Audit Directive）和欧盟审计条例 537/2014 号（Audit Regulation），以涵盖对可持续信息的审计；（3）修订欧盟委员会透明度指令 2004/109 号（Transparency Directive 2004/109/EC），将可持续报告要求的范围进一步扩大，并明确公司对可持续发展报告的监管制度。

2. 对 NFRD 的拓展和丰富

与 NFRD 相比，CRSD 规则更详细地规定了实体应报告的非财务信息，包

括：双重重要性原则（Double Materiality）；为利益相关者选择实质性主题的过程；披露与无形资产（社会、人力和智力资本）相关的信息；报告符合可 SFDR 和《欧盟分类法规》相关要求；更多前瞻性信息（包括目标和进展，例如，企业将被要求披露其可持续发展目标及其制订的过渡计划，以确保其业务模式和战略与《巴黎协定》将全球变暖限制在 1.5℃ 等目标兼容）。

3. 在管理报告中披露可持续信息

CSRD 要求受约束的公司必须将非财务披露纳入管理报告（Management Report）。对于公司而言，不能单独发布管理报告，而是要将可持续信息整合到管理报告之中，在时间上则需要将可持续发展报告的准备时间提前到发布管理报告之前。此外，公司还应以单一电子报告格式准备其报告，并进行数字标记。同时，CSRD 披露的强制性将提高整个欧洲可持续性指标的覆盖率（NFRD 下由成员国自行决定可持续披露的强制性）。不仅如此，公司行政、管理和监督机构将被要求承担可持续发展报告的集体责任。这是管理层第一次被要求以明确的书面形式向外界表明它承担了这一责任。

4. 双重重要性

CSRD 要求报告实体按照双重重要性的原则披露可持续信息，即（1）可持续性因素如何影响实体，（2）实体自身对社会和环境的影响。过去公司侧重于披露可持续因素对公司影响（主要是财务影响），CSRD 生效后，公司还需要向外部披露公司运营对可持续因素的影响。

对于双重重要性的影响，有市场观点认为，双重重要性是对企业“社会责任”这一概念的扩展和补充。此外，也有研究认为，CSRD 给出了双重重要性的基本概念，但其内涵还需要进一步明确，包括披露内容、选择标准、衡量方法等，都需要进一步说明或提供相应的标准。

5. 有限鉴证

为提高可持续信息的可靠性，CSRD 首次对管理报告的可持续性部分提出了审计要求，公司将被要求对其报告的可持续信息寻求有限鉴证。一般而言，企业将由法定审计机构对可持续性信息提供有限鉴证，个别成员国可以选择允许其他独立鉴证服务提供商（IASP）或非法定审计机构提供鉴证。此外，欧盟委员会还计划在 2028 年 10 月之前通过相关法律，要求企业提供更高级别的合理鉴证。

6. 绿色财务指标

《欧盟分类法规》对环境可持续活动进行了分类，这使得投资者和其他利益相关者能够以更精确的定义来识别可持续经济活动，在 CSRD 下，公司必须根据《欧盟分类法规》披露其绿色财务指标，以披露其哪些活动是可持续的。

**注释（1）** CSRD① 条款 1 阐述了双重重要性原则，即公司应披露可持续性问题如何影响它们，以及它们对人类和环境的影响。同时，该部分更详细地规定了公司应披露的可持续信息。与原有规定相比，它引入了新的要求，要求公司提供在可持续领域有关其战略、目标、董事会和管理层的作用、与公司及其价值链、无形资产相关的主要不利影响的信息。

CSRD 条款 1：对欧盟会计指令 2013/34 号的修订，第 3 段、原条款 19a 替换为 19a. 可持续发展报告。

**19a. 可持续发展报告**

1. 大型企业和自 2026 年 1 月 1 日起属于第 2 条第（1）款（a）项所述企业的中小型企业，应在管理报告中披露企业影响可持续发展事项的信息，以及披露可持续发展事项如何影响企业发展、绩效和地位相关信息。

2. 第 1 款所述信息应特别包含：

（a）对企业商业模式和战略的简要描述，包括：

（i）企业商业模式和战略对与可持续发展事项相关的风险的复原力；

（ii）与可持续发展相关的企业的机会；

（iii）企业的计划，以确保其商业模式和战略与向可持续经济的过渡以及根据《巴黎协定》将全球变暖限制在 1.5℃相兼容；

① 本书引用欧盟委员会 2021 年 4 月发布的《企业可持续报告指令》（*Corporate Sustainability Reporting Directive*），网址为 https://eur-lex.europa.eu/legal-content/EN/TXT/?uri=CELEX%3A52021PC0189&qid=1665293828267。中文版本仅供参考，中文版本与英文版本如有出入，以英文版本为准。

(iv) 企业的商业模式和战略如何考虑企业利益相关者的利益以及企业对可持续发展事项的影响；

(v) 企业在可持续发展方面的战略是如何实施的；

(b) 描述企业制定的与可持续事项相关的目标以及企业在实现这些目标方面取得的进展；

(c) 说明行政、管理和监督机构在可持续事项方面的作用；

(d) 企业与可持续相关的政策描述；

(e) 描述下列内容：

(i) 就可持续事项实施的尽职调查程序；

(ii) 与企业价值链相关的主要实际或潜在不利影响，包括自身的运营、产品和服务、业务关系和供应链；

(iii) 为防止、减轻或补救实际或潜在的不利影响而采取的任何行动及其结果；

(f) 对企业与可持续事项相关的主要风险的描述，包括企业与此类事项的主要相关性，以及企业如何管理这些风险；

(g) 上述事项 (a) 至事项 (f) 点披露相关的指标。

企业还应披露无形资产信息，包括智力、人力、社会和关系资本的信息。

企业应报告为识别其根据第 1 点中的信息的操作过程，并在此过程中应考虑短期、中期和长期范围。

3. 第 1 款和第 2 款所包含信息应包括前瞻性和回顾性信息，以及定性和定量信息。

在适当的情况下，第 1 款和第 2 款提及的信息应包含有关企业价值链的信息，包括企业自身的运营、产品和服务、业务关系和供应链。

在适当的情况下，第 1 款和第 2 款所述信息还应包含对根据第 19 条的管理报告中包含的其他信息和年度财务报表中报告的信息的引用和补充说明。

成员国可以允许在特殊情况下省略与即将发生的事态发展或谈判过程中的事项有关的信息，即行政、管理和监督机构的成员在国家赋予他们的权限范围内采取适当的合理意见，披露此类信息将严重损害企业的商业地位，前提是此类遗漏不会妨碍对企业的发展、业绩、地位及其影响的公平和平衡的理解。

4. 组织应按照第 19b 条所述的可持续发展报告标准报告第 1 款至第 3 款所述的信息。

5. 作为对第 19a 条第 1 款至第 4 款的减损，第 2 条第 1 款（a）项所述的中小型企业可以按照第 19c 条所述的中小型企业可持续发展报告标准进行报告。

6. 符合第 1 款至第 4 款要求的企业，应视为符合第 19 条第 1 款第 3 项的要求。

7. 属于附属企业的企业，如果该企业及其附属企业包含在根据第 29 条和第 29a 条编制的母企业的合并管理报告中，则该企业应免除第 1 款至第 4 款规定的义务。在第三国设立的母企业的附属企业，如果该企业及其附属企业被纳入该母企业的合并管理报告，则该企业也应免除第 1 款至第 4 款规定的义务。

第 1 款所指的母企业的并表管理报告应根据第 30 条，以免除第 1 款至第 4 款规定义务的企业所在成员国的法律规定的方式公布。

豁免第 1 款至第 4 款规定义务的企业所在的成员国，可以要求本款第 1 小段中提及的合并管理报告以成员国的官方语言或使用国际金融领域惯用的语言，并且这些语言的翻译都应经过认证。

免除第 1 款至第 4 款规定义务的经营者的管理报告应包含以下全部信息：

（a）根据第 29 条和第 29a 条在集团层面报告信息的母企业的名称和注册办事处，或根据第 23 条第 4 款采取的实施措施，或以可能被视为等效的方式报告信息的母企业的名称和注册办事处，指令 2004/109/EC 的第（i）点，以第 19b 条中提及的可持续性报告标准所要求的方式；

（b）企业免除本条第1款至第4款规定的义务的事实。

CSRD条款1：对欧盟会计指令2013/34号的修订，第4段，插入以下19b、19c和19d。

**19b. 可持续发展报告标准**

1. 欧盟委员会应根据第49条通过授权来规定可持续报告标准。这些可持续报告标准应明确企业应根据第19a条和第29a条报告的信息，并在相关时明确报告信息的结构。尤其是：

（a）到2022年10月31日，欧盟委员会应通过授权法案，明确企业应根据第19a条第1款和第2款报告的信息，并至少明确与欧盟条例2019/2088号规定的金融市场参与者的披露需求相对应的义务。

（b）到2023年10月31日，欧盟委员会应通过授权法案，具体说明：

（i）企业应在必要时就第19a条（2）项所列的可持续事项和报告领域报告的补充信息；

（ii）企业应报告的特定于其经营所在行业的信息。

欧盟委员会应在其申请日期后至少每三年审查一次根据本条通过的任何授权法案，同时考虑欧洲财务报告咨询小组（EFRAG）的技术建议，并在必要时修改此类授权法案，包括国际标准的发展。

2. 第1款所指的可持续报告准则应当要求所报告的信息具有可理解性、相关性、代表性、可验证性、可比性和真实性。

可持续发展报告标准应考虑特定标准的主题：

（a）明确企业应披露的环境因素的信息，包括以下信息：

（i）减缓气候变化；

（ii）气候变化适应；

（iii）水和海洋资源；

（iv）资源利用和循环经济；

（v）污染；

（vi）生物多样性和生态系统。

（b）明确企业应披露的社会因素的信息，包括以下信息：

（i）人人机会平等，包括性别平等和同工同酬、培训和技能发展以及残疾人的就业和包容；

（ii）工作条件，包括安全和适应性强的就业、工资、社会对话、集体谈判和工人的参与、工作与生活的平衡以及健康、安全和适应良好的工作环境；

（iii）尊重《国际人权法案》和其他联合国核心人权公约、国际劳工组织的《工作中基本原则和权利宣言》以及国际劳工组织基本公约中确立的人权、基本自由、民主原则和标准，以及欧盟基本权利宪章。

（c）明确企业应披露的治理因素的信息，包括以下信息：

（i）企业的行政、管理和监督机构的作用，包括在可持续事项方面的作用及其组成；

（ii）商业道德和企业文化，包括反腐败和反贿赂；

（iii）企业的政治参与，包括游说活动；

（iv）与商业伙伴关系的管理和质量，包括支付方式；

（v）企业的内部控制和风险管理系统，包括与企业报告流程相关的系统。

3. 在根据第1款通过授权行为时，欧盟委员会应考虑：

（a）可持续报告全球标准制定倡议的工作，以及自然资本核算（Natural Capital Accounting）、负责任的商业行为、企业社会责任和可持续发展的现有标准和框架；

（b）金融市场参与者需要遵守欧盟条例2019/2088号规定的披露义务以及根据该法规通过的授权法案所需的信息；

（c）根据欧盟条例2020/852号通过的授权法案中规定的标准；

（d）在基准声明和基准方法中适用于基准管理的披露要求，包括构建欧盟气候过渡基准（EU Climate Transition Benchmarks）和欧盟巴黎对齐基准（EU Paris-aligned Benchmarks）的最低标准、欧盟条例2020/1816号、欧盟条例2020/1817号和欧盟条例2020/1818号；

> (e) 根据欧盟条例575/2013号第434a条通过的实施法案中规定的披露；
>
> (f) 欧盟建议2013/179号；
>
> (g) 欧盟委员会指令2003/87号；
>
> (h) 欧盟委员会条例1221/2009号。

**注释（2）** CSRD将披露范围扩大到包括上市的中小企业（SMEs），不包括上市的微型企业（micro - enterprises）。从保护投资者的角度来看，投资者能够从上市公司获得充分的可持续信息。此外，如果上市中小企业不报告可持续发展信息，则可能面临被排除在投资组合之外的风险，并且随着可持续性信息在整个金融系统中变得越来越重要，这种风险将会进一步增加。因此CSRD范围的扩大有助于中小企业融入可持续金融系统并获得融资。

> **19c. 中小企业可持续发展报告标准**
>
> 欧盟委员会应根据第49条制定授权法案，以规定与中小型企业的能力和特征相称的可持续性报告标准。可持续发展报告标准应明确第19a条和第29a条第2条第1款（a）点中提及的中小企业应报告的信息。它们应考虑第19b条第2款和第3款中规定的标准。它们还应在相关时制定报告该信息的结构。
>
> 欧盟委员会最迟应在2023年10月31日之前通过上述授权法案。

**注释（3）** CSRD要求可持续报告以电子格式提交，即根据欧洲单一电子格式（European Single Electronic Format，ESEF）规定以XHTML格式提交，并进行电子标记。具体可参考ESEF监管技术标准（regulatory technical standards on the specification of a single electronic reporting format）。

公司可持续报告的数字化是欧盟数字金融战略的一部分，可以加强金融部门对数据的访问和数据的再利用。可持续发展信息的数字化程度的进一步提高，将降低公司的报告成本，并优化投资者和其他利益相关者对可持续信息的比较和使用。

**19d. 单一电子报告格式**

1. 受第 19a 条约束的企业应根据欧盟委员会授权条例 2019/815 号第 3 条，以单一电子报告格式（Single electronic reporting format）编制其财务报表和管理报告，并应根据该授权条例，标明根据欧盟条例 2020/852 号第 8 条规定的披露。

2. 受第 29a 条约束的企业应根据欧盟委员会授权条例 2019/815 号第 3 条，以单一电子报告格式（Single electronic reporting format）编制其合并财务报表和合并管理报告，并应根据该授权条例，标明根据欧盟条例 2020/852 号第 8 条规定的披露。

**注释（4）** CSRD 对报告的可持续性部分提出了鉴证（Assurance）要求。为了提高可持续发展报告的可靠性，公司将被要求对其报告的可持续信息提供鉴证。并且可能会在下一阶段转向合理的鉴证要求。CSRD 规则首次在可持续性信息披露中引入欧盟范围内的一般审计（鉴证）要求，来提高可持续信息的准确性和可靠性。企业将被要求从审查数据的中立、可信和有经验的第三方处获得对其披露的可持续信息的“有限”保证。

CSRD 规则采取了一种渐进式的要求，即从“有限”（limited）鉴证要求开始，这与“合理”（reasonable）鉴证要求相比，要求相对较低。“有限”鉴证要求对公司来说成本较低，并且更符合当前审计（鉴证）服务市场的能力和技术能力。在缺乏可持续性鉴证标准的情况下，现阶段很难对可持续性报告进行合理鉴证要求。

CSRD 规则允许成员国向“独立鉴证服务提供商”开放可持续性保证服务市场。这意味着成员国可以选择财务审计公司以外的公司来对可持续性信息进行鉴证。

CSRD 条款 3：对欧盟委员会审计指令 2006/43 号（Audit Directive）的修订，第 12 条段，插入以下 26a：

**26a. 可持续发展报告的鉴证标准**

1. 成员国应要求法定审计师和审计公司按照欧盟委员会根据第 2 款通过的鉴证标准对可持续报告进行鉴证。

只要欧盟委员会尚未采用涵盖同一主题的鉴证标准，成员国应适用国家鉴证标准、程序或要求。

成员国应在鉴证程序或要求生效前至少三个月向欧盟委员会传达鉴证程序或要求。

2. 欧盟委员会应有权根据第 48a 条通过授权行为采用第 1 段中提到的鉴证标准，以规定审计师应执行的程序以得出可持续性报告鉴证结论，包括业务规划、风险考虑和对风险的反应以及审计报告中要包含的结论类型。

欧盟委员会只能在以下情况采用鉴证标准：

（a）以适当的正当程序、公众监督和透明度制定；

（b）为年度或综合可持续报告提供高水平的可信度和质量；

（c）有利于欧盟的公共利益。

3. 当欧盟委员会采用合理鉴证标准时，欧盟指令 2013/34 号第 34（1）条第二小段（aa）点中提及的意见应基于合理鉴证约定。

## 四、欧盟可持续分类法规（EU Taxonomy）

### （一）欧盟可持续分类法规（EU Taxonomy）

1. 欧盟可持续分类法规（EU Taxonomy）发展背景

2016 年 10 月 5 日，根据联合国气候变化框架公约通过的《巴黎协定》获得欧盟批准。《巴黎协定》第 2 条第 1 款 c 项要求通过使资金流动与实现温室气体低排放和气候适应型发展等途径相一致，从而加强对气候变化的响应。在此背景下，2016 年 12 月，欧盟委员会授权高级别专家组（High – Level Expert Group），制定关于可持续金融的总体和全面的欧盟战略。2018 年 1 月 31 日，高级别专家组发布报告，呼吁在欧盟层面建立一个技术上稳健的分类系统，以明确哪些活动符合“绿色”或“可持续”的条件，包括减缓气候变化。

2018 年 3 月 8 日，欧盟委员会发布了可持续增长融资行动计划（action plan on financing sustainable growth），旨在将资本流动重新导向可持续投资，以实现可持续和包容性增长。其中，建立统一的可持续活动分类体系是行动计划中最重要、最紧迫的行动之一。因为，对为环境目标作出贡献的活动提供明确指导，有助于对活动的环境可持续性建立共识，并引导资金进入环境可持续经济活动。

2020 年 6 月 22 日，《欧盟分类法规》［*EU Taxonomy*，（EU）2020/852］在欧盟官方公报上发布，并于 2020 年 7 月 12 日生效。《欧盟分类法规》的目的是支持欧盟经济转型，实现欧洲绿色协议目标，包括 2030 年 55% 减排目标，2050 年气候中和目标等。目前，《欧盟分类法规》已经涵盖了九个行业部门的相关定义，并且还将逐年继续发展。《欧盟分类法规》的直接影响在于投资者将会要求公司向他们提供越来越多的信息，这些信息不仅仅包括财务信息，还包括非财务的信息。

《欧盟分类法规》建立了确定一项经济活动是否符合环境可持续性的总体框架。在此基础上，《欧盟分类气候授权法案》作为《欧盟分类法规》的二级法，为气候环境目标定义技术筛选标准，从而得出有助于减缓气候变化和适应气候变化可持续活动的实际清单。《欧盟分类法规条款 8 授权法案》进一步明确了《欧盟分类条例》第 8 条规定的披露义务。

2. 《欧盟分类法规》（EU Taxonomy）内容

《欧盟分类法规》（EU Taxonomy）是一种分类工具，用于明确哪些活动符合“绿色”或“可持续”的条件。《欧盟分类法规》可以为公司、资本市场和监管机构提供清晰的可持续经济活动定义。同时，《欧盟分类法规》也是一种筛选工具，可以推动资金投向可持续经济活动领域。

1. 六项环境目标

《欧盟分类法规》的核心是定义可持续经济活动，该经济活动既要为分类中列出的六项环境目标（见图 2－1）中的至少一项作出贡献，又要在遵守最低限度的社会保障和符合技术筛选标准的同时，不对任何其他目标造成重大损害。《欧盟分类法规》要求的六项环境目标包括减缓气候变化、适应气候变化、可持续利用和保护水和海洋资源、向循环经济过渡、污染预防和控制、保护和恢复生物多样性和生态系统。

**图 2-1　《欧盟分类法规》(EU Taxonomy) 六项环境目标**

在气候领域，主要环境目标包括减缓气候变化和适应气候变化。《欧盟分类法规》对减缓气候变化和适应气候变化两个环境目标进行了阐述。

符合减缓气候变化环境目标的经济活动，应通过避免或减少温室气体排放，或通过增加温室气体清除，来明显推动稳定温室气体排放。经济活动应符合《巴黎协定》的长期温度目标。该环境目标应根据相关的欧盟法律进行解释，包括欧盟委员会指令 2009/31。

符合适应气候变化环境目标的经济活动，应极大（substantially）有助于减少或防止当前或预期未来气候的不利影响，或此类不利影响带来的风险，无论是对该活动本身还是对人、自然或资产。该环境目标应符合相关的欧盟法律和 2015—2030 年仙台减少灾害风险框架（Sendai Framework for Disaster Risk Reduction 2015—2030）。

2. 经济活动必须满足四个条件

《欧盟分类法规》规定经济活动必须满足下列四个条件（见图 2-2），才能被确认为符合分类标准：（1）为至少一项环境目标作出重大贡献；（2）对任何其他环境目标没有重大损害；（3）遵守最低限度的社会保障；（4）符合技术筛选标准。

上述（4）技术筛选标准（Technical Screening Criteria，TSC），是指对可

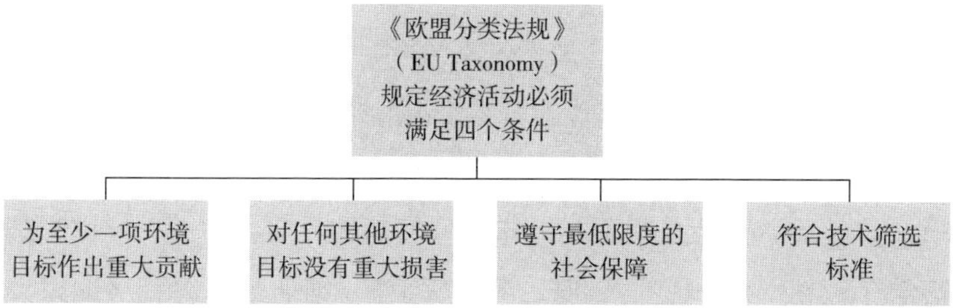


**图2－2　《欧盟分类法规》（EU Taxonomy）规定经济活动必须满足四个条件**

持续发展目标有重大贡献的活动的具体要求和阈值。这些技术筛选标准由欧盟专家组（EU Technical Expert Group）负责制定，并通过授权法案（Delegated Acts，DAs）等二级立法的形式公布。

3. 赋能活动和转型活动

《欧盟分类法规》将符合定义的活动分为两个类别，包括赋能活动（enabling activities）和转型活动（transitional activities）。其中对赋能活动要求较为严格，《欧盟分类法规》第16条规定，赋能活动需对六个环境目标中的一个或多个作出重大贡献，并满足：（1）在生命周期内不会造成对长期环境目标有负面影响的资产锁定；（2）在生命周期内对具有重大的积极环境影响。

对转型活动的要求则相对缓和，需满足温室气体排放水平与该部门或行业的最佳表现（best performance）相对应，不妨碍低碳替代品的开发和部署，在资产的生命周期中，不会导致碳密集型资产锁定等要求。这样的好处是可以将一些原本不被认为是可持续的活动纳入可持续发展的总体目标。

4. 对金融市场参与者、大型公共利益实体和金融产品的披露要求

《欧盟分类法规》对在欧盟提供金融产品的金融市场参与者和大型公共利益实体（Large Public Interest Entities）提出了强制性要求。对于提供金融产品的金融市场参与者，如果相关金融产品有助于实现六项环境目标之一，主体必须披露：（1）相关投资有助于实现的环境目标的详细信息；（2）对潜在投资在可持续经济活动中的程度的描述。没有可持续投资目标的金融产品必须在合同前和定期报告披露中作出负面披露声明。大型公共利益实体将被要求在非财务报

表中披露其活动是否以及在多大程度上是环境可持续的，包括其营业额、资本支出和运营支出与《欧盟分类法规》定义的可持续经济活动相关的比例（详见本章第四部分第（三）小节：《欧盟分类法规》条款8授权法案）。

对于绿色债券等金融产品，《欧洲绿色债券条例》（*European Green Bond Regulation*）使用《欧盟分类法规》作为分类基准，债券发行人应说明其融资项目符合《欧盟分类法规》，同时，募集资金需100%投入符合《欧盟分类法规》的可持续活动。

在金融产品销售方面，欧盟在制定零售金融产品生态标签（EU Ecolabel）的过程中，也采用了《欧盟分类法规》的分类方法，并制定了符合分类标准定义的环境可持续经济活动最低投资门槛。

**注释（1）** 《欧盟分类法规》① 涉及减缓气候变化等六个环境目标，鉴于相关性，本文对其中气候相关条款进行解析，包括缓解气候变化和适应气候变化两大类。

**注释（2）** 在《欧盟分类法规》框架内，要求金融从业者，尤其是投资者，在面向市场发行绿色或者社会金融产品（例如，绿色债券、社会债券）的时候，要审视自己投资组合中的公司的经济活动，对包括气候减缓、气候适应、循环经济、生物多样性等目标的影响或贡献。《欧盟分类法规》条款1明确了主旨和适用范围。

**《欧盟分类法规》条款1　主旨和适用范围**

1. 本法规规定了确定一项经济活动是否符合环境可持续性的标准，以便确定投资在环境上的可持续性程度。

2. 本条例适用于：

（a）欧盟成员国或欧盟对提供环境可持续金融产品的金融市场参与者或环境可持续债券的发行人的要求；

① 本书引用欧盟委员会2020年6月发布的《欧盟分类法规》（EU Taxonomy），网址为https：//eur－lex. europa. eu/legal－content/EN/TXT/？uri＝CELEX：32020R0852。中文版本仅供参考，中文版本与英文版本如有出入，以英文版本为准。

（b）提供金融产品的金融市场参与者；

（c）根据欧盟指令 2013/34 号第 19a 条或第 29a 条，分别有义务发布非财务报表或综合非财务报表的企业。

**注释（3）**　《欧盟分类法规》第 2 条第 5 款、第 6 款和第 7 款对“缓解气候变化”（climate change mitigation）“气候变化适应”（climate change adaptation）和“温室气体”（greenhouse gas）等概念进行了定义。

**《欧盟分类法规》条款 2　定义**

（5）“减缓气候变化”是指按照《巴黎协定》规定，将全球平均气温较工业化前水平的上升幅度控制在远低于 2℃，并努力将其限制在低于 1.5℃的过程；

（6）“气候变化适应”是指根据实际和预期的气候变化及其影响进行调整的过程；

（7）“温室气体”是指欧盟条例 525/2013 号附件 I 中列出的温室气体。

**注释（4）**　《欧盟分类法规》第 8 条对根据《非财务报告指令》（NFRD）要求在其管理报告中披露非财务报表的实体规定了披露义务。范围内实体包括符合要求的金融企业（资产管理公司、信贷机构、投资公司、保险企业或再保险企业）和非金融企业。披露义务要求范围内实体在其非财务报表或合并的非财务报表中，披露有关其活动如何以及在何种程度上与符合分类标准的经济活动相关的信息。

根据《欧盟分类法规》第 8 条第 1 款，根据《非财务报告指令》（NFRD）要求发布非财务信息的大型企业（“相关企业”）应向公众披露信息，说明他们的活动如何、以何种方式以及在多大程度上与环境可持续的经济活动相关联。其他公司（例如，中小企业、非欧盟公司）可能出于获得可持续融资的目的或出于其他与业务相关的原因而决定自愿披露此信息。

第 8 条第 2 款规定了非金融企业必须披露的与营业额、资本支出（CapEx）和运营支出（OpEx）相关的关键绩效指标（KPI）。它没有为金融企业指定同等指标，包括大型银行、资产管理公司、投资公司和保险/再保险企业。

此后，2021 年 12 月 10 日，欧盟委员会发布了《欧盟分类条例第 8 条授权条例》（*The Article 8 Delegated Act*），新的授权条例详细规定了非金融和金融企业在根据《分类条例》第 8 条进行披露时使用的关键绩效指标（KPI）。

**《欧盟分类法规》条款 8　非财务报表中承诺的透明度**

1. 根据欧盟指令 2013/34 号第 19a 条或第 29a 条有义务发布非财务信息的规定，应在其非财务报表或综合非财务报表中包含有关如何以及以何种方式发布非财务信息的信息。根据本法规第 3 条和第 9 条，企业的活动与符合环境可持续性的经济活动有关。

2. 非金融企业尤其应披露以下内容：

（a）根据第 3 条和第 9 条，其营业额来自与符合环境可持续性的经济活动相关的产品或服务的比例；

（b）根据第 3 条和第 9 条，与经济活动相关的资产或流程相关的资本支出比例和运营支出比例。

3. 如果企业根据欧盟指令 2013/34 号第 19a 条或第 29a 条，在根据该指令第 19a（4）条或第 29a（4）条的单独报告中公布非财务信息，则本条第 1 款和第 2 款所提及的信息应在该单独报告中公布。

4. 欧盟委员会应根据第 23 条通过一项授权法案来补充本条第 1 款和第 2 款，以指定根据这些款披露的信息的内容和呈现方式，包括为遵守而使用的方法，考虑到金融和非金融企业的特殊性以及根据本条例制定的技术筛选标准。欧盟委员会应在 2021 年 6 月 1 日之前通过该授权法案。

**注释（5）**　《欧盟分类法规》列出六项欧盟环境目标：减缓气候变化；适应气候变化；可持续利用和保护水和海洋资源；向循环经济过渡；污染预防和控制；保护和恢复生物多样性和生态系统。本书重点关注前两项与气候相关的欧盟环境目标，即减缓气候变化和适应气候变化。

《欧盟分类法规》第 10 条对符合“对减缓气候变化有重大贡献”的活动进行了定义。其中，符合定义的活动分为两个类别，包括主动类和过渡类

（或称为转型类）。其中对过渡类行动的要求相对缓和，这样的好处是可以将一些原本不被认为是可持续的活动纳入可持续发展的总体目标。第 11 条对符合“对适应气候变化有重大贡献”的活动进行了定义。

**《欧盟分类法规》条款 10　对减缓气候变化有重大贡献**

1. 一项经济活动符合“对减缓气候变化有重大贡献”的定义，如果该活动通过避免或减少温室气体排放或增加温室气体清除，有助于将大气中的温室气体浓度稳定在一个水平，以防止对气候系统造成危险的人为干扰，并与《巴黎协定》的长期气温目标相一致，具体包括工艺创新或产品创新如下：

（a）根据欧盟指令 2018/2001 号生产、传输、存储、分配或使用可再生能源，包括通过使用具有显著未来节约潜力的创新技术或通过对电网进行必要的加强或扩展；

（b）提高能源效率，但第 19 条第 3 款所述的发电活动除外；

（c）增加清洁或气候中和交通；

（d）改用可持续来源的可再生材料；

（e）增加对环境安全的碳捕获和利用（CCU）以及碳捕获和储存（CCS）技术的使用，从而实现温室气体排放的净减少；

（f）加强土地碳汇，包括通过避免毁林和森林退化、森林恢复、农田、草地和湿地的可持续管理和恢复、植树造林和再生农业；

（g）建立实现能源系统脱碳所需的能源基础设施；

（h）通过可再生或碳中和原料来源生产清洁高效燃料；

（i）根据第 16 条符合本款（a）项至（h）项所列的任何活动。

2. 就第 1 款而言，对于在技术和经济上没有可行的低碳替代方案的经济活动，为符合“对减缓气候变化有重大贡献”的定义，需支持向气候中和经济过渡（转型），将温度升高限制在高于工业化前 1.5℃以下水平，包括逐步淘汰温室气体排放，特别是固体化石燃料的排放，并且该活动：

（a）温室气体排放水平与该部门或行业的最佳表现（best performance）相对应；

（b）不妨碍低碳替代品的开发和部署；

（c）在资产的生命周期中，不会导致碳密集型资产锁定。（“碳锁定”一般是指某些碳密集型技术系统随着时间的推移而持续存在的趋势，“锁定”低碳替代品，并且由于相关的技术、经济和制度因素的结合，这些技术的建造成本可能很高，但运营成本相对较低，并且随着时间的推移，它们会强化政治、市场和社会因素，从而难以摆脱或“解锁”它们。）

欧盟委员会应评估所有相关现有技术的潜在贡献和可行性，为本款和第19条建立技术筛选标准。

3. 欧盟委员会应根据第23条制定授权法案：

（a）通过建立技术筛选标准来补充本条第1款和第2款，以确定特定经济活动符合“对减缓气候变化有重大贡献”的条件；

（b）对第17条进行补充，为每个相关的环境目标制定技术筛选标准，以确定根据本款（a）项建立技术筛选标准的经济活动是否对其中一个或多个目标造成重大损害。

4. 在通过本条第3款提及的授权法案之前，欧盟委员会应就本条第3款提及的技术筛选标准咨询第20条提及的平台意见。

5. 欧盟委员会应在授权法案中制定本条第3款所述的技术筛选标准，并满足第19条的要求。

6. 欧盟委员会应在2020年12月31日之前通过第3段所述的授权法案，以确保其自2022年1月1日起实施。

**《欧盟分类法规》条款11　对适应气候变化有重大贡献**

1. 一项经济活动符合对气候变化适应有重大贡献的条件，如果该活动：

（a）包括大幅降低当前和预期未来气候对该经济活动的不利影响风险，或大幅降低不利影响而不增加对人、自然或资产造成不利影响的风险的气候适应解决方案（adaptation solutions）；

（b）提供气候适应解决方案，除了满足第16条规定的条件外，还有助于防止或降低当前和预期未来气候对人、自然或资产造成不利影响的风险，而不会增加对他人、自然或资产的不利影响。

2. 第 1 段（a）项提及的气候适应解决方案应使用现有的最佳气候预测，按优先顺序进行评估和排序，并应至少防止或减少：

（a）气候变化对特定地点和特定环境经济活动的不利影响；

（b）气候变化对经济活动所在环境的潜在不利影响。

3. 欧盟委员会应根据第 23 条通过授权法案：

（a）通过建立技术筛选标准来补充本条第 1 款和第 2 款，以确定特定经济活动满足“对适应气候变化有重大贡献”的条件；

（b）对第 17 条进行补充，为每个相关的环境目标制定技术筛选标准，以确定根据本款（a）项建立技术筛选标准的经济活动是否对其中一个或多个目标造成重大损害。

4. 在通过本条第 3 款提及的授权法案之前，欧盟委员会应就本条第 3 款提及的技术筛选标准咨询第 20 条提及的平台意见。

5. 欧盟委员会应在授权法案中制定本条第 3 款所述的技术筛选标准，并满足第 19 条的要求。

6. 欧盟委员会应在 2020 年 12 月 31 日之前通过第 3 段所述的授权法案，以确保其自 2022 年 1 月 1 日起实施。

**注释（6）**　“不造成重大损害”（DNSH），是指符合六个欧盟环境目标中的一个或多个目标的可持续活动，不会对任何其他分类目标造成重大损害。对于每项活动，都可以通过制定阈值来对“不造成重大损害”进行定义。《欧盟分类法规》第 17 条，对环境目标有重大损害（Significant harm）的经济活动进行了阐述。在 SFDR 中，也采用了（对环境目标）不造成重大损害（Do No Significant Harm，DNSH）的要求。

**《欧盟分类法规》条款 17　对环境目标的重大损害**

1. 就第 3 条（b）项而言，考虑经济活动提供的产品和服务的生命周期，包括来自现有生命周期评估的证据，下述经济活动应被视为对环境目标有重大损害：

(a) 减缓气候变化方面，该活动导致大量温室气体排放；

(b) 气候变化适应方面，该活动导致当前气候和预期的未来气候对活动本身或对人、自然或资产的不利影响增加；

(c) 水和海洋资源的可持续利用和保护方面，如果该活动对下述内容有害：

(i) 水体（包括地表水和地下水）的良好状况或良好的生态潜力；

(ii) 海洋水域良好环境状况；

(d) 循环经济方面，包括废物预防和回收利用，其中：

(i) 该活动导致材料使用或直接或间接使用自然资源（如不可再生能源、原材料、水和土地）在产品生命周期的一个或多个阶段的效率显著低下，包括在产品的耐用性、可修复性、可升级性、可重复使用性或可回收性；

(ii) 该活动导致废物的产生、焚烧或处置显著增加，但不可回收的危险废物焚烧除外；

(iii) 废物的长期处置可能对环境造成重大和长期的危害；

(e) 污染预防和控制方面，与活动开始前的情况相比，该活动导致向空气、水或土地的污染物排放量显著增加；

(f) 保护和恢复生物多样性和生态系统方面，该活动是：

(i) 严重损害生态系统的良好状况和复原力；

(ii) 不利于栖息地和物种的保护状况，包括符合欧盟利益的物种。

2. 在根据第1段规定的标准评估经济活动时，应考虑活动本身的环境影响以及该活动提供的产品和服务在其整个生命周期内的环境影响，特别是通过这些产品和服务的生产、使用和终止。

### （二）欧盟分类法规气候授权法案（EU Taxonomy Climate Delegated Act）

根据《欧盟分类法规》，欧盟专家组（EU Technical Expert Group）必须进一步制定授权法案（Delegated Acts），为每个环境目标定义技术筛选标准，从而得出环境可持续活动的实际清单。在此背景下，2021 年 12 月 9 日，欧盟正式发布《欧盟分类气候授权法案》（*EU Taxonomy Climate Delegated Act*，以下简称《气候授权法案》），自 2022 年 1 月起生效。这是《欧盟分类法规》下关于适应和减缓气候变化目标可持续活动的第一个授权法案。

1. 技术筛选标准

《气候授权法案》作为《欧盟分类法规》的二级法，对于每一项进入分类的经济活动，都通过技术筛选标准（Technical Screening Criteria，TSC）规定了环境绩效要求，以确保该活动对相关环境目标有重大贡献，并且不会对其他环境目标造成重大损害。一方面，对环境目标“重大贡献”的技术筛选标准确保经济活动或者具有重大的积极环境影响，或者大幅减少对环境的负面影响，例如大幅降低温室气体排放水平。另一方面，“无重大损害”的技术筛选标准确保经济活动不会阻碍其他环境目标的实现，即对它们没有重大负面影响。这两方面要求确保了欧盟分类法目标之间的一致性，即确保朝着一个目标取得的进展不会以牺牲另一个目标为代价。

确定一项经济活动是否对气候变化缓解或适应气候变化有重大贡献以及对任何环境目标没有重大损害的技术筛选标准，以现有的欧盟法律、最佳实践、标准和方法为基础，如由国际知名公共机构制定的完善的标准、实践和方法。在客观上没有针对特定政策领域的可行替代方案的情况下，技术筛选标准也可以建立在由国际知名私营机构制定的完善标准的基础上。

确定一项经济活动是否对气候变化减缓或气候变化适应作出重大贡献的技术筛选标准，应确保该经济活动对气候目标产生积极影响或减少对气候目标的负面影响。因此，这些技术筛选标准应指定经济活动应达到的阈值或绩效水平，以便有资格对这些气候目标之一作出重大贡献。“无重大损害”的技术筛选标准应确保经济活动不会对环境造成重大负面影响。因此，这些技术筛选标准应指定经济活动应满足的最低要求，以符合环境可持续性。

2. 经济活动分类系统

为了确保公平的竞争环境，相同类别的经济活动应遵循针对每个气候目标的相同技术筛选标准。因此，技术筛选标准应遵循欧盟委员会 1893/200 号规定的 NEA（Nomenclature of Economic Activities）第 2 版中规定的经济活动分类。为便于企业和金融市场参与者识别，对经济活动的具体描述包括了对与该活动相关的 NEA 代码的引用。

3. 以温室气体作为核心披露内容

确定在何种条件下经济活动有资格对减缓气候变化作出重大贡献的技术筛选标准，应体现在避免产生温室气体排放、减少此类排放或增加温室气体清除和长期碳储存等方面的作用。因此，《气候授权法案》首先关注最有可能实现这些目标的经济活动和部门。这些经济活动和部门的选择应基于其在温室气体总排放量中所占的份额，以及它们在避免产生温室气体排放、减少排放或促进温室气体清除或使为其他活动而避免、减少、移除或长期储存。

计算生命周期温室气体排放的方法应稳健且广泛适用，从而促进部门内部和跨部门温室气体排放计算的可比性。因此，在需要计算的活动中要求使用相同的计算方法是适当的，同时为适用欧盟条例 2020/852 号的实体提供足够的灵活性。因此，欧盟委员会建议欧盟条例 2013/179 号可用于计算生命周期温室气体排放，作为替代方案，可以使用 ISO 14067 或 ISO 14064 - 1 标准。如果替代的成熟工具或标准特别适合为特定部门的生命周期温室气体排放计算提供准确和可比的信息。

**注释（1）** 《气候授权法案》① 确立了经济活动对减缓气候变化或适应气候变化有重大贡献的技术筛选标准，以及确定该经济活动是否不会对任何其他环境目标造成重大损害。《气候授权法案》条款 1 和条款 2，分别明确了“符合缓解气候变化标准经济活动”和“符合适应气候变化标准经济活动”的技术筛选标准。

相应地，附件 1 和附件 2 分别列出了缓解气候变化项目目录和缓解气候变化项目目录，分别包括 9 大类和 13 大类。具体而言，某些活动仅用于减缓

① 本书引用欧盟委员会 2021 年 12 月发布的《欧盟分类气候授权法案》（*EU Taxonomy Climate Delegated Act*），网址为 https://eur-lex.europa.eu/legal-content/EN/TXT/?uri=CELEX%3A32021R2139。中文版本仅供参考，中文版本与英文版本如有出入，以英文版本为准。

气候变化，而不用于适应气候变化，包括“（8.2）数据驱动的温室气体减排解决方案”“（9.2）直接空气捕获二氧化碳的研究、开发和创新”和“（9.3）与建筑物能源性能相关的专业服务”。

某些活动仅用于适应气候变化而非缓解气候变化，包括“（8.2）计算机编程、咨询和相关活动”“（8.3）节目和广播活动”和“（9.1）致力于适应气候变化工程活动和相关技术咨询”。

此外，以下大类的活动仅包括在适应气候变化中：（10）金融和保险活动；（11）教育；（12）人类健康和社会工作活动；（13）艺术、娱乐和休闲。

某些活动包含在两个附件中，但范围不同，特别是与运输基础设施有关的活动。

**《气候授权法案》条款 1：**

用于确定经济活动在何种条件下符合对减缓气候变化作出重大贡献的条件，以及确定该经济活动是否不会对欧盟条例 2020/852 号第 9 条规定的任何其他环境目标造成重大损害的技术筛选标准。

详见表 2－3。

**表 2－3　缓解气候变化项目目录**

| | | | |
|---|---|---|---|
| 1 | 林业 | 1.1 | 造林 |
| | | 1.2 | 森林的恢复，包括极端事件后的重新造林和天然林再生 |
| | | 1.3 | 森林经营 |
| | | 1.4 | 保护林业 |
| 2 | 环境保护和修复活动 | 2.1 | 湿地恢复 |
| 3 | 制造业 | 3.1 | 制造可再生能源技术 |
| | | 3.2 | 制造和使用氢气的设备 |
| | | 3.3 | 运输低碳技术的制造 |
| | | 3.4 | 电池制造 |
| | | 3.5 | 建筑节能设备制造 |
| | | 3.6 | 其他低碳技术的制造 |

续表

| | | | |
|---|---|---|---|
| 3 | 制造业 | 3. 7 | 水泥制造 |
| | | 3. 8 | 铝的制造 |
| | | 3. 9 | 钢铁制造 |
| | | 3. 10 | 氢气的制造 |
| | | 3. 11 | 炭黑的制造 |
| | | 3. 12 | 纯碱的制造 |
| | | 3. 13 | 氯气的制造 |
| | | 3. 14 | 有机基础化学品制造 |
| | | 3. 15 | 制造无水氨 |
| | | 3. 16 | 硝酸的制造 |
| | | 3. 17 | 初级塑料的制造 |
| 4 | 能源 | 4. 1 | 利用太阳能光伏技术发电 |
| | | 4. 2 | 使用聚光太阳能（CSP）技术发电 |
| | | 4. 3 | 风力发电 |
| | | 4. 4 | 海洋能技术发电 |
| | | 4. 5 | 水力发电 |
| | | 4. 6 | 地热能发电 |
| | | 4. 7 | 利用可再生非化石气体和液体燃料发电 |
| | | 4. 8 | 生物能源发电 |
| | | 4. 9 | 输配电 |
| | | 4. 10 | 电力储存 |
| | | 4. 11 | 储存热能 |
| | | 4. 12 | 氢气的储存 |
| | | 4. 13 | 生产用于运输的沼气和生物燃料以及生物液体 |
| | | 4. 14 | 可再生和低碳气体的输配电网络 |
| | | 4. 15 | 区域供热/制冷分配 |
| | | 4. 16 | 电热泵的安装和运行 |
| | | 4. 17 | 太阳能热/冷热电联产 |
| | | 4. 18 | 地热能的热/冷热电联产 |
| | | 4. 19 | 利用可再生的非化石气体和液体燃料进行热/冷和电力的热电联产 |

续表

| | | | |
|---|---|---|---|
| 4 | 能源 | 4.20 | 来自生物能源的热/冷和电力热电联产 |
| | | 4.21 | 从太阳能加热产生热/冷 |
| | | 4.22 | 从地热能产生热/冷 |
| | | 4.23 | 从可再生的非化石气体和液体燃料生产热/冷 |
| | | 4.24 | 从生物能源生产热/冷 |
| | | 4.25 | 利用废热产生热量/冷却 |
| 5 | 供水、污水处理、废物管理和修复 | 5.1 | 集水、处理和供水系统的建设、扩建和运营 |
| | | 5.2 | 水收集、处理和供应系统的更新 |
| | | 5.3 | 污水收集处理的建设、扩建和运营 |
| | | 5.4 | 废水收集和处理的更新 |
| | | 5.5 | 收集和运输来源分离部分的无害废物 |
| | | 5.6 | 污水污泥的厌氧消化 |
| | | 5.7 | 生物废弃物的厌氧消化 |
| | | 5.8 | 生物垃圾堆肥 |
| | | 5.9 | 从无害废物中回收材料 |
| | | 5.10 | 垃圾填埋气捕获与利用 |
| | | 5.11 | $CO_2$ 的运输 |
| | | 5.12 | $CO_2$ 的地下永久地质储存 |
| 6 | 运输 | 6.1 | 客运城际铁路运输 |
| | | 6.2 | 货运铁路运输 |
| | | 6.3 | 城郊交通、公路客运 |
| | | 6.4 | 个人移动设备运营、自行车物流 |
| | | 6.5 | 摩托车、乘用车和轻型商用车运输 |
| | | 6.6 | 公路货运服务 |
| | | 6.7 | 内河客运水运 |
| | | 6.8 | 内陆货运水运 |
| | | 6.9 | 内河客货运输改造 |
| | | 6.10 | 海上和沿海货运水运、港口作业船舶和辅助活动 |
| | | 6.11 | 海上和沿海客运水运 |
| | | 6.12 | 海上和沿海货运和客运水运改造 |

续表

| | | | |
|---|---|---|---|
| 6 | 运输 | 6.13 | 个人出行基础设施、自行车物流 |
| | | 6.14 | 铁路运输基础设施 |
| | | 6.15 | 支持低碳道路运输和公共交通的基础设施 |
| | | 6.16 | 支持低碳水运的基础设施 |
| | | 6.17 | 低碳机场基础设施 |
| 7 | 建筑和房地产活动 | 7.1 | 新建筑的建设 |
| | | 7.2 | 现有建筑物的翻新 |
| | | 7.3 | 节能设备的安装、维护和维修 |
| | | 7.4 | 建筑物内电动汽车充电站的安装、维护和维修（以及建筑物附属的停车位） |
| | | 7.5 | 测量、调节和控制建筑物能源性能的仪器和设备的安装、维护和修理 |
| | | 7.6 | 可再生能源技术的安装、维护和维修 |
| | | 7.7 | 建筑物的购置和所有权 |
| 8 | 信息和通信 | 8.1 | 数据处理、托管和相关活动 |
| | | 8.2 | 数据驱动的温室气体减排解决方案 |
| 9 | 专业、科学和技术活动 | 9.1 | 贴近市场研究、开发和创新 |
| | | 9.2 | 直接空气捕获 $CO_2$ 的研究、开发和创新 |
| | | 9.3 | 与建筑能效相关的专业服务 |

**《气候授权法案》条款 2：**

用于确定经济活动在何种条件下符合对气候变化适应作出重大贡献的条件，以及确定该经济活动是否不会对欧盟条例 2020/852 号第 9 条规定的任何其他环境目标造成重大损害的技术筛选标准。

详见表 2-4。

**表 2-4　适应气候变化项目目录**

| | | | |
|---|---|---|---|
| 1 | 林业 | 1.1 | 造林 |
| | | 1.2 | 森林的恢复，包括极端事件后的重新造林和天然林再生 |
| | | 1.3 | 森林经营 |
| | | 1.4 | 保护林业 |

续表

| | | | |
|---|---|---|---|
| 2 | 环境保护和修复活动 | 2.1 | 湿地恢复 |
| 3 | 制造业 | 3.1 | 制造可再生能源技术 |
| | | 3.2 | 制造和使用氢气的设备 |
| | | 3.3 | 运输低碳技术的制造 |
| | | 3.4 | 电池制造 |
| | | 3.5 | 建筑节能设备制造 |
| | | 3.6 | 其他低碳技术的制造 |
| | | 3.7 | 水泥制造 |
| | | 3.8 | 铝的制造 |
| | | 3.9 | 钢铁制造 |
| | | 3.10 | 氢气的制造 |
| | | 3.11 | 炭黑的制造 |
| | | 3.12 | 纯碱的制造 |
| | | 3.13 | 氯气的制造 |
| | | 3.14 | 有机基础化学品制造 |
| | | 3.15 | 制造无水氨 |
| | | 3.16 | 硝酸的制造 |
| | | 3.17 | 初级塑料的制造 |
| 4 | 能源 | 4.1 | 利用太阳能光伏技术发电 |
| | | 4.2 | 使用聚光太阳能（CSP）技术发电 |
| | | 4.3 | 风力发电 |
| | | 4.4 | 海洋能技术发电 |
| | | 4.5 | 水力发电 |
| | | 4.6 | 地热能发电 |
| | | 4.7 | 利用可再生非化石气体和液体燃料发电 |
| | | 4.8 | 生物能源发电 |
| | | 4.9 | 输配电 |
| | | 4.10 | 电力储存 |
| | | 4.11 | 储存热能 |
| | | 4.12 | 氢气的储存 |

续表

| | | | |
|---|---|---|---|
| 4 | 能源 | 4.13 | 生产用于运输的沼气和生物燃料以及生物液体 |
| | | 4.14 | 可再生和低碳气体的输配电网络 |
| | | 4.15 | 区域供热/制冷分配 |
| | | 4.16 | 电热泵的安装和运行 |
| | | 4.17 | 太阳能热/冷热电联产 |
| | | 4.18 | 地热能的热/冷热电联产 |
| | | 4.19 | 利用可再生的非化石气体和液体燃料进行热/冷和电力的热电联产 |
| | | 4.20 | 来自生物能源的热/冷和电力热电联产 |
| | | 4.21 | 从太阳能加热产生热/冷 |
| | | 4.22 | 从地热能产生热/冷 |
| | | 4.23 | 从可再生的非化石气体和液体燃料生产热/冷 |
| | | 4.24 | 从生物能源生产热/冷 |
| | | 4.25 | 利用废热产生热量/冷却 |
| 5 | 供水、污水处理、废物管理和修复 | 5.1 | 集水、处理和供水系统的建设、扩建和运营 |
| | | 5.2 | 水收集、处理和供应系统的更新 |
| | | 5.3 | 污水收集处理的建设、扩建和运营 |
| | | 5.4 | 废水收集和处理的更新 |
| | | 5.5 | 收集和运输来源分离部分的无害废物 |
| | | 5.6 | 污水污泥的厌氧消化 |
| | | 5.7 | 生物废弃物的厌氧消化 |
| | | 5.8 | 生物垃圾堆肥 |
| | | 5.9 | 从无害废物中回收材料 |
| | | 5.10 | 垃圾填埋气捕获与利用 |
| | | 5.11 | $CO_2$ 的运输 |
| | | 5.12 | $CO_2$ 的地下永久地质储存 |
| 6 | 运输 | 6.1 | 客运城际铁路运输 |
| | | 6.2 | 货运铁路运输 |
| | | 6.3 | 城郊交通、公路客运 |
| | | 6.4 | 个人移动设备运营、自行车物流 |

续表

| | | | |
|---|---|---|---|
| 6 | 运输 | 6.5 | 摩托车、乘用车和轻型商用车运输 |
| | | 6.6 | 公路货运服务 |
| | | 6.7 | 内河客运水运 |
| | | 6.8 | 内陆货运水运 |
| | | 6.9 | 内河客货运输改造 |
| | | 6.10 | 海上和沿海货运水运、港口作业船舶和辅助活动 |
| | | 6.11 | 海上和沿海客运水运 |
| | | 6.12 | 海上和沿海货运和客运水运改造 |
| | | 6.13 | 个人出行基础设施、自行车物流 |
| | | 6.14 | 铁路运输基础设施 |
| | | 6.15 | 支持低碳道路运输和公共交通的基础设施 |
| | | 6.16 | 支持低碳水运的基础设施 |
| | | 6.17 | 低碳机场基础设施 |
| 7 | 建筑和房地产活动 | 7.1 | 新建筑的建设 |
| | | 7.2 | 现有建筑物的翻新 |
| | | 7.3 | 节能设备的安装、维护和维修 |
| | | 7.4 | 建筑物内电动汽车充电站的安装、维护和维修（以及建筑物附属的停车位） |
| | | 7.5 | 测量、调节和控制建筑物能源性能的仪器和设备的安装、维护和修理 |
| | | 7.6 | 可再生能源技术的安装、维护和维修 |
| | | 7.7 | 建筑物的购置和所有权 |
| 8 | 信息和通信 | 8.1 | 数据处理、托管和相关活动 |
| | | 8.2 | 计算机编程、咨询和相关活动 |
| | | 8.3 | 节目和广播活动 |
| 9 | 专业、科学和技术活动 | 9.1 | 致力于适应气候变化的工程活动和相关技术咨询 |
| | | 9.2 | 贴近市场研究、开发和创新 |
| 10 | 金融和保险活动 | 10.1 | 非人寿保险：承保气候相关风险 |
| | | 10.2 | 再保险 |
| 11 | 教育 | | |
| 12 | 人类健康和社会工作活动 | 12.1 | 居家护理活动 |
| 13 | 艺术、娱乐和休闲 | 13.1 | 创意、艺术和娱乐活动 |
| | | 13.2 | 图书馆、档案馆、博物馆和文化活动 |
| | | 13.3 | 电影、视频和电视节目制作、录音和音乐出版活动 |

### （三）欧盟分类法规条款8授权法案

对非金融企业和金融机构的可持续披露要求如下。

2021年12月10日，欧盟正式发布《欧盟分类法规条款8授权法案》（*EU Taxonomy Article* 8 *Delegated Act*），自2022年1月1日起实施。《欧盟分类条例》条款8、非财务报表中承诺的透明度，旨在通过向投资者提供有关金融和非金融企业的资产环境绩效（KPI）和经济活动的信息，来提高市场透明度并防止漂绿行为。《欧盟分类法规》条款8还要求欧盟委员会制定一项授权法案，以指定非金融和金融企业披露信息的内容、方法和呈现方式。

针对非金融企业和金融机构，《欧盟分类法规条款8授权法案》[①] 进一步明确了《欧盟分类条例》第8条规定的披露义务。根据《欧盟分类法规条款8授权法案》，非金融企业将被要求披露与《欧盟分类法规》和《欧盟分类法规气候授权法案》中定义的环境可持续经济活动相关的营业额、资本和运营支出的份额等可持续信息。金融机构（包括银行、资产管理公司、投资公司和保险/再保险公司）必须披露其融资或投资的总资产中环境可持续经济活动的份额等可持续信息。

**注释（1）** 《欧盟分类法规条款8授权法案》对非金融企业的披露要求。

> 非金融公司应披露符合《欧盟分类法规》标准的环境可持续经济活动的比例。将环境绩效转化为财务变量（包括营业额KPI、资本支出KPI和运营支出KPI），使投资者和金融机构能够获得清晰且可比较的数据，以帮助他们作出投资和融资决策。非金融公司的主要KPI包括：
>
> 营业额KPI：即与分类标准一致的产品或服务地营业额占总营业额的比例。营业额KPI提供了公司对环境目标的贡献的静态视图。

① 本书引用欧盟委员会2021年12月发布的《欧盟分类法规条款8授权法案》（*EU Taxonomy Article* 8 *Delegated Act*），网址为https：//eur－lex.europa.eu/legal－content/EN/TXT/？uri＝CELEX：32021R2178。中文版本仅供参考，中文版本与英文版本如有出入，以英文版本为准。

资本支出（CapEx）KPI：即一项活动占资本支出比例，该活动或者已经符合分类标准，或者即将达到分类标准。资本支出提供了公司业务活动转型计划的动态和前瞻性视图。

运营支出（OpEx）KPI：即代表与分类相关活动占运营支出的比例。运营支出包括与研发、翻新措施、短期租赁、维护相关的直接非资本化成本，以及与不动产、厂房和设备资产的日常服务相关的其他直接支出。

资本支出 KPI 和运营支出 KPI 的计划应在经济活动层面披露，并满足以下条件：

— 旨在扩大与分类标准相关的经济活动的范围，或旨在使经济活动在最长 10 年内与分类标准一致；

— 应由企业管理委员会或其他已授权的机构批准。

《欧盟分类法规条款 8 授权法案》认为，可靠的计划是确保公司使其经济活动符合分类标准的必要条件。一个可靠的计划应该尽量减少公司的声誉风险，支持他们的环境目标，并制定战略和前瞻性的商业决策。

此外，非金融公司应根据所从事的经济活动（包括转型活动和赋能活动）以及达到的环境目标，对 KPI 进行细分。

为确保更高的透明度，应披露符合分类标准的经济活动以及分类相关授权法案未涵盖的经济活动份额的具体信息。公司无须披露对符合分类标准但未能满足技术筛选标准的经济活动的评估，但可以自愿披露，特别是为了吸引投资者为其未来实现与分类标准一致的计划提供资金。

最后，《欧盟分类法规条款 8 授权法案》要求非金融公司提供有关报告期内三个 KPI 变化的计算和关键要素的定性信息。

**注释（2）**　《欧盟分类法规条款 8 授权法案》对金融企业的披露要求。

金融企业（银行、投资公司、资产管理公司、保险公司/再保险公司）的主要 KPI，是指与分类相关的经济活动在其金融活动（如贷款、投资和保险）中的比例。

(a) 信贷机构（银行）

信贷机构应报告与融资活动（如借贷活动）相关的表内资产的主要KPI。他们还应分阶段报告表外资产的KPI，与其他非融资活动相关的佣金和费用的KPI，并在相关时报告其交易账户的KPI。

信贷机构的主要KPI是绿色资产比率（Green Asset Ratio，GAR），它是指信贷机构投资于符合分类法的经济活动的资产占总资产的比例。

GAR应根据资产类别的审慎合并范围，以表内风险敞口（覆盖资产总额）为基础计算。信贷机构应披露资产负债表内覆盖资产的总GAR，并提供根据环境可持续资产追求的环境目标、交易对手的类型以及转型和赋能活动的细分。

主要GAR应覆盖信贷机构的存量（现有资产负债表内涵盖的总资产）。也可以额外披露流量（例如，新的贷款和垫付）的GAR。

KPI的定义如下：

— 分子是为《欧盟分类法规》相关经济活动提供融资的贷款和垫款、债务证券、股票、收回的抵押品，从而获得分类相关总风险敞口；

— 分母是资产负债表内总资产。

银行风险敞口与分类法活动挂钩的程度，取决于其资产与分类法活动挂钩的程度，或者由其融资或投资的非金融公司的营业额KPI或资本支出KPI给出。

对企业的财务担保（financial guarantees）的绿色比率（FinGuar KPI），定义为分类法经济活动提供融资的企业的财务担保与企业的所有财务担保的比例。管理资产的绿色比率（AuM KPI），定义为分类法活动提供融资的管理资产（股权和债务工具）占管理的总资产（股权和债务工具）的比例。

费用和佣金收入的关键绩效指标（F&C KPI）与分类法经济活动相关的服务相关联，应定义为机构费用和佣金收入中来自与分类法经济活动相关的产品或服务（除贷款以外）的比例活动，占产品或服务（除贷款以外）的总费用和佣金相比。如果交易组合在信贷机构的商业模式中发挥重要作用，则应披露其交易账户 KPI，该 KPI 取决于分类法相关金融工具在其整体交易中的比例。

（b）投资公司

投资公司应披露其核心投资服务和自营交易活动的 KPI，以及非自营交易的服务和活动的 KPI。

这包括指令 2014/65/EU（MiFID）附件 I 第 A 节中列出的服务和活动，例如，接收和传输与一种或多种金融工具相关的订单；代表客户执行订单；自营交易；投资组合管理；投资建议；在承诺的基础上承销金融工具和/或配售金融工具；在没有承诺的情况下配售金融工具；MTF 的运作；OTF 的操作。

投资公司应根据被投资公司的 KPI 计算投资公司自营业务的服务和活动的 GAR。

（c）资产管理人

资产管理人应报告资产管理人管理的符合分类法的投资在其集体和个人投资组合管理活动中管理的所有资产价值中的比例（绿色投资比率）。

分类法相关投资的加权平均数应基于被投资公司在分类法经济活动中的份额。资产管理人应当依据被投资公司的 KPI 计算自身的绿色投资比率。

资产管理人还应为每个环境目标和汇总的环境可持续经济活动、过渡和赋能经济活动以及投资类型提供细分。

（d）保险公司/再保险公司

保险、再保险经营者应当披露与其投资、承保活动相关的 KPI。投资 KPI 涉及保险公司和再保险企业对其承保活动产生的资金的投资政策。承销 KPI 直接与其承销活动相关。

与投资相关的 KPI 应按与分类法经济活动相关的保险或再保险企业的投资占其投资的比例计算（参见资产管理部分的绿色投资比例）。对于资产管理公司，保险公司应根据标的被投资公司的 KPI 计算自身的投资 KPI。

与承保活动相关的 KPI 应计算为与分类法一致的保险活动相对应的“非寿险总保费”占非寿险总保费的比例。

# 第二节　美国气候信息披露标准

## 一、美国气候信息披露背景情况

### （一）美国气候信息披露监管

1. 美国证券交易委员会

美国证券交易委员会（United States Securities and Exchange Commission，以下简称 SEC）在 20 世纪 70 年代首次处理环境因素的披露问题。1971 年，SEC 发布了一份解释性声明，称发行人应考虑在提交给 SEC 的文件中，根据信息的重要性，披露遵守环保法律的财务影响［发布编号 No. 33 – 5170（1971 年 7 月 19 日）（36 FR 13989）］。此后，SEC 就是否需要制定具体规则，来强制披露环境保护信息进行了讨论。并于 1982 年通过了相关规则［发布编号 No. 33 –6383（1982 年 3 月 3 日）（47 FR 11380）］。

从 1968 年开始，SEC 开始制定和调整对发行人管理层的披露要求，以便在发行人提交给 SEC 的披露文件中讨论和分析公司的财务和经营状况。20 世纪 70 年代和 80 年代，《证券法》下关于信息披露的重要性标准进一步明确。具体而言，如果一个理性的投资者在决定如何投票或作出投资决定时，很有可能认为该信息很重要，换言之，如果该信息会改变现有信息的总体组合，则该信息是具有重要性的。总体上，发行人对于他们应该在申报文件中披露什么有了更清晰的指导。

按照 1977 年《证券法》中关于环境问题的披露要求（后扩展到 ESG 相关信息披露），SEC 负责对美国上市公司气候相关信息披露进行监管。2010 年，SEC 发布《关于气候变化相关信息披露的指南》（*Commission Guidance Regarding Disclosure Related to Climate Change*，以下简称《2010 气候指南》），对当时适用于气候信息披露的要求向上市公司提供指导。

2004 年，美国政府问责局（Government Accountability Office）发布了《环境信息披露：SEC 应探索提高信息跟踪和透明度的途径》的报告。此后，SEC

重新审查了与环境信息披露相关上市公司披露要求。SEC 还审议了许多组织提供的关于如何指导发行人加强披露与气候变化有关的事项的建议。

在此基础上，2022 年，SEC 发布了《面向投资者的气候相关信息披露的加强和标准化》（*The Enhancement and Standardization of Climate - Related Disclosures for Investors*）的文件，强化了对上市公司气候相关信息披露的要求，并就披露形式、政策协调以及标准制定等多个方面公开征求意见。

2. 美国环境保护署

美国环境保护署（Environmental Protection Agency，EPA）也参与控制温室气体的排放。2009 年 12 月，EPA 根据《清洁空气法》发布了一份关于温室气体“危害、成因或贡献”的报告，根据《清洁空气法》，环保局将负责制定直接监管温室气体排放的规则。2010 年 1 月 1 日，EPA 发布《温室气体强制报告要求》（*Mandatory Reporting of Greenhouse Gases*），首次开始要求作为温室气体排放源的 31 个工业部门报告其温室气体排放数据。这一报告要求包括约 1 万个排放设备，覆盖美国约 85% 的温室气体排放。

**专栏 1：西弗吉尼亚州诉美国环境保护署案**

2022 年 6 月 30 日，美国最高法院以 6:3 的裁定结果，推翻了美国华盛顿哥伦比亚特区联邦巡回上诉法院的裁决，限制美国环保署（EPA）利用《清洁空气法案》来减少温室气体排放（West Virginia v. Environmental Protection Agency）。该案核心争议在于，EPA 是否有权扩大解释《清洁空气法案》中的“最佳减排系统”，以此决定整个国家的煤炭发电、天然气发电与新能源发电配比。

2015 年，美国环境保护署（EPA）制订了清洁能源计划（Clean Power Plan），要求发电厂安装更高效的设备，并呼吁工厂实施不同的能源制造方法，包括天然气和无排放源。2019 年，EPA 实施了可负担的清洁能源规则（Affordable Clean Energy，ACE），取代清洁能源计划。ACE 建议燃煤电厂升级技术以尝试减少排放量。

2022 年初，西弗吉尼亚州代表 19 个州以及北美煤炭公司等多家煤企，就 EPA 的监管权力提起诉讼，认为 EPA 无权限制各州电厂的排放。

最高法院认为国会必须向 EPA 提供明确的方向而不是广泛的授权，以便该机构监管温室气体排放。该案中法院首次正式援引重大问题原则（major questions doctrine），限制了依据《清洁空气法》所授予环境保护署（EPA）的权力范围。重大问题原则是指在就重大问题作出决定时，管理机构必须获得国会的明确法定授权，而不能依靠行政权力。

从影响上来看，西弗吉尼亚州诉 EPA 案限制了 EPA 未来根据《清洁空气法案》制定全面规则以减少电力部门空气污染的能力。

### （二）气候信息披露联邦政策

2021 年 4 月，美国众议院金融服务委员会（US House Committee on Financial Services）通过《ESG 信息披露简化法案》（*ESG Disclosure Simplification Act*）。该法案要求上市公司在年度文件中披露有关环境、社会和治理的相关事项，将进一步提高对上市公司 ESG 信息披露的要求。

2021 年 5 月 20 日，美国发布行政令（Executive Order 14030，以下简称行政令 14030），要求美国各金融监管机构制订气候信息披露的具体实施计划，包括改进气候相关排放、财务数据和风险的披露，并将这些内容纳入监管实践以及联邦贷款、承销和采购。具体而言，行政令 14030 要求国家经济委员会（National Economic Council）主任，国家气候顾问（National Climate Advisor）和其他机构领导：（1）在行政令发布之日起 120 天内制定战略，通过分析、缓解和披露气候相关金融风险，来提高联邦项目和资产的稳定性；（2）必须评估为实现既定气候目标的公共和私人融资需求。

行政令 14030 还要求美国金融稳定监督委员会（FSOC）成员：（1）促进 FSOC 成员之间共享气候相关金融风险数据；（2）在行政令发布之日起 180 天内发布关于 FSOC 成员将气候相关金融风险纳入其政策的报告；（3）在 FSOC 提交给国会的年度报告中包括对气候相关风险的评估。

此外，行政令 14030 还要求联邦采购监管委员会必须在采购决策中考虑温室气体排放的社会成本，并考虑要求联邦供应商公开披露排放和与气候相关的财务风险，并设定减排目标。

## 二、美国证监会气候信息披露监管有关情况

### （一）SEC 关于审查气候相关披露的声明

2021 年 2 月 24 日，时任 SEC 代理主席艾莉森·赫伦·李发表了关于审查气候相关披露的声明（Statement on the Review of Climate – Related Disclosure，以下简称 2021 气候审查）。该声明是继 2010 年《关于气候变化相关信息披露的指南》之后，SEC 就气候事项对外公布的又一项明确要求。根据声明，SEC 将加强对上市公司备案中与气候相关信息披露的审查，并由公司财务部牵头开展。

《2010 气候指南》就当时适用于气候信息披露的要求向上市公司提供了指导。基于《2010 气候指南》的要求，2021 气候审查将包括以下几个方面：一是 SEC 将审查上市公司对《2010 气候指南》中确定的披露要求的完成程度；二是将评估上市公司遵守美国联邦证券法规定的披露义务；三是与上市公司就这些问题进行交流；四是总结目前市场成员管理气候相关风险的经验教训。同时，SEC 将开始对《2010 气候指南》进行更新。

2021 气候审查的目的是确保投资者在做投资决策时能够获得足够的实质性信息。对于 SEC 而言，主要任务是确保合规性并更新现有信息披露指南以产生一致、可比和可靠的气候相关披露。

### （二）成立气候和 ESG 执法工作组

2021 年 3 月 4 日，SEC 成立气候和 ESG 执法工作组（以下简称“执法工作组”）。执法工作组将主动识别 ESG 相关不当行为，并通过数据分析来挖掘和评估发行人的信息，以识别潜在的违规行为。

执法工作组的工作重点是确定发行人在现有规则下披露气候风险方面的任何重大（实质性）误差或错误陈述。执法工作组还将分析投资顾问和基金的 ESG 战略相关的披露和合规问题。执法工作组将与 SEC 其他部门合作执

法，包括公司财务部、投资管理部和考试部门等。此外，执法工作组将评估和寻求有关 ESG 相关问题的举报和投诉，并在 SEC 内部为 ESG 相关问题提供专业意见。

## （三）公众咨询：气候变化信息披露需要考虑的问题

2021 年 3 月 15 日，SEC 发布了关于气候变化信息披露公众咨询的函（Request for Comment on Climate Disclosure）。就适用于气候变化的披露规则和指南的意见、对 S－K 条例和 S－X 条例（或适用于外国私人发行人的20－F 表格）的披露要求，以及潜在新披露框架等议题，提出了 15 个问题，具体包括：

1. SEC 如何才能最好地监管、监督、审查和指导气候变化信息披露，以便为投资者提供更加一致、可比较和可靠的信息，同时让发行人更清楚地了解对他们的期望？应在何处以及如何提供此类披露？是否应将任何此类披露包括在年度报告、其他定期文件中或以其他方式提供？

2. 哪些与气候风险相关的信息可以量化和衡量？目前市场如何使用量化信息？是否所有发行人应报告下列具体指标（例如，范围 1、范围 2 和范围 3 温室气体排放量以及温室气体减排目标）？从投资决策的角度，应该披露哪些量化和衡量的信息或指标？是否应根据发行人的规模和/或类型对披露进行分层或按比例调整）？如果是，怎么做？是否应该逐步（渐进）推动气候信息披露？如果是，怎么做？市场如何评估和定位气候变化贡献的外部性？气候变化相关影响是否会影响资本成本，如果是，如何以及以什么方式？发行人或投资者如何分析与气候变化相关的风险和成本？发行人在内部如何来评估或预测气候情景，以及应向投资者披露关于此类内部评估的哪些信息，以便为投资决策提供信息？有效的碳市场的缺失或存在如何影响企业对气候变化相关风险和成本的分析？

3. 允许投资者、发行人和其他行业参与者制定他们一致同意的披露标准有哪些优点和缺点？这些标准是否应满足 SEC 制定的最低披露要求？这样的系统应该如何运作？如果允许行业主导的披露标准，SEC 应制定哪些最低披露要求？应该使用什么级别的粒度来定义行业（例如，两位 SIC、四位 SIC 等）？

4. 为金融、石油天然气、交通等不同行业制定不同的气候变化信息披露标准有哪些优缺点？应如何制定和实施此类以行业相关的信息披露标准？

5. 纳入或借鉴现有气候信息披露规则有哪些优点和缺点，例如，气候相关财务信息披露工作组（TCFD）、可持续发展核算准则委员会（SASB）和气候披露标准委员会（CDSB）？SEC 是否应该着重考虑某一个框架？如果是，哪些框架以及为什么？

6. 随着时间的推移，披露要求应如何更新、改进、增加或以其他方式改变？应由 SEC 执行这些任务，还是应由其他组织来执行？如果是后者，哪些组织应该负责这样做，SEC 应该在治理或融资方面发挥什么作用？SEC 是否应指定气候或 ESG 披露标准制定机构？如果是，该标准制定机构应具备哪些条件？SEC 是否应该考虑现有的气候信息披露标准制定机构？

7. 要求披露气候相关信息的最佳方法是什么？例如，是否应将任何此类披露纳入现有规则，例如 S－K 条例或 S－X 条例，或者是否应颁布完全致力于气候风险、机遇和影响的新条例？是否应向 SEC 提交任何此类披露？

8. 发行人应该如何披露他们对气候相关问题的内部治理和监督？例如，要求披露有关高管或员工薪酬与气候变化风险和影响之间的联系的利弊是什么？

9. 与其他多个标准制定机构和标准相比，制定一套适用于世界各地公司（包括 SEC 规则下的发行人）的单一全球标准有哪些优点和缺点？如果有一个标准制定机构和一套标准，应该是哪一个？建立一套最低限度的全球标准作为基线和建立一套全面的标准相比有哪些优点和缺点？如果有多个标准制定机构，如何协调以增强可比性和可靠性？任何全球标准和 SEC 要求之间的相互作用应该是什么？如果委员会要批准或纳入全球标准，强制遵守的优点和缺点是什么？

10. 应如何对信息披露进行执行或评估？例如，对披露进行审计或其他形式的增信有哪些优点和缺点？如果有审计或增信要求，应由哪些机构开展？SEC 或其他现有机构与此类工作有什么关系？SEC 应考虑要求或允许何种增信框架？

11. SEC 是否应该考虑采取其他措施来确保气候相关披露的可靠性？例如，SEC 是否应考虑更新对年度报告中管理层关于财务报告的内部管理和相关要求，以确保对气候报告的管理进行充分分析？SEC 是否应考虑要求首席执行官、首席财务官或其他公司管理层提供与气候披露相关的证明？

12. “遵守或解释”（comply or explain）气候变化框架的优缺点是什么？在此框架下，发行人要遵守相关披露规则，如果不遵守，则需解释为什么没有遵守披露规则？这一框架应该如何推行？“遵守或解释”应该适用于所有气候变化信息披露还是只适用于部分披露，为什么？

13. SEC 应如何制定规则，以形成发行人对其气候相关风险和机遇的看法的有意义的讨论？要求披露的指标附有类似于当前管理层对财务状况和经营成果的讨论和分析的可持续性披露和分析部分的优点和缺点是什么？

14. 有哪些与私营公司有关的气候相关信息？SEC 规则应如何处理私营公司？例如通过豁免发行，以及某些投资顾问和基金的气候披露问题。

15. 除了与气候相关的披露外，工作人员还在环境、社会和治理（ESG）范围下评估一系列披露问题。气候相关要求是否应成为更广泛的 ESG 披露框架的组成部分？SEC 应如何制定气候相关信息披露要求，以补充更广泛的 ESG 披露标准？气候相关披露与更广泛的 ESG 披露有何关联？

**专栏 2：SEC 关于气候变化信息披露的函（示例）**

根据 2021 气候审查要求，SEC 公司财务部将选择性地审查上市公司根据《证券法》和《交易法》提交的文件，来监督和审核对适用气候变化信息披露要求的遵守。

《2010 气候指南》披露事项包括：未决或现有的气候变化相关立法、法规和国际协定的影响；监管或商业趋势的间接影响；气候变化的物理影响。公司还必须披露，除 SEC 明确要求的信息外，“根据作出这些陈述的情况，作出必要陈述可能需要的进一步的实质性信息（如果有的话），而不是误导”。

对于上市公司气候变化相关的披露或缺乏此类披露的情况，SEC 可能向公司发送关于气候变化信息披露的函（Sample Letter to Companies Regarding Climate Change Disclosures）进行沟通，示例如下。

**关于气候变化信息披露的函**

我们已经审查了您的材料，并对《2010 气候指南》（第 33－9106 号，2010 年 2 月 2 日）中提及的主题的遵守情况提出以下意见。在我们的评论中，我们可能会要求您向我们提供信息，以便我们更好地了解您的披露。请通过提供所需信息和/或修改或更新您的披露（如适用）来回应这些评论。如果您认为我们的评论不适用于您的事实和情况，请在回复中告诉我们原因。

1. 总体要求

发行人在企业社会责任报告（CSR 报告）中提供的披露比您在 SEC 文件中提供得更广泛。请告知我们您在向 SEC 提交的文件中提供与您在 CSR 报告中提供的相同类型的气候相关披露方面的考虑因素。

2. 风险因素

披露与气候变化相关的过渡风险的重大影响，这些风险可能会影响您的业务、财务状况和运营结果，例如，可能造成运营和合规负担的政策和监管变化、可能改变商业机会的市场趋势、信用风险或技术变革。

披露与气候变化相关的任何重大诉讼风险，并说明对公司的潜在影响。

3. 管理层对财务状况和经营成果的讨论与分析

联邦和州法律法规，以及有关气候变化的国际协议已经取得了重大进展，但您在提交的文件中没有讨论这些进展。请对您的披露信息进行修改，识别重要的未决或现有的气候变化相关法律、法规和国际协定，并描述对您的业务、财务状况和运营的任何实质性影响。

修改您的披露信息，以识别气候相关项目的任何重大过去和/或未来资本支出。如果具有实质性影响，请量化这些支出。

在具有实质性影响的前提下，讨论气候相关法规或商业趋势的间接后果，例如：

— 对产生大量温室气体排放或与碳基能源相关的商品或服务的需求减少；

— 对排放量低于竞争产品的商品的需求增加；

— 开发低碳排放的创新产品竞争增加；

— 对替代能源的生产和传输需求增加；

— 因产生大量温室气体排放的运营或产品而导致的声誉风险。

如果具有实质性影响，请讨论气候变化对您的运营和结果的物理影响。本披露可能包括以下内容：

— 气候灾害的严重程度，例如，洪水、飓风、海平面上升、耕地质量、极端火灾以及水的可获得性和质量；

— 量化对您的财产或运营造成的重大天气相关损害；

— 可能影响您的主要客户或供应商的间接天气相关影响；

— 受干旱或其他天气相关变化影响地区的农业生产能力下降；

— 任何与天气有关的对保险成本或可得性的影响。

量化与气候变化相关的任何实质性增加的合规成本。

如果具有实质性影响，请披露您购买或出售碳信用额或抵消额的情况，以及对您的业务、财务状况和运营的重大影响。

公司及其管理层对其披露的准确性和充分性负责，SEC有任何审查、评论、采取或不采取行动的权力。

## 三、《关于气候变化相关信息披露的指南》

《关于气候变化相关信息披露的指南》作为SEC在2010年发布的一份解释性文件（Interpretive Release），旨在为上市公司就SEC适用于气候变化事项的现有披露要求提供指导。

《2010气候指南》概述了气候变化可能触发SEC规定的披露义务的因素，包括有关气候变化、国际协定、商品或服务市场需求变化以及与气候变化相关的物理风险的立法和法规。《2010气候指南》指出，根据具体情况，发行人在披露与其业务描述、法律程序、风险因素以及管理层对财务状况的讨论和分析相关的披露时，可能需要提供有关气候变化相关风险和机遇的信息和经营成果。

**注释（1）**　《2010气候指南》[1] 第一部分和第二部分介绍了气候变化在全球受到的关注、气候相关监管和立法的发展。其核心部分为第三部分、要求披露气候变化事项的规则和第四部分、气候变化相关披露。其中，第三部分主要阐述了现有规则对气候相关事项的披露要求。

**Ⅲ　要求披露气候变化事项的规则**

发行人向SEC提交的披露文件，主要依据S-K条例和S-X条例。此外，《证券法》第408条和《交易法》12-b20条还要求发行人，除SEC条例明确要求的信息外，披露“更多实质性信息（如果有的话），这些信息，根据作出这些陈述的情况，是按照陈述要求可能需要的信息，不得误导”本节主要包括对气候变化相关非财务报表信息披露规则。在下一节中，将讨论这些规则在披露某些特定气候变化相关事项方面的适用情况。

A. 发行人业务描述

S-K条例第101条，要求发行人描述其业务及其子公司的业务。该条款要求发行人必须在其披露文件中涉及相关内容，包括组织形式、主要产品和服务、主要客户以及竞争等。

条款101明确要求发行人披露为遵守环境法所需承担的成本。其中，条款101（c）（1）（xii）规定：

发行人应披露，为遵守现行的关于向环境进行排放或与保护环境有关的联邦、州和地方规定，对发行人及其附属公司的资本支出、收入和竞争地位可能产生的重大影响。发行人应披露，本财政年度和下一财政年度以及其他时间内，用于环保设施的重大资本支出。

符合“小型报告公司”定义的发行人可以按照条款101（h）（4）（xi）规定的披露义务披露，即“遵守环境法（联邦、州和地方）的成本和影响”。

① 本书引用美国证监会（SEC）2010年2月发布的《关于气候变化相关信息披露的指南》（*Guidance Regarding Disclosure Related to Climate Change*），网址为https://www.sec.gov/rules/interp/2010/33-9106.pdf。中文版本仅供参考，中文版本与英文版本如有出入，以英文版本为准。

B. 法律诉讼

S－K 条例第 103 条，要求发行人披露其或其子公司作为当事人的任何未决法律诉讼。发行人还必须披露对其财产有重要影响的未决诉讼。如果发行人知道政府当局打算采取类似诉讼，条款 103 也要求披露这些信息。发行人无须披露与其业务有关的争议金额低于规定限额的普通例行诉讼或其他类型诉讼。

第 103 项第 5 条，规定了适用于某些环境诉讼披露的具体要求。第 5 条内容如下：

在任何联邦、已颁布或通过的有关将材料排放到环境中或主要为保护环境目的的州或地方规定下产生的行政或司法诉讼，不应被视为“业务附带的普通例行诉讼”，并应在以下情况下加以说明：

（a）该诉讼对发行人的业务或财务状况有重大影响；

（b）该诉讼主要涉及损害赔偿索赔，或涉及潜在的货币制裁、资本支出、递延费用或收入费用，所涉及的金额，不包括利息和费用，超过发行人及其子公司合并报表后资产的 10%；

（c）政府当局是诉讼的当事方，并且该诉讼可能涉及货币制裁，除非发行人有理由相信，该诉讼不会导致任何货币制裁，或不含利息和费用的货币制裁少于 10 万美元；但此类性质相似的诉讼程序可能被并案处理。

C. 风险因素

S－K 条例第 503（c）条，要求发行人在适当情况下，在“风险因素”项下，披露使对发行人的投资具有投机性或风险性的最重要因素。第 503（c）条规定，风险因素披露应明确说明风险有关内容，并说明特定风险如何影响特定发行人。发行人披露的风险不应该是适用于所有人的风险。

D. 管理层的讨论与分析

S－K 条例第 303 条，要求发行人披露管理层讨论财务状况和经营结果的分析（Management's Discussion and Analysis of Financial Condition and Results of Operations，以下简称 MD&A）。MD&A 披露要求旨在满足三个主要目标：

（a）提供发行人财务报表的叙述性解释，使投资者能够从管理层的角度观察发行人；

（b）加强整体财务披露，提供财务信息分析的背景信息；

（c）提供有关发行人收入和现金流量的质量和潜在变动的信息，以便投资者能够确定过去的业绩是否可能反映未来业绩。

MD&A 披露应包括发行人过去和未来的重要信息，尤其是关于发行人未来前景，使投资者能够评估发行人的财务状况和经营结果。其中一些信息本身是非财务性质的，但对发行人的财务状况和经营业绩有影响。

SEC 已经发布了多份关于 MD&A 披露的指南，包括 MD&A 的一般要求，以及对具体披露事项的要求。MD&A 披露要求具有一定的灵活性，使得信息披露能够跟上业务趋势的变化，而不需要不断修改规则。尽管如此，SEC 仍须通过在审查过程中反馈意见、发布公开声明及其他方式，提醒发行人，MD&A 的披露应清晰，并向股东传达管理层对公司财务状况和前景的看法。

第 303 条包括一系列涉及发行人流动性、资本来源和经营结果的披露项目。其中一些规定，如要求以表格形式披露合同义务，明确规定了披露要求。但另一些规定了披露原则，并要求管理层根据发行人的个体情况来应用这些原则。例如，发行人必须确定并披露已知的趋势、事件、需求、承诺和不确定性，这些趋势、事件、需求、承诺和不确定性可能对财务状况或经营业绩产生重大影响。这类披露应强调可能导致所报告的财务信息不能完全反映未来的经营业绩或未来的财务状况。关于趋势、需求、承诺、事件和不确定性的披露一般应包括：

（a）考虑发行人已知的财务、运营和其他信息；

（b）根据这些信息，确定已知的趋势和不确定性；

（c）评估这些趋势和不确定性是否会对发行人的流动性、资本资源或运营结果产生或十分可能产生重大影响。

在第 303 条中，在披露已知趋势、事件或有可能发生的不确定性的影响时，SEC 没有规定一个时间限制。与第 303 条要求的其他判断一样，时间期限将取决于发行人在特定情况和考虑中的特定趋势、事件或不确定性。例如，在确定关于未来资本来源的披露期限时，考虑到其流动性需求和资本金要求方面的期限。此外，已知趋势、事件或不确定性的时间期限可能与发行人对事项的重要性的评估以及其影响是否合理的判断相关。就其他披露事项而言，关于重要性的评估，取决于事件发生的可能性和对公司整体活动的影响。

一些 MD&A 披露要求对发行人的重要性决定特别重要。SEC 认为，不必要的细节或重复或信息不充分的披露，会使重要信息模糊不清，并降低行政管理和审查的有效性。进行 MD&A 披露的发行人应重点关注重大信息，并消除不能促进了解发行人的财务状况、流动性和资本资源、财务状况变化和经营结果的非重大信息。这些信息可不作为重要信息对外披露，但不应限制管理层在作出决定时考虑相关信息。过去 20 年来，技术和通信方面的改进大大增加了管理层获得的财务和非财务信息，并提高了管理层信息处理速度。虽然这并不一定会导致 MD&A 信息披露增加，但它确实导致了在进行 MD&A 信息披露时可能需要考虑更多的信息。在确定、讨论和分析已知的重要趋势和不确定性时，发行人应考虑所有相关信息，即使该信息无须披露，而且，与任何其他披露判断一样，发行人应该考虑是否有足够的披露控制和程序来处理这些信息。

分析已知趋势、事件或不确定因素的重要性，对于准备披露 MD&A 的发行人来说可能具有挑战性。SEC 在 1989 年称，面对趋势、需求、承诺、事件或不确定性，管理层必须作出下列两项评估：

（a）已知的趋势、需求、承诺、事件或不确定性是否有可能实现？如果管理层确定该事件不太可能发生，则无须披露。

（b）如果管理层不能作出上述评估，它必须假设这些后果会实现，并客观地评估已知趋势、需求、承诺、事件或不确定性的后果。除非管理层确定对发行人的财务状况或经营结果无重大影响，否则必须进行披露。

确定和评估已知的重大趋势和不确定性一般将要求发行人考虑提供给他们的大量财务和非财务信息，包括可能不需要披露的信息。

在具备重要性的情况下，发行人应说明评估不确定事件的数量和时间的影响所涉及的困难，并说明预计这些不确定事件将在什么时限内得到解决。根据第303（a）条，发行人还必须披露发行人认为对了解其财务状况、财务状况的变化和经营结果有必要的任何其他信息。

E. 外国私人发行人

《证券法》和《交易法》对外国私人发行人的披露义务主要受表格20－F的披露要求约束，而不是S－K条例规定的披露要求。然而，S－K条例适用于国内发行人的大多数气候变化相关披露要求，与表格20－F有相似之处，尽管一些要求没有适用于国内发行人的规定那么具有规范性。例如，表格20－F的以下条款可能要求外国私人发行人披露对其业务至关重要的气候变化事项：

— 项目3. D，要求外国私人发行人披露其重大风险；

— 项目4. B. 8，要求外国私人发行人描述政府监管对其业务的重大影响，并确定特定的监管机构；

— 项目4. D，要求外国私人发行人描述任何可能影响公司资产使用的环境问题；

— 项目5，要求管理层解释财务报表所涵盖的历史期间影响公司财务状况和经营成果的因素。管理层预计会对公司未来的财务状况和经营结果产生重大影响的因素和趋势的评估；

— 项目8. A. 7，要求外国私营发行人提供任何法律或仲裁程序（包括政府程序）的信息，这些程序可能对公司的财务状况或盈利能力产生重大影响，或在最近过去曾经产生重大影响。

表格F－167和表格F－368，外国私人发行人的证券法注册声明表格，也要求外国私人发行人根据S－K条例第503条提供信息，包括风险因素披露。

**注释（2）** 第四部分阐述了气候变化可能触发这些规则和法规所要求的具体披露和适用情况。

**IV 气候变化相关披露**

在上一节中，我们总结了部分SEC规则和条例，这些规则和条例是联邦证券法下发行人披露义务的来源。根据特定发行人的事实和情况，上面讨论的每一项都有可能需要披露有关气候变化的影响。以下是气候变化可能引发这些规则和法规所要求的披露。这是发行人可能需要考虑的气候变化相关问题的例子［除了本节讨论的S－K条例之外，发行人还必须根据适用的会计准则，包括财务会计准则委员会（FASB）会计准则汇编450：或有事项，和财务会计准则委员会（FASB）会计准则汇编275：风险和不确定性，来考虑气候变化问题对财务报表的影响］。

A. 立法和规章的影响

气候变化在联邦和州立法和法规方面取得了重大进展。这些进展可能触发SEC规则下的披露义务，如S－K条例第101条、第103条、第503（c）条和第303条。关于现有的联邦、州和地方有关温室气体排放的规定，第101条要求披露发行人当前会计年度及其后续会计年度的剩余时间以及发行人认为重要的其他期间的环境控制设施的任何重大估计资本支出。根据发行人的个体情况，第503（c）条可能要求披露与气候变化有关的现有或未决立法或法规的风险因素。发行人应考虑其因气候变化立法或法规而面临的特定风险，并避免可能适用于任何公司的一般性风险因素披露。例如，对温室气体立法或法规特别敏感的发行人，如能源行业的发行人，与目前依赖排放温室气体的产品的发行人（如交通行业的发行人）相比，可能面临气候变化立法或法规带来的明显不同的风险。

第303条要求发行人评估任何颁布的气候变化立法或法规，是否可能对发行人的财务状况或经营结果产生重大影响。

在已知的不确定性的情况下，例如，未决的立法或法规，应分两个步骤评估是否需要披露MD&A。第一，管理层必须评估未决的立法或法规是否有合理的可能性被颁布。除非管理部门明确该法律不太可能被颁布，否则必须在立法或规章将被颁布的假设下进行。第二，管理层必须确定如果立法或法规颁布，是否有合理的可能对发行人、其财务状况或经营结果产生重大影响。除非管理层确定不太可能产生实质性影响（管理层应确保掌握有关发行人温室气体排放和其他业务事项的充分信息，以评估立法或法规产生实质性影响的可能性），如不能确定，则要求披露管理与管理费用。除了披露未决立法或条例的潜在影响外，如果具有实质性影响，发行人还必须考虑披露在评估待决立法或条例的时间和效果方面所涉及的困难。

发行人不应将其对拟议法律披露的评估仅限于负面影响。一些法律或商业惯例改变，可能为发行人提供新的机会。例如，如果实行“限额交易”（cap and trade）类型的交易制度，如果发行人的排放水平最终低于他们的排放配额，他们可能会从销售配额中获利。同样，那些没有被法定的排放上限覆盖的人也可以通过出售他们在新立法下有资格获得的抵消额度而获利。

与气候变化有关的未决立法和法规可能产生的后果的例子包括：

（a）在“限额和交易”制度下，额度的购买成本或销售利润；

（b）为遵守监管限制或减轻“限额交易”制度的财务后果，改善设施和设备以减少排放所需的成本；

（c）直接由法律或法规引起的对商品和服务需求增加或减少，以及间接由销售商品成本的变化引起的利润或损失的变化。

气候变化监管是一个快速发展的领域。鉴于新情况，发行人需要定期评估其潜在的披露义务。

B. 国际协议

发行人还应考虑并披露与气候变化有关的条约或国际协定对其业务的影响。我们已经注意到《京都议定书》、欧盟碳排放交易体系（ETS）和其他与气候变化有关的国际活动。与国际协议相关的信息披露义务的潜在来源与上述讨论的美国气候变化监管的信息披露义务相同。其业务有可能受到此类协议影响的发行人应监测任何潜在协议的进展，并考虑在履行其基于之前概述的行政管理与审核和重要性原则的披露义务方面可能产生的影响。

C. 规章制度或商业趋势的间接后果

关于气候变化的法律、技术、政治和科学发展可能为发行人带来新的机会或风险。这些发展可能会创造对新产品或服务的需求，也可能会减少对现有产品或服务的需求。例如，可能的间接后果或机会包括：

— 减少对产生大量温室气体排放的商品的需求；

— 对比竞争产品更低排放的产品的需求增加；

— 增加开发创新产品的竞争；

— 替代能源的发电和传输需求增加；

— 与碳基能源相关的服务需求减少，如钻井服务或设备维护服务。

这些业务趋势或风险可能需要作为风险因素或在MD&A中披露。在某些情况下，这些发展可能对发行人的业务产生足够大的影响，因此可能需要在第101条下的业务描述中披露。例如，第101（a）（1）项可能要求计划重新定位自己以利用潜在机会的发行人，如通过购买工厂或设备的物质，披露经营计划的转变。发行人在评价这些机会和义务的重要性时应考虑其自身的具体事实和情况。

披露风险因素时需要考虑的气候变化潜在间接风险的另一个例子是对发行人声誉的影响。根据发行人的业务性质及其对公众意见的敏感性，发行人可能必须考虑公众对任何可公开获得的有关其温室气体排放的数据的看法，是否可能使其因声誉受损而对其业务运营或财务状况造成潜在的不利后果。

D. 气候变化的物理影响

气候变化的重大物理影响，如对恶劣天气（如洪水或飓风）、海平面、农田的可耕性、水资源的可用性和质量的影响，有可能影响一个发行人的运营和结果。例如，恶劣天气会对实体工厂和设施造成灾难性的伤害，并扰乱生产和分销过程。

恶劣天气可能造成的后果包括：

— 对于业务集中在海岸线的发行人，财产损失和业务中断，包括制造业务或制成品运输；

— 飓风或洪水等恶劣天气对主要客户或供应商的业务造成中断，对财务和业务造成间接影响；

— 增加保险和再保险公司的保险索赔和负债；

— 受干旱或其他与天气有关的变化影响地区的农业生产能力下降；

— 增加保险费用和免赔额，或减少覆盖范围的可用性，工厂或经营的地区受恶劣天气的影响。

易受恶劣天气或气候相关事件影响的发行人应考虑在其公开提交的披露文件中披露此类事件的重大风险或后果。

## 四、《面向投资者的气候相关信息披露的加强和标准化》

2022 年 3 月，SEC 发布《面向投资者的气候相关信息披露的加强和标准化》（*The Enhancement and Standardization of Climate – Related Disclosures for Investors*，以下简称《2022 气候相关信息披露》），提议对证券法和证券交易法相关规则进行修改，旨在为投资者和公司提供气候相关披露的基本框架。

1. 披露四类气候相关信息

《2022 气候相关信息披露》要求发行人提供注册报告和年度报告中的气候相关信息，并要求发行人披露可能对其业务、运营或财务状况产生重大影响的气候相关风险的信息，具体包括但不限于：（1）发行人对气候相关风险的治理和相关风险管理流程；（2）发行人识别出的任何气候相关风险如何对其业务和合并财务报表产生或可能产生重大影响，这些影响可能在短期、中期或长期表现出来；（3）任何已识别的气候相关风险如何影响或可能影响发行人的战略、商业模式和前景；（4）气候相关事件（恶劣天气事件和其他自然条件）和过渡活动对发行人合并财务报表的项目以及财务报表中使用的财务估计和假设的影响。

2. 披露温室气体排放信息

《2022气候相关信息披露》拟议规则要求发行人披露有关其直接温室气体（GHG）排放（范围1）和购买电力或其他形式能源的间接排放（范围2）的信息，以及具有实质性的范围3排放信息。

3. 在MD&A部分对气候信息进行叙述性描述

《2022气候相关信息披露》建议发行人在年报管理层分析和讨论（MD&A）部分对气候相关信息进行叙述性描述。MD&A是对财务报表和其他统计数据的叙述性解释，发行人认为这些数据将增强信息使用者对其财务状况、财务状况变化和经营成果的理解。MD&A的目标是：（1）提供公司财务报表的叙述性解释，使投资者能够通过管理层的眼光看待公司；（2）加强整体财务披露并提供分析财务信息的背景；（3）提供有关公司收益和现金流量的质量和潜在可变性的信息，以便投资者确定过去业绩是否预示未来业绩的可能性。

叙述性描述可以为管理层提供描述影响发行人的财务事项的灵活性。在气候问题上，由于各个公司对气候信息和数据的掌握程度不一，增加叙述性描述有助于降低公司的披露成本。

4. 提交而不是提供

发行人根据《2022气候相关信息披露》规则进行的披露将被视为“提交”而不是“提供”。因此，发行人将根据《交易法》第18条或《证券法》第11条承担潜在责任。

**注释（1）**　《2022气候相关信息披露》[①] 提出了SEC对气候相关信息披露的建议披露内容、披露方式、排放相关披露的证明以及过渡期的要求。

① 本书引用美国证监会（SEC）2022年3月发布的《面向投资者的气候相关信息披露的加强和标准化》（*The Enhancement and Standardization of Climate – Related Disclosures for Investors*），网址为https：//www.sec.gov/rules/proposed/2022/33 – 11042.pdf。中文版本仅供参考，中文版本与英文版本如有出入，以英文版本为准。

E. 拟议规则摘要

SEC提议在S－K条例，17CFR 229.1500－1507中增加一个新的子部分（“S－K条例第1500部分”），要求发行人披露某些气候相关信息，包括可能对其业务或合并财务报表和温室气体产生实质性影响的气候相关风险的信息，以及可以帮助投资者评估这些风险的排放指标。

发行人还可以披露其与气候相关的机会。拟议的S－K条例新子部分将包括对加速申报人（accelerated filers）和大型加速申报人（large accelerated filers）关于某些拟议的温室气体排放指标披露的证明要求。

SEC还提议在S－X条例，17CFR 210.14－01和02中添加新条款（“S－X条例第14条”），要求在发行人经审计的财务说明中声明某些与气候相关的财务报表指标和相关披露。拟议的财务报表指标将包括对现有财务报表项目的分类气候相关影响。作为发行人财务报表的一部分，财务报表指标将接受注册会计师事务所独立审计，并包括在发行人财务报告内部控制范围内（Internal Control over Financial Reporting，ICFR）。

1. 建议披露的内容

拟议的气候相关披露框架部分基于TCFD的建议，并且还借鉴了温室气体核算体系（GHG Protocol）。特别是，拟议规则将要求发行人披露以下信息：

— 发行人董事会对气候相关风险的监督、治理和管理；

— 发行人识别出的任何对其业务和合并财务报表产生实质性影响的气候相关风险是如何产生或可能产生的，这可能在短期、中期或长期表现出来；

— 任何已识别的气候相关风险如何影响或可能影响发行人的战略、商业模式和前景；

— 发行人识别、评估和管理气候相关风险的流程，以及是否将任何此类流程整合到发行人的整体风险管理系统或流程中；

— 气候相关事件（恶劣天气事件和其他自然条件的影响以及发行人确

定的物理风险）和转型活动（包括发行人识别的转型风险）对财务报表和相关支出的影响，以及此类气候相关事件和转型活动对财务估计和假设的影响。

— 分别披露范围 1 和范围 2 的温室气体排放指标，按照：

- 分类的温室气体成分和总量计算；
- 绝对数量和排放强度。

— 范围 3 温室气体排放量和强度，如果具有实质性，或者如果发行人设置的温室气体减排目标或目标包括其范围 3 排放；

— 发行人的气候相关目标，以及转型计划（如果有）。

在回应任何有关治理、战略和风险管理的拟议规则时，发行人还可以披露任何有关与气候相关的机遇。

2. 建议披露的方式

拟议规则将要求发行人（包括国内和国外私人发行人）：

— 在其注册声明（registration statements）和交易法规定的年度报告（annual reports）中提供与气候相关的披露；

— 在其注册声明或年度报告的适当部分单独提供 S－K 法规要求的气候相关披露，或者该信息援引自另一部分，例如，风险因素、业务描述或管理层的讨论和分析（“MD&A”）；

— 在发行人经审计财务报表附注中披露 S－X 条例规定的气候相关财务报表指标和相关披露；

— 在 Inline XBRL 中以电子方式标记描述性和定量气候相关披露；

— 提交而不是提供与气候相关的披露。

3. 范围 1 和范围 2 排放披露的证明

拟议规则将要求加速申报者或大型加速申报者在相关文件中包括一份认证报告，其中至少包括披露其范围 1 和范围 2 排放，并提供认证服务方相关信息。

正如提议的那样，加速申报者和大型加速申报者都将有时间过渡到最低认证要求。拟议的过渡期将为现有的加速申报者和大型加速申报者提供一个财政年度以过渡到提供有限的鉴证和两个额外的财政年度以过渡到提供合理的鉴证，从范围 1 和范围 2 排放披露的相应合规日期开始。

拟议规则将提供最低认证报告要求，最低可接受的认证框架的标准，并且需要认证服务提供方满足某些最低资格。拟议规则不需要认证服务提供者为注册会计师事务所。

4. 拟议披露的过渡期和调整

拟议规则将包括：

— 为所有发行人提供过渡阶段，合规日期取决于发行人的申报状态；

— 范围 3 排放披露的额外过渡阶段；

— 范围 3 排放披露的安全港；

— 对符合小型报告公司（Smaller Reporting Company，SRC）条件的发行人豁免范围 3 排放披露要求；

— 允许发行人在无法合理获得实际报告数据的情况下，对其第四财政季度的温室气体排放量进行合理估计，以及前三个财政季度的实际确定的温室气体排放数据，只要发行人在随后的文件中及时披露第四财政季度使用的估计和实际确定的温室气体排放数据之间的任何重大差异。

拟议规则将为所有发行人提供过渡期，合规日期取决于发行人作为大型加速申报者、加速或非加速申报者或 SRC 的状态，以及披露项目的内容。例如，假设拟议规则的生效日期为 2022 年 12 月，并且发行人在 12 月 31 日财政年度结束，对报告年度的合规日期（除范围 3 披露外）将是：

— 对于大型加速申报者，2023 财年（2024 年申报）；

— 对于加速和非加速申报者，2024 财年（2025 年申报）；

— 对于 SRC，2025 财年（2026 年申报）。

按要求需提供范围 3 排放披露的发行人将有额外一年的过渡期。

# 第三章　交易所可持续信息披露要求

## 第一节　纳斯达克证券交易所

我们的目标是在促进 ESG 实践、信息披露和投资者与上市公司对话方面发挥越来越大的作用。这不仅为新的产品创造流动性，例如，ESG 指数期货、绿色债券和 ESG ETF，从长远来看，它也可能创造一个更好、更可持续的经济。

### 一、纳斯达克交易所

#### （一）纳斯达克交易所

纳斯达克交易所（Nasdaq）成立于 1971 年，是全球第一个电子交易所，总部位于纽约，在美国、加拿大、北欧和波罗的海国家经营 29 个市场，提供股票、衍生品、固定收益和商品交易服务。纳斯达克交易所以科技创新为特点，定位为科技公司，其交易技术被 50 个国家的 100 家交易所使用。

2005 年，纳斯达克交易所以股票代码 NDAQ 在纳斯达克交易所上市。2008 年，纳斯达克交易所与斯堪的纳维亚交易所集团 OMX 合并，成为纳斯达克 OMX 集团（Nasdaq OMX Group），并于 2015 年更名为纳斯达克公司（Nasdaq Inc.）。

纳斯达克交易所的主要业务包括四部分：

— 企业服务：包括上市服务、ESG 服务等；

— 投资信息：金融机构、经纪人和资产管理公司的数据、指数和投资分析；

— 市场技术：包括交易和结算平台以及防范金融犯罪的技术保障；

— 市场服务：包括股票衍生品交易和清算、股票交易、固定收益和商品交易，以及清算和交易管理服务。

在纳斯达克交易所成立初期，由于准入门槛较低，对初创型企业较为友好，吸引了一批科技企业融资上市，并逐渐形成了高科技和增长导向的上市企业风格，其中包括英特尔、苹果、微软和特斯拉等。

在纳斯达克交易所上市的公司一般需满足下列条件：一是满足财务、流动性和公司治理的要求；二是在美国证券交易委员会（SEC）注册；三是至少有三个做市商；四是根据公司规模和交易量满足其他要求。同时，纳斯达克交易所通过区别上市标准建立了分层制度。根据不同上市要求，公司的股票将在以下三个市场层之一上市：

1. 全球精选市场：该综合指数由美国和国际公司的股票组成，并根据市值进行加权。在全球精选市场挂牌的公司必须达到纳斯达克交易所的最高标准。纳斯达克交易所上市资格部门每年都会对全球市场上市公司进行调查，如果符合条件，该部门将把它们转移到全球精选市场。

2. 全球市场：纳斯达克交易所的全球市场由在美国和国际上市的公司的股票组成，一般被认为是一个中型市场。

3. 资本市场：在纳斯达克交易所更名之前，资本市场曾经被称为小盘股市场，资本市场主要覆盖市值较小的公司。

### （二）纳斯达克交易所的可持续金融发展

1. 纳斯达克交易所 ESG 报告指引

纳斯达克交易所第一个 ESG 报告指引《纳斯达克交易所 ESG 报告指引 1.0》（以下简称《指引 1.0》）于 2017 年 3 月发布，主要适用于其北欧和波罗的海公司，目的是促进上市公司与投资者之间在 ESG 和企业财务业绩方面的交流。

在《指引 1.0》的基础上，2019 年 5 月，纳斯达克交易所推出《纳斯达克交易所 ESG 报告指引 2.0》（*ESG Reporting Guide 2.0：A Support Resource for*

Companies，以下简称《指引 2.0》)。《指引 2.0》主要对《指引 1.0》进行了以下几方面修订：

（1）修订 ESG 指标；

（2）纳入市场的最新发展（如 TCFD、SDG、GRI、NFRD 等）；

（3）简化和标准化指引、标签和计算；

（4）提高中小企业的 ESG 参与度；

（5）覆盖所有纳斯达克市场——包括美国股票市场。

《指引 2.0》不是一项强制性要求，而是一个基于自愿原则的倡议。纳斯达克交易所认为，关注 ESG 可以带来更高效、和谐和可持续的管理实践。因此，《指引 2.0》侧重于经济原则和具体数据，而不是道德或伦理，同时着重考虑 ESG 实践的长期价值，特别是 ESG 作为公司和潜在投资者之间的重要联系。

纳斯达克交易所鼓励上市公司在评估成本和收益时考虑 ESG 信息，并将 ESG 视为改善运营、加强战略、扩大风险监管或吸引新投资者的方式。

2. 纳斯达克可持续债券网络倡议

纳斯达克可持续债券网络（Nasdaq Sustainable Bond Network，NSBN）是纳斯达克交易所在 2019 年推出的一个全球化网络平台，主要面向绿色、社会和可持续发展债券。NSBN 在可持续债券发行人和投资者之间起桥梁作用，通过使用 NSBN，可以帮助投资者以标准化格式了解融资项目所带来的影响。还可以接触寻求投资于所有可持续发展目标的全球投资者，并了解投资者希望从报告获得的信息。

NSBN 可以提高 ESG 债券数据的透明度和数据可获得性，具体包括四个方面的功能：

一是信息展示。NSBN 在一个集中的公共平台上汇总所有可持续债券相关文件和数据。使用 NSBN 的发行人可以展示他们的可持续发展努力，并为其债券提供更高水平的透明度。

二是数据标准化。通过机器可读的数据，以标准化的格式告知投资者和其他利益相关者可持续债券的有关信息。对于投资者而言，NSBN 满足了可持续债券市场对改进数据聚合日益增长的需求，取代了手动收集和管理数据。

三是促进 ESG 推广。通过 NSBN，可以在全球平台上加强对可持续发展标准的遵守。

四是 ESG 信息连接。NSBN 可以连接和比较跨地区和部门的可持续债券和信息披露。

在设立初期，NSBN 覆盖来自 630 家发行人的 5000 多只债券，主要来自欧洲、美国和亚洲地区。截至 2022 年 6 月，NSBN 发行人达 1161 家，债券数量达 11432 只，覆盖 75 个国家。

**专栏 1：纳斯达克可持续债券网络标准**

纳斯达克可持续债券网络（Nasdaq Sustainable Bond Network，NSBN）是一个在全球发行的绿色、社会和可持续发展债券的集中信息平台。发行人需要向 NSBN 提交一份签名的申请表以及副本表格规定的文件。申请加入纳斯达克可持续债券网络的申请人必须满足以下条件：

（1）作为网络积极参与者的发行人必须清楚地识别特定的绿色、社会或可持续性标准。此类标准包括但不限于：绿色债券原则和气候债券倡议。

（2）发行人必须在 NSBN 上发布文件，以解释该计划或已承诺的债券募集资金使用框架。该框架至少应包括以下信息：

（i）募集资金使用的项目或项目类别；

（ii）报告其募集资金使用的方式和频率。

（3）发行人每年至少披露一次募集资金使用的更新信息。第一次更新信息的披露应在发行之日起 1 年内。后续报告应自上次报告之日起 1 年内提交。

（4）如果发行人对募集资金使用框架进行任何重大更改或更新，发行人必须向 NSBN 发布更改或更新的框架。

纳斯达克保留拒绝将债券纳入 NSBN 的权利，或从 NSBN 中删除债券的权利，根据以下情况：

（1）发行人未提交签名并填写完整的申请表；

（2）发行人未能满足纳入标准，包括未能及时提供文件；

（3）发行人未支付任何适用费用；

（4）纳斯达克认为发行人提交了有关债券遵守适用标准的误导性信息。

3. 纳斯达克OneReport

OneReport是纳斯达克交易所2020年收购的用于收集、协调和共享ESG数据的报告软件。OneReport软件平台建立于2003年，主要通过内部数据管理系统为企业提供企业责任报告信息收集、流程响应和数据传送服务。被收购后，OneReport作为纳斯达克企业服务业务提供的解决方案套件的一部分，为企业提供ESG报告和工作流解决方案。

OneReport汇总了多个ESG信息披露框架、评级、评估、指数、标准、指标和公共报告要求。通过使用OneReport，发行人可以向评估者、投资者和利益相关者提供统一和定制的ESG数据。

OneReport具有一站式和高效性的优点。对信息披露方而言，OneReport可以简化ESG报告的数据收集和报告准备流程，并将ESG数据无缝发布到公司网站。对信息使用方而言，评级机构、审计、投资者和其他利益相关者可以高效获得并共享ESG数据。

## 二、《纳斯达克交易所ESG报告指引2.0》

**注释（1）** 与一般强调标准化、格式化的信息披露标准不同，《指引2.0》[①] 是纳斯达克交易在ESG议题上与发行人和投资者的交流，其中反映了纳斯达克交易所对ESG信息披露的认识和总结，以及在此基础上提出的信息披露建议。

纳斯达克不强制要求其上市公司进行ESG披露，因此《指引2.0》是一

① 本书引用纳斯达克交易所（Nasdaq）2019年5月发布的《纳斯达克交易所ESG报告指引2.0》（*ESG Reporting Guide 2.0: A Support Resource for Companies*），网址为https://www.nasdaq.com/docs/2019/11/26/2019-ESG-Reporting-Guide.pdf。中文版本仅供参考，中文版本与英文版本如有出入，以英文版本为准。

个完全自愿的倡议，即通过交流与沟通，纳斯达克尝试在发行人和投资者之间形成关于ESG信息披露内容、质量的共识。纳斯达克称，《指引2.0》无意与任何现有框架竞争、取代或补充任何现有框架，而是为努力履行披露义务的上市公司提供信息参考。

在内容上，《指引2.0》覆盖ESG报告的重要性、必要性、实质性和管理等多个方面。结合本书“解析可持续信息披露标准、要求、流程和指标”的宗旨，我们选取其中部分进行解读，分别是ESG定义、ESG报告内在价值、利益相关者。

**表3-1　《纳斯达克ESG报告指引2.0》目录**

| | |
|---|---|
| 纳斯达克ESG报告指引2.0 | |
| 前言 | |
| 简介 | |
| 指引的使用 | |
| 什么是ESG | |
| ESG报告 | |
| 利益相关者 | |
| 实质性 | |
| 管理 | |
| 市场 | |
| 股票交易所 | |
| 标准 | |
| 可持续发展目标 | |
| ESG衡量 | a. 环境 |
| | b. 社会 |
| | c. 治理 |
| 注释 | |
| 附录1 | 当地法律法规 |
| 附录2 | 研究资源 |

**注释（2）**　在《指引2.0》中，ESG的定义为：一系列广泛的环境、社会和公司治理考虑因素，这些考虑因素可能会影响公司执行其经营战略和长

期创造价值的能力。虽然 ESG 因素有时被称为非财务因素，但公司管理 ESG 的方式会产生可衡量的财务影响。为衡量公司的可持续发展绩效，《指引 2.0》设立了一系列 ESG 关键绩效指标（KPI）。

纳斯达克认为，尽管 ESG 报告不是强制要求，但 ESG 报告有助于潜在投资者更好地对公司进行评估，其内在价值主要包括获得资本、盈利能力和增长、合规与风险管理、企业声誉和品牌、信息测量与流动。

**《指引 2.0》：ESG 报告**

**获得资本**

— 展示透明度和有效管理，增强公司吸引长期资本和有利融资条件的能力。

— 增强公司吸引长期投资者的能力，包括养老基金等主要机构投资者（事实上，有些基金在这方面有强制性要求）。

**盈利能力和增长**

— 通过识别节约成本、创收和风险缓解的机会，为公司创造财务价值。

— 通过建立问责机制和促进与利益相关者的合作来推动持续改进。

— 更深入地了解利益相关者的需求，推动创新并增强市场差异化和竞争力。

— 使管理层和董事会能够对 ESG 机会和风险进行审查，并促进公司范围内的目标一致。

**合规与风险管理**

— 满足有关财务重大因素的强制性报告要求，并降低与财务报告法规相关的合规风险。

— 建立 ESG 信息的衡量和报告流程。

— 帮助公司领先于新兴的 ESG 和报告法规。

— 通过展示公司的透明度和对利益相关者需求的响应能力来确保公司的经营。

**企业声誉和品牌**

— 展示企业对负责任地管理环境、社会和经济影响的承诺。

— 展示企业遵守行业道德标准以及关于企业可持续性和可持续发展的国家和国际框架，尤其是与联合国可持续发展目标一致。

— 通过利益相关者参与，提高利益相关者对公司的看法，从而提高企业声誉。

— 提高员工对公司的认知，帮助吸引、留住、激励和调整新员工和现有员工。

**信息测量与流动**

— 确保关键利益相关者掌握必要的相关信息，以便就公司在短期、中期和长期创造价值的能力作出明智的决策。

— 衡量战略的实现和 ESG 影响的程度。

— ESG 信息披露可以衡量关键企业战略的成功或进展，以及企业实践的影响。

**加强利益相关者关系**

— 通过让他们参与整个报告过程来改善与主要利益相关者的关系。

**注释（3）**　纳斯达克交易所强调利益相关者和股东之间的区别，即“股东是公司的利益相关者，而利益相关者不一定是股东”。《指引 2.0》列举了在 ESG 信息披露中可能涉及的利益相关者，公司在进行 ESG 信息披露时需要考虑这部分利益相关者的需求。

**《指引 2.0》：利益相关者**

首先应区分“利益相关者”和“股东”两个概念。根据企业金融协会（CFI），“股东是公司的利益相关者，而利益相关者不一定是股东”。一方面，股东是拥有公司股权的人，因此持有该公司利益。另一方面，利益相关者关注公司资本增值以外的表现。

需考虑两类影响，由于公司业绩直接在经济上受益（或受损）的个体，以及由于公司除业绩以外其他任何方式受益（或受损）的个体。盈利能力对股东来说非常重要，责任可能更直接地与利益相关者的利益联系在一起。

因为纳斯达克本身是一个混合组织，即具有上市公司、交易所运营商、自律组织、金融产品创造者、数据管理者等多重身份。在纳斯达克交易所自身的重要性评估中，发现以下机构和实体都以某种方式对我们的业务产生影响：

— 上市公司；

— 上市公司投资者；

— 纳斯达克（NASDAQ）投资者；

— 投资者权益团体（Investor Advocacy Groups）；

— 外汇监管机构；

— 其他证券交易所；

— 市场分析师和研究人员；

— 公共政策制定者；

— 非政府组织和报告框架；

— 上市前公司；

— 客户和供应商；

— 现在（和未来）的员工；

— 公共社区。

利益相关者必须被考虑在内。他们可能应被纳入风险评估，新的市场机会，或人才成本效益分析。但其影响的大小，需要通过实质性评估来决定。公司在进行 ESG 信息披露时可以考虑下述利益相关者。

（a）投资者，例如，PAX，Parnassus，Aviva 等专业 ESG 投资机构；

（b）指数编制机构和创新机构，例如，MSCI，RobecoSAM 等；

（c）交易所；

（d）政府；

（e）非政府组织，例如，联合国环境规划署、联合国妇女署、经济及社会理事会（ECOSOC）等；

（f）供货商和供应链；

（g）人力资本；

（h）学界和分析机构；

（i）媒体；

（j）排名机构、评级机构和报告机构等。

**注释（4）**　《指引2.0》没有给出判定实质性内容的具体标准，但要求信息披露方在确定实质性的过程中以利益相关者的利益为中心，并建议参考IIRC、GRI、SASB等对实质性的定义。

**《指引2.0》：实质性认定**

虽然“实质性”和“重大业务影响”的概念对于正确评估ESG因果关系至关重要，但本文件无意定义评估重要性的过程。这项工作必须由企业报告方进行，可能与第三方更详细的指导一致，并且在对实质性的定义过程中以利益相关者的利益为中心。纳斯达克通过直接干预、被动教育、专家咨询、案例研究和原创研究协助公司评估重要性。

在评估重要性时，鼓励公司考虑对外部利益相关者和生态系统的影响，以及直接影响公司的因素。这一过程（以及随后的报告）使投资者能够更好地评估这些影响不可避免地产生的系统性和长期风险。直接报告ESG绩效数据只是公司整体情况的一部分——无论多么重要和必要；了解外部影响可以阐明公司的整体价值主张和长期风险状况。

为了更好地理解重要性的概念，我们建议您参考以下来源和定义。需注意的是，评估重要性是一个持续的过程，会产生高度个性化的结果。鼓励公司专注于自身业务的需求，而不是盲目地遵循标准定义。

— 国际综合报告委员会（IIRC）认为，如果某个事项是相关的（可能对价值创造产生影响），并且就其影响的范围和发生的可能性而言，对价值创造的已知或潜在影响而言是重要的，则该事项具有实质性。

— 出于报告目的，全球报告倡议组织（GRI）建议报告应涵盖反映组织的重大经济、环境和社会影响的各个方面，或对利益相关者的评估和决策有明确影响的内容。

— SASB 对财务实质性（重要性）的方法基于一个在全球广为接受的传统定义，即对投资者作出投票和投资决策可能重要的信息。SASB 确定了合理的可能影响行业公司财务状况或经营业绩的行业特定可持续性因素，因此保证向投资者进行标准化披露。虽然 SASB 的标准是指导财务重大主题披露的有用工具，但公司管理层有责任确定对业务至关重要的因素。

— Datamaran 是一家专门分析非金融风险管理的公司。可参考其发布的“实质性定义：终极指南”。

最后，我们提请您注意企业报告对话（Corporate Reporting Dialogue）所做的重要工作。其发布的企业报告对话实质性共同原则声明（2016）不仅总结了各组织对实质性的定义，它还在各类定义间设定了一个协调的“共同核心”。

**注释（5）**　《指引 2.0》认为收集数据、传播数据、组建团队都是 ESG 信息披露管理的重要组成部分，ESG 信息披露需要整合公司内部多个业务部门。

**管理**

数据报告只是良好 ESG 管理中固有的部分之一。公司如何收集数据、在内部传播数据、组建团队以更好地理解数据以及激励他人提高绩效，这些都是同样重要的部分。随着对 ESG 的理解和认知的增加，带来了以下改变：

— 数据驱动的决策；

— 为困难或雄心勃勃的项目分配（共享）责任；

— 愿意打破现状。

ESG 的“正确”管理方法仍有待确定，其中，Thomson Reuters 建议采用四步程序（《使用 ESG 作为绩效驱动因素》，2018 年 9 月 13 日）：

1. 使 ESG 与公司的核心战略、产品/服务和运营保持一致；

2. 分配资源以解决重大 ESG 问题，以协助完成上述任务；

3. 根据明确定义的 KPI 管理和衡量 ESG 绩效；

4. 让投资者、客户和员工参与其中。

由于工作范围较广，这个过程可能会变得复杂。许多不同的垂直组织可能会被调用。可能包括内部运营、法律、财务、合规、人力资源职能、健康和安全、产品经理、投资者关系、公司秘书、高管和董事会。即使公司拥有一个功能强大且高效的 ESG 团队，整合如此不同的参与者群体通常也很困难。出于这个原因，企业必须明确 ESG 对其业务的重要性。

**注释（6）** 在 ESG 目标方面，《指引 2.0》认为，截至 2019 年，较少上市企业对联合国可持续发展目标（SDG）进行了披露。在 SDG 中，纳斯达克交易所强调性别平等、负责任的消费和生产、气候行动和伙伴关系等目标的披露。

**可持续发展目标**

联合国可持续发展目标（SDG）包括 17 个大类目标（169 个细分目标）旨在缓解普遍存在的社会、经济和环境问题。

纳斯达克支持可持续发展目标的工作。我们的倡导和支持主要通过联合国全球契约组织（UN Global Compact）进行，该组织是一个商业会员组织，有助于扩大经济界对联合国问题的认识。我们还将可持续发展目标的工作整合到我们为上市公司提供的可持续发展工具和支持中，利用活动、白皮书和网络研讨会来展示可持续发展目标的价值和影响。

截至 2019 年，相对较少的纳斯达克上市公司公开报告了 SDG 目标的进展，但我们预计这一数字会上升。值得注意的是，英特尔、微软、赛门铁克和星巴克等上市公司对 SDG 目标进行了披露。

根据本指南，纳斯达克特别强调的可持续发展目标包括：

— 性别平等（可持续发展目标 5）。确保妇女在政治、经济和公共生活的各级决策中充分和有效地参与并享有平等的领导机会。

—负责任的消费和生产（SDG12）。鼓励公司，特别是大型和跨国公司，采用可持续实践并将可持续发展信息纳入其报告周期。

—气候行动（可持续发展目标13）。改善气候变化减缓、适应、影响减少和预警方面的教育、提高认识以及人员和机构能力。

—伙伴关系（SDG17）。加强全球可持续发展伙伴关系，辅之以多方利益攸关方伙伴关系，调动和分享知识、专长、技术和财政资源，以支持所有国家，特别是发展中国家实现可持续发展目标。

**注释（7）** 为明确衡量指标，《指引2.0》在环境、社会和公司治理三大方面提出了30项细分指标。

**ESG衡量指标**

《指引2.0》提供ESG指标及相关解释，包括：

**表3-2 纳斯达克交易所ESG披露指标**

| 环境（E） | 社会（S） | 公司治理（G） |
|---|---|---|
| E1 温室气体排放 | S1 首席执行官薪酬比率 | G1 董事会多元化 |
| E2 排放强度 | S2 性别薪酬比率 | G2 董事会独立性 |
| E3 能源使用 | S3 员工流失率 | G3 激励薪酬 |
| E4 能源强度 | S4 性别多样性 | G4 集体谈判 |
| E5 能源组合 | S5 临时工比率 | G5 供应商行为准则 |
| E6 用水量 | S6 非歧视 | G6 道德与反腐败 |
| E7 环境运营 | S7 受伤率 | G7 数据隐私 |
| E8 气候监督/董事会 | S8 全球健康与安全 | G8 ESG报告 |
| E9 气候监督/管理 | S9 童工和强迫劳动 | G9 披露惯例 |
| E10 气候风险缓解 | S10 人权 | G10 外部核验 |

**环境**

公司可以选择报告以下任何或所有环境指标，根据利益相关者指南、行业或行业标准或实质性评估影响。请遵循“回应或解释”的原则。如果省略了某个项目，请解释原因（“非实质性”）。除非另有说明，否则所有项目均应每年报告一次，并应注明时间范围。

E1　温室气体排放

E1.1　范围1排放的总量，以二氧化碳当量计（如适用）

E1.2　范围2排放的总量，以二氧化碳当量计（如适用）

E1.3　范围3排放的总量，以二氧化碳当量计（如适用）

E2　排放强度

E2.1　单位产出的温室气体排放总量

E2.2　单位产出的非温室气体排放总量

E3　能源使用

E3.1　直接消耗的能源总量

E3.2　间接消耗的能源总量

E4　能源强度

单位产出的总直接能源使用量

E5　能源组合

百分比：按发电类型划分的能源使用情况

E6　用水量

E6.1　用水总量

E6.2　回收水总量

E7　环境运营

E7.1　公司是否遵循正式的环境政策？是/否

E7.2　公司是否遵循特定的废物、水、能源和/或回收政策？是/否

E7.3　公司是否使用公认的能源管理系统？是/否

E8　气候监督/董事会

公司的董事会是否监督和/或管理气候相关风险？是/否

E9　气候监督/管理

公司的高级管理团队是否监督和/或管理气候相关风险？是/否

E10　气候风险缓解

每年在气候相关基础设施、复原力和产品开发方面的投资总额。

**社会**

S1　首席执行官薪酬比率

S1.1　比率：CEO总薪酬与全职员工（FTE）总薪酬中位数

S1.2　公司是否在监管文件中报告此指标？是/否

S2　性别薪酬比率

比率：男性薪酬中位数与女性薪酬中位数

S3　员工流失率

S3.1　百分比：全职员工的同比变化

S3.2　百分比：兼职员工的同比变化

S3.3　百分比：承包商和/或顾问的同比变化

S4　性别多样性

S4.1　百分比：男性和女性职位总人数

S4.2　百分比：男性和女性担任的初级和中级职位

S4.3　百分比：由男性和女性担任的高级和行政级别职位

S5　临时工比率

S5.1　百分比：兼职员工占企业总人数

S5.2　百分比：承包商和/或顾问占企业总人数

S6　非歧视

公司是否遵循性骚扰和/或非歧视政策？是/否

S7　受伤率

百分比：相对于总劳动力时间的伤害事件频率

S8　全球健康与安全

公司是否遵循职业健康和/或全球健康与安全政策？是/否

S9　童工和强迫劳动

S9.1　公司是否遵循童工和/或强迫劳动政策？是/否

S9.2　如果是，公司的儿童和/或强迫劳动政策是否涵盖供应商？是/否

S10　人权

S10.1　公司是否遵守人权政策？是/否

S10.2　如果是，公司的人权政策是否涵盖供应商和供应商？是/否

**公司治理**

G1　董事会多元化

G1.1　百分比：女性占据的董事会席位总数（与男性相比）

G1.2　百分比：女性担任委员会主席（与男性相比）

G2　董事会独立性

G2.1　公司是否禁止CEO担任董事会主席？是/否

G2.2　百分比：独立人士占据的董事会席位总数

G3　激励薪酬

高管是否受到正式激励以实现可持续发展？是/否

G4　集体谈判

百分比：集体谈判协议涵盖的企业总人数

G5　供应商行为准则

G5.1　公司的供应商是否需要遵守行为准则？是/否

G5.2　如果是，公司的供应商中有多少百分比已正式证明其符合规范？

G6　道德与反腐败

G6.1　公司是否遵守道德和/或反腐败政策？是/否

G6.2　如果是，公司的员工中有多少百分比已正式证明其符合政策？

G7　数据隐私

G7.1　公司是否遵守数据隐私政策？是/否

G7.2　公司是否已采取措施遵守通用数据保护条例（General Data Protection Regulation，GDPR）[①]？是/否

① GDPR是欧盟2018年发布的关于企业对用户数据收集、存储、保护和使用时的标准。GDPR的目的在于遏制个人信息被滥用，保护个人隐私。

G8　ESG报告

G8.1　公司是否发布可持续发展报告？是/否

G8.2　可持续性数据是否包含在您的监管文件中？是/否

G9　披露惯例

G9.1　公司是否向可持续发展报告框架提供可持续发展数据？是/否

G9.2　公司是否专注于特定的联合国可持续发展目标（SDG）？是/否

G9.3　公司是否设定目标并报告联合国可持续发展目标的进展情况？是/否

G10　外部核验

公司的可持续性披露是否得到第三方的保证或验证？是/否

## 第二节　新加坡交易所

SGX的愿景是成为具有端到端产品、解决方案和生态系统的领先的可持续和可信的转型金融和贸易中心。

### 一、新加坡交易所有关情况

#### （一）前言

新加坡交易所（Singapore Exchange，以下简称新交所或SGX）前身为成立于1973年的新加坡证券交易所（SES），1999年，新加坡证券交易所与新加坡国际金融交易所（SIMEX）合并，成为新加坡交易所。新交所总部位于新加坡，在北京、芝加哥、香港、伦敦、孟买、纽约、旧金山、上海和东京设有办事处。新交所覆盖股票、固定收益和衍生品等多类市场，提供上市、交易、清算、结算、存托和数据等服务。

新交所是亚洲国际化程度较高的交易所。在新交所，约40%的上市公司和超过80%的上市债券来自新加坡境外，新交所还为中国、印度、日本和东盟的基准股票指数提供离岸市场，产品包括亚洲股票指数、大宗商品和货币等多种衍生品。

### （二）SGX 的可持续发展愿景和四大支柱

SGX 的愿景是成为具有端到端产品、解决方案和生态系统的领先的可持续和可信的转型金融和贸易中心。SGX 的可持续发展以四大支柱为指导：

一是生态系统。新交所认为其发展与所在生态系统息息相关，金融生态系统及其社区越繁荣，新交所就越繁荣。

二是作为一家公司，新交所采用可持续发展，以最高国际标准运营。

三是从商业的角度，新交所设计和开发以 ESG 为中心的产品和服务，以满足客户的投资和风险管理需求。

四是作为监管者，新交所致力于成为可持续金融生态系统的领导者，指导潜在和上市公司进行对投资者和市场一致的决策有用的可持续性披露。新交所旨在通过提供符合国际框架和指南的指导和建议，以及执行报告要求的工具，协助和支持上市公司的气候报告。

### （三）新交所可持续金融创新平台（SGX FIRST）

2020 年 12 月，新交所推出可持续金融创新平台（SGX FIRST），新交所所有的可持续发展计划都在该平台下进行。根据新交所定义，SGX FIRST 是一个与多方合作、并由多元资产交易所主导的可持续发展平台，包括固定收益、股票和指数等。

在固定收益方面，新交所是纳斯达克可持续债券网络倡议（Nasdaq Sustainable Bond Network Initiative，NSBN）在亚洲的合作伙伴（关于 NSBN 的有关情况，详见本章第一节：纳斯达克证券交易所）。NSBN 旨在成为上市和非上市绿色、社会和可持续发展债券的主要信息来源，帮助全球投资者对这些债券进行尽职调查、筛选和监督。NSBN 覆盖 4500 多种债券，主要来自美国和欧洲。新交所计划将发行人引入该倡议，向客户提供有价值的全球数据，从而提高亚太地区可持续债券的数据可得性和透明度。

在股票市场，新交所在与 FTSE Russell、Morningstar Sustainalytics 和 MSCI

的现有指数合作伙伴关系的基础上，为在新交所上市的公司提供 ESG 评级。该评级最初覆盖了 30 多家知名的新交所上市公司，并计划进一步扩大覆盖范围。

自 2016 年起，新交所开始实施强制性可持续发展报告制度，所有按要求需要发布 ESG 报告的公司都已遵守该制度。新加坡交易所监管机构（SGX RegCo）向新交所上市公司发布了基于其对已发布可持续发展报告的首次审查建议的改进建议。新交所还鼓励上市公司采取气候相关财务信息披露工作组（TCFD）的披露框架，并将更新其可持续发展指南，以强调气候报告的重要性。

通过增加第三方评级，投资者可以对公司进行更全面的投资决策，并鼓励公司将可持续发展作为其业务的一个组成部分。未来 3 年，新交所将推出更多以 ESG 为重点的投资和风险管理产品。

在指数方面，在目前 Scientific Beta 和 Index Edge 指数产品的基础上，新交所将进一步提供可持续和 ESG 相关指数。Scientific Beta 将为机构投资者开发新的气候变化风险解决方案。投资者将能够利用这些指数解决方案进行符合《巴黎协定》气候变化目标的负责任投资。

此外，新交所本身是多个全球 ESG 指数的组成部分，包括 FTSE4Good 指数、彭博 ESG 数据指数和 MSCI 世界 ESG 领袖指数。新交所目前通过其子公司能源市场公司（EMC）的 Powerselect 平台为其新加坡业务购买可再生能源证书（REC），通过购买碳补偿，新交所企业活动实现了碳中和。为进一步管理和减少碳排放，新交所开始在其全球所有办事处和子公司开展企业碳分析工作。

### （四）Climate Impact X 交易平台

2021 年 5 月，新交所和星展银行、渣打集团及淡马锡合资成立 Climate Impact X（CIX），旨在通过建立碳信用交易所和项目市场，帮助机构与企业推进应对气候变化的减碳工作。CIX 拟通过卫星监测、机器学习和区块链等提高碳信用的透明度、真实性和质量，进而推动企业采取有效的减碳措施，助力落实全面的气候变化减缓策略。

Climate Impact X 包括两个交易平台：碳交易所和项目市场。其中，碳交易所主要面向跨国企业和机构投资者，依托标准化合约，促进大规模高质量的碳信用额度的买卖。CIX碳交易所将以成为全方位的数字平台，支持买卖双方开展大规模、高质量的碳信用交易，并主要面向跨国企业、机构投资者等大型买家提供服务，确保市场价格公开透明。相关合约将采用特定的条款和质量资格，并借此作为碳信用交付的依据。相比直接购买特定项目的碳信用额度，标准化合约可以满足多个具备符合资格的项目对大量碳信用额度的需求。同时，项目市场致力于筛选并呈现满足企业可持续发展目标的自然气候解决方案（NCS）项目。项目市场的数字平台用于直接购买特定项目的高质量碳信，并为提供风险和定价数据的各个项目提供定制化采购的理想平台。

通过上述两个交易平台，可满足买家对碳信用额交易的不同需求，包括直接满足企业可持续发展目标的特定项目需求的高端碳信用额交易，以及高流动性，高质量的标准化碳信用额合约。

### （五）可持续信息披露

在2021年之前，新交所不要求发行人采用特定的可持续报告框架，仅要求发行人应优先考虑全球认可的框架和披露实践来指导其报告工作。主要原因是新加坡交易所的上市发行人和投资者均具有国际性，资金及商品和服务日益无边界意味着公司报告标准倾向于采取全球最佳实践。

新交所认为，遵守或完全遵循全球认可的框架，可使公司的可持续发展报告在日益全球化的市场中获得更广泛的认可。发行人能更容易被理解，并且能更容易与新加坡及全球其他司法管辖区的同行进行比较。

新交所提供了部分制定全球报告框架相关组织的清单，包括联合国可持续证券交易所倡议（SSE）提供的环境、社会责任和公司治理（ESG）披露指导材料数据库，以及全球报告倡议组织（GRI）、可持续发展会计准则委员会（SASB）、国际综合报告委员会（IIRC）、CDP全球环境信息研究中心、气候相关财务信息披露工作组（TCFD）和气候披露标准委员会（CDSB）。

2021年底，随着气候变化的影响越来越明显，全球应对气候变化的呼声不断增长，新交所根据气候相关财务信息披露工作组（TCFD）2021年的建议，引入了强制气候报告的分阶段计划。

表 3-3 新交所可持续报告分阶段计划

| 时间 | 可持续报告分阶段计划 | 报告发布年度 |
|---|---|---|
| 2022 年 1 月 1 日至 12 月 31 日 | 所有发行人都必须在“遵守或解释”的基础上进行气候报告 | 2023 |
| 2023 年 1 月 1 日至 12 月 31 日 | (a) 金融行业的发行人必须进行气候报告；(b) 农业、食品和林产品工业；(c) 能源工业。<br>对于其他发行人，气候报告是在“遵守或解释”的基础上进行的 | 2024 |
| 2024 年 1 月 1 日至 12 月 31 日 | (a) 金融行业的发行人必须进行气候报告；(b) 农业、食品和林产品工业；(c) 能源工业；(d) 材料和建筑业；(e) 运输业。<br>对于其他发行人，气候报告是在“遵守或解释”的基础上进行的 | 2025 |

## 二、新交所可持续报告要求

2016 年 6 月，新交所以“遵守或解释”为原则开始实施可持续报告制度。可持续报告是对上市发行人已在编制的财务报告的补充。新交所认为，财务状况和综合收入报表简要介绍公司现状和过去一年的账目情况，而关于环境、社会和公司治理因素（ESG 因素）的可持续报告主要描述可见的风险和机遇，并对其进行管理以期获得未来的回报。因此，结合财务报告与可持续发展报告有助于更好地评估发行人的财务前景和管理质量。

### （一）可持续报告时间要求

从 2017 年 12 月 31 日或之后的财政年度开始，所有新交所上市发行人必须每年编制一份可持续发展报告。如果发行人无法报告任何主要组成部分，发行人则必须作出相应声明，并解释其替代做法及相应的原因。

### （二）可持续报告内容要求

可持续报告主要组成部分包括董事会声明、可持续报告框架、目标和政策以及重大 ESG 因素。

董事会声明：编制一份董事会声明，声明董事会已将可持续发展问题视为其战略制定工作的组成部分。

可持续报告应包含一份董事会声明，声明内容包括董事会已将可持续发展问题视为其战略制定工作的组成部分、已确定重大 ESG 因素并已对重大 ESG 因素的监测和管理进行监督。

根据 2012 年 5 月 2 日发布的《公司治理守则》，董事会需对发行人的长期成功承担集体责任。董事会确定战略方向，并将可持续发展问题视为其战略制定工作的组成部分。根据其职责，董事会应确认对企业具有重大意义的 ESG 因素，并确保对这些因素进行监测和管理。

董事会与管理层之间的密切互动，使董事会能通过各级管理层确保可持续发展治理的构建和运作方式令其满意。董事会对发行人的可持续发展报告负最终责任。如果对发行人的可持续发展报告提出任何问题，董事会应确保相关问题得到解决。

报告框架：选择可持续发展报告框架（一个或多个框架）以对报告和披露提供指引。

发行人应选择适合其行业和业务模式的可持续发展报告框架，并解释其选择的原因。在此过程中，发行人应该重视使用全球认可的框架，以便在日益全球化的市场中获得更广泛的认可。发行人能更容易被理解，并且能更容易与新加坡及全球其他司法管辖区的同行进行比较。如果发行人选择不采纳被普遍接受的框架，则应谨慎行事。

发行人应每一年都遵循所选定的框架，并提升其关于如何有效进行报告的知识和理解。反过来，投资者和利益相关者的认知也应得到增强，从而提升了投资者和利益相关者的信心。如果监管未发生变化，仅业务战略和/或模式出现重大改变，可持续发展报告框架就可能需要作出调整。但这并不妨碍偶尔对框架的相关性进行检查。

政策和目标：针对即将到来的年度，与每项已确定重大 ESG 因素有关。

可持续报告应列出发行人与已确定重大 ESG 因素相关的政策、管理和绩效，并就报告期内每项已确定重大 ESG 因素提供描述性的量化信息。绩效应在之前披露的目标背景下进行描述。每份可持续发展报告都应列出发行人针对即将到来的年度与每项已确定重大 ESG 因素相关的目标。

关于政策、惯例、绩效和目标，公司可以采取循序渐进的方式。例如，某公司可能在第一年的报告中以提供无定量措施的定性承诺作为目标。一年后，该公司可提供短期和长期的定性目标和少数定量目标。在第三个报告年度，该公司可提供短期和长期的定性及定量目标，当中包括同行或行业基准。报告还可描述目标如何与管理绩效激励挂钩。

重大 ESG 因素：识别重大 ESG 因素，并描述选择的原因和流程，在此过程中要考虑其与业务、战略、业务模式和关键利益相关方的相关性。

发行人应在价值链背景下评估其业务，并针对发行人与其物理环境和社区之间的互动及其治理，确定哪些 ESG 因素对于其业务的连续性而言具有重大意义。发行人应报告其作出选择的标准和流程。

报告 ESG 因素时，发行人不仅应考虑其内部运营环节，还应将考虑范围扩大至对发行人的产品或服务有贡献的价值链中的人员和流程。部分外包给第三方的业务（例如，货运和物流）及下游流程（例如，产品缺陷响应）构成发行人业务的组成部分，需纳入可持续报告中。

可持续发展报告涉及最重要的 ESG 风险和机会，这些风险和机会将成为实现短期、中期和长期业务目标的阻力或动力。这些风险或机会的遗漏或错误陈述可能会影响投资者的决策。通常，可持续发展报告中的重要内容在财务方面也将视为重要内容——如果近期内不属于重要内容，也会随着时间的推移而变成重要内容。

## 三、新交所《可持续报告指南》

新交所《可持续报告指南》（*Sustainability Reporting Guide*）发布于 2016 年 6 月 20 日，最新修订是 2022 年 1 月 1 日。《可持续报告指南》包括在新交所总体交易规则（SGX Rulebooks）的实践指引（Practice notes）7. 6 部分。

根据 2022 年 1 月 1 日修订的新交所上市规则 711A，发行人必须在不迟于财政年度结束后 4 个月内发布其财政年度的可持续发展报告，或发行人已对可持续发展报告进行外部鉴证的情况下，不迟于财政年度结束后 5 个月。

根据 2022 年 1 月 1 日修订的新交所上市规则 711B：

（1）可持续发展报告必须参照以下主要组成部分描述可持续发展实践：

（a）物质环境、社会和治理因素；

（aa）符合气候相关财务信息披露工作组建议的气候相关披露。

（b）政策、做法和绩效；

（c）目标；

（d）可持续性报告框架；

（e）可持续发展实践的董事会声明和相关治理结构。

（2）如果发行人排除了任何主要成分，它必须披露这种排除并说明它做了什么，并说明这样做的理由。应用说明7.6中确定的任何行业的发行人不得排除规则711B（1）（aa）中的主要组成部分。

（3）发行人的可持续发展报告程序必须接受内部审查。发行人可额外委托对可持续发展报告进行独立外部鉴证。

**注释（1）**　新交所《可持续报告指南》[①] 分为八个部分，分别是："1. 简介；2. 可持续报告政策声明；3. 原则；4. 可持续报告的内容；5. 内部审查和外部保证；6. 可持续报告的形式和频率；7. 分阶段方法；8. 词汇表。"

本书对"3. 原则；4. 可持续报告的内容；5. 内部审查和外部保证；6. 可持续报告的形式和频率；7. 分阶段方法"进行介绍。

**注释（2）**　《可持续报告指南》明确了可持续报告的六项原则，分别是董事会责任、遵守或解释、报告风险和机会、平衡的报告、全球标准和可比性、利益相关者参与。

**三、原则**

**董事会责任**

3.1　可持续性、问责制和透明度是良好公司治理的组成部分。董事会对发行人的长期成功负有集体责任，董事会的职责包括制定战略目标，其

① 本书引用新加坡交易所（Singapore Exchange）2022年1月修订的《可持续报告指南》（*Sustainability Reporting Guide*），网址为http：//rulebook. sgx. com/rulebook/practice－note－76－sustainability－reporting－guide。中文版本仅供参考，中文版本与英文版本如有出入，以英文版本为准。

中应包括适当关注可持续性。董事会对发行人的可持续发展报告负最终责任。根据其职责，董事会应确定对业务具有重要意义的ESG因素，并确保对其进行监控和管理。管理层有责任确保对ESG因素进行持续监控和妥善管理。董事会与管理层应密切沟通，将使董事会能够对各级管理层对可持续性治理的结构和运作方式满意。如果对发行人的可持续发展报告存在任何问题，董事会和管理层应确保其得到解决。

**遵守或解释**

3.2　每位发行人均须编制年度可持续发展报告。可持续发展报告必须包括上市规则711B中规定的“遵守或解释”的主要组成部分［上市规则711B（2）规定的除外］。如果发行人无法报告主要组成部分，发行人必须说明并解释其所做的事情，以及这样做的原因。如上市规则711B（2）所述，本指南第4.9段所指任何行业的发行人不得排除上市规则711B（1）（aa）中的主要组成部分。

**报告风险和机会**

3.3　在识别重大ESG因素时，发行人应兼顾风险和机会。此外，一般而言，良好的风险管理代表了实现机会的优势。眼前的风险和机遇对战略和运营有直接影响，应予以报告，以便更清楚地了解发行人的业绩、前景和管理质量。为便于理解，发行人应简明扼要地给出全部解释。

**平衡的报告**

3.4　在报告可持续性时，应注意给出准确和平衡的观点。可能有一种倾向，即更加突出有利的事物，而低估不利的事物。这两种情况都需要综合解释。在报告业绩时，发行人无法控制的因素和超出目标的相关性与业绩不足的相关性一样。在表现不佳的情况下，发行人的回应也很重要，因为可以增强对其长期可持续发展目标的信心。

**全球标准和可比性**

3.5　发行人需要优先使用全球认可的框架和披露惯例来指导其报告。气候相关财务信息披露工作组（TCFD）作为披露气候相关财务信息的通用框架已在国际市场上获得广泛认可。资金、商品和服务市场日益无国界，这意味着企业报告标准倾向于全球最佳实践。除此之外，新交所在发行人和投资者方面都具有国际性。个别发行人应注意其披露努力不会被利益相关者认为不足。在发行人应用特定框架的一部分的情况下，发行人应提供对应用框架范围的一般描述。

**利益相关者参与**

3.6 发行人的披露责任，包括年报和可持续发展报告，首先是对当前和潜在股东，即投资者。投资者还对发行人与其他利益相关者的互动感兴趣，因为它与发行人整个价值链的可持续性相关。利益相关者的意见也有助于发行人识别重大 ESG 因素。与利益相关者的定期和持续接触为发行人提供了其在其业务和物理环境中的可持续性的最新情况。这种参与的实质性成果应包含在可持续发展报告中。

**注释（3）**《可持续报告指南》要求，可持续发展报告应包括六个部分，分别是：重要的 ESG 因素；与气候相关的披露；政策、做法和绩效；目标；可持续性报告框架；董事会声明。

**四、可持续发展报告的内容**

4.1 可持续发展报告应包括以下组成部分：

（a）重要的 ESG 因素。可持续发展报告应确定重要的 ESG 因素，并描述选择的原因和过程，同时考虑到它们对业务、战略、财务规划、业务模式和关键利益相关者的相关性或影响。

（b）与气候相关的披露。可持续发展报告应包含与气候风险和机遇相关的披露，与 TCFD 的建议一致。

（c）政策、做法和绩效。可持续发展报告应载列发行人与已识别的重要 ESG 因素相关的政策、常规和表现，提供报告期内每个已识别的重要 ESG 因素的描述性和定量信息。绩效应该在先前披露的目标的背景下进行描述。

(d) 目标。可持续发展报告应就所识别的每个重要ESG因素列出发行人来年的目标。应考虑确定的短期、中期和长期目标，如果与用于战略规划和财务报告的目标不一致，则应披露不一致的原因。

(e) 可持续性报告框架。发行人应选择一个（或多个）可持续发展报告框架来指导其报告和披露。对于与气候相关的披露，发行人应根据TCFD的建议进行报告。所选的可持续发展报告框架应适合并适合其行业和商业模式。发行人应说明框架的名称，解释其选择框架的原因，并提供发行人应用框架范围的一般描述。

(f) 董事会声明。可持续发展报告应包含董事会的声明，说明其已考虑发行人业务和战略中的可持续发展问题，确定了重要的ESG因素，并监督了对重要ESG因素的管理和监控。此外，可持续发展报告应描述董事会和管理层在可持续发展问题治理中的作用。

**识别重要的ESG因素**

4.2 发行人应在价值链的背景下审查其业务，并确定与其物理环境和社会社区的互动及其治理相关的哪些ESG因素对其业务的连续性具有重要意义。发行人应参考这些因素如何有助于为发行人创造价值，报告其作出选择的标准和过程。

4.3 广义而言，环境因素包括材料、能源、生物多样性、水、温室气体（GHG）排放、污水和废物以及环境投诉机制。社会因素将包括健康和安全、就业实践和劳工权利，例如，集体谈判、产品责任、反腐败、供应商评估以及直接和供应链活动对当地社区的影响。选择的框架可能包含发行人将报告的其他因素。

4.4 腐败是许多投资者需要保证的一个因素，无论是向员工提供利诱还是由员工向他人提供。如果公司治理报告中涉及腐败问题，则发行人可以参考该报告。如果发行人未将腐败评估为重要的ESG因素，而利益相关者对该信息表达了足够的兴趣，则建议发行人在其网站上说明其政策和保障措施。

4.5 性别、技能和经验已被强调为对业务可持续性至关重要的多样性指标。多元化极大地提高了发行人在决策制定、风险警觉性和对变化的响应能力方面的广泛投入和观点的能力。发行人应了解这一趋势，并评估多元化是不是其业务中的重要社会因素。它应该让利益相关者参与评估报告此事的必要性。为了让投资者和其他利益相关者满意，多元化应该通过广泛的员工，更重要的是，在董事会中进行审查。如果年报的其他部分充分体现了利益相关者对多元化的兴趣，发行人可以参考这些部分。

4.6　发行人不仅应考虑其内部运营圈，还应扩大该圈以将价值链中对发行人的产品或服务作出贡献的人员和流程包括在内。外包给第三方的部分业务（例如，货运和物流）以及下游流程（例如，产品缺陷响应）构成发行人业务的组成部分，需要纳入可持续发展报告。

**气候相关披露**

4.7　气候变化有可能以急剧且可能具有破坏性的方式扰乱企业，从而对其利益相关者和资本提供者产生不利影响。相反，它也为应对威胁的解决方案开辟了新市场。投资者需要正确了解其投资组合中与气候相关的风险和机遇，以便对其投资进行定价或估值。

4.8　证券市场促进决策有用信息的随时可用，以便它可以反映在价格发现过程中。在这样做的过程中，交易所有助于将资本分配给最有效的用途，并将风险转移给最愿意承担风险的人。

4.9　发行人应提供与气候相关的披露，与 TCFD 的建议一致。TCFD 认定为受气候变化和向低碳经济转型影响最严重的以下任何行业的发行人将优先提供与 TCFD 建议一致的强制性气候相关披露。

**表 3－4　强制性气候相关披露**

| 财政年度 | 行业（由 TCFD 确定） |
|---|---|
| 2023 年 1 月 1 日 | 金融<br>农业、食品和林产品<br>能源 |
| 2024 年 1 月 1 日 | 材料和建筑物<br>运输 |

4.10 与气候相关的风险和机遇可能会影响发行人的未来财务状况和业绩，反映在其损益表、现金流量表和资产负债表中。TCFD提出了一些建议，以帮助组织披露对投资者、贷方和保险承保人有用的气候相关财务信息。更广泛地说，其他利益相关者也可能对这些信息感兴趣。

4.11 TCFD针对四大支柱制定了建议的披露：治理、战略、风险管理以及指标和目标。建议的披露解释了满足四大支柱要求的必要披露。

4.12 TCFD发布了关于实施TCFD建议的一般性和特定行业的指导以及其他支持材料。针对特定行业的指南强调了对可能受气候变化影响最大的金融部门和非金融部门的重要考虑，并更全面地描述了这些部门潜在的气候相关金融影响。额外的支持材料提供了有关特定主题的指导，旨在帮助解决编制者在实施TCFD建议的关键组成部分时所面临的挑战，例如，情景分析、指标和目标。可持续证券交易所倡议还在其模型指南中制定了一份清单（“SSE模型指南”）关于TCFD建议的实施。鼓励发行人参考TCFD的补充指南和其他辅助材料，以指导其披露与TCFD建议一致，并使用上交所示范指南中的清单确定TCFD建议披露的信息是否包含在其可持续性报告中。

4.13 TCFD建议披露发行人的范围1和范围2，并在适当的情况下，披露范围3温室气体排放量。应使用国际公认的温室气体核算体系（如温室气体协议）来衡量温室气体排放量。这些披露应包括使用的方法和排放因子。对于高能耗行业，提供单位经济产出（例如，单位生产或收入）的排放强度可能也很重要。

4.14 TCFD还建议进行情景分析，以识别和有效评估由于气候相关变化的不确定性而导致的一系列可能的未来条件的潜在影响。进行情景分析不是预测或敏感性分析的练习，而是评估对不同可能的未来情景的弹性。为降低气候变化的风险和影响，几乎所有国家都同意采取行动，将全球变暖限制在远低于工业化前水平2℃的范围内，同时努力将全球变暖控制在工业化前水平以上1.5℃以内。发行人应描述其战略对气候相关风险和机遇的弹性，考虑到向符合2℃或更低情景的低碳经济转型。

4.15　刚接触情景分析的发行人可以考虑从定性情景叙述开始，探索潜在的影响范围。随着经验的积累，它可以考虑使用定量信息来描述潜在的结果，并提高分析的严谨性。

4.16　SSE 模型指南为进行情景分析制定了一个简化的三阶段流程。首先，发行人应识别与其基本假设以及所在行业或行业的主要风险和机遇相一致的适当情景，并明确说明所使用的情景。其次，发行人可以设定其情景分析的边界，充分披露排除和纳入的原因。较小的发行人可能会认为对直接业务的分析足以涵盖每种情景中与气候相关的风险和机遇，而较大的发行人和金融部门的发行人应将其分析扩展到直接业务之外，以包括间接温室气体排放（范围3温室气体排放）。最后，发行人应在所选情景中评估其实体风险和过渡风险。映射风险的严重性和可能性使发行人能够为未来情景制订战略计划。

**实质性**

4.17　作为指导，可持续发展报告涉及最重要的 ESG 风险和机遇，这些风险和机遇将成为实现短期、中期和长期业务目标的障碍或促成因素。这些风险或机会的遗漏或错误陈述可能会影响投资者的决策。发行人选择的可持续发展报告框架也可能包含发行人应考虑的重要性定义。

4.18　一般来说，可持续报告中的重要内容在财务方面也将被视为重要，如果不是在近期内，那么随着时间的推移。

4.19　在评估其报告的 ESG 因素的重要性时，发行人应首先确定所选因素与其业务战略和结果的相关性。这样做的好处是让高管和员工都专注于统一的关键风险和机会，从而实现（或阻碍）预期结果。

4.20　发行人应使用风险排序和优先顺序来提炼重要的 ESG 因素。该流程类似于广泛使用的企业风险管理（ERM）流程。发行人应扩大评估的广度，将 ESG 风险管理架构整合到现有的 ERM 架构中，或将现有的 ERM 架构应用于 ESG 风险管理架构。

4.21　董事会应确定重要的 ESG 因素以及发行人对随之而来的风险和机遇的反应。与利益相关者的讨论有助于持续准确地了解业务中的重要内容。

**可能的过程和工具**

4.22 以下段落列出了评估与业务和业务模式具有重大相关性的 ESG 因素的可能流程。

4.23 在评估其报告的 ESG 因素的重要性时，发行人可以考虑：

（a）价值驱动因素；

（b）股东参与；

（c）风险管理；

（d）外部因素，例如，部门、地理、经济、市场、社会、环境；

（e）内部因素，例如，商业模式、商业周期、战略；

（f）定性观点，例如，运营、战略、声誉和监管；

（g）这些考虑的时间范围。

4.24 发行人可以使用以下重要性确定流程：识别—评级—优先排序—验证。发行人应在其可持续发展报告中披露这一过程的结果。

（a）第 1 步：识别。发行人应确定发行人（或集团内的每个子公司）最紧迫的（重大）因素（影响/机会）。它还将帮助制定管理层的方法和响应，并确定需要加强数据收集的地方。

（b）第 2 步：评级。一旦对发行人及其子公司的问题进行了探讨，发行人需要将类似的问题归为一类，例如，可以将安全和健康问题归为一类。如果发行人是一家控股公司，则可以进行评级流程来评估哪些问题在整个集团中普遍或最常见。

（c）第 3 步：优先排序。一旦对发行人及其子公司的问题进行分类和评级，发行人将需要使用基于可能性和影响的矩阵对它们进行优先排序。

（d）第 4 步：验证。一旦发行人确定了其因素的优先级，就需要对其进行内部验证并由领导层签字。

**政策、实践和绩效**

4.25 发行人应制定政策和流程，以充分有效地管理与已识别的重大 ESG 因素相关的风险，并描述缓解的关键特征。

4.26　对历史和当前报告期间的ESG实践和表现的描述使投资者和发行人本身能够跟踪其进展。这些指标也构成了发行人根据其战略计划和财务报告选择设定目标的基准。

4.27　对可持续性风险和机遇的有效政策和运营响应需要绩效衡量及其与绩效激励的联系。拥有良好的绩效衡量系统可以让发行人根据既定目标对绩效进行基准测试，并有助于随着时间的推移和跨实体的比较。将可持续发展风险和机遇与战略、其他组织风险、运营指标、绩效衡量和绩效激励明确联系起来，不仅可以增进理解，还可以为改进、创新和问责制提供动力。

4.28　清晰描述发行人对ESG风险和机遇的实质性反应，重点关注其政策、实践和目标表现，将增强投资者对董事会和管理层的信心。

**可持续发展报告框架**

4.29　发行人应选择适合其行业和业务模式的可持续发展报告框架，并说明其选择。在此过程中，发行人应重视使用全球认可的框架，以便在日益全球化的市场中获得更广泛的认可。与新加坡及世界其他司法管辖区的同行相比，发行人更容易被理解和比较。如果发行人选择偏离普遍接受的框架，则应谨慎行事。

4.30　在知名和全球认可的可持续发展报告框架中，全球报告倡议组织（GRI）可持续发展报告指南列出了发行人可用于报告可持续发展政策、实践、绩效和目标。国际综合报告委员会（IIRC）框架（<IR>）还规定了报告的总体框架。使用综合报告的发行人在确定纳入综合报告的重要因素时应考虑ESG因素。发行人也可以考虑参考可持续核算准则委员会（SASB）对重大ESG因素采用行业特定方法的标准。IIRC和SASB已合并形成价值报告基金会。可选择多个与发行人业务相关的可持续发展报告框架。

4.31　对于与气候相关的披露，发行人应提供符合TCFD建议的披露。一些发行人已经使用基于科学的目标倡议来指导他们的温室气体减排目标。

4.32 发行人应年复一年地遵循所选择的框架，并建立其对如何有效报告的知识和理解。反过来，它可以期望建立投资者和利益相关者的理解，从而增强信心。在没有监管变化的情况下，只有业务战略和/或模式的重大变化可能需要对可持续性报告框架进行更改。这并不排除不时检查框架的相关性。

**可持续报告中使用的时间范围**

4.33 在编制可持续发展报告时，发行人应考虑报告事项在短期、中期和长期的相关性是否有用。因此，可持续发展政策、实践、绩效和目标将在相同的时间范围内考虑。时间范围应与用于战略规划和财务报告的时间范围内部一致（例如，资产的使用寿命、减值测试等）。不一致的，应当披露不一致的原因。对于银行和金融工具，通常认为短期是不到一年的。就中期而言，发行人不妨参考其典型的规划年限、投资周期或工厂更新或与其业务相关的其他考虑因素。

**利益相关者参与**

4.34 利益相关者参与是任何业务不可或缺的一部分，并将定期进行。发行人在与利益相关者接触时应考虑ESG因素，不仅与投资者，还包括客户、员工、供应商、监管机构、当地社区和价值链中的其他人。发行人应谨慎监控与利益相关者的沟通，避免任何信息不对称，因为这可能导致证券市场的不公平交易。

**集团和投资控股公司报告**

4.35 控股公司和经营子公司均上市且需进行可持续发展报告的，经营主体可在经营范围内报告ESG因素。如果ESG因素对控股公司也很重要，控股公司可以在其可持续发展报告中参考运营子公司的可持续发展报告。控股公司存在非子公司的重大被投资公司的，其可持续发展报告应包括对这些被投资公司的选择和管理。

**注释（4）**《可持续报告指南》明确了对可持续报告的内部审查和外部鉴证要求。

**5. 内部审查和外部鉴证**

5.1　内部审查和外部鉴证提高了利益相关者对披露的可持续发展信息的准确性和可靠性的信心。

5.2　这些关于可持续性披露的程序应与发行人现有的内部审查或其他管理信息（例如，财务信息或生产数据）的外部保证框架保持一致。

5.3　对可持续发展报告流程的内部审查以发行人现有的治理结构为基础，并以充分有效的内部控制和风险管理系统为支撑。内部审计职能进行内部审查，并可能涉及相关职能，例如，风险管理、可持续性或其他专业职能。与可持续发展报告相关的已识别流程应纳入内部审计计划，该计划应涵盖可持续发展报告的关键方面；根据审计委员会批准的基于风险的计划，审查可以在一个审计周期内进行，该周期可能跨越一年或几年。董事会、管理层和其他利益相关者的期望应被视为优先事项的一部分。

5.4　发行人的可持续发展报告在数次年度活动后已经成熟，他们希望通过独立的专业机构进行外部鉴证，以增加所披露信息和所进行分析的可信度。鼓励发行人在其可持续发展报告的选定重要方面考虑独立外部鉴证，即使在最初几年，也应在随后几年扩大覆盖范围。

5.5　外部鉴证涉及第三方的参与。保证范围可能包括重要性评估，并涵盖可持续性披露的不同方面，例如：

（a）数据及其相关的数据收集过程；

（b）叙述；

（c）遵守特定的可持续性报告框架；

（d）确定报告的可持续性信息的过程；

（e）遵守上市规则。

5.6　外部鉴证应按照公认鉴证标准执行，例如，国际鉴证业务标准（ISAE）3000、新加坡鉴证业务标准（SSAE）3000、AA1000 鉴证标准或 ISO。

5.7　已进行外部鉴证的发行人应在可持续发展报告中披露已进行外部鉴证，包括涵盖范围、外部鉴证人的身份、使用的标准和主要发现。

**注释（5）** 《可持续报告指南》要求可持续发展报告应至少每年发布一次，并至少通过 SGXNet 和公司网站发布。

> **6. 可持续发展报告的形式和频率**
>
> 6.1 发行人应至少每年报告一次可持续发展报告。发行人的可持续发展披露可在其年报中进行。在同一份文件中将可持续性风险和机遇与企业的其他风险和战略结合起来，为用户带来了好处。年度报告中包含的可持续发展报告将遵守年度报告的截止日期。或者，如果更适合发行人的情况，发行人可能会在其年度报告中包含摘要，并在财政年度结束后的 4 个月内或发行人已对可持续发展报告，在财政年度结束后的 5 个月内。
>
> 6.2 在任何一种情况下，发行人都应在 SGXNet 及其公司网站上提供其可持续发展报告。经过几年的可持续发展报告，发行人可能希望在其网站上保留静态信息，例如，政策和历史可持续发展信息，同时在年度可持续发展报告中展示当年的变化和表现。
>
> 6.3 为提供充足的准备时间，发行人在其报告的第一年可在其财政年度结束后的 12 个月内报告。

**注释（6）** 《可持续报告指南》允许公司分阶段完成可持续信息披露。

> **7. 分阶段方法**
>
> 7.1 对于可持续发展报告的第一年，发行人应至少评估重要的 ESG 因素、政策和/或实践以解决这些因素；但是，如果他们的报告缺乏定性或定量描述，他们只需要说明达到报告成熟度的渐进目标，并在随后的几年中尽力实现这些目标。也可以逐步遵守 TCFD 建议。

## 四、新交所《核心 ESG 指标》

2021 年 12 月，新交所发布《核心 ESG 指标》（*Starting with a Common Set of Core ESG Metrics*），旨在为发行人披露一套通用和标准化的 ESG 指标提供指导，以帮助发行人提供和投资者获得一致的 ESG 数据。新交所对每个指标进行了描述，并与全球公认的可持续发展报告框架进行映射，见表 3 - 5。

**表3-5　新交所ESG主题和指标**

<table>
<tr><th colspan="2">环境</th><th colspan="2">社会</th><th colspan="2">公司治理</th></tr>
<tr><th>主题</th><th>指标</th><th>主题</th><th>指标</th><th>主题</th><th>指标</th></tr>
<tr><td rowspan="2">温室气体排放</td><td>绝对排放量：(a) 总量；(b) 范围1、范围2；(c) 范围3</td><td rowspan="2">性别多样性</td><td>按性别划分的现有员工</td><td rowspan="2">董事会组成</td><td>董事会独立性</td></tr>
<tr><td>排放强度：(a) 总计；(b) 范围1、范围2；(c) 范围3</td><td>按性别划分的新员工和流动率</td><td>董事会中女性比例</td></tr>
<tr><td rowspan="2">能源消耗</td><td>总能耗</td><td rowspan="2">年龄的多样性</td><td>按年龄划分的现有员工</td><td>管理多元化</td><td>管理团队中的女性比例</td></tr>
<tr><td>能源消耗强度</td><td>按年龄划分的新员工和流动率</td><td rowspan="2">道德培训</td><td>反腐败披露</td></tr>
<tr><td rowspan="2">用水量</td><td>总用水量</td><td rowspan="2">就业</td><td>流动率</td><td>员工反腐败培训</td></tr>
<tr><td>用水强度</td><td>总员工数</td><td>认证</td><td>可持续相关认证列表</td></tr>
<tr><td rowspan="6">废物产生</td><td rowspan="6">产生废物总量</td><td rowspan="2">发展与培训</td><td>每个员工平均培训时间</td><td>与框架的一致性</td><td>与国际框架和披露标准的一致性</td></tr>
<tr><td>按性别划分的每个员工平均培训时间</td><td rowspan="5">鉴证</td><td rowspan="5">可持续发展报告的鉴证</td></tr>
<tr><td rowspan="4">职业健康和安全</td><td>死亡人数</td></tr>
<tr><td>严重伤害</td></tr>
<tr><td>可记录伤害</td></tr>
<tr><td>可记录的与工作有关的疾病</td></tr>
</table>

其中与气候相关的核心指标包括温室气体排放的绝对排放量和排放强度，见表3-6。

表 3-6　气候相关核心指标

| 项目 | 指标 | 单位 | 与其他披露框架映射 | 描述 |
| --- | --- | --- | --- | --- |
| 温室气体排放 | 绝对排放量：（a）总量；（b）范围 1、范围 2；（c）范围 3 | 吨二氧化碳当量 | GRI 305-1、GRI 305-2、GRI 305-3、TCFD、SASB110、WEF 核心 | 相关温室气体排放的公吨二氧化碳当量（$tCO_2$ e）。报告总的、范围 1 和范围 2 的温室气体排放量，以及（如果适用）范围 3 的温室气体排放量。<br>温室气体排放量的计算应符合国际公认的方法（如温室气体协议） |
| 温室气体排放 | 排放强度：（a）总计；（b）范围 1、范围 2；（c）范围 3 | 吨二氧化碳当量/组织特定指标 | GRI 305-4、TCFD、SASB110 | 每个组织特定指标（例如，收入、生产单位、建筑面积、员工人数、乘客人数）的温室气体排放强度比（$tCO_2$ e）。<br>这是根据报告的绝对排放量计算得出的。分母应明确界定和披露 |

新交所建议发行人使用《核心 ESG 指标》作为报告的起点，以促进 ESG 数据披露的一致性和可比性。同时，发行人不应局限于核心 ESG 指标，仍应进行重要性评估，以确保其报告指标的相关性和完整性。新交所将定期审查和修订核心 ESG 指标，以与国际报告标准的发展保持一致。

## 第三节　卢森堡交易所

随着全球对到 2030 年实现可持续发展目标（SDG）的担忧日益增加，投资者和其他金融市场参与者越来越有兴趣了解组织如何管理其重大 ESG 机会和风险。证券交易所有能力充当金融市场的催化剂，为适当的 ESG 报告提供指导。

### 一、卢森堡证券交易所

#### （一）卢森堡证券交易所基本情况

卢森堡证券交易所（Luxembourg Stock Exchange，以下简称 LuxSE）成立

于 1928 年，总部位于卢森堡市。卢森堡证券交易所提供上市、交易和信息服务，是欧洲证券上市与交易的主要场所之一，同时是欧洲最大的债券交易所。截至 2021 年底，共有来自 98 个国家的 1937 个发行人的 37839 只证券在卢森堡证券交易所上市。

### （二）卢森堡证券交易所的可持续金融发展

1. 卢森堡绿色交易所

2016 年，卢森堡证券交易所建立卢森堡绿色交易所（Luxembourg Green Exchange，LGX），作为专门致力于绿色证券的交易平台。在 LGX 上展示的债券包括绿色债券、社会债券、可持续债券、可持续挂钩债券等。LGX 还对满足 SFDR 条款 8 的 ESG 基金（ESG funds）和满足条款 9 的影响力基金（impact funds）进行展示（SFDR 条款 8 和条款 9 的详情可参见本书第二章第一节：欧盟可持续信息披露标准）。

发行人和资产管理人可以在 LGX 上展示证券和基金，以提高投资者对其项目和投资组合的认识。LGX 还提供可持续工具综合在线数据库，为可持续和负责任投资者提供信息。

目前，LGX 已经成为全球最大的专门致力于可持续金融的平台之一。截至 2021 年底，共有来自 47 个国家的 222 个发行人在卢森堡绿色交易所发行 1234 只可持续债券，募集资金 6400 亿欧元。

2. 可持续信息披露

（1）ESG 信息披露标准

LuxSE 致力于通过鼓励 ESG 信息披露来提高 ESG 的透明度。2021 年，卢森堡证券交易所发布了《卢森堡证券交易所 ESG 信息披露指南》（*LuxSE's Guide to ESG Reporting for companies, issuers and asset managers*，以下简称《卢森堡证券交易所 ESG 指南》）。《卢森堡证券交易所 ESG 指南》重点为三种不同类型的组织提供指导，包括：

— 公司；

— 债务工具（债券）发行人；

— 活跃于 SRI［Sustainable and Responsible Investing（SRI）］基金的资产

管理人。

这三类组织对 ESG 信息披露有不同的目的和需求。对公司来说，明确定义 ESG 战略并进行信息披露可以为公司在可持续性方面增值，并吸引投资者。对债务工具发行人而言，例如，绿色债券、社会债券和可持续发展债券的发行人，必须遵守相应的市场标准和市场惯例，在信息披露方面进行承诺。对资产管理人而言，他们需适应市场预期，披露在治理和基金管理中如何考虑 ESG 标准。

《卢森堡证券交易所 ESG 指南》明确了这三类组织如何将 ESG 事项纳入其报告的要求。对于在卢森堡证券交易所上市的公司，需按照公司的 ESG 信息披露标准进行报告。对于在卢森堡绿色交易所发行可持续金融工具的发行人，需按照债务工具发行人的标准进行报告。对资产管理人而言，卢森堡证券交易所提供 ESG 数据库，获得一站式的可持续发展信息服务。

**专栏 2：通过 FIRST 发布和传播 ESG 报告**

LuxSE 致力于在业务线（包括上市、交易和信息服务）中促进和整合 ESG/可持续发展事务。为了激励公司发布他们的 ESG/可持续发展报告，LuxSE 在金融工具信息披露服务工具（Financial Instruments Reporting Services Tool，FIRST）开发了一个金融新闻服务（Financial News Service，FNS）功能。发行人可以在 LuxSE 的网站上发布报告，并将其链接到发行人卡（issuer card），并同时将它们分发给数据供应商和媒体。这一新功能使公司能够接触更广泛的受众，并被关注 ESG 的投资者发现，同时符合非财务信息披露的法规。

通过 FIRST 披露的信息完全符合相关信息披露要求。通过 FIRST 可以将信息储存于官方指定机制（OAM）中，并向主管当局提交相关信息，因此是一个信息发布、传播和归档的一站式门户，如图 3－1 所示。

[官方指定机制（OAM）是整个欧洲用来描述受监管金融信息的国家数据库的术语。OAM 在欧盟的每个成员国都可以找到，并作为公司向其监管机构提交财务报告的机制。]

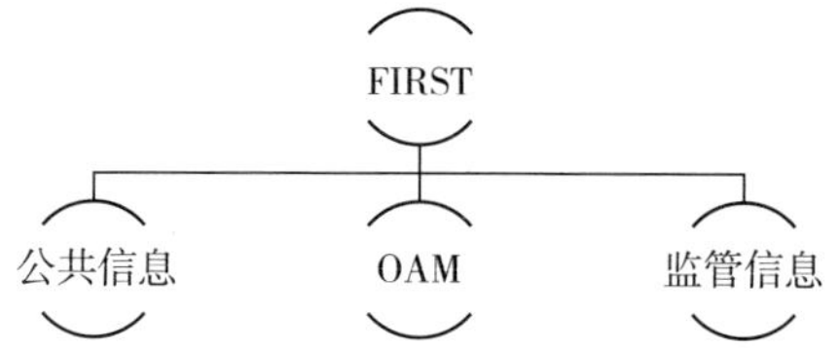


**图 3－1　通过 FIRST 系统进行信息披露**

（2）企业社会责任（CSR）披露要求

卢森堡证券交易积极推动发行人和资本市场不同参与者之间的可持续性和透明度。2006 年，卢森堡证券交易所推出了“公司治理十项原则”（Corporate Governance：The X Principles of Corporate Governance of the Luxembourg Stock Exchange，以下简称十项原则），所有在卢森堡证券交易所监管市场上市的卢森堡公司都必须遵守。十项原则侧重于将公司治理嵌入公司的企业文化中，促进诚信、责任、透明的决策过程，以及尊重股东和其他利益相关者的利益。2017 年，卢森堡证券交易所修改了这些原则以整合新的企业社会责任（CSR）原则。

其中，原则 9 为企业社会责任（CSR），主要要求公司披露他们如何通过将企业社会责任融入企业战略来创造长期价值。此外，公司必须分析其活动的可持续性，并在专门的报告中或作为整体管理报告的一部分提供相关的 CSR 信息。这也要求公司董事会定期考虑非财务风险，并公布其 CSR 绩效指标和方法。

（3）推进国际可持续发展

在推进国际可持续发展方面，卢森堡证券交易所自 2016 年起加入联合国 SSE 倡议，并担任联合国 SSE 咨询小组的主席。2016 年，卢森堡证券交易所被任命为欧盟委员会可持续金融高级别专家组（HLEG）的成员，就引导公共和私人资本流向可持续投资、确定金融机构和监管机构应采取的措施以保护金融体系的稳定性免受与环境相关的风险、在泛欧洲范围内部署这些政策等议题提供相关建议。

2018 年，卢森堡证券交易所被任命为欧盟委员会可持续金融技术专家组

(TEG)的成员，协助欧盟为同年5月发布的欧盟可持续增长融资行动计划及其后续一揽子立法提案制定实施措施。

此外，卢森堡证券交易所还是卢森堡银行家协会(ABBL)、卢森堡基金业协会(ALFI)的董事会成员，是卢森堡金融业的核心支柱卢森堡金融标签机构(LuxFlag)的创始成员。

卢森堡证券交易所与卢森堡政府密切合作，以确保资本市场的持续支持和可持续增长。2017年，卢森堡证券交易所参与制订卢森堡国家可持续发展计划，该计划是卢森堡可持续金融战略的蓝图。

## 二、《卢森堡证券交易所ESG信息披露指南》

2021年，卢森堡证券交易所发布了《卢森堡证券交易所ESG信息披露指南》(*LuxSE's Guide to ESG Reporting for companies, issuers and asset managers*，以下简称《卢森堡证券交易所ESG指南》)。

**注释（1）** 《卢森堡证券交易所ESG指南》[①] 提供了公司进行ESG信息披露的9个步骤流程，并针对企业、可持续债券工具发行人和资产管理人三类组织，分别提供了ESG信息披露的指引。

《卢森堡证券交易所ESG指南》第4部分，主要针对企业的信息披露流程，按照《卢森堡证券交易所ESG指南》要求，企业可以按照下述9个步骤进行ESG信息披露，分别为：ESG报告角色分配；使ESG报告与公司战略保持一致；利益相关者的参与；识别和理解受众；识别主题并定义实质性矩阵(materiality matrix)；评估绩效指标的相关性；为ESG报告收集数据；格式和披露渠道；内部审计和外部核验。《卢森堡证券交易所ESG指南》对每个步骤，都给出了操作流程和披露内容的示例。

① 本书引用卢森堡证券交易所(Luxembourg Stock Exchange)2021年发布的《卢森堡证券交易所ESG信息披露指南》(*LuxSE's Guide to ESG Reporting for companies, issuers and asset managers*)，网址为https://www.bourse.lu/guide-to-esg-reporting。中文版本仅供参考，中文版本与英文版本如有出入，以英文版本为准。

## 《卢森堡证券交易所ESG指南》第4部分：公司ESG信息披露

### 1. ESG报告角色分配

在ESG报告的准备阶段，应确定公司内与ESG报告相关的角色、责任和能力。这包括确定合适的人并确定如何协调他们的工作。高级管理层可以承诺高质量的报告，并进行监督。其他管理人员也可以发挥主导作用。需要参与的部门包括财务部、投资者关系部、外联部、法务部和可持续发展部等，以确保他们的愿景和建议体现在报告当中。由于公司内不同职能部门涉及不同的利益相关者和不同的实质性事项，ESG报告工作的主导团队应该可以访问来自公司各个职能部门的信息。

公司的董事会也将在ESG报告的整合和监督中发挥重要作用。由于董事会负责监督公司的战略方向，因此将ESG因素纳入公司战略应属于其职责范围。因此，董事会应确定其ESG报告的基本逻辑和目标。这将为组织各个层面处理ESG相关事宜提供治理机制。通过将ESG纳入其核心职责，董事可以将ESG因素纳入业务战略、组织文化和运营实践，来支持公司长期盈利能力和生存能力。

董事会可就下述内容发表声明：

（a）不同利益相关者的角色；

（b）选择的ESG因素及原因；

（c）董事会和/或董事会委员会（例如，审计委员会、风险委员会或其他委员会）如何获悉ESG相关问题；

（d）这些问题如何融入组织的战略中，包括风险管理政策、预算等；

（e）时间框架，因为它们可能会随着时间的推移而改变；

（f）董事会如何根据目的和具体目标审查进展情况。

制定这样的声明可以让董事会明确公司在社会发展中的角色及其对可持续发展的贡献。它可以提供有关董事会对公司ESG机遇和风险的立场和监督。在就ESG因素进行沟通时，这也可以增强公司的可信度。

董事会成员对报告ESG信息的承诺，增加了公司关于其ESG参与度和绩效的可信度。它表明 ESG 机遇和风险在公司最高级别得到充分处理，因此是整体良好治理的代表。为了评估管理质量，许多投资者不仅检查 ESG 绩效和披露质量，而且检查团队对这些问题的治理或管理。

**2. 使 ESG 报告与公司战略保持一致**

公司需要在战略目标、商业模式、风险、机会、运营指标和财务绩效之间建立明确的联系。通过这些领域之间的紧密联系，公司识别和管理风险、评估和衡量成功，以及识别未来的挑战和机遇的能力将得到改善。

ESG 报告中提供的信息应与管理者用于作出业务决策的信息相对应，以便更好地被公司外部人员感知。根据气候相关财务信息披露工作组（TCFD）的建议，发行人应披露选定的 ESG 因素对以下方面的可能影响：

（a）产品和服务；

（b）供应链和/或价值链；

（c）研发投资；

（d）运营（包括运营类型和设施位置）。

**3. 利益相关者的参与**

利益相关者对 ESG 因素的积极参与是风险管理和缓释活动良好实践的明确指标。利益相关者的参与也可以成为创新、机遇和新伙伴关系的来源。披露公司的利益相关者参与流程，可以帮助投资者了解一家公司如何将 ESG 机遇和风险整合到规划和运营之中。

同时，了解利益相关者的需求是定义实质性矩阵的关键，该矩阵将作为 ESG 报告的基础。

**4. 识别和理解受众（audience）**

由于投资者是 ESG 披露的主要受众，公司应确保提供与其决策相关的信息。虽然所有人都可以从 ESG 信息中受益，但不同的投资者可能对这些信息有不同的需求。

公司应思考以下问题：

（a）谁是公司的顶级投资者？

(b) 公司希望拥有什么样的投资者?

(c) 公司如何与相关投资者接触以了解他们感兴趣的内容?

例如，具有长期投资期限的投资者（例如，养老基金）可能对有关风险的信息特别感兴趣，这些信息可能包括气候变化如何中长期影响公司。

在报告过程中尽早明确这些因素很重要，因为它们将有助于定义报告的内容、范围、格式以及参与度。投资者还对公司如何与可能对公司运营产生重大影响的其他主要利益相关者（例如，员工、消费者、民间组织、政府）进行沟通感兴趣。投资者认识到，公司创造长期价值的能力取决于其与利益相关者的互动和资源的使用。

**5. 识别主题并定义实质性矩阵（materiality matrix）**

一份有效的报告应涵盖与业务战略相关的 ESG 考虑因素，并说明与长期和短期价值创造的联系。深入思考公司价值链的每一部分，有助于形成与披露相关的 ESG 主题全面的理解。

此外，思考公司年度管理报告中讨论的风险以及同行报告的主题通常会有所帮助。公司还可以利用各种国家和国际资源来制定 ESG 主题的初始列表，无论这些主题是通用的还是特定于行业的。例如，公司可以使用联合国全球契约的 10 项原则及其基本指南来报告环境、劳工、人权和反腐败问题。

信息的实质性（materiality）及其与报告受众的相关性是确定公司报告范围和内容的关键考虑因素。由于存在广泛的潜在 ESG 机遇和风险，实质性越来越多地用于确定报告中涵盖的事项，并确定其优先顺序。国际会计准则委员会（IASB）将信息定义为“重大”信息，如果其遗漏或错报可能影响用户根据财务报表作出的经济决策。

不同的组织［可持续会计准则委员会（SASB）、全球报告倡议组织（GRI）、国际综合报告框架（IIRR）］对如何确定 ESG 因素的实质性有不同的定义。同样，不同的利益相关者群体对哪些 ESG 因素对公司具有实质性意义有不同的看法。

识别实质性因素的起点是识别相关性。当信息通过帮助用户评估过去、现在或未来的事件，或者通过确认或纠正他们过去的评估来影响用户的意见或决定时，信息就是“相关的”（relevant）。因此，在确定报告中应包含哪些信息时，了解报告受众至关重要。衡量一个问题可能会在多大程度上影响公司随着时间的推移创造价值的能力是很有用的。

除了实质性ESG信息外，公司可能会决定报告不符合实质性门槛但可能与公司的运营和/或声誉绩效相关的其他要素。例如，公司对一些重要事项的观点可能不同于社会一般观点。随着投资者越来越了解关键业务运营如何受到各种ESG因素的影响，对相关性和实质性的定义正在扩大。企业在决定按照广义或者严格定义来披露实质性事项时，应明确披露实质性概念的定义。

**6. 评估绩效指标的相关性**

一旦公司确定了要报告的ESG主题，它就可以开始披露具体的绩效指标以衡量进展。这些指标可能是通用的、特定于行业的或特定于公司的。建议公司使用通过可信流程开发的广泛接受的指标，例如，GRI为企业可持续发展报告制定了使用广泛的指标集，并为其应用提供了详细指导。此外还有TCFD、SASB和CDSB等标准的应用。

在报告相关指标时，可以包括与以下各项的比较：

（a）历史上公司和行业趋势；

（b）相关企业目标；

（c）相关比率；

（d）行业平均值；

（e）财务结果/业绩。

随着投资者寻求了解ESG信息与公司的业务战略和财务业绩的关联，对定量数据的需求量进一步加大。定量数据方便在公司的不同时间段或与其他公司的类似数据进行比较。此类数据对于增强投资估值和信用评级模型也很有用。

为了有效地使用指标，公司可以：

（a）参考国家或国际公认的信息披露指南和协议，以制定和披露 ESG 指标，并提高公司披露的质量。

（b）解释为什么指标增加或减少，公司对此的看法以及这种情况在未来可能如何变化。

（c）在报告中解释数据收集方法，以及使用这些方法的原因。

（d）用定量数据、基准和目标补充定性描述（反之亦然）。

（e）在可能的情况下，通过展示 ESG 活动如何以货币形式推动增长、生产力和风险管理，解释 ESG 指标与财务绩效之间的联系。

（f）在披露成果的同时披露挑战和错误。诚实的讨论可以与股东和其他利益相关者建立融洽的关系，并且通常可以避免过度反应。

**7. 为 ESG 报告收集数据**

更好的数据可以带来更好的决策和绩效。评估现有内部系统收集简洁、可靠和完整的 ESG 数据的能力。公司可以利用现有的内部审计、风险和数据控制验证系统，而不是创建全新的渠道。如果内部系统目前不能满足该任务，则公司可能会决定在数据收集方面进行长期投资。如果发现在数据收集上存在差距，则公司可以在报告中突出并解释。

**8. 格式和披露渠道**

正确的披露渠道可确保投资者获得相关、易于获取、可比的信息和及时的信息。公司应熟悉其目标受众首选的 ESG 信息来源，并及时准确地向他们提供有关其绩效的信息。

为了适应不同的信息需求和兴趣，公司可以使用不同的沟通渠道，包括网站、监管文件、年度报告、可持续发展报告和其他公司报告。

为使国际投资者更容易获取信息，公司还可能希望以除本国语言外的全球广泛使用的语言传播其 ESG 信息。

ESG 披露的渠道也取决于公司的监管环境以及业务和沟通策略。证券法规和/或上市规则可能要求公司将财务重要的 ESG 信息整合到其财务披露和其他强制性投资者沟通和监管文件中。同样，根据公司自身的情况，它可能决定将某些 ESG 信息包括在公司的财务披露中。总体上，须遵守：

（a）如果可持续性披露与财务披露分开，则建议将这两种类型披露涵盖同一报告期。这将使投资者能够在 ESG 信息的背景下考虑财务信息。这些文件中的交叉引用确保信息的连通性和可访问性。

（b）确保不同沟通渠道之间的一致性很重要。

（c）信息必须易于查找，因此公司可以制作带有超链接的在线内容索引，以提高数字可访问性，并指明在哪里可以找到现有的 ESG 信息。

（d）总体而言，报告应以有效、清晰、与投资者相关的方式呈现，并连接公司短期、中期和长期创造价值的能力。

（e）LuxSE“公司治理十项原则”的原则 9 要求相关公司在专门的报告中提供 CSR 信息，或在其管理报告中与可持续发展有关的特定部分或附录中提供相关信息。

**9. 内部审计和外部核验**

如果资源允许，通过强有力的内部评估流程和/或外部核验，ESG 报告会更加可信。独立的内部审计委员会或小组可以负责审核报告以及内部流程和程序。内部审计还可以确保内部数据收集系统稳健且有条理。

随着投资者对 ESG 信息披露要求的进一步增加，对 ESG 信息披露的外部核验以及相关核验标准制定的要求也在不断提升。与财务审计一样，外部核验可以增加信任度、可信度和认可度。会计、工程和专业服务公司是最常见的第三方核验服务提供商。公司应考虑其行业内推荐的核验标准，以及利益相关者的需求。

**注释（2）** 《卢森堡证券交易所 ESG 指南》第 5 部分，主要针对可持续债务工具发行人。《卢森堡证券交易所 ESG 指南》认为，有效的可持续债务工具发行人 ESG 报告应考虑六个关键内容，包括：识别和定义 ESG 活动和策略；发行前定义 ESG 程序并披露信息；评估相关报告类别和绩效指标；内部数据流程和数据收集；报告的最佳格式和报告期；考虑外部保证。

**《卢森堡证券交易所ESG指南》第五部分：可持续债务工具的发行人**

以下指南侧重于就绿色、社会和可持续发展债券的ESG报告框架向债券发行人提供建议。

**1. 识别和定义ESG活动和策略**

在报告其ESG活动之前，可持续金融产品的发行人需要确定或定义其哪些活动可以归类为ESG活动或支持ESG活动。对于债券，这通常涉及确定哪些资金用途可以归类为对ESG有贡献。

潜在的绿色、社会或可持续发展债券发行人（以下简称“发行人”）通常已经具备从事符合ESG资格活动的条件。这些利益相关者可以使用既定的市场标准，例如，ICMA绿色和社会债券原则（Green and Social Bond Principles）和可持续发展债券指南（Sustainability Bond Guidelines），来确定他们的活动是否可以被视为有资格使用绿色、社会或可持续发展债券的资金。如果债券具有社会性质，则发行人将需要确定获得该债券社会福利的目标人群。

此外，如果这些活动被视为有助于缓解气候变化（例如，对可再生能源、能源效率或清洁交通的投资），发行人可以利用CBI气候债券标准（Climate Bond Standard）（CBI CBS）或欧盟分类法案，以进一步评估其活动是否符合“绿色”的一般市场定义，这些文件包含关于绿色活动的更详细的行业标准（在基于定量指标的情况下）。

**2. 发行前定义ESG程序并披露信息**

为了与市场标准保持一致，可持续金融产品的发行人应准备并向投资者或公众提供详细说明可持续金融工具的特征以及组织管理程序的文件。

对于债券发行人，应披露以下内容：

（a）募集资金用途：发行人将说明资金用于哪些绿色、社会或可持续性项目或活动。这些项目或活动应与上述1. 识别和定义ESG活动和策略对应。

（b）项目评估和选择过程：该部分概述发行人确定一项活动和项目是否可以归类为绿色、社会或可持续发展的程序和组织结构。

（c）募集资金管理：该部分详细说明发行人计划如何管理募集资金。例如，在使用前将绿色、社会或可持续发展债券募集资金存入一个单独的账户，或通过发行人的会计系统将电子标签与相关资金相关联来跟踪资金。

（d）对持续报告的承诺：该部分包含一份明确的承诺声明，即发行人将在通常的年度报告中报告绿色、社会或可持续发展债券信息，直到指定的时间点（资金全部使用或到期）。

**3. 评估相关报告类别和绩效指标**

确定了ESG活动或投资策略之后，可持续金融工具的发行人就可以确定描述其ESG活动的信息类型。可持续金融工具的发行人至少披露用于ESG活动的资金金额。对于绿色、社会或可持续发展债券发行人，则需披露分配给每个合格项目或合格项目内的每个活动或项目的资金金额。

此外，绿色、社会和可持续发展债券的发行人可以提供额外信息来描述使用募集资金的活动，具体包括：

（a）项目：对使用募集资金的资产或项目类型的详细描述。例如，提供一个统一的包含所有具有通用财务指标的相关项目的清单。

（b）影响：描述相关活动对环境的正面和/或负面影响的定量或定性信息。常用指标包括能源使用或减少，以及温室气体排放和减少。

（c）再融资：如果募集资金将用于再融资活动，则应披露募集资金占再融资的比例。

（d）联合融资：如果募集资金用于联合融资，则应披露募集资金占联合融资的比例。

（e）支出类型：该信息将表明募集资金用于支付的类型。例如，这可以是资本支出或运营支出。发行人还可以考虑说明支出是否涵盖有形资产或无形资产。

（f）方法论：阐明报告中包含的任何信息是如何编制的任何方法论说明。

**4. 内部数据流程和数据收集**

可持续金融工具的发行人需要评估被确定为对投资者有用的信息（根据步骤2）是否可用于报告。内部数据系统可能已经包括了所需的信息，或者可能包括了可以构建所需数据的信息。

例如，提供节能抵押贷款的绿色债券的发行人可以利用所融资的相关建筑物的能源绩效文件（已获得）来估计节能数据。通过温室气体协议（Greenhouse Gas Protocol）等标准，发行人可以使用该节能数据估算温室气体减排的数据。

在社会债券方面，为界定社会活动的影响，社会债券的发行人应首先关注在发行人定义的目标人群中获得相关社会服务的人数数据，例如，经济适用房、医疗保健或教育等。

**5. 报告的最佳格式和报告期**

按照市场惯例，可持续金融工具的发行人至少每年向投资者发布报告（从可持续债务产品发行年份的次年开始）。

大多数可持续发展市场参与者选择在专门的报告中披露有关其可持续金融产品的ESG信息，而不是将其作为更广泛的报告（可能包括年度报告、财务报告或可持续发展报告）的一部分进行发布。单独报告更大程度的灵活性和清晰性，综合报告可能对某些组织更有效，可持续金融产品的发行人需对此进行评估。

从投资者的角度来看，专门的绿色、社会或可持续债券报告更可取，因为相关的债券特定信息更容易单独检索，而不是捆绑在包含其他非债券相关信息的文件中。

可持续金融产品的发行人也可以考虑直接在专门介绍其可持续金融产品的网页上向投资者披露信息。

**6. 考虑外部保证**

可持续金融产品发行人的最佳做法是寻求对其ESG报告（审计报告）进行外部核验。

**注释（3）**《卢森堡证券交易所 ESG 指南》第 6 部分，主要针对资产管理人。《卢森堡证券交易所 ESG 指南》认为，有效的资产管理人 ESG 报告应考虑六个关键内容，主要包括：识别和定义 ESG 活动和策略；定义 ESG 程序和披露信息；评估相关报告类别和绩效指标；内部数据流程和收集数据；报告的最佳格式和报告期；考虑外部保证。

**《卢森堡证券交易所 ESG 指南》第 6 部分、资产管理人**

对资产管理人而言，有效的 ESG 报告需要考虑六个关键主题。

**1. 识别和定义 ESG 活动和策略**

资产管理公司可以使用不同的原则来定义其负责任投资（responsible investment），取决于他们的投资策略和投资组合构成。

负责任投资可包括（参考 Eurosif 透明度代码）：

（a）同类最佳（best－in－class）：在该投资方式下，最佳或优秀投资的选择基于 ESG 标准。其中，需要对不同的 ESG 表现进行选择或赋予不同的权重。

（b）参与和投票：这种方法涉及参与公司活动和对公司的 ESG 事宜进行股份投票。这是一个长期的过程，旨在影响管理层的行为或增加他们的数据披露。仅对公司治理进行参与和投票是必要的，但不足以计入该战略。

（c）排除：这是一种根据特定标准将特定投资或投资类别排除在可投资范围之外的方法，例如，公司、行业或国家。常见类别包括武器、色情、烟草和动物试验。排除可以应用于单只基金或授权级别，但也越来越多地应用于资产经理或资产所有者级别，涵盖整个资产产品范围。这种方法也被称为基于道德或价值的排除，因为排除标准通常基于资产管理者或资产所有者的选择。

（d）可持续发展主题：这种方法涉及投资与可持续发展相关的主题或资产。主题基金专注于与 ESG 相关的特定或多个问题。以可持续发展为主题的投资本质上有助于应对气候变化、生态效率和健康等社会和/或环境挑战。基金需要进行 ESG 分析或投资筛选，这可以由专门的 ESG 标签提供商完成。

（e）基于规范的筛选：根据投资是否符合国际标准和规范或ESG规范来筛选投资，是最常用的方法之一。ESG的国际规范是由国际机构定义的规范，例如，联合国（UN）制定的相关标准。此类规范的示例包括联合国负责任投资原则（UN PRI）和联合国全球契约（UN Global Compact）。

（f）影响力投资：对公司、组织和基金进行的投资，旨在产生社会和环境影响以及财务回报。投资通常是特定于项目的，且与慈善事业不同，因为投资者保留资产的所有权并期望获得正的财务回报。影响力投资包括小额信贷、社区投资、社会企业/创业基金和法国的“fonds solidaires”。

（g）ESG整合：这种方法是指资产管理公司根据系统流程和研究，将ESG风险和机会明确纳入传统财务分析和投资决策。该策略包括在主流分析中明确考虑ESG因素和财务因素。整合过程侧重于ESG问题对公司财务状况的潜在正面和/或负面影响，进而影响投资决策。

其中，环境问题涉及公司活动中对环境产生积极或消极影响的方面，包括温室气体排放、可再生能源、能源效率、资源枯竭、化学污染、废物管理、水资源管理和对生物多样性的影响。

社会问题取决于具体情况，包括劳工标准、与当地社区关系、人才管理、有争议的商业行为、健康标准等。

治理问题涉及公司的管理质量、文化、风险等。包括董事会的责任及其对社会和环境绩效的要求和战略管理。此外，它强调诸如透明报告和以没有滥用和腐败的方式实现管理任务等原则。包括公司治理、贿赂、腐败、利益相关者对话或游说活动等。

基于上述任何一种或多种选定方法，资产管理人将定义ESG投资策略，该策略将构成未来报告要素的基础。

**2. 定义ESG程序和披露信息**

资产管理人通常使用关键投资者信息文件（Key Investor Information Document，KIID）来披露相关ESG原则。同时，资产管理公司可以通过其网站、招股说明书、概况介绍文件补充ESG信息披露。例如，资产管理公司可以遵守 Eurosif 透明度准则。

资产管理人应披露以下信息：

（a）占主导地位的 SRI 战略及相关资金；

（b）排除项；

（c）ESG 的重要性（包括风险和机遇）如何融入投资决策流程；

（d）资产管理人已签署的负责任投资计划［例如联合国 PRI、碳披露项目（Carbon Disclosure Project）］；

（e）信息披露渠道。

ESG 报告还应包含有关反映投资策略中 ESG 影响的相关指标。例如，根据负责任投资原则（Principles for Responsible Investment）要求，可持续金融工具的管理者需要发布“透明度报告”（transparency report）。

此外，根据所采用的 ESG 策略，资产管理人可能会委托 ESG 标签提供商评估其基金的 ESG 属性，然后再向投资者披露获得的相关标签，从而提供相关保证。

**3. 评估相关报告类别和绩效指标**

与资产管理公司相关的信息类型取决于步骤 1 中定义的 ESG 投资策略。

例如，可以将以下内容报告为每个策略的基线：

（a）同类最佳：在该策略下，应披露投资组合或投资组合中行业的平均 ESG 评级。

（b）参与和投票：在该策略下，应披露资产管理人参与活动和投票行为。

（c）排除：在该策略下，应披露定期审查并在适当情况下更新的排除列表，以及更新撤资进度。这可以在更新排除列表时完成。

（d）可持续发展主题：在该策略下，应披露投资于可持续发展主题的金额。

（e）基于规范的筛选：在该策略下，应披露投资组合中符合规范的金额。

（f）影响力投资：在该策略下，应披露的指标取决于影响力相关的指标。例如，对于以气候变化为重点的战略，这将包括温室气体减排指标。对于小额信贷策略，相关指标可能是目的、数量和提供的小额信贷平均金额。

（g）ESG 整合：在该策略下，应披露受 ESG 影响的投资决策和/或相关投资价值考虑因素。

资产管理者可以使用报告模板（例如，负责任投资原则提供的报告框架）。

**4. 内部数据流程和收集数据**

一般来说，资产管理公司可以通过其内部尽职调查程序收集有关其 ESG 策略的数据。或者可以收集公开披露的信息（例如，由其投资组合中的公司提供），汇总这些信息并编制一份以可持续发展为主题的投资组合报告。

为此，资产管理公司通常会汇总与投资组合中公司权重相关的数据。

为了估计其投资组合的影响，资产管理公司可能会利用提供 ESG 影响转换因素。这些因素是特定部门，一个描述性因素投资于特定部门的每单位货币的影响（例如，每投资百万美元的温室气体排放量）。资产管理公司可以将这些因素应用到他们的投资组合中，并估计其影响以用于报告目的。

**5. 报告的最佳格式和报告期**

按照市场管理，资产管理公司从基金发行次年起，至少每年向投资者发布一次报告。资产管理公司通常选择通过其网站、招股说明书、概况介绍文件或其他 ESG 专用文件来披露 ESG 相关信息。

资产管理公司需要评估其现有的报告周期和出版物，以确定可持续金融产品的信息是否应作为现有报告结构的一部分或单独报告。

**6. 考虑外部保证**

资产管理公司可以通过申请获得以 SRI 为重点的标签来寻求对其资金

的外部保证。SRI 标签是标签提供商基于资产管理人和相关基金信息的分析，面向基金发布的。SRI 标签为投资者提供了一种快速使用的工具，可以识别某些基金是否采用了适当的 SRI 策略。

标签提供者包括：

（a）LuxFLAG；

（b）FNG 标签；

（c）ISR 标签；

（d）北欧天鹅（Nordic Swan）；

（e）奥地利生态标签（Österreichisches Umweltzeichen）；

（f）能量转换标签和生态气候（TEEC）[Label Transition Énergétique et Écologique pour le Climat（TEEC）]；

（g）非贝尔芬（Febelfin）。

# 第四节　伦敦证券交易所

## 一、伦敦证券交易所

### （一）伦敦证券交易所基本情况

伦敦证券交易所（London Stock Exchange，LSE）成立于 1801 年，总部位于伦敦，是国际化程度较高的大型证券交易所。伦敦证券交易所覆盖市场包括固定收益、股票、投资基金和 ETF 等，同时还提供欧洲部分基准价格。

伦敦证券交易所隶属于伦敦证券交易所集团（London Stock Exchange Group，LSEG）。截至 2021 年 12 月，伦敦证券交易所上市公司数量超过 3000 家，总市值约为 3.7 万亿美元。在伦敦证券交易所上市的大型公司包括巴克莱、英国石油和葛兰素史克等。

### （二）伦敦证券交易所和可持续金融

在可持续金融方面，伦敦证券交易所的目标是通过提供创新解决方案来满足发行人和投资者的需求，以支持向低碳经济、可持续和公平增长的过渡。为实现这一目标，伦敦证券交易所建立了可持续债券市场，并针对 ESG 信息披露和气候信息披露分别发布了指引。

1. 可持续债券市场（Sustainable Bond Market）

伦敦证券交易所建立了专门的可持续债券市场（Sustainable Bond Market, SBM），支持可持续金融领域的发行人，并为投资者提供便利、灵活性和透明度。伦敦证券交易所是全球第一家推出绿色债券专门板块的主要交易所。

SBM 提供了一个全面的可持续金融平台，它旨在帮助发行人满足投资者对更广泛、更一致的披露的需求，并提升全球对可持续经济的投资。SBM 的债券产品主要包括绿色债券、可持续债券、社会债券、绿色收益债券和可持续挂钩债券等。截至 2021 年底，在 SBM 发行的债券超过 300 只，募集资金超过 700 亿英镑，覆盖 17 种货币。可持续债券也可以通过 MTS 进行交易①。

2. 伦敦证券交易所 ESG 信息披露

2017 年，伦敦证券交易所发布了《ESG 报告指引》（*Your guide to ESG reporting: Guidance for issuers on the integration of ESG into investor reporting and communication*），旨在帮助上市公司了解应该提供哪些 ESG 信息，以及应该如何提供这些信息。具体来说，伦敦证券交易所认为，上市公司应该从以下几个方面来披露 ESG 相关信息：

一是解释环境、社会和治理因素与其商业模式和战略的相关性。

二是解释 ESG 问题如何影响其业务，例如，立法、声誉损害、员工流失、经营许可、法律诉讼或利益相关者关系，以及这些因素如何影响业务战略、财务和运营绩效。

三是解释如何利用绿色和对社会有益的产品和服务产生的新机会和收入流。解释在创新和研发方面的投资将如何推动业务的未来增长。

四是确定制造或提供环境解决方案和支持向绿色经济过渡的商品、产品和服务的业务，并对相关收入进行分解和量化。

---

① MTS 是欧洲公共部门债务电子交易平台。

五是提供准确、及时、符合其财务和企业所有权模型并基于一致的全球标准的数据，以促进可比性。

六是认识到报告是与投资者进行的更广泛对话的一部分。无论具体格式如何，ESG 报告都为与投资者对话提供了基础。

3. 伦敦证券交易所气候信息披露

2021 年，伦敦证券交易所发布了《伦敦上市公司气候报告最佳实践和 TCFD 应用指南》（*Your guide to climate reporting*：*Guidance for London – listed companies on the integration of climate reporting best practice and TCFD implementation*，以下简称《气候报告指引》）。《气候报告指引》是对《ESG 报告指引》的补充，在《ESG 报告指引》八项关键原则的基础上，《气候报告指引》通过参考 TCFD 报告框架，以及投资者和监管机构参与的最新情况，对上市公司披露气候相关信息的内容和方法进行了阐述，包括战略相关性、情景分析、实质性分析、与分类法相关的绿色收益报告（Green Revenue Reporting）等。

## 二、《ESG 报告指引》

**注释（1）** 伦敦证券交易所 2017 年发布的《ESG 报告指引》[①]，从八个方面阐述了对上市公司 ESG 信息披露的要求，分别是：战略相关性；重要性；投资级数据；全球框架；报告格式；监管与投资者沟通；绿色收益报告；债务融资。

**注释（2）** 《ESG 报告指引》对战略相关性信息披露的要求。

> **1. 战略相关性**
>
> 投资者希望了解发行人如何应对气候、人口和技术变化以及政治发展等长期和宏观经济趋势。一些世界上最大的投资者正在将资金分配给有能

① 本书引用伦敦证券交易所（London Stock Exchange）2017 年发布的《ESG 报告指引》（*Your guide to ESG reporting*：*Guidance for issuers on the integration of ESG into investor reporting and communication*），网址为 https：//www. lseg. com/sites/default/files/content/GReen/LSEG _ Guide _ to _ ESG _ Reporting _ 2020. pdf。中文版本仅供参考，中文版本与英文版本如有出入，以英文版本为准。

力从向绿色经济过渡中受益的公司，并希望保护其投资组合免受环境、社会和治理（ESG）下行风险的影响。

作为发行人，您应该解释 ESG 因素与您的业务模式和战略的相关性。您应该明确您的公司如何定位自己，以便从这些因素中受益、管理和减轻与之相关的风险。

发行人还应说明他们打算如何利用绿色和对社会有益的产品和服务产生的新机会和收入。

**注释（3）**　《ESG 报告指引》没有对重要性给出明确的定义，而是要求发行人自行选择和确定与 ESG 相关的重要性主题。

**2. 重要性**

为了解一家公司的长期前景，投资者将关注那些他们认为与任何特定业务最相关或"重要"的问题。然而，不同的投资者不可避免地对他们认为重要的东西有不同的看法。

发行人应说明他们认为哪些 ESG 问题与其业务最相关或最重要。首先，他们应该解释 ESG 问题如何影响他们的业务，例如，立法、声誉损害、员工流动、经营许可、法律行动或利益相关者关系。然后，他们应该解释这些因素如何影响业务战略以及财务和运营绩效。

在向投资者展示此信息时，了解您的投资者正在寻找哪些信息和数据非常重要。这应该包括确保您了解全球同行的报告内容。

**注释（4）**　《ESG 报告指引》要求 ESG 信息完整、一致、可靠、可比和清晰。《ESG 报告指引》没有强制要求第三方核验。

**3. 投资级数据**

在使用 ESG 数据为资本配置和投资决策提供信息时，投资者希望 ESG 信息完整、一致、可靠、可比和清晰。

发行人应确保其提供的数据准确、及时、符合发行人的财政年度和企业所有权模型（一致的边界），并基于一致的全球标准以促进可比性。

应提供原始数据和标准化数据，您的公司应提供平衡的观点，突出业绩的正面和负面。

为了让投资者对其报告的数据更有信心，一些发行人选择对 ESG 数据进行第三方核验。

**注释（5）** 《ESG 报告指引》介绍了部分接受程度较高的国际可持续披露框架。

**4. 全球框架**

虽然目前还没有报告标准的全球共识，但由以下组织开发的框架（不分先后）是投资者最广泛引用的框架：全球报告倡议组织（GRI）、国际综合报告委员会（IIRC）、可持续核算准则委员会（SASB）、联合国全球契约、CDP（前身为碳披露项目）、气候披露标准委员会（CDSB）和 FSB 气候相关财务披露工作组（TCFD）。

**注释（6）** 《ESG 报告指引》未指定 ESG 信息披露的渠道，发行人可选择年报、独立的可持续报告或综合报告进行披露。

**5. 报告格式**

公司可以在其年度报告、独立的可持续发展报告或综合报告中报告 ESG 信息。报告格式的选择可能涉及广度和深度之间的权衡。

发行人可以采取切实可行的措施，确保其 ESG 披露与其投资者相关。您可以确保您报告的数据具有投资级质量，阐述您对重要性的看法，并解释这些 ESG 问题与您的业务的战略相关性。

每种报告类型都有不同的优势，每个发行人都应考虑哪种方法最适合自己和投资者的需求。

报告只是您与投资者进行的更广泛对话的一部分。无论具体格式如何，您都应该将 ESG 报告视为与投资者对话的基础，而不是替代这种对话。

**注释（7）**《ESG 报告指引》要求发行人应符合监管机构的披露标准。

> **6. 监管与投资者沟通**
>
> 近年来，有关 ESG 报告的监管大幅增加。如果不同国家和地区的监管机构制定不同的报告要求和标准，这可能会给发行人和投资者带来问题。
>
> 2016 年，按 GDP 计算的全球主要经济体中有超过 80% 要求以某种形式进行 ESG 报告。披露监管可以通过提高数据的一致性、可用性和可靠性，以及帮助关注关键的 ESG 问题来帮助发行人和投资者。
>
> 发行人应将监管视为报告的起点。您不应采取最低合规方法，而应利用监管要求作为开发以投资者为中心的报告方法的机会。重要的是，作为您需要制作的报告的一个组成部分，您确定并报告您认为最重要的问题。

**注释（8）**《ESG 报告指引》要求发行人提供绿色子行业层面的绿色收益细分信息。

> **7. 绿色收益报告**
>
> 发行人应该主动传达对能够实现向绿色经济过渡的绿色产品和服务的了解。为此，需要确定制造或提供商品、产品和服务以提供环境解决方案的业务部分，量化相关收入，并讨论在创新和研发方面的投资将如何推动业务未来增长。
>
> 投资者需要了解其投资组合中的公司如何改变对低碳经济子行业的敞口，因此需要发行人在绿色子行业层面提供更详细的收入明细来衡量这一点。

**注释（9）**《ESG 报告指引》要求绿色固定收益产品的发行人在 ESG 信息披露的基础上，应符合绿色债券等绿色金融产品的信息披露要求，并获得外部审核。

> **8. 债务融资**
>
> 投资者对固定收益发行人的 ESG 特征越来越感兴趣。他们将这些问题视为风险和机会的来源。此外，随着绿色债券市场的发展，投资者也对与提供环境效益的特定活动和项目相关的融资感兴趣。

本指南在实体层面也适用于考虑其 ESG 报告的债券发行人。发行人也不妨考虑发行绿色债券以获取新的资金来源。然而，这需要满足许多标准。发行人需确保募集资金全部用于绿色项目，有明确的项目选择和评估标准，募集资金仅用于绿色项目，并定期发布募集资金使用信息。

要被纳入伦敦证券交易所绿色债券板块，发行人还需要使用外部审核。

## 三、《气候报告指引》

2021 年 10 月，伦敦证券交易所发布了《伦敦上市公司气候报告最佳实践和 TCFD 应用指南》（*Your guide to climate reporting*：*Guidance for London - listed companies on the integration of climate reporting best practice and TCFD implementation*，以下简称《气候报告指引》）。《气候报告指引》旨在帮助在伦敦证券交易所上市的公司将气候风险纳入运营，同时披露碳减排绩效，并满足英国上市公司的监管和政策要求。

**注释（1）** 《气候报告指引》[①] 建议企业按照以下三个步骤完成气候信息披露：①评估披露情况和背景；②气候相关风险和机遇的整合；③披露与气候相关的举措的数据。《气候报告指引》共分为五个部分，分别是：①概述；②气候风险和机遇；③气候指标和目标；④全球框架；⑤欧盟和全球监管。本文着重介绍②气候风险和机遇；③气候指标和目标。

**注释（2）** 在②气候风险和机遇部分，《气候报告指引》首先对如何定义重要性，以及如何将气候相关风险整合到公司治理、战略和风险管理流程中进行了阐述。其次，《气候报告指引》对气候相关风险、机遇进行了阐述，并介绍了情景分析的方法。《气候报告指引》还建议组织将气候纳入内部流程和治理。

---

① 本书引用伦敦证券交易所（London Stock Exchange）2021 年 10 月发布的《伦敦上市公司气候报告最佳实践和 TCFD 应用指南》（*Your guide to climate reporting*：*Guidance for London - listed companies on the integration of climate reporting best practice and TCFD implementation*），网址为 https://docs.londonstockexchange.com/sites/default/files/documents/LSE_guide_to_climate_reporting_final_0.pdf。中文版本仅供参考，中文版本与英文版本如有出入，以英文版本为准。

### 2. 气候风险和机遇

**重要性**

重要性可以理解为信息对决策过程的重要性，是TCFD建议的一个关键方面。值得注意的是，随着时间的推移，重要性会发生变化，并且时间范围会影响信息是否与决策相关，这主要涉及被认为“具有财务重要性”的信息。

与此一致，《气候报告指南》旨在帮助报告编制者了解气候相关信息的财务影响。在大多数司法管辖区，上市公司的监管框架要求，如果发现信息确实具有财务重要性，或者对组织构成财务风险或机会，则必须由公司依法披露。出于这个原因，许多致力于根据TCFD框架进行报告的公司发现，由首席财务官在董事会层面发起这项活动是合适的，而准备披露的团队更有可能来自财务部门、可持续发展部门、企业报告部门和其他跨部门团队。

TCFD的建议基于这样一种信念，即气候相关问题对许多组织来说可能是重要的，并且其建议有助于他们更有效地遵守现有的披露义务。与气候相关的风险是一种影响几乎所有行业的不可分散风险，因此许多投资者认为需要特别关注。例如，在评估组织的财务和经营成果时，许多投资者希望了解实现此类结果的治理和风险管理环境。因此，TCFD认为与其治理和风险管理建议相关的披露直接解决了这种背景需求，并且无论重要性优先级如何，都应包含在年度财务申报中。

在确定是否在主流财务文件中披露某些信息时，公司通常会进行重要性评估（也称为重要性分析）。通过映射练习，组织可以确定哪些问题在不久的将来最相关，哪些问题最有可能对公司产生财务影响。在气候风险很可能在未来变得重大的情况下，TCFD鼓励这些组织在披露法定财务文件的同时开始披露与气候相关的财务信息。一旦这些信息变得重要，这有助于将这些信息整合到财务文件中。

**整合**

一旦公司确定了气候相关风险的重要性，第二步就是将与气候相关的考虑因素整合到其治理、战略和风险管理流程中。为此，董事会和高级管理层必须认识到与其组织、行业、供应链和所在地相关的气候相关风险和机遇。为了帮助组织完成这项任务，本节确定了与气候相关的关键风险和机遇，并提供了用于评估与组织最相关的风险和机遇的实践指南。

虽然许多组织已经在考虑与气候变化相关的各种机会和风险，但 TCFD 建议提供了一个能够实现全球一致性的框架。TCFD 的建议旨在鼓励组织评估和披露与其业务活动最相关的气候相关风险和机遇，作为其年度财务申报准备和报告流程的一部分。TCFD 建议考虑的风险和机遇是具有财务影响的风险和机遇，因此也应反映在组织的财务报表中。

**2.1 气候风险**

在评估与气候相关的风险的工作中，TCFD 发现了报告编制者应考虑的两类关键风险：

（1）与气候向低碳经济转型相关的风险；

（2）与气候变化的物理影响相关的风险。

在气候转型的情况下，公司可能面临与政策和法律变化、新技术或过时技术、不断变化的市场行为和声誉风险有关的风险。这些风险对公司财务的各个方面都有影响，从损益表中的收入和支出，到资产负债表中的资产、负债、资本和融资。TCFD 确定了属于过渡风险和物理风险两类的风险类型示例［参见本书第一章第一节：气候相关财务信息披露工作组（TCFD）］，可用作评估公司特定问题的框架。通过进行重要性分析，以说明如何确定重要性以及确定哪些风险会对组织产生财务影响。

虽然气候变化是一项全球性挑战，但它也具有独特的当地影响。无论企业是在一个国家还是多个国家开展业务，在进行初步分析时，他们都应考虑其运营面临的全球和国内风险和机遇。

**2.2　气候机遇**

减缓和适应气候变化的努力可以并且正在为组织及其投资者创造大量机会。与气候相关的机会可能来自实施新的资源效率和成本节约计划、采用低排放能源、开发新产品和服务、进入新市场以及建立供应链的弹性。事实上，气候机会的财务影响可能超过气候风险。在CDP 2019年的一项研究中，发现全球500家最大的公司中有225家报告了与气候相关的机会，其潜在财务影响超过2.1万亿美元，是气候风险的财务影响估计值（9700亿美元）的两倍多。此外，该报告发现，研究中超过一半的报告公司确定了可能对其业务产生实质性或战略性影响的潜在机会。

**2.3　将气候纳入内部流程和治理**

确保将气候相关风险和机遇纳入公司内部流程的一个关键方面是通过其治理机制。气候相关财务披露的用户有兴趣了解组织的董事会在监督气候相关问题中的作用，以及管理层在评估和管理这些问题中的作用。这些信息支持评估气候相关问题是否得到董事会和管理层的适当关注。虽然良好的治理本质上应该包括气候治理，由于气候数据可能既新又复杂，董事会可能需要额外的支持来充分考虑气候变化的科学、宏观经济和政治不确定性及其对其业务的影响。对于一家公司来说，这可能意味着建立一个内部气候或环境管理委员会。另外，任命一名具有专业知识和责任的董事会成员来监督气候风险信息的整理和传播可能更合适。这些解决方案可能是针对公司的，但它们都应确保气候变化被视为最高级别的主题。

除了伦敦证券交易所就ESG报告要求和最佳实践提供的指南外，公司还应考虑其当前的公司治理在多大程度上考虑了与气候相关的风险和机遇。TCFD认为治理和风险管理是投资者评估组织财务和经营业绩所需的基本信息。因此，建议在所有上市公司的年度财务报告中披露与这两个部分（风险管理和治理）相关的信息。

**2.4　情景分析**

TCFD建议进行情景分析，以帮助识别和有效评估在全球气温上升的背景下一系列可能的未来条件的潜在影响。

情景分析不是预测或敏感性分析的练习，而是评估对不同可能的未来情景的弹性。它是一种制订更灵活或更稳健的战略计划的方法，已成为企业了解气候相关风险和机遇的战略影响的有用工具。虽然它是TCFD框架的一个重要元素，但它通常也是公司经验最少的领域。

TCFD的情景分析指南就如何进行情景分析以及组织可能希望采用的可用情景和模型提供了详细的分步指南［关于TCFD情景分析的内容请见本书第一章第一节：气候相关财务信息披露工作组（TCFD）］。

**注释（3）** 《气候报告指引》对组织应披露的指标和目标进行了阐述。《气候报告指引》强调了单一重要性和双重重要性，并对气候相关机会、碳排放的披露指标进行了介绍。

**3. 投资级数据：气候指标和目标**

对于已经认识到需要采取气候行动的组织的第三步是通过可衡量的气候相关披露来传达他们的行动和意图。TCFD的披露建议是当前决定应报告哪些指标的最佳实践，对于公司而言，确保这些信息可访问且易于查找非常重要。

**3.1 对投资者有用的信息**

投资者希望了解一家公司如何根据气候相关风险和机遇进行战略定位。虽然TCFD建议强调单一重要性（具有直接财务影响的信息，因此应包括在财务文件中），但公司还应注意双重重要性，即公司行为对社会或环境的影响。

这在未来可能有很大的好处，因为重要性可能会随着时间的推移而变化。在短期内被确定为财务不重要但对社会或环境有外部影响的信息，可能会在某个时间点成为财务重要的信息。例如，虽然公司作出的战略决策（例如，更换供应商）在短期内可能会产生不利的财务影响，但长期影响可能更大且方向相反（例如，声誉影响或法律风险）。

报告气候的公司应该意识到，投资者正在寻找能够让他们相信公司了解气候相关问题、它们如何影响业务以及他们正在采取什么行动的信息。许多拥有多元化投资组合的投资者还要求他们所投资的所有公司的数据一致，以便能够应用一致的方法来了解他们对每家公司的投资水平。因此，为了确保编制报告的人员在向股东告知其公司的气候弹性方面产生预期的影响，信息应以标准化格式共享，并包括投资者正在寻找的内容。

除了 TCFD 外，还有许多其他举措可以帮助实现这一调整过程。例如，证券交易所主导的活动，来促进公司和投资者之间就对双方最有帮助的数据类型进行积极沟通。另一个例子是转型路径倡议（Transition Pathway Initiative，TPI），该倡议评估了公司向低碳经济转型的准备情况。

### 3.2　机会的报告

TCFD 建议，组织应提供与气候相关的机会指标，例如，为低碳经济设计的产品和服务的收入。气候转型带来的一些机会主要通过降低成本和创造效率来影响财务报表，例如，资源效率和能源。公司正在利用的机会应向投资者报告，不仅表明与气候弹性的战略一致性，而且表明预期的未来节约或效率提高。然而，其他机会也为企业提供了新的收入，通常被称为“绿色收入”。通过引入新产品或服务，或进入新市场，组织可以利用与气候相关的新收入来源。

报告与气候相关的机会通常意味着分解与能够减缓或适应气候的某些活动部分相关的收入。例如，制造照明的制造商不应只报告整个照明部门的收入，而应将其来自提供气候解决方案的相关子部门的收入分解，在这种情况下，LED 照明因其效率优于其他照明产品。然而，一个普遍的担忧是竞争对手可能会利用这些信息在市场上获得优势。虽然这种担忧可能是真实的，但许多公司都意识到，这正成为他们的投资者和跟踪他们公司的分析师的重要信息。

报告机会的一项重大挑战是确定要识别的产品和服务类别。各种监管机构不断发展绿色和可持续金融“分类法”，可以找到解决这个问题的方法。欧盟在这方面制定了要求，他们制定的活动类别可能是公司在分类学发展时考虑的有用框架（请见本书第二章第一节：欧盟可持续信息披露标准）。

可以使用 FTSE Russell 的绿色收入分类系统（FTSE Russell's Green Revenue Classification System）找到更详细的分析，该系统提供公司收入的细粒度分类，以便对不同的环境目标进行有意义的分配。

随着市场创新推动新的解决方案和市场规范的转变，这些分类定义也将需要发展，因此公司必须确定其哪些产品和服务提供应对气候挑战的解决方案。

### 3.3 碳排放报告

碳排放报告是二氧化碳当量温室气体排放（GHG）的简写，这是一种用于将与温室效应和气候变化相关的所有气体排放的碳当量单位的综合气候影响标准化为一个度量标准的度量。它旨在衡量组织负责的这些气体的数量，使用根据排放源将排放分类为范围 1、范围 2 或范围 3 的系统。

虽然许多公司和部门已经开始处理范围 1 和范围 2 的排放，但事实证明范围 3 更难确定。事实证明，就这些排放达成可比和公平的定义和测量是具有挑战性的。然而，TCFD 认为数据和方法现在已经足够成熟，范围 3 排放的披露适用于所有部门和行业。这对于范围 3 排放量占总排放量 40%或更多的公司尤其重要。

在考虑在该领域根据 TCFD 进行披露时，公司可能希望考虑其现有的报告义务。例如，一些英国公司被要求根据公司（董事报告）和有限责任合伙企业（能源和碳报告）条例 2018.12 报告其能源使用和温室气体排放。这是现有立法框架要求的一个例子有助于公司根据 TCFD 框架进行报告的披露。

### 3.4 设定目标

为了实现气候适应型市场和净零排放，公司需要根据广泛理解和接受的定义设定目标。TCFD 建议组织根据预期的监管要求或市场限制描述其气候相关目标，例如，与温室气体排放、用水、能源使用等相关的目标。组织还应将其气候相关目标与其他目标保持一致，例如，效率或财务目标、财务损失容忍度、在整个产品生命周期内避免温室气体排放，或为低碳经济设计的产品和服务的净收入目标。许多公司和投资者日益关注的焦点是制定与2050年之前实现净零排放的轨迹相一致的排放目标，根据科学界的说法，这需要将全球平均气温升高保持在1.5℃以下。为确保目标与气候科学相一致，可以参考科学碳目标倡议（Science Based Targets initiative，SBTi）等。

趋势线或进展证明比静态目标或长期目标更有用，因此公司应努力展示他们在所选气候相关目标上的进展情况。还应考虑将这些目标与薪酬挂钩。例如，2019年CDP年度报告发现，47%的公司因管理气候主题而奖励其高级管理层，其中四分之一的激励措施与气候目标挂钩。

### 3.4.1　以净零排放为目标

全球许多公共和私营组织已开始承诺削减所有范围1、范围2和范围3的排放，并抵消任何无法减少的残余排放，以实现"净零排放"。认识到将全球变暖保持在1.5℃的重要性，公司越来越多地采用净零气候目标。2019年7月至2020年6月，作为1.5℃运动的一部分，230多家公司承诺实现净零排放，该运动由SBTi领导，并得到联合国领导人、商业组织和非政府组织的全球联盟的支持。

实现净零排放意味着组织将温室气体排放量降至零。在不可能完全减少排放的情况下，净零要求它抵消剩余的排放，例如，通过植树等行动或采用可以在碳释放到空气中之前捕获碳的技术。联合国还发起了一项旨在为实现净零排放建立的运动，称为"竞赛到零"运动。

自2019年以来，许多国家已经公布了实现碳中和的时间表，并开始探索实现目标的途径。这样的国家目标将影响金融机构和上市公司的行动和决策过程。因此，每个公司实现碳减排的时间表、目标和途径，包括他们使用的模型和工具，都与信息披露相关。

### 3.4.2　气候目标报告模板

更精细、全面和标准化的披露是更好的气候报告的重要组成部分：稳健的碳目标数据可以为分析工具和投资产品提供关键信息，帮助投资者应对气候风险。

在与 TCFD、TPI 和 CA100 + 等各种倡议的专家进行讨论的基础上，FTSE Russell 开发了一个与 TCFD 一致的披露模板，以促进企业温室气体减排目标的简明和明确披露。

该模板特意与减排目标的类型、范围或水平无关，并为公司提供了一种标准化格式来披露其目标和方法的信息。它还旨在最大限度地减少公司的报告负担。

该模板旨在针对公司披露多个目标的单个目标单独完成（例如，针对不同的排放范围或不同的时间框架）。它分为三个部分——目标 ID、目标信息和目标方法，并包含每个温室气体目标需要填写的总共 20 个字段。

**3.4.3 过渡计划——制订和披露**

TCFD 于 2021 年 10 月发布的最新指南使过渡计划更加突出。

转型计划是公司整体业务战略的一个方面，它阐述了随着世界向低碳经济转型，组织如何旨在最大限度地降低气候风险，包括减少自身资产负债表和价值链的排放量。

TCFD 提出了以下披露过渡计划的原则：

— 作为应对气候相关风险和机遇的更广泛组织战略的一部分披露；

— 以气候科学为基础的定量要素，包括气候相关指标和目标；

— 由董事会批准和监督。为了有效，过渡计划必须在最高层达成一致，并接受董事会和具有相关气候专业知识的高级管理层的定期监督；

— 可操作并与具体举措相关联。该计划应阐明公司为有效执行过渡计划将采取的具体行动；

— 详细且可验证。过渡计划披露应包括足够的细节，以使外部利益相关者能够进行验证。

# 第四章　金融产品可持续信息披露要求

## 第一节　绿色信贷信息披露

### 一、贷款市场协会和绿色信贷原则

绿色信贷原则（Green Loan Principles，GLP）是贷款市场协会（Loan Market Association，LMA）制定的绿色信贷市场标准和指南框架，旨在对绿色信贷的资金使用、项目评估和选择、资金管理以及信息披露作出指引，通过明确绿色信贷需满足的特征，来推动绿色信贷市场的诚信发展。

LMA 成立于 1996 年，致力于提高一级和二级银团贷款市场的流动性、效率和透明度，成员数量超过 800 个，包括商业银行和投资银行、机构投资者、律师事务所、服务提供商和评级机构。

根据 GLP 的定义，绿色贷款是指专门用于为新的和/或现有的合格绿色项目提供全部或部分融资或再融资的任何类型的贷款工具。绿色贷款必须符合 GLP 的四个核心要求：1. 募集资金用途；2. 项目评估和选择过程；3. 资金管理；4. 报告。

1. 募集资金用途

绿色贷款的基本决定因素是绿色项目贷款资金（包括其他相关和支持性支出，包括研发）的使用，应在财务文件和营销材料（如适用）中适当描述。所有绿色项目都应提供明确的环境效益，借款人将对其进行评估，并在可行的情况下进行量化、衡量和报告。

如果资金将全部或部分用于再融资，建议借款人提供融资与再融资份额的估计值。在适当的情况下，他们还应明确哪些投资或项目组合可以再融资，以及在相关范围内，再融资绿色项目的预期回溯期。

绿色贷款可以采取一笔或多笔贷款融资的形式。在这种情况下，必须明确指定绿色部分，并将绿色部分的资金记入单独的账户或由借款人以适当的方式进行跟踪。

GLP 认可的绿色项目包括旨在解决气候变化、自然资源枯竭、生物多样性丧失以及空气、水和土壤污染等环境问题的关键领域。绿色项目类别，包括但不限于：

— 可再生能源，包括生产、传输、电器和产品；

— 能源效率，例如新建和翻新建筑、储能、区域供热、智能电网、电器和产品；

— 污染预防和控制，包括减少空气排放、温室气体控制、土壤修复、废物预防、废物减少、废物回收和能源/排放效率高的废物转化为能源；

— 生物自然资源和土地利用的环境可持续管理，包括环境可持续农业、环境可持续畜牧业；气候智能型农场投入，例如，生物作物保护或滴灌；环境可持续的渔业和水产养殖、环境可持续的林业，包括植树造林和再造林，以及自然景观的保护或恢复；

— 陆地和水生生物多样性保护，包括保护沿海、海洋和流域环境；

— 清洁交通，例如，电动、混合动力、公共交通、铁路、非机动、多式联运、清洁能源车辆的基础设施和减少有害排放；

— 可持续的水和废水管理，包括清洁和/或饮用水的可持续基础设施、废水处理、可持续城市排水系统和河流治理以及其他形式的洪水缓解措施；

— 气候变化适应，包括信息支持系统，例如，气候观测和预警系统；

— 生态高效和/或循环经济适应产品、生产技术和工艺，例如，开发和引进具有生态标签或环境认证的环境可持续产品、资源节约型包装和分销；

— 符合地区、国家或国际公认标准或认证的绿色建筑。

GLP 项目清单旨在明确绿色贷款市场支持和预期支持的最常见项目类型。

同时，绿色和绿色项目的定义可能因部门和地理而异。

2. 项目评估和选择过程

绿色贷款的借款人应清楚地向贷方披露：

— 其环境可持续性目标；

— 借款人确定其项目如何符合前述合格类别的过程；

— 相关资格标准，包括（如适用）排除标准或任何其他用于识别和管理与拟议项目相关的潜在重大环境和社会风险的过程。

GLP 鼓励借款人将这些信息置于其与环境可持续性相关的总体目标、战略、政策和/或流程的背景下。同时，GLP 鼓励借款人披露其遵守的任何绿色标准或认证。

3. 资金管理

绿色贷款的资金应记入专用账户或由借款人以适当的方式进行跟踪，以保持透明度并促进产品的完整性。如果绿色贷款采用一笔或多笔贷款融资的形式，则必须明确指定每笔绿色贷款，并将绿色贷款的资金记入单独的账户或由借款人以适当的方式跟踪。

鼓励借款人建立内部治理流程，通过该流程可以跟踪绿色项目的资金分配。

4. 报告

借款人应随时提供有关所得款项用途的最新信息，这些信息将每年更新一次，直至全部提取完毕，并在此后如有重大进展时根据需要进行更新。这应包括一份绿色贷款资金已分配到的绿色项目清单，以及对项目和分配金额及其预期影响的简要说明。如果保密协议、商业竞争或大量基础项目限制了可以提供的详细信息的数量，GLP 建议以通用术语或汇总项目组合的形式提供信息。信息只需要提供给参与贷款的机构。

透明度对于传达项目的预期影响具有特别的价值。GLP 建议使用定性绩效指标，并在可行的情况下使用定量绩效衡量指标（例如，能源容量、发电量、减少/避免的温室气体排放等），并披露关键的基础方法和/或假设定量测定。鼓励有能力监测已实现影响的借款人将这些影响纳入定期报告。

除上述四个绿色信贷的核心要求外，审查也是借款人与贷方进行信息沟通的重要步骤。GLP 建议适当时进行外部审查。借款人在制定绿色贷款流程时可以通过多种方式获得外部意见，并且可以向参与贷款的机构提供多种级别和类型的审核。此类指导和外部审查可能包括：

顾问评审——借款人可以向在环境可持续性或绿色贷款管理的其他方面具有公认专业知识的顾问和/或机构寻求建议。“第二方意见”属于这一类。

确认——借款人的绿色贷款、相关绿色贷款框架或标的资产可以由审计师或独立 ESG 评级提供商等合格方独立验证。与认证相反，验证可能侧重于与内部标准或借款人提出的要求保持一致。

认证——借款人的绿色贷款或相关的绿色贷款框架可根据外部绿色评估标准进行认证。评估标准定义了标准，并由合格的第三方认证机构测试与这些标准的一致性。

评分——借款人的绿色贷款或相关绿色贷款框架可以由合格的第三方进行评级，例如，专业研究机构或评级机构。

外部审查可能是部分的，仅涵盖借款人绿色贷款或相关绿色贷款框架的某些方面，也可能是全面的，评估与 GLP 的所有四个核心组成部分的一致性。应按要求向所有参与绿色贷款的机构提供。在适当的情况下，并考虑到保密性和竞争因素，借款人应通过其网站或其他方式公开外部审查或适当的摘要。

鉴于贷款市场传统上是一个关系驱动的市场，因此贷方可能对借款人及其活动有广泛的工作知识，因此，借款人的自我证明可能可以证明贷款具有 GLP 关键特征。尽管如此，建议借款人完整记录此类专业知识，包括相关的内部流程和员工的专业知识。该文件应根据要求传达给参与贷款的机构。在适当的情况下，考虑到保密性和竞争因素，借款人应通过其网站或其他方式公开其评估绿色项目的参数。

## 二、绿色信贷信息披露

2021 年 2 月，LMA 发布《绿色信贷原则指引》（*Guidance on Green Loan*

*Principles*，以下简称《指引》），对《绿色信贷原则》的应用和实践提供了指引。

**注释（1）** 在绿色信贷的信息披露方面，《指引》主要从披露指标的选择、披露频率等方面提供建议，同时对审查和记录等要求进行了明确。

**1. 指标选择**

在披露项目的环境影响或效率的指标选择方面，GLP 建议使用定性绩效指标，并在可行的情况下使用定量绩效指标（例如，能源容量、发电量、减少/避免的温室气体排放、资源效率等）并披露关键的基础方法和/或假设用于定量测定。

对于指标的计算，如果没有单一的通用标准，借款人可以遵循自己的方法，同时将这些方法提供给贷方。随着相关部门协调核算方法的不断努力，基于统一、一致和公开的方法报告数据仍然是一项挑战。因此，鼓励借款人就他们所应用的适用核算方法和假设提供完全透明的信息，以供参考。

借款人和贷款人应在开始时就是否需要外部审查来评估借款人在贷款期限内报告的绩效和影响措施达成一致。

**注释（2）** 《指引》要求关于绿色资金使用的信息至少每年披露一次。

**2. 披露频率**

借款人应随时提供并保存有关资金使用的最新信息。该信息应至少每年更新一次，直至贷款全部提取，并在此后如有重大进展时根据需要进行更新。借款人和贷款人可能同意定期进行报告。

如果募集资金用于资助一个以上符合条件的绿色项目，借款人的报告必须明确列出用于每个项目的募集资金以及项目产生的环境效益。如果借款人和贷方就投资组合层面的报告达成一致，则应明确报告投资组合层面的资金分配和综合影响信息。

**注释（3）** 《指引》要求对绿色信贷的外部审查进行约定。

**3. 审查**

（a）外部审查

借款人和贷款人需要从一开始就同意是否需要进行外部审查。

鉴于贷款市场传统上是一个关系驱动的市场，贷方可能对借款人及其活动有广泛的工作知识，因此，如果借款人已经证明或发展了内部专业知识来确认，则自我证明可能是合适的绿色贷款与GLP的主要特点保持一致。

如果贷方对借款人没有广泛的工作知识，或者借款人无法展示足够的内部专业知识以使贷方确信自我认证是合适的，则建议进行外部审查。同样，如果贷方在该主题方面没有足够的内部专业知识，则建议进行外部审查。

（b）对再融资进行新的外部审查

在为现有绿色贷款再融资时，各方应考虑是否适合进行新的外部审查。这尤其有助于在已设定最低质量和/或数量阈值的情况下，以确保资格标准符合（再）融资时普遍采用的最佳做法。

（c）自我认证贷款是否需要在与其他贷款（例如，排名表）进行比较/排名之前进行外部审查？

APLMA、LMA和LSTA均未确定哪些贷款可列入绿色贷款排行榜，也未确定是否需要进行外部审查。GLP经常被数据提供者用作筛选标准。

**注释（4）** 《指引》要求在募集资金用途、信息承诺、陈述等文件中加入绿色条款。

**4. 记录**

贷款文件中应包含哪些绿色条款？

由于市场的不同性质，目前没有可用于绿色贷款文件的模板措辞，因此需要逐案处理。但是，在起草绿色贷款时应注意一些重要的考虑因素：

— 募集资金用途/用途条款——符合条件的绿色项目类别应在募集资金用途/用途条款中明确规定。

— 信息承诺/约定——与绿色项目相关的信息承诺/约定应在设施协议中明确标识。

— 陈述——借款人应有义务陈述任何报告的准确性。

# 第二节　绿色债券信息披露

## 一、气候债券倡议组织（CBI）

### （一）气候债券倡议组织和《气候债券标准3.0》

气候债券倡议组织（Climate Bonds Initiative，CBI）成立于2010年，总部位于伦敦，旨在促进全球低碳和气候适应型经济转型的大规模投资。CBI致力于开发能够协调投资者、行业和政府之间利益关系的机制，从而促进投资规模和速度的发展，避免严重的气候变化，并推动《巴黎协议》目标的实现。

CBI的主要工作是气候债券标准和认证机制（Climate Bonds Standard and Verification Scheme）。气候债券认证机制能够协助投资者、政府和其他利益相关方辨认并优先考虑低碳和气候适应投资并规避“漂绿”行为。

2019年12月，CBI发布了《气候债券标准3.0》，对气候债券的发行前要求、发行后要求、合格项目和资产以及气候债券认证等要求进行了更新和明确。在此基础上，基于《气候债券标准3.0》的气候债券认证可以为发行人和投资者提供保证，确保绿色债券产品符合全球主要司法管辖区的监管要求，并符合《巴黎协定》将全球变暖控制在2℃以内的目标。同时为投资者提供比较和分析绿色债券产品的平台。

### （二）《气候债券标准3.0》的绿色债券信息披露要求

**注释（1）**　《气候债券标准3.0》主要在发行前要求和发行后要求两个部分中，明确了气候相关信息披露的要求。

**A部分：发行前要求**

**4. 发行前报告**

4.1 发行人应编制绿色债券框架文件并在发行前或发行时公开披露该文件。绿色债券框架文件应包含（但不仅限于）以下内容：

4.1.1 确认绿色债券框架文件中的债券与气候债券标准相一致，可包括关于与其他适用的标准相一致的声明，如欧盟绿色债券标准、东盟绿色债券标准、中国国内的监管条例、日本的绿色债券指引等；

4.1.2 根据第1.1条，概述募集资金的计划用途，以及拟对相关领域或子领域的快速转型、从而推动《巴黎协定》目标之实现所作的贡献；

4.1.3 根据第2.1条描述决策流程，并重点根据第2.1.2条的要求作阐述；

4.1.4 方法论和前提条件的相关信息，该信息将用于：确认（如行业标准有要求）指定项目和资产的特点和效益是否满足本标准C部分的相关行业标准要求，以及发行人定义的任何额外的效益指标。

4.1.5 根据第3.1条，概述闲置资金的管理方法；

4.1.6 计划提交更新报告的方式，该报告用于确认该债券在存续期间始终符合气候债券标准；

4.1.7 债券拟投资的指定项目和资产清单及各个指定项目和资产所属的投资领域。若具体指定项目和资产可公开的信息不够详细，发行人应披露指定项目和资产所属投资领域相关信息，并说明信息不够详细的原因；

4.1.8 若债券的净募集金额中有一部分用于再融资，应披露用于融资及再融资的净募集金额的预估比例，以及哪些指定项目和资产可进行再融资。该项披露还可包括再融资的指定项目或资产的预期回溯期。

注：气候债券倡议组织鼓励发行人尽可能多地披露指定项目和资产的信息。但在很多情况下，发行人可能受保密协议、项目组合动态的性质、竞争因素或其他法律规定等限制，往往无法在债券发行前披露具体项目和资产的具体细节。

4.2　发行人应在债券披露文件中披露下列信息：

4.2.1　指定项目和资产所属投资领域相关信息。

4.2.2　披露计划用于管理闲置资金的短期投资工具类型。

4.2.3　发行方选聘的负责发行前及发行后强制核查工作的核查机构。

4.2.4　计划提交更新报告的方式，该报告用于确认该债券在存续期间始终符合气候债券标准。

4.2.5　认证协议中所列的气候债券倡议组织免责声明。

对4.2.4注：气候债券倡议组织鼓励发行人通过债券市场现有的报告渠道提供更新报告，如美国市政债券电子市场（EMMA）网站。

**注释（2）**　《气候债券标准3.0》对发行后的更新报告、资格报告、效益报告等进行了明确。

**B部分：发行后要求**

**8. 报告**

8.1　发行人应在债券存续期间每年至少公开一次更新报告。

8.1.1　更新报告应向气候债券标准委员会及债券持有人披露；

8.1.2　更新报告应向公众披露；

8.1.3　如有重大变化，发行人应该及时向气候债券标准委员会及债券持有人提交一份更新报告。

注1：如更新报告无法向公众披露，则该认证气候债券将无法被气候债券倡议组织搭建的绿色债券数据库收录。该数据库的用户包括指数供应商及其他行业参与方，对公开披露有最低要求（https：//www. climate-bonds. net/cbi/pub/data/bonds）。

注2：如更新报告无法向公众披露，则该债券不符合、也将无法宣称自己符合欧盟绿色债券标准提案的要求。

注3：本条款下的报告时间可以与发行人常规报告时间一致，无须在认证气候债券的认证或发行周年日提交报告。

注 4：气候债券倡议组织鼓励发行人通过债券市场现有的报告渠道提供更新报告，如美国市政债券电子市场（EMMA）网站。

8.2　更新报告：

8.2.1　应该包括投放报告；

8.2.2　当指定项目和资产适用资格报告的规定时，应包括资格报告；

8.2.3　应该包括效益报告。

8.3　投放报告应包括但不限于以下内容：

8.3.1　确认绿色债券框架文件中的债券与气候债券标准相一致，可包括关于与其他适用的标准相一致的声明，如欧盟绿色债券标准、东盟绿色债券标准、中国国内的监管条例、日本的绿色债券指引等；

8.3.2　债券的气候相关目标声明；

8.3.3　净募集资金已投放（或已再投放）的指定项目和资产清单；

8.3.4　已投放至指定项目和资产的金额；

8.3.5　用于融资及再融资的净募集金额的预估比例，以及哪些指定项目和资产进行了再融资。该项披露还可包括再融资的指定项目或资产的预期回溯期；

8.3.6　指定项目和资产的地理分布。

8.4　资格报告应包括但不限于以下内容：

8.4.1　确认指定项目和资产是否满足本标准相关资格要求；

8.4.2　相关行业标准中要求提供的指定项目和资产的环境特征或效益信息。

注：一些债券的募集资金投放非常稳定，因此无须通过追踪效益指标来保持项目和资产的合规性（比如，为单一大型太阳能设备融资）。这意味着发行人每年提供的报告可以非常精简，只需简单重申之前报告中的信息。

8.5　若具体指定项目和资产可公开的信息不够详细，发行人应披露指定项目和资产所属投资领域相关信息（详见第 9.1 条），并说明信息不够详细的原因。

8.6　效益报告应包括但不限于以下内容：

8.6.1　说明指定项目和资产实现债券气候相关目标的预期或实际成果；

8.6.2　使用定性效益指标，或在可行的情况下使用定量效益指标来衡量指定项目和资产实现债券气候相关目标的成果或效益；

8.6.3　公开其用于制定效益指标和度量的方法及主要假设。

注：用于衡量指定项目和资产成果的定量效益指标可以包括但不限于：装机容量、发电量、建筑的碳排放性能、公共交通承载人数、电动车生产量和废水处理量等。效益的度量和指标可以包括但不限于减少或避免的温室其他排放量、获得清洁能源的家庭数量、节水量、减少的用车需求量。

8.7　发行人应该公开披露核查机构报告或更新报告的其他相关支持材料。

8.8　应向核查机构和气候债券标准委员会提供指定项目和资产以及募集资金管理的相关信息，用于评估其是否符合气候债券标准的规定。

注：根据发行人的要求，提交给核查机构和气候债券标准委员会的信息可受保密协议约束。

## 二、国际资本市场协会（ICMA）

### （一）国际资本市场协会（ICMA）和可持续金融框架

1. ICMA 有关情况

国际资本市场协会（International Capital Market Association，ICMA）成立于 1968 年，总部位于瑞士苏黎世，在伦敦、巴黎、布鲁塞尔和香港设有办事处。ICMA 旨在促进具有弹性且运作良好的国际和全球一致的跨境债务证券市场发展。

ICMA 的主要工作包括以下几个方面：

一是通过制定适当的、被广泛接受的指南、规则、建议和标准文件，促进国际公认的最佳实践标准，建立市场信任，旨在维护和加强债务证券的跨境发行、交易和投资框架；

二是通过资本市场促进可持续金融的发展；

三是鼓励国际资本市场所有参与者之间的信息流动和对话：借款人、中介机构和投资者，以及服务提供商，包括交易平台、票据交换所和律师事务所；

四是与国际和国家监管机构和政策制定者合作，为他们提供 ICMA 所有核心领域的市场专业知识和技术知识，以协助确保金融监管促进国际资本市场的弹性、效率和成本效益；

五是通过会议、研讨会、圆桌会议和其他活动为市场参与者提供交流机会；

六是通过提供培训和教育机会，提高资本市场参与者的专业水平。

ICMA 在全球 64 个司法管辖区约有 600 名成员，包括私营和公共部门发行人、银行和证券交易商、资产和基金经理、保险公司、律师事务所、资本市场基础设施提供商和中央银行。

2. ICMA 可持续金融系列框架

在可持续金融方面，ICMA 制定了绿色债券原则（Green Bond Principles，GBP）、社会责任债券原则（Social Bond Principles，SBP）、可持续发展债券指引（Sustainability Bond Guidelines，SBG）和可持续发展挂钩债券原则（Sustainability – Linked Bond Principles，SLBP）等一系列自愿性原则框架，来推动全球债务资本市场为环境和社会可持续性提供融资。

同时，ICMA 担任绿色债券原则（GBP）、社会责任债券原则（SBP）、可持续发展债券指引（SBG）和可持续发展挂钩债券原则（SLBP）的秘书处，就治理和其他问题提供建议和支持。

ICMA 制定的上述系列自愿性原则框架，概述了发行社会责任和/或环境目的相关主题债券的最佳实践，强调透明度的重要性，并推动信息披露来巩固市场信誉。本书主要对绿色债券原则（GBP）及其涉及的绿色信息披露要求进行研究。

**专栏1：《绿色债券原则》和绿色债券**

《绿色债券原则》是ICMA制定的一套自愿性流程指引，通过明确绿色债券发行流程提高信息透明度与披露水平，提升绿色债券市场发展的诚信度。《绿色债券原则》可供市场广泛使用，为发行人发行可信的绿色债券所涉及的关键要素提供指引；促进必要信息披露，协助投资者评估绿色债券投资对环境产生的积极影响；明确发行关键步骤，协助承销商促成可信交易，维护市场信誉。

《绿色债券原则》为发行人提供了清晰的债券发行流程和信息披露框架，以便投资者、银行、承销商、安排行、销售机构及其他各方了解绿色债券的特点。

根据《绿色债券原则》的定义，绿色债券是将募集资金或等值金额专用于为新增及/或现有合格绿色项目提供部分/全额融资或再融资的各类型债券工具。

目前有四种绿色债券类型：

- 标准绿色债券：符合《绿色债券原则》要求，对发行人有追索权的债务工具。
- 绿色收益债券：符合《绿色债券原则》要求，对发行人无追索权的债务工具。债券的信用风险敞口涉及收入、收费、税收等质押现金流，债券募集资金用于与现金流来源相关或不相关的绿色项目。
- 绿色项目债券：符合《绿色债券原则》要求，对应一个或多个绿色项目的债务工具。投资者直接承担项目风险敞口，可能对发行人具有追索权。
- 绿色资产支持证券：符合《绿色债券原则》要求，由一个或多个具体绿色项目作为抵押的债务工具，包括但不限于资产担保债券、资产支持证券、住宅抵押贷款支持证券和其他结构。偿债资金的首要来源一般是资产的现金流。

绿色债券需具备《绿色债券原则》的四大核心要素。

1. 募集资金用途；
2. 项目评估与遴选流程；
3. 募集资金管理；
4. 报告。

## （二）《绿色债券原则》（GBP）和《影响力报告指南》

1.《绿色债券原则》（GBP）

2014年1月，ICMA首次发布《绿色债券原则》（*Green Bond Principles*，GBP），后历经多次修订，本书适用的是2021年6月2日发布的版本。

**注释（1）** 《绿色债券原则》从两个方面对绿色债券的信息披露进行要求，一是强调发行人向利益相关方披露和报告的《绿色债券原则》四大核心要素（包括募集资金用途、项目评估与遴选流程、募集资金管理和报告）必须透明、准确及真实；二是通过保证与绿色债券框架的一致性和外部评审来提高透明度。

**注释（2）** 对《绿色债券原则》四大核心要素的披露要求。

**1. 募集资金用途**

绿色债券的核心是债券募集资金应当用于合格绿色项目，且应在证券的法律文件中进行合理描述。所有列示的合格绿色项目应具有明确的环境效益，发行人应对其进行评估并在可行的情况下进行量化。

《绿色债券原则》明确了合格绿色项目应有助于实现环境目标，如气候变化减缓、气候变化适应、自然资源保护、生物多样性保护以及污染防治。

合格绿色项目类别包括但不限于以下内容：

- 可再生能源（包括其生产、传输、相关器械及产品）；
- 能效提升（例如，新建/翻新建筑节能、储能、区域供热、智能电网、相关器械与产品等）；
- 污染防治（包括减少废气排放、温室气体控制、土壤修复、预防和减少废弃物、废弃物循环利用、高效或低排放废弃物供能）；

- 生物资源和土地资源的环境可持续管理（包括可持续发展农业、可持续发展畜牧业、气候智能农业投入如作物生物保护或滴灌、可持续发展渔业及水产养殖业、可持续发展林业如造林或再造林、保护或修复自然景观）；
- 陆地与水域生态多样性保护（包括海洋、沿海及河流流域的环境保护）；
- 清洁交通（例如，电动、混合能源、公共、轨道、非机动、多式联运等交通工具类型、清洁能源车辆相关及减少有害排放的基础设施）；
- 可持续水资源与废水管理（包括可持续发展清洁水和/或饮用水基础设施、污水处理、可持续城市排水系统、河道治理以及其余形式的防洪措施）；
- 气候变化适应（包括提高基础设施抵御气候变化影响的能力，以及气候观测和预警系统等信息支持系统）；
- 循环经济产品、生产技术及流程（例如，可重复利用、可回收和翻新的材料、组件和产品的设计和推广，循环工具和服务）和/或经认证的生态高效产品；
- 符合地区、国家或国际认可标准或认证的绿色建筑。

**2. 项目评估与遴选流程**

绿色债券发行人应向投资者阐明：

- 合格绿色项目对应上述哪些环境目标；
- 发行人判断项目是否为认可绿色项目类别（如上文所列）的评估流程；
- 发行人如何识别和管理与项目相关的社会及环境风险的流程。

《绿色债券原则》还鼓励发行人：

- 结合其环境可持续管理相关的总体目标、战略、制度和/或流程，阐述上述信息；
- 说明项目与现有一些官方或经市场发展形成的分类标准（如适用）一致性程度的信息，相关评判标准、排除标准（如有）；同时披露项目遴选过程中参照的绿色标准或认证结论；

- 针对项目有关的负面社会和/或环境影响所引致的已知重大风险，发行人制定风险缓解措施等有关流程。此类风险缓解措施包括进行清晰中肯的利弊权衡与分析，若发行人评估后认为承担潜在风险执行该项目具有意义，应进行必要监控。

**3. 募集资金管理**

绿色债券的募集资金净额或等额资金应记入独立子账户、转入独立投资组合或由发行人通过其他适当途径进行追踪，并经发行人内部正式程序确保用于与合格绿色项目相关的贷款和投资。

在绿色债券存续期间，应当根据期间合格绿色项目的投放情况对募集资金净余额进行追踪和定期分配调整。发行人应当使投资者知悉净闲置资金的临时投资方向规划。

绿色债券募集资金可按单只债券单独管理或多只绿色债券以组合形式集中管理。

《绿色债券原则》提倡高透明度，建议发行人引入外部审计师或第三方机构对绿色债券募集资金内部追踪方法和分配情况进行复核，为募集资金管理提供支持。

**4. 报告**

发行人应当记录、保存和每年更新募集资金的使用信息，直至募集资金全部投放完毕，并在发生重大事项时及时进行更新。年度报告内容应包括绿色债券募集资金投放的项目清单，以及项目简要说明、获配资金金额和预期效益。若由于保密协议、商业竞争或项目数量过多不便披露项目细节，《绿色债券原则》建议以一般概述或汇总以组合形式（例如，对每类项目投放的资金比例）进行披露。

透明度在披露项目预期和/或实际实现的效益方面至关重要。《绿色债券原则》建议使用定性绩效指标，并在可行情况下使用定量指标，并披露定量分析的方法论及/或假设。发行人应尽可能参考并采用《效益报告统一框架》所提供的相关指引和效益报告模板。

以摘要形式展示绿色债券或绿色债券发行计划的主要特点，以及其与《绿色债券原则》四个核心要素的契合情况将有助于市场参与者了解情况。发行人可在ICMA官网可持续金融专区下载模板，填写完成后在网上发布。

**注释（3）** 保证与绿色债券框架的一致性和外部评审。

**1. 绿色债券框架**

发行人应在其绿色债券框架或法律文件中说明其绿色债券或绿色债券发行计划与《绿色债券原则》四个核心要素（募集资金用途、项目评估与遴选流程、募集资金管理和报告）的一致性。该绿色债券框架和/或法律文件应便于投资者获取。

建议发行人在其绿色债券框架中结合其可持续发展总体战略阐述相关信息，可引述和参照《绿色债券原则》的五项环境目标（气候变化减缓、气候变化适应、自然资源保护、生物多样性保护和污染防治）。同时鼓励发行人披露项目遴选时参考的分类方案、绿色标准或认证。

鼓励发行人在披露其与《巴黎协定》目标相契合的转型战略和相应的气候变化减缓项目时，参考《气候转型融资手册》。

**2. 外部评审**

《绿色债券原则》强烈建议发行人在发行前委任外部评审机构确认其绿色债券或绿色债券计划及/或框架遵循上述四个核心要素（募集资金用途、项目评估与遴选流程、募集资金管理和报告）。

债券存续期间，强烈建议发行人通过聘请外部审计师或其他第三方机构对发行人募集资金管理进行复核，包括验证绿色债券募集资金分配的内部追踪情况以及募集资金是否分配至合格绿色项目。

在绿色债券发行过程中，发行人可通过多种途径获取外部意见，市场上目前有多种类型的外部评审可供使用。发行人应参照《外部评审指引》中对于不同类型审核的建议和解释。该《外部评审指引》旨在推行最佳市场实践，是基于市场实践提出的倡议，为发行人、承销商、投资者、其他利益相关者和外部评审机构提供有关外部评审流程的信息，提升透明度。

《绿色债券原则》建议外部评审机构对自身资质和专业程度进行说明，并明确披露其审核工作范围。发行人应在其官网公开和/或通过其他合适可行的渠道披露外部评审意见。如可行，发行人应使用 ICMA 官网可持续金融专区发布的外部评审模板。

2.《影响力报告协调框架指南》

对绿色项目的信息披露是《绿色债券原则》的核心，发行人须通过提供绿色债券募集资金已分配到的项目清单，以及项目及其预期影响的简要说明，来报告募集资金的使用情况。《影响力报告协调框架指南》（*Handbook Harmonised Framework for Impact Reporting*，以下简称《影响力报告指南》）针对《绿色债券原则》下能源效率、可再生能源、可持续水和废水管理、可持续废物管理和资源效率、清洁交通项目、绿色建筑项目、生物多样性、气候变化适应等项目，制定了影响力报告的统一框架。

《影响力报告指南》于 2015 年 3 月由四个多边开发银行（非洲开发银行、欧洲投资银行、国际金融公司和世界银行）牵头组成的工作组制定并发布，后由多个国际金融机构修订和重新发布。《影响力报告指南》概述了影响力报告的核心原则和建议，为发行人制定报告提供参考和指导。

**注释（4）** 《影响力报告指南》的核心内容包括两部分，一是影响力报告的核心原则和建议，二是针对特定行业的指导和报告指标，覆盖行业包括可再生能源、能源效率、可持续水和废水管理、可持续废物管理和资源效率、清洁交通、绿色建筑、生物多样性、气候变化适应和循环经济和/或生态高效项目。

**注释（5）** 《影响力报告指南》对影响力报告的核心原则和建议的阐述。

**三、信息披露的核心原则和建议**

1. 信息披露是《绿色债券原则》的核心组成部分，绿色债券发行人必须至少每年报告一次绿色债券募集资金的使用情况以及预期的环境影响。

2. 建议发行人定义和披露将项目纳入其报告的期限和过程。有几个选项可用于选择何时向报告添加/删除项目。下面描述了其中一些选项。项目可以直接添加/从影响报告中删除，也可以通过在投资组合级别报告时通过将项目添加到投资组合/从投资组合中间接添加/删除。

一旦发行人批准并确定项目符合条件，或者绿色债券资金已分配给符合条件的支出，则可以将项目添加到报告中。

如果在报告期内没有对符合条件的支出进行分配，或者在偿还基础贷款之后，项目可以从报告中删除。

作为对其绿色债券计划中包含的项目进行尽职调查的一部分，发行人可以选择从其绿色债券计划中删除一个项目，在这种情况下，发行人可以停止对该项目的报告，直到随后决定恢复该项目的资格［从绿色债券计划中删除项目的可能原因包括但不限于项目被取消或重组导致项目不再符合资格标准。鼓励发行人披露其从绿色债券计划中删除项目的方法（如适用）］。

3. 建议在报告中注明已签署的总金额［符合绿色债券计划的项目或其组成部分的已批准和法律承诺的融资总额（对于部分合格的项目，发行人应披露将付款归属于合格组成部分的程序）。如果总融资中只有一部分符合条件，则只应报告符合条件的部分。例如，如果批准的项目总规模为1000万元人民币，其中600万元人民币符合绿色债券计划的条件，则上报的签约金额为600万元人民币］。发行人还可以提供额外的信息，例如签署年份（或描述投资组合成熟度的其他措施）或从融资角度（如签署、支付、偿还）的项目阶段。

4. 绿色债券的一个决定性特征是发行资金（或与资金相等的金额）仅分配给符合发行人预定资格标准的项目。鼓励发行人制定正式的内部流程，分配与其绿色项目贷款和投资业务相关的资金，并报告资金分配情况。鼓励发行人解释他们为其分配选择的方法的主要特征，并在适用时就其分配标准提供外部审计/验证的参考。

5. 根据募集资金分配的流程，建议发行人要么提供已分配绿色债券募集资金的项目清单，要么仅报告投资组合层面。如果保密考虑限制了可以披露的细节，则后者可能是必要的，如果大量小型项目由绿色债券融资（例如，绿色债券为贷款计划融资），则后者可能有用。鼓励发行人解释他们为报告选择的方法的主要特征。

6. 根据资金的分配方式，影响报告的方法可能有所不同。如果分配给单个项目，建议报告：

— 确定具体项目，并明确定义每个项目的总项目结果（包括所有融资方的融资）以及分配给合格支出的绿色债券资金金额，以及项目总规模和/或发行人在总融资中所占份额的信息（逐个项目报告）；

— 汇总逐个项目的结果，仅包括总项目结果（基于逐个项目分配的投资组合报告）中按比例分配的份额（作为发行人在总融资中份额的百分比）。

如果分配是针对项目组合的，发行人通常会报告投资组合的总体结果（基于投资组合分配的投资组合报告）。然而，我们鼓励发行人也报告按比例分配的整体业绩份额。

7. 影响报告应说明绿色债券资金分配到的项目可能产生的预期环境影响。一旦项目完成并以正常产能运行，它应该基于对代表性年份的预期年度结果的事前估计（在项目实施之前制定）。在报告投资组合级别的情况下，事前估计可以基于每个投资组合的年度分析，如果有几个类别得到资助，如果可能的话，每个类别估计影响的方法应该是透明的。由于该报告将包括仍处于建设或实施阶段的项目的估计结果，因此无法保证这些结果最终会实现。

8. 报告估计的生命周期结果和/或项目经济寿命（以年为单位）也可能是有益的，以便为用户提供了解项目在其生命周期内的影响的基础。将项目经济寿命简单地乘以估计的年度影响可能并不总是提供对寿命影响结果的良好估计，因为这没有考虑项目生命周期的加速和减速阶段。此外，在某些项目类型中，考虑到流程和/或设备的异质性，可能难以汇总在项目现场实施的所有措施。

9. 如果发行人对特定项目进行事后验证，建议将相关结果包含在报告中。估计影响指标的一个重要考虑因素是它们通常基于许多假设。虽然技术专家旨在根据当时可用的信息作出合理且保守的假设，但项目的实际环境影响可能与最初的预测不同。例如，社会、经济、技术、政治和法律的变化可能会导致与预测的偏差。无论如何，假设的透明度将澄清事前和事后评估之间差异背后的原因。

10. 为便于比较项目结果，建议发行人的目标是为其绿色债券计划中包含的项目至少报告数量有限的行业特定核心指标。本文件提出了除手册第四章中的一个 GBP 项目类别外的所有行业特定核心指标。然而，其他指标也可能被认为是相关的。

11. 对于指标的计算，在没有统一的通用标准的情况下，发行人可以遵循自己的方法，同时将这些方法提供给投资者。例如，为了计算减少/避免的温室气体（GHG）排放，机构内部和机构之间都有许多计算方法。鉴于当前计算方法存在差异，虽然目前正在努力在广泛的国际金融机构之间协调相关部门的温室气体核算方法，但基于统一、一致和公布的方法报告温室气体排放数据仍然是一个挑战。鼓励发行人就适用的温室气体核算方法和假设提供完全透明的信息，以供参考。

12. 投资者应注意，比较项目、部门或整个投资组合是困难的，因为计算中输入的一般假设（如网格因子和计算方法）也有很大差异。此外，各国之间的成本结构也各不相同，因此制定成本效率计算（对符合条件的项目投资的每单位金额的结果）可能会使规模经济有限的较小国家处于不利地位，并且不会考虑特定国家的情况。

13. 出于一致性原因，发行人可以选择转换为单个项目报告的单位。这应基于标准转换因子，以便于比较和汇总，例如，将吨煤当量（TCE）转换为兆瓦时（MWh），并适当披露转换方法。但是，应避免在项目文件中未公开披露的复杂重新计算，例如，根据一致的基线假设重新估算温室气体排放量。

14. 鼓励发行人对具有部分资格的项目保持透明。一些项目的组成部分可能符合发行人的绿色债券资格标准，而其他组成部分则不符合。发行人应披露他们是否以及在何种程度上接受部分资格。如果发行人使用要求将绿色债券资金分配给具有部分资格的项目的标准，则建议解释关于每笔支付涉及哪个组成部分的所有假设（例如，如果假设首先对“绿色”组成部分进行支付，或在“绿色”和“其他”组件之间按比例分配）。此外，发行人还可以报告整个项目中符合绿色债券资格的部分。

15. 如果不同项目组成部分［例如，同一项目的能源效率（EE）和可再生能源（RE 组成部分）的预期影响可能没有单独报告，发行人可以根据每个组成部分将结果归因于披露其在相关融资中的相对份额，披露归属方法］。或者，发行人可以将两个部门的报告指标合并到一个表格中。

16. 发行人在分配绿色债券资金时应如何以一种货币报告所有与绿色债券相关的现金流，并报告已分配绿色债券资金的项目。

17. 发行人可以通过使用本手册第五章中的报告模板和/或通过将影响数据上传到影响报告数据库来促进投资者顺利收集和/或传输数据。《绿色、社会、可持续发展和可持续发展相关债券影响报告数据库指南》于 2021 年 6 月发布，其中包括对发行人与数据库提供商合作的建议。

**注释（6）** 《影响力报告指南》还为可再生能源、能源效率、可持续水和废水管理、可持续废物管理和资源效率、清洁交通、绿色建筑、生物多样性、气候变化适应和循环经济和/或生态高效项目等提供了指引和建议指标，参见原文。

# 第五章　可持续信息披露案例

## 第一节　雀巢公司 TCFD 披露

雀巢公司（Nestlé）是全球最大的食品饮料公司之一，成立于 1866 年，总部位于瑞士，经营产品和业务包括婴儿营养、饮用水、咖啡、糖果巧克力、宠物食品、专业餐饮解决方案、乳制品、健康科学、冷冻食品、调味品等领域，在 186 个国家拥有超过 2000 个品牌。雀巢公司 2020 年营业额为 843 亿瑞士法郎，全球员工约 27 万名。

2022 年，雀巢公司采用 TCFD 标准，编制并发布《2021 年气候风险和影响力报告》（*Nestlé's* 2021 *climate risk and impact report*）。

**注释（1）**　雀巢公司《2021 年气候风险和影响力报告》① 分为治理、战略和风险管理、弹性评估、指标和目标四个部分。在 TCFD 四要素框架的基础上，雀巢公司结合其正在实施的气候相关行动，披露了气候变化情景可能对公司业务的影响，并概述了应对潜在气候风险并确保复原力的战略。对投资者和其他利益相关者而言，结合定量披露的指标和目标，可以对雀巢公司面临的气候相关风险和机遇，以及公司采取的应对和效果，有一个较为完整的认知。

① 本书引用雀巢公司（Nestlé）2022 年 3 月发布的《2021 年气候风险和影响力报告》（*Nestlé's* 2021 *climate risk and impact report*），网址为 https：//www. nestle. com/sites/default/files/2022 - 03/2021 - tcfd - report. pdf。中文版本仅供参考，中文版本与英文版本如有出入，以英文版本为准。

## 一、治理

● 对气候相关风险和机遇的监督嵌入雀巢公司治理结构的最高级别。

● 雀巢公司应对气候变化的方法由董事会指导和管理，包括其下属可持续发展委员会以及 ESG 和可持续发展理事会。

● ESG 战略和部署部门推动雀巢公司可持续发展战略的运营执行。

## 二、战略和风险管理

● 雀巢公司将气候风险和机遇纳入业务战略。

● 在情景分析的基础上，雀巢公司评估气候转型风险和物理风险对农业、运营和产品的影响，并采取行动。

● 在中短期内，公司必须应对气候转型风险，根据场景的不同，可能会有很大差异。

● 从长远来看，物理风险可能会在原材料方面构成更大的威胁。

● 公司的评估过程不断发展。公司不断更新其五年业务气候工作计划，以整合外部发展和见解。

## 三、弹性评估

● 公司的分析进一步加强了正在实施的气候相关行动，以及采取行动的必要性以减轻长期转型和物理风险。

● 公司对应对这些风险的能力充满信心。

## 四、指标和目标

● 符合《TCFD 指标、目标和转型计划指南》（2021 年 10 月）（*TCFD Guidance on Metrics, Targets, and Transition Plans*），雀巢公司提供了与气候相关的最新指标和 2021 年的表现。

**表 5－1　雀巢 2021 年气候相关指标**

| 指标 | 单位 | 2020 年 | 2021 年 |
|---|---|---|---|
| 2021 年通过雀巢项目实现的温室气体减排量和清除量（$CO_2eq$） | 百万吨 | N/A | 13.7 |
| 我们的五种森林风险原材料的无森林砍伐初级供应链：肉类、棕榈油、纸浆和纸张、糖和大豆 | % | 90.0 | 97.2 |

续表

| 指标 | 单位 | 2020 年 | 2021 年 |
|---|---|---|---|
| 年底采购的可再生电力（雀巢承诺） | % | 50. 50 | 63. 70 |
| 总能耗 | GJ | 81385568 | 82779476 |
| 消耗的能源是可再生能源 | % | 23. 1 | 25. 3 |
| 由电网提供的能源消耗 | % | 12. 2 | 10. 20 |
| 与 2018 年基线相比，2021 年的原始塑料减少量 | % | 4. 0 | 8. 1 |
| 范围 1 排放量（$CO_2$eq） | 百万吨 | 3. 26 | 3. 37 |
| 范围 2 排放量（$CO_2$eq）（基于市场） | 百万吨 | 1. 91 | 1. 61 |
| 范围 3 排放量（$CO_2$eq） | 百万吨 | 114. 0 | 113. 7 |
| 总排放量（范围 1 + 范围 2 + 范围 3）（$CO_2$eq） | 百万吨 | 119. 67 | 118. 68 |
| 总取水量 | $m^3$/y | 115400000 | 97998375 |
| 总耗水量 | $m^3$/y | 56182429 | 39027212 |
| 在基线水压力高或极高的地区取水 | % | 25. 0 | 35. 4 |
| 在基线水压力高或极高的地区消耗的水 | % | 30. 0 | 49. 1 |

## 第二节　摩根士丹利 SASB 披露

摩根士丹利（Morgan Stanley）是一家综合性金融服务公司，业务范围包括投资银行、证券、投资管理以及财富管理等，在全球 42 个国家设有办事处。

2021 年 4 月，摩根士丹利发布《2020 年 SASB 指标》，对其披露的可持续信息中与 SASB 要求一致的内容进行了汇总。2020 年度，摩根士丹利公司的可持续信息披露包括但不限于：《2020 可持续报告》《环境和社会政策声明》《2020 年 10 - K 表格》《2020 年 TCFD 报告》《行为准则》《道德与商业准则》《银行机构系统风险报告》《巴塞尔协议Ⅲ支柱 3 报告》《影响力投资手册》《可持续投资政策》《代理投票政策》等。

**注释（1）** 在《2020 年 SASB 指标》① 中，摩根士丹利公司按照可持续核算准则委员会（SASB）对投资银行、商业银行和资产管理三个行业分类的披露要求，对其 2020 年度可持续相关信息的内容、叙述和数据进行了披露。

**1. SASB 披露项：IB－330a. 1 和 AC－330a. 1**

SASB 指标：（1）执行管理层；（2）非执行管理层；（3）专业人士；（4）所有其他员工的性别和种族/族裔百分比。

披露内容：

- 全球员工中有 39% 是女性；
- 全球 26% 的管理层（包括 MD、ED 和 VP）是女性；
- 30% 的美国员工种族多元化；
- 24% 的美国管理层种族多元化。

**2. SASB 披露项：IB－410a. 2**

SASB 指标：（1）按行业分列的综合环境、社会和治理（ESG）因素的投资和贷款数量；（2）总价值。

披露内容：

公司根据《环境和社会政策声明》，确定 ESG 相关投资和贷款数量如下：

基础材料：42

能量：59

金融机构：8

医疗保健：9

工业：31

药品：4

电力和公用事业：70

① 本书引用摩根士丹利（Morgan Stanley）2021 年 4 月发布的《2020 年 SASB 指标》（2020 *SASB Index*），网址为 https：//www. morganstanley. com/. . . /sustainability/Morgan _ Stanley _ 2020 _ SASB _ Index. pdf。中文版本仅供参考，中文版本与英文版本如有出入，以英文版本为准。

房地产：7

零售：25

服务：42

交通：4

总计：301

**3. SASB 披露项：IB－410a.3**

SASB 指标：描述将 ESG 因素纳入投资银行和经纪活动的方法。

披露内容：

在《2020 可持续报告》中“机构证券的可持续发展活动”部分进行披露。

在《环境和社会政策声明》中“环境和社会风险管理”部分进行披露。

**4. SASB 披露项：IB－510a.1、CB－510a.1、AC－510a.1**

SASB 指标：由于与欺诈、内幕交易、反垄断、反竞争行为、市场操纵、渎职或其他相关金融行业法律或法规相关的法律诉讼而导致的金钱损失总额。

披露内容：

在《2020 年 10－K 表格》中进行披露。

**5. SASB 披露项：FN－IB－550a.2、N－CB－550a.2**

SASB 指标：描述将强制性和自愿性压力测试结果纳入资本充足率规划、长期公司战略和其他业务活动的方法。

披露内容：

公司进行各种情景分析和压力测试，包括美联储的综合资本分析和审查（Comprehensive Capital Analysis and Review）以及其他针对市场、信用和流动性风险的压力测试。

如需更多信息，请参阅《2020 年 10－K 表格》。

关于气候变化，公司正在对 TCFD 确定的两大类进行情景分析：转型风险和物理风险。如需更多信息，请参阅《2020 年 TCFD 报告》。

**6. SASB 披露项：IB－510a.2、CB－510a.2、AC－510a.2**

SASB 指标：举报人政策和程序的描述。

披露内容：《行为准则》中“提出法律和道德问题并报告不当行为”部分描述了公司的政策和程序。

**7. SASB 披露项：IB－510b.4**

SASB 指标：描述确保职业操守的方法，包括注意义务（duty of care）。

披露内容：《行为准则》和《道德与商业准则》描述了公司的道德商业实践，指导全球员工的日常行为。公司要求每位员工在加入公司时证明其遵守和理解《行为准则》，之后每年进行一次。

**8. SASB 披露项：IB－550a.1、CB－550a.1**

SASB 指标：全球系统重要性银行（G－SIB）分数，按类别。

披露内容：

《银行机构系统风险报告》，2020 年 12 月 31 日。

《2020 年 10－K 表格》第 54 页，其中描述了 G－SIB 资本缓冲的确定方式，以及《巴塞尔协议 III 支柱 3 报告》第 4 页，该报告披露了公司 G－SIB 资本缓冲为 3%。

**9. SASB 披露项：IB－550b.1**

SASB 指标：主要风险承担者（Material Risk Takers，MRT）可变薪酬占总薪酬的百分比。

披露内容：公司主要风险承担者政策和程序符合监管原则和要求，并由董事会的薪酬、管理发展和继任委员会监督。2020 年，平均 67% 的总薪酬对于主要风险承担者来说是可变的。

**10. SASB 披露项：IB－550b.2**

SASB 指标：适用于扣回和追溯条款（malus or clawback provisions）的主要风险承担者可变薪酬的百分比。

披露内容：

在主要风险承担者可变的总薪酬的 67% 中，42% 受扣回和追溯条款约束。

**11. SASB 披露项：IB－000. A**

SASB 指标：（1）（a）承销，（b）咨询，（c）证券化交易的数量；（2）价值。

披露内容：

投资银行业务量：

已完成的并购：8670 亿美元

固定收益产品：3740 亿美元

股票和股票相关产品：1000 亿美元

如需更多信息，请参考《2020 年 10－K 表格》。

**12. SASB 披露项：CB－230a. 2**

SASB 指标：描述识别和解决数据安全风险的方法。

披露内容：

有关数据安全风险的活动概述，请参考《2020 年可持续发展报告》。

**13. SASB 披露项：CB－240a. 1**

SASB 指标：（1）贷款和投资的数量；（2）价值，作为旨在促进小企业和社区发展的社区再投资法案计划（Community Reinvestment Act）的一部分。

披露内容：

作为社区发展融资计划的一部分，交易的价值如下。2010—2020 年：

- 240 亿美元的贷款和投资承诺；
- 3. 73 亿美元的小企业贷款和投资承诺，包括 2020 年的 5400 万美元。

如需更多信息，请参考《2020 可持续报告》中“社区发展融资”部分。

**14. SASB 披露项：CB－410a. 1**

SASB 指标：按行业划分的商业和工业信用风险敞口。

披露内容：按行业划分的机构证券贷款和贷款承诺，请参考《2020 年 10－K 表格》。

**15. SASB 披露项：CB－410a. 2**

SASB 指标：描述将环境、社会和治理（ESG）因素纳入信用分析的方法。

披露内容：全球可持续金融与企业风险管理（FRM）密切合作，包括信用风险，将气候变化因素纳入公司风险管理流程和治理结构：

- 公司的风险委员会和首席风险官正式监督与气候相关的金融风险；
- FRM 正在努力开发适当的情景和压力测试模型，以分析公司的战略和风险管理流程的变化；
- 公司致力于支持和披露方法、工具和框架的开发，以衡量和管理金融部门的气候变化排放和相关风险。

如需更多信息，请参阅《2020 年 TCFD 报告》。

**16. SASB 披露项：CB－000. B**

SASB 指标：（1）按部分划分的贷款数量；（2）价值：（a）个人，（b）小型企业，（c）公司。

披露内容：包含可持续性因素的小企业贷款在《2020 年可持续发展报告》的“社区发展融资”部分进行了讨论。

投资银行业务（包括企业贷款）在《2020 年可持续发展报告》的“财务和咨询服务”部分进行了讨论。

**17. SASB 披露项：AC－270a. 3**

SASB 指标：向客户介绍产品和服务的方法说明。

披露内容：

每个业务部门负责制定和管理与其营销活动相关的稳健政策和流程，并根据适用的促销法律和监管义务接受监督审查。

公司旨在通过执行以下准则来管理营销和销售中的风险：

- 与客户和公众的沟通必须公平和平衡，不得夸大或误导性陈述。
- 员工在开展公司业务时必须使用经批准的营销材料和信息系统。
- 财务顾问必须遵守内部销售实践标准的合规手册，并遵守所有适用的法律和法规。

- 公司监控客户投诉。这些根据相关内部政策处理，业务、法律和/或合规人员根据需要采取行动。

**18. SASB 披露项：AC－410a.1**

SASB 指标：按资产类别划分的采用可持续投资方法的管理资产数量。

披露内容：

财富管理

责任投资（investing with impact）按资产类别（十亿美元）：

- 股权：32
- 固定收益：7
- 现金等价物：3
- 其他：13
- 总计：55

投资管理

ESG 综合资产管理规模按资产类别（十亿美元）：

- 股权：238
- 固定收益：96
- 现金等价物/货币市场工具：4
- 其他：50
- 总计：388

**19. SASB 披露项：AC－410a.2**

SASB 指标：描述将 ESG 因素纳入投资和/或财富管理流程和策略的方法。

披露内容：

《2020 年可持续发展报告》的"财富管理流程概述"部分。

有关更多信息，请参阅《影响力投资手册》（*Investing with Impact brochure*）。

《2020 年可持续发展报告》的"投资管理流程概述"部分。

如需更多信息，请参阅《可持续投资政策》(*Sustainable Investing Policy*)。

**20. SASB 披露项：AC－410a. 3**

SASB 指标：代理投票和被投资方参与政策和程序的描述。

披露内容：

《2020 年可持续发展报告》的“投资管理参与和活动”部分。

此外，请参阅公司《代理投票政策》。

**21. SASB 披露项：AC－550a. 3**

SASB 指标：证券融资交易的总敞口。

披露内容：

买入返售：

- 总额：2641 亿美元
- 净额：20 亿美元

融出资金：

- 总额：1249 亿美元
- 净额：50 亿美元

如需更多信息，请参阅《2020 年 10－K 表格》。

**22. SASB 披露项：AC－550a. 4**

SASB 指标：信用衍生工具的净敞口。

披露内容：出售的公司信用保护总额（在交易对手或抵押品净额结算之前）：12 亿美元。

如需更多信息，请参阅《2020 年 10－K 表格》。

**23. SASB 披露项：AC－550a. 4**

SASB 指标：（1）总注册资产；（2）总未注册资产（AUM）。

披露内容：请参阅《2020 年 10－K 表格》。

**24. SASB 披露项：AC－550a. 4**

SASB 指标：托管及监管资产总额。

披露内容：请参阅《2020 年 10－K 表格》。

## 第三节　可口可乐公司 10 - K 表格中的气候信息披露

根据 2022 年伟凯律师事务所（White & Case）对美国财富 100 强企业中的 50 家企业的 SEC 申报文件进行的调查①，其中 43 家（86%）受访企业在 2022 年 10 - K 表格中增加了与气候相关的披露，4 家受访企业在 2021 年收到了 SEC 关于气候相关披露的评论，内容包括披露额外的风险因素、管理层讨论与分析（MD&A）等，15 家公司增加了针对气候相关影响的风险因素讨论，包括气候变化的物理影响、向低碳经济的转型风险、合规成本以及声誉风险。由此可见，随着 SEC 加强对上市公司气候信息披露的要求，企业在监管环境和披露要求方面都面临着巨大变化。

可口可乐公司（The Coca - Cola Company）是全球最大的饮料公司之一，在 200 多个国家拥有 200 多种饮料品牌，包括汽水、运动饮料、乳类饮品、果汁、茶和咖啡，也是全球最大的饮料经销商之一。

在可口可乐公司向美国 SEC 递交的《2021 年 10 - K 表格》中，主要在“风险因素”和“管理层讨论和财务状况及经济业绩分析”（MD&A）两个部分，对气候相关信息进行了披露。可口可乐公司在 10 - K 表格中对“气候”和“ESG”相关信息都进行了披露，由于 ESG 因素包括环境和气候因素，因此我们认为可口可乐公司对 ESG 信息的披露也属于气候信息披露。

按照 SEC 对 10 - K 表格的要求，“风险因素”包括公司或其证券的最重大风险的信息，公司可按重要性的顺序列出风险因素。在实践中，该部分重点介绍风险本身，而不是公司如何解决这些风险。有些风险可能适用于整体经济环境，有些可能仅适用于公司的行业部门或地理区域，有些风险可能是公司独有的。

而在“管理层讨论和财务状况及经济业绩分析”部分中，SEC 要求披露公司的运营和财务业绩，包括有关公司流动性和资本资源的信息，以及可能对公司业绩产生重大影响的任何已知趋势或不确定性。该部分还可以讨论管

① 《ESG Disclosure Trends in SEC Filings：Annual Survey - 2022》，White & Case.

理层对关键业务风险的看法，以及它正在采取哪些措施来解决这些问题。

按照 SEC《2022 气候相关信息披露》要求（详见本书第二章第二节：美国气候信息披露标准），发行人应：

1. 在其注册声明（registration statements）和交易法规定的年度报告（annual reports）中提供与气候相关的披露。

2. 在其注册声明或年度报告的适当部分单独提供 S－K 法规要求的气候相关披露，或者该信息援引自另一部分，例如，风险因素、业务描述或管理层的讨论和分析（“MD&A”）。

3. 在发行人经审计财务报表附注中披露 S－X 条例规定的气候相关财务报表指标和相关披露。

综合来看，可口可乐公司《2021 年 10－K 表格》在内容上基本满足 1 和 2 的要求，但在披露格式上暂未采用 SEC 建议的 TCFD 披露框架。由于对财务报表相关指标和披露的要求还未最终确定（征求意见期截至 2022 年 5 月 20 日），目前缺少财务报表相关的气候披露。此外，还缺少 SEC 建议的温室气体排放的定性和定量披露。

**注释（1）** 在可口可乐公司《2021 年 10－K 表格》[①] Item 1A、风险因素中，将风险分为运营风险、消费者需求和产品风险、可口可乐系统风险、监管和法律风险、财务会计和投资风险、信息和数据安全风险、环境和社会风险。其中运营风险、消费者需求和产品风险、监管和法律风险、环境和社会风险四个部分中包括了气候相关信息。

**注释（2）** 在运营风险中，可口可乐公司披露了下列与气候有关的风险：

> 1. 成本增加、供应中断或能源或燃料短缺可能会影响我们的盈利能力。
>
> 我们的综合装瓶业务运营庞大的卡车和其他机动车辆车队，向客户分销和运送饮料产品。此外，我们使用大量电力、天然气和其他能源来运营

① 本书引用可口可乐公司（The Coca－Cola Company）2022 年 2 月发布的《2021 年 10－K 表格》（*Form* 10－*K*），网址为 https：//investors. coca－colacompany. com/filings－reports/annual－filings－10－k。中文版本仅供参考，中文版本与英文版本如有出入，以英文版本为准。

我们的生产工厂以及由我们的合并装瓶业务运营的装瓶厂和分销设施。在我们拥有生产工厂的国家或在我们的综合装瓶业务运营的市场中，价格上涨、供应中断或燃料和其他能源短缺，这可能是由于需求增加、自然灾害等事件造成的，停电和极端天气，或旨在减少温室气体排放以应对气候变化的政府法规、税收、政策或计划，可能会增加我们的运营成本并对我们的盈利能力产生负面影响。我们的独立装瓶合作伙伴还经营大型卡车和其他机动车辆车队，向他们自己的客户分销和运送饮料产品，并使用大量电力、天然气和其他能源来运营他们自己的装瓶厂和分销设施。在我们的独立装瓶合作伙伴经营的任何主要市场中，价格上涨、供应中断或燃料和其他能源短缺可能会增加受影响的独立装瓶合作伙伴的运营成本，从而可能间接对我们的经营业绩产生负面影响。

2. 成本增加、供应中断或成分、其他原材料、包装材料、铝罐和其他容器的短缺可能会损害我们的业务。

我们或我们的装瓶合作伙伴在我们的业务中使用各种成分，包括HFCS、蔗糖、阿斯巴甜、乙酰磺胺酸钾、三氯蔗糖、糖精、甜蜜素、甜菊糖苷、抗坏血酸、柠檬酸、磷酸、咖啡因和焦糖色素；其他原料，如咖啡、橙子等果汁和浓缩果汁；瓶装PET、生物基PET、再生PET等包装材料；以及铝罐和其他容器。有关我们在业务中使用的成分、其他原材料、包装材料和容器的更多信息，请参阅本报告第一部分“第1项　业务”中的“原材料”标题。这些成分、其他原材料、包装材料、铝罐和其他容器的价格会根据市场状况、政府行为、气候变化和我们无法控制的其他因素（包括COVID－19大流行）而波动。我们或我们的装瓶合作伙伴的成分、其他原材料、包装材料、铝罐和其他容器的价格大幅上涨，如果无法通过成品饮料产品价格的上涨来弥补，可能会增加我们或我们的装瓶合作伙伴的运营成本并降低我们的盈利能力。由于成分、其他原材料、包装材料、铝罐和其他容器的成本上升导致我们的成品价格上涨可能会影响某些市场的可负担性，并减少我们或我们的装瓶合作伙伴的销售额。此外，我们的一些成分，如阿斯巴甜、乙酰磺胺酸钾和糖精，以及一些包装容器，如铝罐，可从有限数量的供应商处获得，而某些其他成分只能从一个来源获得。此外，我们的一些供应商位于面临政治或其他风险的国家。我们或我们的装瓶合作伙伴可能无法与这些供应商保持有利的安排和关系，我们的应急计划可能无法有效防止因供应商数量有限或仅供应商提供的任何成分短缺而导致的中断一个来源。

恶劣的天气条件可能会影响其他农产品的供应，我们产品的关键成分就是从这些农产品中提取的。例如，美国某些地区或世界其他主要玉米产区的干旱条件可能会对玉米供应产生负面影响，进而可能导致HFCS短缺和价格上涨。柑橘行业受到天气条件变化和绿化病害的影响，这些因素影响橙汁和浓缩橙汁的供应和质量，而橙汁和浓缩橙汁是我们业务的重要原材料。特别是佛罗里达州中部的寒冷天气或飓风可能导致整个行业的橙汁和浓缩橙汁短缺和价格上涨。此外，绿化病害正在减少柑橘树的数量并增加种植者的成本和价格。

由于新的法律法规的变化或颁布可能导致成本增加、供应持续中断或其中一些成分、其他原材料、包装材料、铝罐和其他容器短缺；我们或我们的装瓶合作伙伴与供应商的关系恶化；供应商质量和可靠性问题；贸易中断；供应链的变化；关税增加；自然灾害、传染病的广泛暴发（如COVID－19大流行）、停电、罢工、政治不确定性或政府不稳定等事件可能会对我们的净营业收入和利润产生负面影响。

3. 我们可能无法将价格完全提高到对各种成本（例如，我们的材料和劳动力成本）设定的通胀压力，这可能会对我们的财务状况或经营业绩产生不利影响。

就我们的制造和装瓶业务而言，我们依赖于（其中包括）原材料、包装材料、工厂劳动力和运输供应商。2021年和2022年初，我们产品生产和分销所需的原材料、包装材料、劳动力、能源、燃料、运输和其他投入的成本迅速增加。此外，其中许多项目受多种因素的价格波动影响，包括但

> 不限于市场条件、地缘政治发展、原材料需求、天气、种植和收获条件、气候变化、能源成本、货币波动、供应商能力、政府行为、进出口要求（包括关税）以及我们无法控制的其他因素。我们预计投入和其他成本的通胀压力将在2022年继续影响我们的业务。
>
> 我们试图通过提高部分产品价格来抵消这些成本压力的尝试可能不会成功。产品价格上涨可能导致销量下降。消费者可能不太愿意为我们的品牌产品支付差价，并且可能会越来越多地购买低价产品，或者可能完全放弃某些购买。如果价格上涨不足以充分或及时抵消较高的成本，和/或如果它们导致销量显著下降，我们的财务状况或经营业绩可能会受到不利影响。此外，我们可能无法通过生产力举措或商品对冲活动来抵消成本增加。

**注释（3）**　在消费者需求和产品风险中，可口可乐公司披露了下列与气候有关的风险。

> 如果有关产品安全或质量、工作场所和人权、肥胖或其他问题的负面宣传（无论是否合理）损害我们的品牌形象、企业声誉和社会经营许可，我们的业务可能会受到影响。
>
> 我们的成功在很大程度上取决于我们能否维持现有产品的品牌形象，为新产品和品牌延伸树立品牌形象，以及维持我们的企业声誉和社会经营许可。然而，我们对广告和营销的持续投资以及我们对产品安全、质量和人权的坚定承诺并不总是，而且将来可能不会总是对我们的产品品牌形象和消费者偏好产生预期的影响。产品安全或质量问题，无论是实际的或感知的，或产品污染的指控，即使是虚假或毫无根据的，都可能损害受影响品牌的形象，并可能导致消费者选择其他产品。在一些新兴市场，我们或我们的装瓶合作伙伴可能无法完全打击假冒或“虚假”产品的生产和销售可能会损害我们产品的形象和声誉。此外，我们或我们的高管不时参与并可能在未来参与与我们的产品和包装或我们的业务运营和影响公司的总体经济环境直接相关的公共政策工作。这些在公共政策辩论中的参与一直是

> 并且将来可能成为倡导团体或其他持有不同观点的人的强烈反对，并可能导致媒体和消费者的负面反应，包括产品抵制。同样，由于与我们赞助或支持的组织相关的个人、主办方或实体的实际或涉嫌不当行为，我们的赞助关系过去使我们受到负面宣传，未来也可能使我们受到负面宣传。同样，活动家将我们或我们的装瓶系统或供应链与工作场所和人权问题联系起来的活动，无论是实际的还是感知的，都可能对我们的企业形象和声誉产生不利影响。此外，社交媒体或网络网站上关于公司或其品牌之一的负面帖子或评论，即使是不准确或恶意的，过去和将来也都可能产生负面宣传，可能损害我们品牌的声誉或公司。此外，联合国人权理事会批准的《企业与人权指导原则》概述了企业应如何履行企业责任，尊重联合国“保护、尊重和补救”人权框架中包含的人权原则。指控我们不尊重《联合国世界人权宣言》中的30项人权中的一项或多项，即使不属实；我们的供应商或其他业务合作伙伴实际或认为未能遵守适用的工作场所和劳动法，包括童工法，或者他们实际或认为虐待或误用移民工人；与我们的产品、用水、环境影响、劳资关系等相关的肥胖和健康问题的负面宣传可能会对我们公司的整体声誉和品牌形象产生负面影响，进而可能对我们的产品被消费者接受产生负面影响。此外，如果我们未能保护员工和供应链员工的人权，或无意中歧视任何员工群体或招聘前景，我们聘用和留住最优秀人才的能力将会减弱，这可能会产生不利影响。

**注释（4）** 在监管和法律风险中，可口可乐公司披露了下列与气候有关的风险。

> 适用于我们的产品或业务运营的法律和法规的变化或不遵守可能会增加我们的成本或减少我们的净营业收入。
>
> 本公司受我们开展业务的全球众多国家/地区的各种法律法规的约束，包括与竞争、产品安全、广告和标签、容器存放、回收和产品管理、环境保护有关的法律法规、职业健康和安全、就业和劳动实践、个人数据保护

> 和隐私以及数据安全。有关适用于我们业务的法律法规的更多信息，请参阅本报告第一部分“第 1 项 业务”中的标题“政府法规”。适用法律或法规的变化或其不断变化的解释，包括因对气候变化的关注而增加或增加限制二氧化碳和其他温室气体排放的法规；不鼓励使用塑料材料，包括出于环境考虑而与塑料瓶和其他包装材料的回收和/或处置有关的法规；或因当地缺水问题而限制或施加额外的商业用水成本，可能会导致我们或我们的装瓶合作伙伴增加合规成本、资本支出和其他财务义务，这可能会影响我们的盈利能力，或可能阻碍生产，我们产品的分销、营销和销售，这可能会影响我们的净营业收入。此外，未能遵守各种法律法规。例如，美国贸易制裁、美国反海外腐败法和外国资产控制办公室贸易制裁法规和反抵制法规、反垄断和竞争法、反现代奴役法、反贿赂和反腐败法、数据隐私法，包括欧盟通用数据保护条例、税法和法规以及各种其他适用的地方、国家和跨国法规和法律，可能会导致诉讼、损害赔偿评估、处以罚款、暂停生产或分销、因需要采取纠正措施而对设备或流程进行代价高昂的更改，或者我们或我们的装瓶合作伙伴设施的运营停止或中断，以及对我们或我们的装瓶合作伙伴的损害形象和声誉，所有这些都可能损害我们或我们的装瓶合作伙伴的盈利能力。

**注释（5）** 在环境和社会风险中，可口可乐公司披露了下列与气候有关的风险。

> 1. 我们实现环境、社会和治理目标的能力会受到风险的影响，其中许多风险超出我们的控制范围，如果我们未能实现这些目标，我们的声誉和品牌可能会受到损害。
>
> 所有行业的公司都面临着与环境、社会和治理（“ESG”）事项相关的利益相关者越来越多的审查，包括与环境管理相关的实践和披露；社会责任感；多样性、公平性和包容性；工作场所的权利。我们实现 ESG 目标以及准确、透明地报告我们的进展的能力带来了许多运营、财务、法律和其

他风险，并且取决于我们的装瓶合作伙伴、供应商和其他第三方的行动，所有这些都在外部，不由我们控制的。如果我们无法实现我们的 ESG 目标或不断变化的利益相关者期望和行业标准，或者如果我们被认为没有对日益增长的 ESG 问题作出适当回应，我们的声誉以及我们销售产品的能力可能会受到负面影响。此外，近年来，投资者权益团体和某些机构投资者对 ESG 事务的重视程度越来越高。如果根据对我们 ESG 实践的评估结果，某些投资者对我们的行动或进展不满意，他们可能会重新考虑对我们公司的投资。

随着 ESG 报告、尽职调查和披露要求的性质、范围和复杂性的扩大，我们可能不得不承担额外的成本来控制、评估和报告 ESG 指标。任何未能或被认为未能在我们宣布的时间表内追求或实现我们的 ESG 目标、目的或满足各种 ESG 报告标准，或根本没有，都可能增加诉讼风险。

2. 水资源短缺和质量差可能会对可口可乐系统的成本和容量产生负面影响。

水是我们几乎所有产品的主要成分，对于我们的业务所依赖的农业成分的生产至关重要，并且在我们的制造过程中是必需的。这对于我们服务的社区和我们经营所在的生态系统的繁荣也至关重要。在世界许多地方，水是一种有限的资源，面临着前所未有的挑战，包括过度开发、对食品和其他制造过程需要水的消费品和工业产品的需求增加、污染增加和对潜在污染物的新认识、管理不善、缺乏物理或水的财政获取、由于世界某些地区缺乏公共基础设施而导致的社会政治紧张局势以及气候变化的影响。随着世界各地对水的需求不断增加，随着水变得越来越稀缺和可用水的质量恶化，可口可乐系统可能会产生更高的成本或面临容量限制和声誉受损的可能性，这可能会对我们的盈利能力造成影响。

3. 气候变化及其法律或监管应对措施可能对我们的业务和经营业绩产生长期不利影响。

人们越来越担心，由于大气中二氧化碳和其他温室气体浓度的增加，全球平均气温逐渐升高，这将导致全球天气模式发生重大变化，并增加自然灾害的频率和严重程度。由于天气模式的变化，世界某些地区的农业生产力下降可能会限制主要农产品的供应或增加其成本，例如甘蔗、玉米、甜菜、柑橘、咖啡和茶，这些都是重要的原料来源可能影响世界各地社区的粮食安全。气候变化还可能加剧水资源短缺并导致受影响地区的水质进一步恶化，这可能会限制可口可乐系统装瓶业务的水资源供应。极端天气条件的频率或持续时间增加也可能削弱生产能力、扰乱我们的供应链或影响对我们产品的需求。对气候变化的日益关注也可能导致额外的法律或监管要求，旨在减少或减轻二氧化碳和其他温室气体排放对环境的影响。由于法律或监管要求的增加而增加的能源或合规成本和费用可能会导致我们饮料产品的制造和分销中断或相关成本增加。气候变化的影响以及应对气候变化的法律或监管举措可能对我们的业务和经营业绩产生长期的不利影响。此外，我们不时制定并公开宣布减少可口可乐系统碳足迹的目标和承诺，方法是增加对回收包装材料的使用、扩大可再生能源使用，以及参与组织或由非政府组织和其他团体赞助，以减少整个行业的温室气体排放。如果我们或我们的装瓶合作伙伴未能实现或不恰当地报告我们实现减少碳足迹目标和承诺的进展，由此产生的负面宣传可能会使消费者对我们饮料产品的偏好产生不利影响。

**注释（6）** 在 Item 7、管理层讨论和财务状况及运行结果分析中，可口可乐公司在“商业综述”和“挑战和风险”部分对气候相关信息进行了披露。

**商业综述**

我们在竞争激烈的商业饮料行业运营。我们面临来自众多其他通用和特种饮料公司的激烈竞争。我们与其他饮料公司一样，受到许多因素的影响，包括但不限于制造和分销产品的成本、消费者支出、经济状况、水的供应和质量、消费者偏好、通货膨胀、政治气候、地方和国家法律法规、外汇波动、燃料价格、天气模式和 COVID－19 大流行。

**环境和社会问题**

随着投资者和利益相关者越来越关注ESG问题，我们公司和各行各业的公司都面临着与环境管理等相关的挑战和风险；社会责任感；多样性、公平性和包容性；工作场所的权利。如果这些挑战和风险与我们的业务相关，我们承认我们在开发和实施与这些重要挑战相关的解决方案方面可以发挥作用。我们制定了与水质和稀缺性相关的具体ESG目标；用于我们产品的包装材料；减少我们饮料中的添加糖分；减少二氧化碳和其他温室气体排放；可持续农业；多样性、公平性和包容性；以及人权和工作场所的权利。我们实现ESG目标的能力取决于许多因素，包括但不限于我们的行动以及各种利益相关者的行动，例如，我们的装瓶合作伙伴、供应商、政府、非政府组织、社区和其他第三方，所有这些都超出了我们的控制范围。

有关我们公司面临的风险和不确定性的更多信息，请参阅本报告第一部分中的“风险因素”。

# 附　　录

## 一、联合国可持续发展目标（SDG）

2015年9月25日，联合国193个成员国在联合国可持续发展峰会上正式通过《2030年可持续发展议程》，其核心是联合国可持续发展目标（Sustainable Development Goals，SDG）。SDG包括贫困、不平等、气候、环境退化等领域的17个可持续发展目标，旨在从2015年到2030年，以综合方式彻底解决社会、经济和环境三个维度的发展问题，转向可持续发展道路，实现所有人更美好和更可持续的未来。

目标1：无贫穷

在世界各地消除一切形式的贫困。

具体目标1.1：到2030年，为世界各地的所有人消除极端贫困，目前以每天生活费低于1.25美元的人数衡量。

具体目标1.2：到2030年，根据国家定义，将生活在所有方面贫困中的各个年龄段的男性、女性和儿童的比例至少减少一半。

具体目标1.3：为所有人实施适合本国的社会保护制度和措施，包括最低标准，到2030年实现低收入人群和弱势群体的大量覆盖。

具体目标1.4：到2030年，确保所有男性和女性，特别是低收入人群和弱势群体，在获得经济资源、获得基本服务、拥有和控制土地和其他形式的财产、继承、自然资源、适当的新技术和金融服务，包括小额信贷。

具体目标1.5：到2030年，增强低收入人群和弱势群体的复原力，减少他们对气候相关极端事件和其他经济、社会和环境冲击和灾害的暴露和脆弱性。

具体目标 1. a：确保从各种来源大量调动资源，包括通过加强发展合作，以便为发展中国家，特别是最不发达国家提供充分和可预测的手段，以实施消除所有人贫困的方案。

具体目标 1. b：在国家、区域和国际各级建立健全的政策框架，基于有利于低收入人群和对性别问题敏感的发展战略，以支持加快对消除贫穷行动的投资。

目标 2：零饥饿

消除饥饿，实现粮食安全和改善营养，促进可持续农业。

具体目标 2. 1：到 2030 年，消除饥饿并确保所有人，特别是低收入人群和弱势群体，包括婴儿，全年都能获得安全、营养和充足的食物。

具体目标 2. 2：到 2030 年，消除一切形式的营养不良，包括到 2025 年实现国际商定的关于 5 岁以下儿童发育迟缓和消瘦的目标，并解决少女、孕妇和哺乳期妇女以及老年人的营养需求。

具体目标 2. 3：到 2030 年，使小规模粮食生产者，特别是妇女、土著人民、家庭农民、牧民和渔民的农业生产力和收入翻一番，包括通过安全和平等地获得土地、其他生产资源和投入、知识、金融服务、市场和增值和非农就业机会。

具体目标 2. 4：到 2030 年，确保可持续的粮食生产系统并实施有复原力的农业实践，以提高生产力和产量，帮助维持生态系统，加强适应气候变化、极端天气、干旱、洪水和其他灾害的能力，并逐步改善土地和土壤质量。

具体目标 2. 5：到 2020 年，保持种子、栽培植物、养殖和驯养动物及其相关野生物种的遗传多样性，包括在国家、区域和国际各级通过妥善管理和多样化的种子和植物库，促进获取和按照国际商定，公平公正地分享利用遗传资源和相关传统知识所产生的惠益。

具体目标 2. 6：通过加强国际合作等方式增加对农村基础设施、农业研究和推广服务、技术开发以及植物和牲畜基因库的投资，以提高发展中国家，特别是最不发达国家的农业生产能力。

具体目标 2. 7：根据多哈发展回合的授权，纠正和防止世界农产品市场的贸易限制和扭曲，包括同时取消所有形式的农产品出口补贴和所有具有同等效力的出口措施。

具体目标 2.8：采取措施确保粮食商品市场及其衍生品的正常运作，并促进及时获取市场信息，包括关于粮食储备的信息，以帮助限制极端粮食价格波动。

目标 3：良好健康与福祉

确保健康的生活并促进所有年龄段的所有人的福祉。

具体目标 3.1：到 2030 年，将全球孕产妇死亡率降至每 10 万名活产婴儿 70 人以下。

具体目标 3.2：到 2030 年，结束可预防的新生儿和 5 岁以下儿童死亡，所有国家的目标是将新生儿死亡率至少降至每 1000 名活产婴儿 12 人，将 5 岁以下儿童死亡率至少降至每 1000 名活产婴儿 25 人。

具体目标 3.3：到 2030 年，结束艾滋病、结核病、疟疾和被忽视的热带病流行，防治肝炎、水传播疾病和其他传染病。

具体目标 3.4：到 2030 年，通过预防和治疗将非传染性疾病导致的过早死亡率降低三分之一，促进心理健康和福祉。

具体目标 3.5：加强药物滥用的预防和治疗，包括麻醉药品滥用和有害使用酒精。

具体目标 3.6：到 2020 年，将全球道路交通事故造成的死伤人数减半。

具体目标 3.7：到 2030 年，确保普遍获得性健康和生殖健康保健服务，包括计划生育、信息和教育，并将生殖健康纳入国家战略和方案。

具体目标 3.8：实现全民健康覆盖，包括财务风险保护、获得优质基本卫生保健服务以及人人获得安全、有效、优质和负担得起的基本药物和疫苗。

具体目标 3.9：到 2030 年，大幅减少因危险化学品以及空气、水和土壤污染而导致的死亡和患病人数。

具体目标 3.10：酌情在所有国家加强《世界卫生组织烟草控制框架公约》的实施。

具体目标 3.11：根据《关于 TRIPS 协议和公共卫生的多哈宣言》，支持主要影响发展中国家的传染病和非传染病的疫苗和药物的研发，提供负担得起的基本药物和疫苗，其中声明发展中国家有权充分利用《与贸易有关的知识产权协议》中有关保护公众健康的灵活性的条款，特别是为所有人提供获得药品的机会。

具体目标 3. 12：大幅增加发展中国家，特别是最不发达国家和小岛屿发展中国家的卫生筹资以及卫生人力的招聘、发展、培训和留用。

具体目标 3. 13：加强所有国家，特别是发展中国家的早期预警、降低风险和管理国家和全球健康风险的能力。

目标 4：优质教育

确保包容和公平的优质教育，并为所有人提供终身学习机会。

具体目标 4. 1：到 2030 年，确保所有女孩和男孩完成免费、公平和优质的中小学教育，从而取得相关和有效的学习成果。

具体目标 4. 2：到 2030 年，确保所有女童和男童都能获得优质的幼儿发展、照料和学前教育，为接受初等教育做好准备。

具体目标 4. 3：到 2030 年，确保所有女性和男性平等获得负担得起的优质技术、职业和高等教育，包括大学教育。

具体目标 4. 4：到 2030 年，大幅增加拥有相关技能（包括技术和职业技能）就业、体面工作和创业的青年和成年人人数。

具体目标 4. 5：到 2030 年，消除教育中的性别差异，确保弱势群体，包括残疾人、土著人民和弱势儿童平等获得各级教育和职业培训。

具体目标 4. 6：到 2030 年，确保所有青年和相当大比例的男性和女性成年人实现识字和算术。

具体目标 4. 7：到 2030 年，确保所有学习者获得促进可持续发展所需的知识和技能，包括通过教育促进可持续发展和可持续生活方式、人权、性别平等、促进和平与非暴力、全球公民和对文化多样性的欣赏以及文化对可持续发展的贡献。

具体目标 4. 8：建设和升级对儿童、残疾和性别敏感的教育设施，并为所有人提供安全、非暴力、包容和有效的学习环境。

具体目标 4. 9：到 2020 年，在全球范围内大幅增加向发展中国家，特别是最不发达国家、小岛屿发展中国家和非洲国家提供的用于高等教育入学的奖学金数量，包括职业培训和信息和通信技术、工程和科学计划。

具体目标4.10：到2030年，大幅增加合格教师的供应，包括通过国际合作在发展中国家，特别是最不发达国家和小岛屿发展中国家开展教师培训。

目标5：性别平等

实现性别平等并赋予所有妇女和女孩权利。

具体目标5.1：结束对世界各地所有妇女和女孩的一切形式歧视。

具体目标5.2：消除公共和私人领域对所有妇女和女孩的一切形式暴力，包括贩卖、性剥削和其他类型的剥削。

具体目标5.3：消除所有有害习俗，例如童婚、早婚和强迫婚姻以及切割女性生殖器。

具体目标5.4：通过提供公共服务、基础设施和社会保护政策以及在适合国家的情况下促进家庭和家庭内部的共同责任，承认和重视无偿护理和家务工作。

具体目标5.5：确保妇女在政治、经济和公共生活的各级决策中充分和有效地参与并享有平等的领导机会。

具体目标5.6：确保按照《国际人口与发展会议行动纲领》和《北京行动纲要》及其审查会议成果文件商定的普遍享有性健康和生殖健康及生殖权利。

具体目标5.7：根据国家法律进行改革，赋予妇女平等的经济资源权利，以及获得和控制土地和其他形式财产、金融服务、继承和自然资源的权利。

具体目标5.8：加强使用赋能技术，特别是信息和通信技术，以促进赋予妇女权利。

具体目标5.9：通过并加强健全的政策和可执行的立法，以促进两性平等和赋予所有各级妇女和女童的权能。

目标6：清洁饮水和卫生设施

确保所有人的水和卫生设施的可用性和可持续管理。

具体目标6.1：到2030年，实现人人普遍和公平地获得安全和负担得起的饮用水。

具体目标6.2：到2030年，实现人人享有充足和公平的环境卫生和个人卫生，杜绝露天排便，特别关注妇女和女童以及弱势群体的需求。

具体目标6.3：到2030年，通过减少污染、消除倾倒和尽量减少危险化学品和材料的排放、将未经处理的废水比例减半以及大幅增加全球回收和安全再利用来改善水质。

具体目标6.4：到2030年，大幅提高所有部门的用水效率，确保可持续的淡水取用和供应，以解决缺水问题并大幅减少缺水人数。

具体目标6.5：到2030年，在各级实施综合水资源管理，包括酌情通过跨界合作。

具体目标6.6：到2020年，保护和恢复与水有关的生态系统，包括山脉、森林、湿地、河流、含水层和湖泊。

具体目标6.7：到2030年，扩大对发展中国家在水和卫生相关活动和方案方面的国际合作和能力建设支持，包括集水、海水淡化、用水效率、废水处理、回收和再利用技术。

具体目标6.8：支持和加强当地社区参与改善水和卫生管理。

目标7：经济适用的清洁能源

确保所有人都能获得负担得起、可靠、可持续的现代能源。

具体目标7.1：到2030年，确保普遍获得负担得起的、可靠的现代能源服务。

具体目标7.2：到2030年，大幅增加可再生能源在全球能源结构中的份额。

具体目标7.3：到2030年，全球能源效率提高速度翻一番。

具体目标7.4：到2030年，加强国际合作以促进清洁能源研究和技术的获取，包括可再生能源、能源效率以及先进和清洁的化石燃料技术，并促进对能源基础设施和清洁能源技术的投资。

具体目标7.5：到2030年，根据各自的支持方案，扩大基础设施并升级技术，为发展中国家，特别是最不发达国家、小岛屿发展中国家和内陆发展中国家的所有人提供现代和可持续能源服务。

目标8：体面工作和经济增长

促进持续、包容和可持续的经济增长、充分和生产性就业以及人人享有体面工作。

具体目标8.1：根据国情维持人均经济增长，特别是最不发达国家每年至少保持7%的国内生产总值增长。

具体目标8.2：通过多样化、技术升级和创新，包括通过关注高附加值和劳动密集型部门，实现更高水平的经济生产力。

具体目标8.3：促进以发展为导向的政策，支持生产活动、创造体面的就业机会、企业家精神、创造力和创新，并鼓励微型、中小型企业的正规化和发展，包括通过获得金融服务。

具体目标8.4：到2030年，逐步提高全球消费和生产资源效率，努力按照可持续消费和生产十年方案框架，在发达国家带领下，使经济增长与环境退化脱钩。

具体目标8.5：到2030年，为所有男女，包括青年和残障人士实现充分的生产性就业和体面工作，并实现同工同酬。

具体目标8.6：到2020年，大幅降低未就业、未接受教育或培训的青年比例。

具体目标8.7：立即采取有效措施消除强迫劳动，结束现代奴役和人口贩运，确保禁止和消除最恶劣形式的童工劳动，包括招募和使用童兵。

具体目标8.8：保护劳工权利，为所有工人，包括移民工人，特别是女性移民，以及就业不稳定的工人，营造安全可靠的工作环境。

具体目标8.9：到2030年，制定和实施促进可持续旅游业的政策，创造就业机会并推广当地文化和产品。

具体目标8.10：增加对发展中国家，特别是最不发达国家的贸易援助支持，包括通过加强向最不发达国家提供与贸易有关的技术援助的综合框架。

具体目标8.11：到2020年，制定并实施一项全球青年就业战略，并实施国际劳工组织的《全球就业公约》。

具体目标8.12：加强国内金融机构鼓励和扩大人人享有银行、保险和金融服务的能力。

目标9：产业、创新和基础设施

建设有弹性的基础设施，促进包容和可持续的工业化并促进创新。

具体目标9.1：发展优质、可靠、可持续和有弹性的基础设施，包括区域和跨境基础设施，以支持经济发展和人类福祉，重点是人人享有负担得起和公平的获取。

具体目标9.2：促进包容和可持续的工业化，到2030年，根据国情显著提高工业在就业和国内生产总值中的份额，在最不发达国家的份额翻番。

具体目标9.3：增加小型工业企业和其他企业，特别是发展中国家的小型工业企业和其他企业获得金融服务的机会，包括负担得起的信贷，并将其融入价值链和市场。

具体目标9.4：到2030年，升级基础设施和改造工业，使其具有可持续性，提高资源利用效率，更多地采用清洁和无害环境的技术和工业流程，所有国家都根据各自的能力采取行动。

具体目标9.5：加强科学研究，提升所有国家，特别是发展中国家工业部门的技术能力，包括到2030年鼓励创新，大幅增加每100万人中的研发人员数量以及公共和私人研究和发展支出。

具体目标9.6：通过加强对非洲国家、最不发达国家、内陆发展中国家和小岛屿发展中国家的财政、技术和技术支持，促进发展中国家可持续和有复原力的基础设施发展。

具体目标9.7：支持发展中国家的国内技术开发、研究和创新，包括确保为工业多样化和商品增值等创造有利的政策环境。

具体目标9.8：显著增加对信息和通信技术的获取，力争到2020年在最不发达国家提供普遍和负担得起的互联网接入。

目标10：减少不平等

减少国家内部和国家之间的不平等。

具体目标10.1：到2030年，逐步实现并保持底层40%人口的收入增长高于全国平均水平。

具体目标 10.2：到 2030 年，赋权并促进所有人的社会、经济和政治包容，不分年龄、性别、残疾、种族、民族、出身、宗教或经济或其他地位。

具体目标 10.3：确保机会平等并减少结果不平等，包括消除歧视性法律、政策和做法，并促进这方面的适当立法、政策和行动。

具体目标 10.4：采取政策，特别是财政、工资和社会保护政策，逐步实现更大程度的平等。

具体目标 10.5：改善对全球金融市场和机构的监管和监测，并加强此类监管的实施。

具体目标 10.6：确保增强发展中国家在全球国际经济和金融机构决策中的代表性和发言权，以建立更有效、可信、负责和合法的机构。

具体目标 10.7：促进有序、安全、正常和负责任的移民和人员流动，包括通过实施有计划和管理良好的移民政策。

具体目标 10.8：根据世界贸易组织的协定，对发展中国家，特别是最不发达国家实施特殊和差别待遇原则。

具体目标 10.9：鼓励根据国家计划向最需要的国家，特别是最不发达国家、非洲国家、小岛屿发展中国家和内陆发展中国家提供官方发展援助和资金流动，包括外国直接投资和程序。

具体目标 10.10：到 2030 年，将移民汇款的交易成本降至 3% 以下，并取消成本高于 5% 的汇款渠道。

目标 11：可持续城市和社区

使城市和人类社区具有包容性、安全性、复原力和可持续性。

具体目标 11.1：到 2030 年，确保人人获得充足、安全和负担得起的住房和基本服务，并改造贫民窟。

具体目标 11.2：到 2030 年，为所有人提供安全、负担得起、无障碍和可持续的交通系统，改善道路安全，特别是通过扩大公共交通，特别关注弱势群体、妇女、儿童和残障人士的需求和老年人。

具体目标 11.3：到 2030 年，在所有国家加强包容性和可持续的城市化和参与性、综合性和可持续人类社区规划和管理的能力。

具体目标 11.4：加强保护和维护世界文化和自然遗产的努力。

具体目标 11.5：到 2030 年，显著减少死亡人数和受影响人数，并大幅减少灾害（包括与水有关的灾害）造成的相对于全球国内生产总值的直接经济损失，重点是保护低收入人群和人民在脆弱的情况下。

具体目标 11.6：到 2030 年，减少城市对人居环境的不利影响，包括特别关注空气质量以及城市和其他废物管理。

具体目标 11.7：到 2030 年，为妇女和儿童、老年人和残障人士提供安全、包容和无障碍的绿色公共空间。

具体目标 11.a：通过加强国家和区域发展规划，支持城市、城郊和农村地区之间积极的经济、社会和环境联系。

具体目标 11.b：到 2020 年，大幅增加城市和人类社区的数量，采用和实施关于包容、资源效率、减缓和适应气候变化、抵御灾害的综合政策和计划，并根据 2015—2030 年仙台减少灾害风险框架，各级整体灾害风险管理。

具体目标 11.c：支持最不发达国家，包括通过财政和技术援助，利用当地材料建造可持续和有复原力的建筑。

目标 12：负责任消费和生产

确保可持续的消费和生产模式。

具体目标 12.1：实施可持续消费和生产模式十年计划框架，所有国家采取行动，发达国家带头，同时考虑到发展中国家的发展和能力。

具体目标 12.2：到 2030 年，实现自然资源的可持续管理和高效利用。

具体目标 12.3：到 2030 年，将全球零售和消费者层面的人均粮食浪费减半，并减少生产和供应链中的粮食损失，包括收获后损失。

具体目标 12.4：到 2020 年，根据商定的国际框架，在化学品和所有废物的整个生命周期内实现无害环境管理，并显著减少其向空气、水和土壤的排放，以尽量减少其对人类健康和环境的污染。

具体目标 12.5：到 2030 年，通过预防、减少、回收和再利用，大幅减少废物产生。

具体目标 12.6：鼓励公司，尤其是大型跨国公司，采用可持续做法并将可持续发展信息纳入其报告周期。

具体目标 12.7：根据国家政策和优先事项促进可持续的公共采购做法。

具体目标 12.8：到 2030 年，确保世界各地的人们获得可持续发展和与自然和谐相处的生活方式的相关信息和意识。

具体目标 12.a：支持发展中国家加强其科技能力，以实现更可持续的消费和生产模式。

具体目标 12.b：开发和实施工具，监测可持续发展对可持续旅游业的影响，从而创造就业机会并促进当地文化和产品。

具体目标 12.c：根据国情，通过消除市场扭曲，包括通过重组税收和逐步取消那些存在的有害补贴，以反映其对环境的影响，从而使鼓励浪费性消费的低效化石燃料补贴合理化，同时充分考虑到考虑发展中国家的具体需求和条件，并以保护低收入人群和受影响社区的方式尽量减少对其发展的可能不利影响。

目标 13：气候行动

采取紧急行动应对气候变化及其影响。

具体目标 13.1：加强所有国家应对气候相关灾害和自然灾害的复原力和适应能力。

具体目标 13.2：将气候变化措施纳入国家政策、战略和规划。

具体目标 13.3：提高关于减缓、适应、减少影响和预警的教育、提高认识以及人力和机构能力。

具体目标 13.4：履行发达国家缔约方对《联合国气候变化框架公约》作出的承诺，到 2020 年每年从所有来源联合动员 1000 亿美元，以满足发展中国家在有意义的缓解方面的需求行动和实施的透明度，并通过其资本化尽快使绿色气候基金全面运作。

具体目标 13.5：促进提高最不发达国家和小岛屿发展中国家有效气候变化相关规划和管理能力的机制，包括关注妇女、青年以及当地和边缘化社区。

目标 14：水下生物

保护和可持续利用海洋和海洋资源以促进可持续发展。

具体目标 14.1：到 2025 年，预防和显著减少各种海洋污染，特别是陆上活动造成的污染，包括海洋垃圾和营养物污染。

具体目标 14.2：到 2020 年，可持续管理和保护海洋和沿海生态系统以避免重大不利影响，包括加强其复原力，并采取行动恢复它们，以实现健康和多产的海洋。

具体目标 14.3：尽量减少和解决海洋酸化的影响，包括通过加强各级科学合作。

具体目标 14.4：到 2020 年，有效规范捕捞活动，结束过度捕捞、非法、未报告和无管制的捕捞活动以及破坏性捕捞做法，实施科学管理计划，以便在最短的可行时间内将鱼类资源恢复到可以生产的水平由其生物学特性决定的最大可持续产量。

具体目标 14.5：到 2020 年，根据国家和国际法律并根据可获得的最佳科学信息，保护至少 10% 的沿海和海洋区域。

具体目标 14.6：到 2020 年，禁止导致产能过剩和过度捕捞的某些形式的渔业补贴，取消导致非法、未报告和无管制捕捞的补贴，并避免引入新的此类补贴，同时认识到对发展中国家和最不发达国家应成为世界贸易组织渔业补贴谈判的组成部分。

具体目标 14.7：到 2030 年，增加可持续利用海洋资源给小岛屿发展中国家和最不发达国家带来的经济效益，包括通过渔业、水产养殖和旅游业的可持续管理。

具体目标 14.8：增加科学知识、发展研究能力和转让海洋技术，同时考虑到政府间海洋学委员会关于海洋技术转让的标准和准则，以改善海洋健康并加强海洋生物多样性对海洋生物多样性的贡献发展中国家，特别是小岛屿发展中国家和最不发达国家的发展。

具体目标 14.9：为小规模手工渔民提供进入海洋资源和市场的机会。

具体目标 14.10：通过执行《联合国海洋法公约》所体现的国际法，加强海洋及其资源的保护和可持续利用，该公约为海洋及其资源的保护和可持续利用提供了法律框架。

目标 15：陆地生物

保护、恢复和促进陆地生态系统的可持续利用，可持续管理森林，防治荒漠化，制止和扭转土地退化，制止生物多样性丧失。

具体目标 15.1：到 2020 年，根据国际协定规定的义务，确保保护、恢复和可持续利用陆地和内陆淡水生态系统及其服务，特别是森林、湿地、山区和旱地。

具体目标 15.2：到 2020 年，促进对所有类型的森林实施可持续管理，停止毁林，恢复退化的森林，并在全球大幅增加植树造林和再造林。

具体目标 15.3：到 2030 年，防治荒漠化，恢复退化的土地和土壤，包括受荒漠化、干旱和洪水影响的土地，努力实现土地退化零增长的世界。

具体目标 15.4：到 2030 年，确保保护山区生态系统，包括其生物多样性，以提高其提供可持续发展所必需的惠益的能力。

具体目标 15.5：采取紧急和重大行动，减少自然栖息地的退化，制止生物多样性的丧失，到 2020 年保护和防止受威胁物种的灭绝。

具体目标 15.6：促进公平公正地分享利用遗传资源所产生的惠益，并促进按照国际商定的方式适当获取此类资源。

具体目标 15.7：采取紧急行动制止偷猎和贩运受保护动植物物种，解决非法野生动物产品的供需问题。

具体目标 15.8：到 2020 年，采取措施防止外来入侵物种的引入并显著减少对水土生态系统的影响，控制或消灭重点物种。

具体目标 15.9：到 2020 年，将生态系统和生物多样性价值纳入国家和地方规划、发展进程、减贫战略和账户。

具体目标 15.a：调动并大幅增加所有来源的财政资源，以保护和可持续利用生物多样性和生态系统。

具体目标 15.b：从所有来源和各级调动大量资源，为可持续森林管理提供资金，并为发展中国家推进此类管理，包括保护和重新造林提供充分的激励措施。

具体目标 15. c：加强全球对打击偷猎和贩运受保护物种的努力的支持，包括提高当地社区寻求可持续生计机会的能力。

目标 16：和平、正义与强大机构

促进和平和包容的社会以促进可持续发展，为所有人提供诉诸司法的机会，并在各级建立有效、负责和包容的机构。

具体目标 16. 1：显著降低世界各地一切形式的暴力和相关死亡率。

具体目标 16. 2：结束对儿童的虐待、剥削、贩运和一切形式的暴力和酷刑。

具体目标 16. 3：在国家和国际层面促进法治，确保人人平等诉诸司法。

具体目标 16. 4：到 2030 年，大幅减少非法资金和武器流动，加强被盗资产的追回和返还，打击一切形式的有组织犯罪。

具体目标 16. 5：大幅减少各种形式的腐败和贿赂。

具体目标 16. 6：在各级建立有效、负责和透明的机构。

具体目标 16. 7：确保各级作出反应迅速、包容性、参与性和代表性的决策。

具体目标 16. 8：扩大和加强发展中国家对全球治理机构的参与。

具体目标 16. 9：到 2030 年，为所有人提供合法身份，包括出生登记。

具体目标 16. 10：加强相关国家机构，包括通过国际合作，在各级建设能力，特别是在发展中国家，以防止暴力和打击恐怖主义和犯罪。

具体目标 16. 11：促进和执行非歧视性的可持续发展法律和政策。

具体目标 16. 12：根据国家立法和国际协定，确保公众获取信息并保护基本自由。

目标 17：促进目标实现的伙伴关系

加强执行手段，重振可持续发展全球伙伴关系。

具体目标 17. 1：加强国内资源调动，包括通过向发展中国家提供国际支持，提高国内税收和其他税收征收能力。

具体目标 17. 2：发达国家充分履行其官方发展援助承诺，包括许多发达国家承诺实现将国民总收入的0.7%用于对发展中国家的官方发展援助（ODA/GNI）和0.15%至0.20%的目标。向最不发达国家提供官方发展援助/国民总收入的1%；鼓励官方发展援助提供者考虑设定目标，向最不发达国家提供至少0.20%的官方发展援助/国民总收入。

具体目标17.3：从多种来源为发展中国家调动额外的财政资源。

具体目标17.4：酌情通过旨在促进债务融资、债务减免和债务重组的协调政策，协助发展中国家实现长期债务可持续性，并解决重债穷国的外债问题，以减少债务困境。

具体目标17.5：为最不发达国家通过和实施投资促进制度。

具体目标17.6：加强关于科学、技术和创新的南北、南南和三角区域和国际合作，并在共同商定的条件下加强知识共享，包括通过改进现有机制之间的协调，特别是在联合国水平，并通过全球技术促进机制。

具体目标17.7：按照双方商定的优惠条件，包括减让和优惠条件，促进无害环境技术的开发、转让和传播给发展中国家。

具体目标17.8：到2017年，使最不发达国家的技术银行和科技创新能力建设机制全面运作，并加强使用技能技术，特别是信息和通信技术。

具体目标17.9：加强国际支持，以在发展中国家实施有效和有针对性的能力建设，以支持实施所有可持续发展目标的国家计划，包括通过南北合作、南南合作和三方合作。

具体目标17.10：促进世界贸易组织下普遍、基于规则、开放、非歧视和公平的多边贸易体系，包括完成多哈发展议程下的谈判。

具体目标17.11：显著增加发展中国家的出口，特别是到2020年将最不发达国家在全球出口中的份额翻一番。

具体目标17.12：根据世界贸易组织的决定，及时为所有最不发达国家长期实施免税和免配额市场准入，包括确保适用于从最不发达国家进口的优惠原产地规则透明简单，有助于促进市场准入。

具体目标17.13：加强全球宏观经济稳定，包括通过政策协调和政策连贯性。

具体目标 17. 14：加强可持续发展的政策一致性。

具体目标 17. 15：尊重每个国家制定和实施消除贫困和可持续发展政策的政策空间和领导力。

具体目标 17. 16：加强全球可持续发展伙伴关系，辅之以动员和共享知识、专长、技术和财政资源的多方利益攸关方伙伴关系，以支持在所有国家，特别是发展中国家实现可持续发展目标。

具体目标 17. 17：鼓励和促进有效的公共、公私和民间社会伙伴关系，借鉴伙伴关系的经验和资源战略。

具体目标 17. 18：到 2020 年，加强对包括最不发达国家和小岛屿发展中国家在内的发展中国家的能力建设支持，以显著增加按收入、性别、年龄、种族、种族、移民身份、残疾、地理位置和其他与国情相关的特征。

具体目标 17. 19：到 2030 年，在现有举措的基础上制定可持续发展进展衡量标准，以补充国内生产总值，并支持发展中国家的统计能力建设。

联合国每年发布一份《可持续发展目标进展报告》（*SDGProgress report*），该报告基于全球指标框架和国家统计系统产生的数据以及在区域层面收集的信息。

此外，联合国每四年编制一次《全球可持续发展报告》（*Global Sustainable Development Report*），为四年一次的可持续发展目标审查审议提供信息。

## 二、联合国全球契约和十项原则

“联合国全球契约”（UN Global Compact）是由联合国发起的行动计划，旨在将全世界的企业与联合国各组织机构、劳工和非政府组织联合起来，采用一套共同的环境和社会准则。联合国全球契约呼吁公司将战略和运营与人权、劳工、环境和反腐败的普遍原则保持一致，并采取行动推进社会目标。

在《世界人权宣言》、国际劳工组织《工作中的基本原则和权利宣言》、《里约环境与发展宣言》和《联合国反腐败公约》的基础上，联合国全球契约在人权、劳工标准、环境和反腐败领域提出十项原则。

## 人权

原则一：企业应该尊重和维护国际公认的各项人权

这一项原则规定了联合国全球契约组织对人权事务的首要期望，即尊重和维护人权。尊重人权是指企业应尽最大努力避免侵犯人权（“不伤害”），并解决自己所涉及的不利人权影响。此外，除了尊重人权，还鼓励企业采取行动维护人权。

这意味着企业有机会采取自愿行动为保护和实现人权作出积极贡献，无论是通过核心业务、战略性社会投资/慈善事业、公共政策参与/倡导，还是通过伙伴关系或其他集体行动。维护人权的行动应作为尊重人权行动的补充，而不是替代。弱势群体的权利应被给予特别关注，这一群体包括妇女、儿童、失能与残疾人士、原住居民、移徙工人、老年人群等。

原则二：企业绝不参与（“同谋”）任何漠视与践踏人权的行为

企业被牵涉另一家公司、政府、个人或其他团体所造成的人权滥用行为之中，这被视为企业的同谋行为（Complicity）。在治理薄弱和/或人权滥用现象较普遍的地区，可能存在特别高的人权滥用的同谋风险。然而，这类同谋风险在每个部门和每个国家都会存在。

根据全球契约十项原则的第1项原则和《联合国工商业与人权指导原则》，尊重人权的要求包括避免在企业自身直接商业活动之外的同谋行为，即另一种人权滥用的方式，这使企业面对着妨碍享有人权的商业风险。如果公司有系统的人权管理方法，包括涵盖实体商业关系的尽职调查流程，则其被指控为同谋的风险将会降低（尽管并不会消除）。此类流程应识别、预防或减轻公司可能被牵涉的与其产品、业务运营或服务相关的人权风险。

## 劳工标准

原则三：企业应该维护结社自由，承认劳资集体谈判的权利

结社自由意味着尊重所有雇主和所有员工自由、自愿地建立和加入团体的权利，以促进和维护其职业利益。员工和雇主都有权建立、参加和运作他们自己的组织，而不受国家或其他实体的干涉。为了能够作出自由的决定，

员工需要一个没有暴力、压力、恐惧和威胁的氛围环境。

“结社”包括规则形成、行政管理和选举代表的活动。结社自由包括雇主、工会和其他员工代表可以自由讨论工作中的问题，以达成共同可接受的协议。这些自由还允许员工和组织采取工业行动的方式，维护其经济和社会利益。

劳资集体谈判是一个基于自愿的过程或活动，通过这种方式雇主和员工讨论和协商他们之间的关系，特别是关于工作条款、工作条件以及雇主、员工及其组织之间的关系规制。有效承认劳资集体谈判权的一个重要部分是“诚实信用原则”。诚实信用原则并不意味着一个预先确定的劳资谈判水平，或者要求雇主或员工以及他们所在组织进行强制性谈判。

原则四：企业应该消除各种形式的强迫性劳动

强迫性劳动是指任何人在惩罚的胁迫下所从事的工作或提供的服务，并且该劳动并不是劳动者自愿提供的。向工人提供工资或其他补偿并不一定意味着其劳动不是受迫的或强制的。公正地看，劳动应当是基于自愿的，并且雇员应有权根据既定规则选择自由终止劳动。

原则五：企业应该支持消灭童工制

“童工”一词不应与“青年就业”或“学生工作”混淆。“童工”是一种侵犯人权的剥削形式，并由诸多国际文书予以承认和定义。废除童工是国际社会和几乎所有政府的既定政策。虽然“儿童”一词涵盖了所有 18 岁以下的女孩和男孩，但并非所有 18 岁以下的儿童都不能从事工作：国际标准下的基本规则区分了不同年龄和成长阶段的儿童可接受的和不可接受的工作。

国际劳工组织公约（第 138 号《准予就业最低年龄公约》和第 182 号《最恶劣形式童工劳动公约》）为各国国家立法提供了框架，规定准予就业或工作的最低年龄不得低于完成义务教育的年龄，并且在任何情况下不得低于 15 周岁。在过渡时期更低的就业或工作年龄是被允许的——在经济和教育设施欠发达的国家，常规工作的最低年龄一般为 14 周岁，“轻量工作”的最低年龄为 12 周岁。危险性工作的最低年龄则更高，所有国家都规定为 18 周岁。

原则六：企业应该杜绝任何在用工与职业方面的歧视行为

用工和职业歧视指的是，因与人的优秀品质或工作的内在要求无关的特点，而给予人们差别化或不利的待遇。在各国国内立法中，这些特征通常包括：种族、肤色、性别、宗教信仰、政治观点、民族血统、社会出身、年龄、失能残疾、艾滋病状况、工会会员资格和性取向。然而，第 6 项原则允许公司考虑可能出现用工和职业歧视的其他理由。

歧视可能会出现在各种与工作有关的活动中，包括获得就业机会、特定职业、晋升机会、培训和职业指导。此外，还可能涉及雇用的条款和条件，例如，招聘、工作时间和休息/带薪休假、报酬、职业安全与健康、绩效评估和提升、生育保护、任期保障、工作分配、培训和机会、工作前景、社会保障等。

**环境**

原则七：企业应对环境挑战未雨绸缪

1992 年颁布的《里约宣言》的第 15 项原则阐述了预防性原则方法，指出“当面临严重或不可逆转的损害的威胁时，缺乏充分的科学确定性则不应作为理由去推迟那些能够防止环境恶化的具有成本效益的措施”。

预防措施包括对风险评估、风险管理和风险沟通的系统性应用。当存在合理的危害怀疑时，政策制定者需要采取预防措施，并考虑科学评估中出现的不确定性程度。

明确“可接受的”风险水平的做法不仅涉及科技评估和经济成本效益分析，还涉及政治考量，如公众的可接受性。从公共政策的角度来看，只要科学信息不完整或不确定，并且相关风险仍然被认为对社会影响过高，那就必须采取预防措施。考虑的风险水平通常与环境、健康和安全标准有关。

原则八：企业应该主动增加对环保所承担的责任

在《21 世纪议程》第 30 章中，1992 年举办的里约热内卢地球峰会阐述了商业和工业在可持续发展议程中的角色：“商业和工业应加强自我监管，以适当的准则、章程和倡议为指导，将其纳入商业规划和决策的所有要素中，并促进与员工和公众的开放性对话。”

《里约宣言》指出，企业有责任确保其自身经营活动不会对环境造成破坏。社会期望企业成为社区中的良好成员。企业通过满足社会的需要而获得其合法性，而社会也越来越明确地表达了其对更具环境可持续性实践的需求。

原则九：企业应该鼓励开发和推广环境友好型技术

根据《里约宣言》中的《21 世纪议程》的定义，环境友好型技术应保护环境，减少污染，以更加可持续的方式使用所有资源，回收更多废料和产品，并以相比其替代技术更可接受的方式处理残留废料。这些技术包括各种更加清洁的生产工艺、污染防治技术以及末端治理和监测技术。

此外，环境友好型技术还包括专有技术、程序流程、商品与服务、设备以及组织和管理流程。在生产过程中因未有效利用资源而产生残留物和排放废料的情况，就可以应用环境友好型技术来降低日常运营低效、环境污染物排放、工人接触有害物质以及环境灾害风险。

**反腐败**

原则十：企业应反对各种形式的贪污，包括敲诈勒索和行贿受贿

以反腐败为内容的第 10 项原则在 2004 年得到采用，该原则表明联合国全球契约组织的参与者不仅要避免贿赂、敲诈和其他形式的腐败，而且要积极地制定政策和具体方案去解决企业内部及其供应链中存在的腐败问题。企业还被要求与民间团体、联合国机构和各国政府协同努力，以打造一个更透明的全球经济。

随着 2005 年《联合国反腐败公约》（UNCAC）的生效，一个重要的全球反腐败工具应运而生。《联合国反腐败公约》是第 10 项原则的基础性法律手段。腐败的形式多种多样，从轻微地利用影响力到制度化贿赂，其程度各不相同。透明国际组织对腐败的定义是“滥用所受委托的权力以谋取私利”。私利不仅指经济所得，也可以指非经济优势。

《经济合作与发展组织跨国企业准则》对敲诈勒索的定义如下：“索取贿赂是要求或引诱他人进行贿赂的行为。当其伴随着危及个人诚信或私人参与者的生命的威胁时，就成为敲诈勒索。”透明国际组织的反贿赂商业原则对贿

赂的定义如下：“贿赂：提供或收受他人的礼物、贷款、费用、报酬或其他好处，诱使他人在企业经营活动中作出不诚实、非法或违反信任的行为。”

企业参与联合国全球契约，需满足以下条件：

一是启动业务运营变革，使联合国全球契约及其十项原则成为战略、文化和日常运营的一部分。

二是通过新闻稿、演讲等传播方式，公开倡导联合国全球契约及其原则。

三是需要每年与利益相关者就以下方面的进展进行沟通：落实十项原则；努力支持社会优先事项。

## 三、联合国负责任投资原则（UNPRI）

### PRI 的使命

我们认为，兼具经济效率和可持续性的全球金融体系对于长期价值创造不可或缺。这样的金融体系将会回馈长期的、负责任的投资，并惠及整个环境和社会。

PRI 鼓励各方采纳并合作贯彻负责任投资原则，完善公司治理、诚信和问责机制，并通过扫除市场运作、结构和监管方面面临的障碍，建立起可持续的全球金融体系。

1. 将 ESG 问题纳入投资分析和决策过程

可采取的行动：

— 在投资政策声明中阐明 ESG 问题；

— 支持开发 ESG 相关工具、指标、开展 ESG 相关分析；

— 评估内部投资管理人纳入 ESG 问题的能力；

— 评估外部投资管理人纳入 ESG 问题的能力；

— 要求投资服务提供商（如财务分析师、顾问、经纪商、研究公司和评级公司）将 ESG 因素纳入持续研究和分析；

— 鼓励开展有关该主题的学术研究和其他研究；

— 主张投资专业人士开展 ESG 培训。

2. 成为积极的所有者，将 ESG 问题纳入所有权政策和实践

可采取的行动：

— 制定并披露符合负责任投资原则的积极所有权政策；

— 行使投票权；若投票权“外包”，则监督对投票权政策的遵守情况；

— 培养直接参与（engagement）或“外包”参与的能力；

— 参与制定相关政策、规则和标准，比如促进、保护股东权利；

— 提交符合长期 ESG 考量的股东决议；

— 与公司交流（engage）ESG 问题；

— 参加合作参与（collaborative engagement）倡议；

— 要求投资管理人开展并报告 ESG 相关参与活动。

3. 寻求被投资实体对 ESG 相关问题进行合理披露

可采取的行动：

— 要求使用全球报告倡议等工具对 ESG 问题进行标准报告；

— 要求将 ESG 问题融入年度财务报告；

— 要求公司提供有关采纳/遵守相关规范、标准、行为准则或国际倡议（如联合国全球契约）的信息；

— 支持促进 ESG 披露的股东倡议和决议。

4. 推动投资业广泛采纳并贯彻落实负责任投资原则

可采取的行动：

— 将负责任投资原则相关要求纳入征求建议书（RFP）；

— 相应调整投资委托授权、监督流程、绩效指标和激励结构（例如，在适当情况下，确保投资管理流程着眼长期）；

— 向投资服务提供商传达 ESG 要求；

— 对于未达到 ESG 要求的服务提供商，重新考虑合作关系；

— 支持开发 ESG 整合基准衡量工具；

— 支持制定促进执行负责任投资原则的监管政策。

5. 齐心协力提高负责任投资原则的实施效果

可采取的行动：

— 支持/参加网络和信息平台，共享工具、集中资源并将投资者报告用作学习材料；

— 共同应对新问题；

— 发起或支持适当的合作倡议。

6. 报告负责任投资原则的实施情况和进展

可采取的行动：

— 披露将 ESG 问题融入投资实践的方法；

— 披露积极所有权活动（表决、参与和/或政策对话）；

— 披露服务提供商需要就负责任投资原则采取哪些行动；

— 与受益人就 ESG 问题和负责任投资原则进行沟通；

— 采用“遵守或解释”的方法报告负责任投资原则相关进展和/或成就；

— 尝试确定负责任投资原则的影响；

— 利用报告提高广大利益相关者群体的负责任投资意识。

# 后　　记

通过新闻媒体，我们知道了气候变化、ESG 等概念，我们以为他们是确定的，但仔细检查就会发现，它在定义上明显模棱两可，在实践中也充满了不确定性。我们唯有深思才能知道什么才是真正可以相信的。本书以对碳中和、气候变化和 ESG 的思考及对信息披露的本质、规范、实质性、定性和定量披露等内容的研究，作为对可持续发展真相的探索。在内容安排上，本书以当前国际可持续信息披露标准的更替与共识为主线，包含以下五部分内容。

第一章为国际可持续机构机构碳排放、气候和 ESG 信息披露标准，介绍了目前国际主流可持续机构相关标准，包括气候相关财务信息披露工作组（TCFD）、国际可持续准则理事会（ISSB）、可持续核算准则委员会（SASB）、气候披露准则理事会（CDSB）、全球报告倡议组织（GRI）、国际综合报告委员会（IIRC）、碳披露项目（CDP）。

第二章为国家和地区碳排放、气候和 ESG 信息披露标准，主要覆盖当前气候和可持续领域影响力较大的欧盟和美国，对欧盟可持续金融信息披露（SFDR）、企业信息披露（CSRD）和分类法（Taxonomy）三部分构成的绿色信息披露框架和美国证监会（SEC）气候信息披露规则进行解析。

第三章为交易所碳排放、气候和 ESG 信息披露要求，选择纳斯达克证券交易所、新加坡交易所、卢森堡交易所和伦敦证券交易所作为代表，阐述其对可持续信息披露的要求和规范。

第四章为金融产品碳排放、气候和 ESG 信息披露要求，主要包括绿色信贷和绿色债券的信息披露要求。

第五章为案例部分，提供了消费、金融领域相关企业按照不同标准进行可持续信息披露的样本。

可持续信息披露是反映社会、政府和企业等各类主体及其相互关系的一系列价值观、原则、方法和实践。尽管“可持续”是一个很重要的概念，代表了重要的趋势，但它不是一个放之四海而皆准的万能概念——因为越是万能的，就越是空洞的！定义它、衡量它、应用它，这可能是我们在面对碳中和、气候变化、ESG 等新领域或新概念时应具备的态度。

在本书的写作过程中，中国人民银行和中国外汇交易中心的领导和同事给予了作者重要支持和帮助。人民银行原行长助理张晓慧在百忙之中为本书作序。中国金融出版社副总编辑董迪斌、香港中文大学全球经济及金融研究所常务所长庄太量、澳大利亚储备银行中国办公室主任 Morgan Spearritt、中国人民银行郑黎黎、北京市发展和改革委员会云霄等专家和学者给予本书重要推荐和评价。责任编辑王雪珂女士为本书的出版和发行付出了很多努力，在此一并诚挚谢忱。

作者也非常欢迎提出反馈。如果您对本书有任何想法、有某个主题的专业知识或对本书内容存有疑问，都可以通过电子邮箱 suistainability@ 163. com 进行联系，联系时请在邮件主题中包含书名。

可持续理论和实践是在不断发展的，而本书难免存在不足甚至错误，恳请读者不吝批评指正。文中的内容也仅代表作者个人的学术观点，与所供职单位无关，文责自负。